안국신 교수의 한국의 분배

안국신 교수의

한국의 분배

율곡출판사

들어가는 글

오늘날 많은 사람이 분배의 불평등이 문제라고 말한다. 특히 우리나라 분배의 불평등과 그에 따른 경제 · 사회의 양극화 문제는 매우 심각하다고 말한다. 우리나라 소득 분배는 흔히 경제협력개발기구(OECD) 회원국 중에 미국 다음으로 나쁜 것으로 알려져 있다. 최근 소득 분배 통계가 있는 20여 개 아시아 국가 중에 우리나라의 소득 분배가 가장 나쁜 것으로 보도되기도 했다. 더욱 최근에는 우리나라 소득 분배의 불평등이 아시아를 넘어 세계 전체로도 가장 극심한 나라가 됐다고 대통령이 언명하였다. 2019년 새해 기자회견에서 "우리가 경제적 불평등이 세계에서 가장 극심한 나라가 됐다"라고 말한 것이다. 이런 상황 인식을 바탕으로 문재인 정부는 저소득층의 소득을 획기적으로 늘려 분배의 불평등을 완화하고 좋은 일자리를 늘리며, 모든 사람이 함께 잘사는 세상을 만들겠다는 충심으로 '소득주도성장' 정책을 폈다. 최저임금을 대폭 올리고 근로시간을 줄이며, 공공 부문의 비정규직을 제로로 만들어 비정규직이 없는 세상으로 이끌겠다는 것이 주요 내용이었다. 그러나 의욕적인 정책 실험의 결과는 참담하였다. 분배가 개선되지 않고, 코로나19 사태가 일어나기 전부터 좋은 일자리 증대 대신 고용의 정체와 비정규직의 증가, 유례없이 높은 청년 실업으로 나타났다.

위 사례는 우리에게 많은 의문과 궁금증을 제기한다. 우리나라의 분배가 그렇게 나쁜 것인가? 분배가 얼마나 문제이고 얼마나 불평등한

가? 분배의 완전 평등은 가능하지도, 바람직하지도 않고 현실은 어차피 불평등하게 마련이다. 하지만 많은 사람이 지나치게 불평등한 것은 공정하지 않다고 생각한다. 그렇다면 얼마나 불평등해야 지나치게 불평등한 것인가? 불평등이 문제이고 평등이 답이라고 흔히 말하는데 분배의 불평등을 어느 정도까지 개선해야 평등이라고 할 것인가? 도대체 평등한 분배라는 개념을 어떻게 정의하는 것이 바람직할까? 양극화의 실상은 어떠한가? 양극화를 해소할 수 있는 것인가? 양극화와 불평등에 대처하기 위해 어떤 정책들을 어떻게 써야 하는가? 정부의 분배 정책이 왜 선한 의도와 달리 흔히 엉뚱한 결과를 낳는 것인가? 이런 의문과 궁금증을 차근차근 풀어보기 위해 이 책을 쓰기 시작했다.

본서를 집필하면서 견지한 보다 광범위한 문제의식과 핵심적인 메시지는 다음과 같다.

첫째, 분배와 분배의 정의는 중요한 문제다. 빈곤 문제도 열악한 분배와 섞여 상황이 악화하는 경우가 흔하기 때문에 광범위하게 보아 분배의 문제다. 일찍이 공자가 살던 때부터 "백성은 가난한 것보다 고르지 못한 것을 걱정한다"라는 말이 있었다. 민중의 힘이 분배의 불평등을 걱정하는 수준에서 벗어나 사회 저항이나 내란, 혁명으로 분출되기도 한다. "물은 배를 띄우기도 하지만 뒤집기도 한다"라는 옛말이 있는 것은 이 때문이다. 동서양을 가리지 않고 가난과 수탈이 있는 농경사회에서는 농민 봉기가 흔하게 일어났다. 새천년에 들어와서 금융 선진국인 미국에서 '월가를 점령하라'는 시위가 일어났다. 분배가 정의롭지도 않고 공정하지도 않은 현실과 이런 현실에 눈 감는 사회 시스템에 대한 대중의 분노를 표출한 것이다. 우리나라는 경제적 불평등이 세계에서 가장 극심한 나라는 아니지만 소득 분배가 상당히 불평등한 나라이고 사회 갈등이 심한 나라이다. 빈곤율도 주요 선진국에 비해 매우 높은 편이다. 대통령 직속의 국민대통합위원회(2015)는 사회 갈등의 실태를 진단한 뒤 "경제력에 따른 계층 간 갈등이 어떤 식으로든 적절하게 통제되지 않으면 한국 사회를 무너뜨릴 수 있는 수준까지 나아갈 것이다"라고 경고하였다. 이 책은 이렇게 중요한 분배와 분배적 정의의 문제를 '공정한 분배'라는 개념으로 접근하는 것이 바람직하다는 것을 논한다. 최근 학계 연구가 제시하는 것과 같이 공정한 분배는 인간의 기본 욕구를 충족시키는 최소한의 소득이 모든 사람에게 골고루 분배되고, 나머지 잉여분은 공헌도에 따라 분배되며, 각자는 이루고 누린 것에 비례하여 사회에 기여하는 상호주의 원칙을 실천하는 것이다.

둘째, 공정한 분배 못지않게 경제 성장, 개인의 자유, 삶의 질도 중요하다는 것을 인식하여 이것들을 조화롭게 달성하려는 종합적 · 복합적인 시각을 가져야 한다. 오늘날 우리나라가 처한 저성장 시대에 경제면에서 성장과 고용을 분배와 같이 중요하게 생각하여 성장 친화적 재분배와 고용 친화적 성장이 이루어지도록 힘써야 한다. 비경제적인 면에서는 문명사회의 과제이자 청년세대의 바람인 개인의 자유가 보장되고, 상식과 법치에 바탕을 둔 공정한 사회 만들기가 분배 개선과 양극화 완화 못지않게 중요한 과제이다. 나아가 전쟁 · 범죄 · 재난 · 감염병 등으로부터의 안전, 미세먼지와 공해가 심하지 않은 쾌적한 자연환경, 기후 변화에의 대응 등 삶의 질을 개선하는 다양한 차원의 많은 중요한 문제가 있다. 우리 조상들이 일러준 것처럼 분배 문제를 과유불급의 중용과 조화의 관점에서 대승적으로 보는 것이 중요하다.

셋째, 정치권과 일반 국민이 분배를 포함한 경제 정책의 효과와 경제학의 기본 원리를 올바로 이해하는 것이 중요하다. 특히 뜨거운 가

슴 못지않게 서늘한 머리로 이해하는 것이 중요하다. 정부가 쓸 수 있는 분배 정책은 여러 가지로 많다. 각 정책을 펴는 방법과 범위도 얼마든지 다양하다. 각 정책마다 국민경제에 미치는 효과와 다른 정책과의 상호의존관계를 종합적으로 살펴보는 균형된 시각이 필요하다. 균형된 시각을 가지기 위해서는 경제학의 기본 원리를 알아야 한다. 거시경제학에서 전통적으로 강조하는 경제안정화 정책도 분배 악화를 막는 필요조건 중 하나이다. 과도한 대외의존도를 줄이고 재정 절제와 금융 안정을 중시하여 경제위기를 막는 경제안정화 정책은 소득 분배를 악화시키지 않는 유력한 정책이다. 거시적인 경제안정화 정책에 실패하여 일어난 1997년의 외환위기는 우리나라의 분배를 크게 악화시켰다. 복합적으로 얽힌 분배 문제를 올바르게 이해하고 이에 입각하여 실효성 있는 분배 정책을 펴야 한다. 그렇지 않으면 분배를 개선하려는 선의의 정책이 분배와 성장을 악화시키는 주범이 되기 쉽다. 노무현 정부와 문재인 정부에서 일어난 집값 폭등은 경제학의 기본 원리를 무시한 오만과 편견의 정책 실험 때문에 일어났다. 문재인 정부의 최저임금 실험과 보편적 복지에 입각한 현금 살포는 분배를 개선하고 분배의 정의를 실현한다는 이름으로 앞으로 계속 출현할 갖가지 포퓰리즘 정책의 서곡이다.

우리나라는 불평등이 모든 문제의 근원이고 불평등을 해소하면 모든 문제가 해결되는 양 생각하는 경향이 강하다. 사람들은 불평등과 양극화를 해소하는 것이 우리 사회의 시대적 과제라고 흔히 말한다. 그러나 불평등과 양극화를 해소할 수 있는 '특효약'은 없다. 다양한 정책 배합을 통해 '공정한 분배'를 이루어 불평등과 양극화를 완화할 수 있을 뿐이다. 불평등의 완화와 불공정의 시정에 경제 · 사회 정책의 우선순위를 두고 개인의 자유와 경제적 효율, 삶의 질을 중시하는 사회를 지향해야 하는 것이다. 이는 주류 경제학계의 기본 입장이기도 하다. 20세기 사회주의경제의 실험이 실패하여 "평등은 가장 자연스러우면서도 비현실적인 것이다 : 권리에 관한 한 자연스럽지만, 부와 권력을 평등화하고자 하면 부자연스러운 것이다"라는 볼테르의 말이 타당한 것으로 드러났다. 거시경제학을 전공한 사람으로서 숲 전체를 조망하면서 개별 나무를 살피는 종합적이고 균형된 시각을 가지고 분배 문제를 다루어야 한다는 사명감으로 이 책을 썼다.

주류 경제학자이기 때문에 필자의 논리가 보수적인 입장을 반영하는 부분이 많을 것이다. 그러나 진보적인 입장을 반영하는 부분도 적지 않다고 생각한다. 무엇보다 필자는 보수와 진보를 구분하는 것 자체가 부질없다고 생각한다. 영국의 사상가 에드먼드 버크가 말한 것처럼 "진정한 보수는 진보적이고, 양식 있는 진보는 보수적"이기 때문이다. 필자는 주류 경제학으로 단련된 합리적 실용주의자라고 자임한다. 우리나라 분배와 불평등을 다룬 책들이 적지 않지만 필자가 아는 한 본서와 같은 문제의식과 접근 방법으로 쓴 책은 없었다. 한편으로 자부심과 의욕이 앞서 분배와 복지의 각론에 정통하지 못한 천학비재의 한계도 절감한다. 세부적인 내용과 주장에 잘못이 있으면 깨우쳐 주시기를 바라마지않는다.

이 책은 경제학원론이나 경제학개론을 접한 사람이면 그리 어렵지 않게 이해할 수 있도록 썼다. 경제학을 접하지 않은 사람도 처음에 참을성을 가지고 이 책을 읽으면 분배와 경제학원론에 관한 지식을 많이 쌓을 수 있을 것이다. 각 장 말미에 본문과 연관된 토픽들을 읽을 거리로 실었다. 이 책은 2021년 3월 현재 이용 가능한 2010년대의 통계를 중심으로 우리나라의 단면도를 여러 각도에서 조명하였다. 코로나19 사태가 일어난 2020년과 그 후에는 2010년대와 양적 · 질적으로 다른 변화를 보이기가 쉽다. 어떻게 달라지는가를 제대로 알기 위해서도 직전 출발선의 분배 상황을 제대로 이해할 필요가 있다. 2020년과 5년 후인 2025년, 10년 후인 2030년의 단면도는 2010년대에 비해 어떤 변화를 보일지 자못 궁금해진다. 나중에 자료가 이용 가능해지는 대로 필자의 블로그(ksahn21c@naver.com)에 올려 독자들과 소통하고자 한다.

이 책의 발간을 흔쾌히 수락해 주신 율곡출판사 박기남 사장, 훌륭한 편집 솜씨를 보여 준 편집부 방조일 이사와 차은지 선생에게 심심한 사의를 표한다. 분배 통계 자료를 확인해 준 KOTRA의 고희채 박사, OECD 국가의 주요 경제 통계 자료를 찾고 정리해 준 경총의 임영태 고용정책팀장, 컴퓨터 작업에 많은 도움을 준 한림대 '건강과뉴미디어연구센터'의 안창현 연구교수에게 고마운 마음을 전한다. 가계금융복지조사 원자료를 이용하여 최상위 계층의 소득과 자산의 집중도를 계산해 준 중앙대 석사 과정의 윤용기 군에게 사의를 표한다. 이 책의 최초 독자를 자청하여 처음부터 끝까지 초고를 읽고 많은 건설적인 논평을 해 준 윤형숙 선생에게 깊은 감사를 드린다. 사랑스러운 손녀 서윤을 비롯한 이 땅의 손녀 · 손자들이 공정한 사회, 좋은 사회에서 살기를 바라며 우리나라를 그런 사회로 이끌어갈 젊은이들에게 이 책을 바친다.

2021년 9월
일산 우거에서
안국신

차 례

2장 분배 이론은 어떻게 전개되어 왔나?

3장 우리나라 소득과 부의 수준

제Ⅱ부 우리나라의 분배

4장 우리나라의 계층별 소득 분배

제Ⅲ부 우리나라의 바람직한 분배 정책

7장 분배 정책 서설

맺음말

part one

분배의 길잡이

제1장 분배 입문 / 제2장 분배 이론은 어떻게 전개되어 왔나?

제3장 우리나라 소득과 부의 수준

분배 입문

1장

1. 분배는 중요하다 / 2. 분배의 분석 대상 / 3. 분배를 분석하는 주요 지표
4. 얼마나 불평등해야 지나치게 불평등한 것인가? / 5. 본서의 구성

"(백성은) 가난한 것을 걱정하는 것보다 고르지 못한 것을 걱정한다.(不患貧患不均)"

— **육상산**(송나라 유학자)

"경제적 진보는 대체로 불평등의 결과이며 불평등 없이 진보는 이루어질 수 없다."

— **프리드리히 하이에크**

"건전한 경제학에 해를 끼치는 여러 경향 가운데 가장 유혹적이고, 내 생각에 가장 유독한 것은 분배 문제에 초점을 맞추는 것이다."

— **로버트 루카스**

1. 분배는 중요하다

분배(distribution)는 인간의 주요한 경제 활동인 생산과 교환 및 소비를 연결해 주고 이것들에 영향을 미친다. 생산된 가치는 생산 과정에 참여한 각 생산요소의 소유자들에게 요소소득으로 분배된다. 사람들은 으레 소득의 전부를 소비에 쓰지 않고 일부를 남겨 저축한다. 저축이 쌓여 부(富, 자산)가 된다. 소득이 적으면 소비와 저축도 적게 마련이다. 소득이 많으면 소비와 저축이 많아지고, 저축이 많아지면 종전보다 부가 많이 늘어난다. 시장경제에서는 생산성이 낮은 생산요소를 가지고 있는 사람은 소득이 적다. 생산성이 높은 생산요소를 가지고 있으면 소득이 많다. 이런 소득의 불평등이 사유재산 제도를 근간으로 하는 시장경제에서는 불가피하게 일어난다.[1]

일반적으로 소득과 부가 일부 계층에 집중되면 전 계층에 고루 분포되어 있는 경우에 비해 소비가 부진하고 따라서 생산도 부진하여 경기를 침체시킨다. 지나치게 불평등한 분배는 경기침체를 심화시키고 사회 불만과 갈등을 낳아 시장경제 자체를 위협하기도 한다. 사유재산 제도와 경제적 자유를 두 기둥으로 삼는 자본주의경제는 서구에서 18세기 중엽에 산업혁명을 통해 등장하였다. 인류가 지구에 출현한 이후 내내 시달려 온 궁핍의 늪에서 벗어날 만큼 자본주의경제 하에서 생산 능력이 획기적으로 증대하였다. 그러나 한편으로 자본가 계급과 노동자 계급 사이에 분배의 불평등과 부익부 빈익빈이 심화하고 주기적인

1. 이 책에서는 자본주의, 자본주의경제, 시장경제를 같은 뜻으로 섞어 쓴다. 오늘날 시장경제는 2장의 끝 부분에서 설명하는 것처럼 자유시장경제와 사회적 시장경제로 분류된다.

공황이 일어났다. 자본주의경제에 나타나는 이런 부작용('자본주의의 모순')을 없앤다는 명분으로 1917년에 러시아에서 사회주의경제가 처음으로 등장하였다. 사유재산 제도를 부정하여 생산수단을 국가가 소유하고, 개인의 경제적 자유 대신 국가의 경제 계획을 기둥으로 삼는 체제가 사회주의경제다. 자본주의경제가 효율을 추구하는 데 반해 사회주의경제는 평등을 추구한다. 20세기 후반까지 사회주의경제는 전 세계 인구의 1/3을 지배하였다. 그러나 자본주의와 사회주의의 체제 경쟁은 1991년에 사회주의 종주국인 소련이 해체됨으로써 막을 내렸다. 사회주의의 몰락이 주는 교훈은 모두가 잘살아야 한다는 이념으로 국가의 계획을 통해 분배의 완전한 평등을 추구하면 대부분이 못사는 빈곤의 평등을 낳는다는 것이다. 노력하든 노력하지 않든 똑같이 받으면 자발적으로 열심히 노력하려는 경제적 유인이 사라져 효율도 사라지기 때문이다. 사회주의경제의 몰락으로 경제적 유인을 북돋고 효율을 살리는 시장경제가 세계를 지배하게 되었다. 세계 주요국 중에서는 중국이 사회주의를 표방하고 있지만, 중국 경제는 토지를 뺀 재산의 사유화를 인정하고 일상생활에서 경제적 자유의 요소가 계획의 요소보다 큰 시장경제다.

시장경제는 소득 분배의 불평등이라는 시장의 실패를 낳는다. 1990년대에 사회주의경제라는 대항 체제가 무너지고 시장경제에 의한 세계화와 기술 발전이 진행됨에 따라 많은 나라에서 분배의 불평등 문제가 일어났다. 2011~2012년에 미국에서 일어난 '월가를 점령하라'는 시위는 상위 1%의 계층이 불공정한 방법으로 지나치게 많은 소득을 벌어들이고 부를 축적하고 있다는 대중의 불만이 터져 나온 것이었다. 미국에서 뚜렷이 드러나는 것과 같이 일반적으로 분배의 불평등이 심한 사회에서는 그렇지 않은 사회보다 기대수명이 낮고 범죄율이 높으며 정신질환 비율도 높다(Wilkinson and Pickett, 2009). 많은 개발도상국에서 일어나는 내란이나 정변(政變)은 분배의 불평등에 크게 기인한다. 우리 사회에서 근래에 회자되는 금수저 · 흙수저론과 '이생망('이번 생은 망했어'를 줄여 이르는 신조어)' 담론도 분배가 불평등하고 우리 사회가 불공정한 사회라는 인식이 넓게 퍼져 있음을 보여준다.

개인적인 차원에서도 소득과 부의 불평등은 계층 구성원의 몸과 가계를 통해 드러난다. 선진국과 개도국을 가리지 않고 저소득층이 고소득층보다 건강상의 문제가 많고 수명은 짧다. 즉, 분배의 불평등으로 건강 불평등과 수명 불평등이 두드러지게 나타나 건강과 수명의 양극화가 일어나는 것이다. 분배는 가정을 꾸리고 문화생활을 누리는 데에도 큰 영향을 미친다. 최근 우리 사회에서 문제가 되고 있는 연애, 결혼, 출산을 포기한 삼포세대라는 말은 저소득층에 더욱 절실하게 적용되는 말이다.[2] '문화 격차'도 크다. 통계청(2019)[3]에 따르면 1년간(2018. 5. 15.~2019. 5. 14.) 문화, 예술, 스포츠 콘텐츠를 경험한 사람의 비중이 월 소득 600만 원 이상인 '고소득층'은 86%인 데 비해 월 소득 100만 원 미만의 저소득층은 29%에 그쳤다. 해외여행의 경우에는 고소득층이 52%인 데 반해 저소득층은 11%에 지나지 않는다.

분배는 당대에만 영향을 미치지 않는다는 점에서 더욱 심각한 문제를 낳는다. 저소득층은 자녀에게 양질의 교육을 시킬 수 있는 능력이 없기 때문에 빈곤의 대물림을 낳기 쉽다. 고소득층과 부유층 등 가진

2. 예컨대 김유선(2016), 「저출산과 청년 일자리」 참고.
3. 통계청, "2019년 사회조사 결과(복지 · 사회참여 · 문화와 여가 · 소득과 소비 · 노동)", 2019. 11. 이 5개 부문에 대해서는 2년 주기로 조사하고 있다.

자는 높은 삶의 질을 누릴 수 있는 데다가 양질의 교육과 부를 자녀에게 제공하여 세습사회를 만들어 낸다. 지나친 불평등은 빈곤층과 저소득층에게 좌절감과 패배감, 기성질서에 대한 불만과 적개심을 일으킨다. 이에 따라 사회 통합을 해치고 경제 활력을 저해한다. 빈곤층과 저소득층의 자녀는 적절한 교육을 받지 못해 인적 자본을 제대로 축적하지 못함으로써 더 나은 삶을 살 기회를 얻지 못하고 나아가 경제 성장에도 부정적인 영향을 미친다.

이렇게 가진 자와 못 가진 자 사이에 불평등의 격차가 크고 앞으로 더 확대될 가능성이 큰 사회는 '더불어 행복한 사회', '함께 잘사는 사회'가 될 수 없다. 국민 모두가 주인인 민주주의 사회라 할 수도 없다. 심한 분배의 불평등은 스티글리츠(Joshep Stiglitz, 2012)와 피케티(Thomas Piketty, 2013)가 강조하듯이 민주주의의 존립을 위태롭게 한다.

성장 vs. 분배 : 얼마나 중요한가?

현대 주류 경제학은 경제 성장을 중시하고 분배를 소홀히 해 왔다. 묵시적인 전제는 분배가 중요한 경제 문제이지만 경제 성장은 더 중요한 문제라는 것이다. 이런 전제는 주류 경제학의 기본 입장이자 이념으로까지 각인되었다. 루카스는 이런 입장을 단적으로 표현했다. 루카스(Robert E. Lucas) 교수는 시카고 대학교 교수이자 노벨 경제학상 수상자로서 대표적인 주류 거시경제학자이다.

"건전한 경제학에 해를 끼치는 여러 경향 가운데 가장 유혹적이고, 내 생각에 가장 유독한 것은 분배 문제에 초점을 맞추는 것이다."(루

카스, 2004)

이처럼 분배에 초점을 맞추는 것을 경계하고 성장을 중시하는 경향이 주류 경제학계의 기본 입장으로 자리 잡다시피 한 것은 크게 다음과 같은 세 가지 이유 때문이다.

① 성장은 절대적 빈곤을 타파하고 분배를 개선시킬 능력을 낳는다. 2차 세계대전 이후 고도의 경제 성장을 기록한 한국, 대만, 홍콩, 싱가포르 등 아시아의 네 마리 용은 개발도상국의 고질인 빈곤의 악순환을 끊고 고소득국으로 올라섰다. 다른 신흥국들에 비해 분배도 양호하여 성장이 빈곤을 타파하고 분배를 개선시킨 성장의 기적(growth miracle)으로 세계 경제학계에서 불리고 있다. 네 마리 용에 이어 중국과 인도에서 10억 명이 넘는 인구가 절대적 빈곤에서 벗어난 것도 지속적인 경제 성장 덕택이다.

② 분배를 지나치게 앞세우면 효율과 성장에 해를 끼치고, 그 결과 사회주의경제에서 경험한 것과 같은 빈곤의 평등 분배와 빈곤의 악순환에서 헤어나지 못한다.

③ 0%에 가까운 저성장이나 마이너스 성장이 지속되면 저소득층이 가장 피해를 보고 중산층이 와해되기 쉽다.

이 세 가지 이유는 이론적 · 실증적으로 뒷받침되는 논리이다. 이 때문에 경제학계에서 성장과 분배는 각각 효율과 형평으로 표현되면서 으레 상충되는 두 개념으로 인식되어 왔다. 그런데 이런 통념이 들어맞지 않는 두 가지 경우가 있다. 하나는 1930년대의 대공황기나 2008년의 세계적인 금융위기 이후 세계적인 경제대침체기와 같이 유효수요가 부족하여 심각한 불황이 오래 지속되는 경우다. 이때에는 효율과 형평이 상충된다는 통념이 성립하지 않고 오히려 분배가 성장을 촉진시킨다. 2020년 코로나19 사태로 인한 세계적인 경제위기에도 같은 말을 할 수 있다. 다른 하나는 성장을 지나치게 앞세우고 분배를 소홀히 하면 양극화와 빈부 격차 확대를 낳는다는 점이다. 지나친 성장우선주의는 사회 갈등과 분열을 일으키고 인적 자본 축적을 저해함으로써 성장잠재력을 훼손한다. 세계적인 금융위기 이후 진행된 세계적인 경제대침체기에 양극화와 빈부 격차 확대가 유효수요의 부족을 일으켜 성장을 해치는 효과가 두드러지게 나타난 것으로 평가된다. 분배를 부차적 문제로 생각해 왔던 국제통화기금(International Monetary Fund ; IMF), 세계은행(World Bank), 경제협력개발기구(Organization of Economic Cooperation and Development ; OECD) 등 국제기구들이 근래에 공정한 분배가 성장을 촉진한다는 포용적 성장을 주장하는 것은 이런 배경 때문이다. 포용적 성장에 대하여는 7장에서 다룬다.

시장경제에서 분배의 불평등은 불가피하게 일어난다. 발전의 동력이자 효율의 결과로 어느 정도의 불평등은 필요하다. 하이에크(Friedrich Hayek)는 "경제적 진보는 대체로 불평등의 결과이며 불평등 없이 진보는 이루어질 수 없다"라고 말한다. 불평등이 문제가 아니라 지나친 불평등이 문제인 것이다. 지나친 불평등은 성장과 효율 자체를 떨어트리고 사회적 갈등을 높여 더불어 사는 사회에서 멀어지게 한다. 반대로 평등을 지나치게 내세우면 과거 공산권과 현재의 북한에서처럼 극심한 비효율이 번지고 자유와 인권이 억압되는 일당독재사회로 나아가기 쉽다. 분배가 중요하지만 '분배만이 중요하다'거나 분배를 너무 중시하면 분배가 오히려 악화한다는 것이 정부가 유념해야 할 분배 정책의 역설이다.

분배가 중요하지만 성장도 중요하다. 그렇다면 성장과 분배가 같이 가는 분배 친화적 성장, 성장 친화적 분배를 추구하면 될 것이 아닌가? 현명한 독자들은 이런 생각을 할 것이다. 유종일(2012)의 주장대로 이렇게 성장과 분배의 선순환을 이루면 바람직할 것이다. 문제는 분배 친화적 성장과 성장 친화적 분배를 위한 정책이 발전 단계에 따라, 그리고 단기와 장기에 따라 다르기 마련이어서 성장과 분배의 선순환이 말처럼 되지 않는다는 점이다. 예컨대 성장의 원동력인 혁신은 으레 단기에는 초과이윤을 창출하여 분배에 나쁜 영향을 미치지만, 장기에는 분배 능력을 키워 분배 친화적 성장이 되기 쉽다. 연구 개발자금을 모든 연구자들에게 골고루 배분하는 것이 분배 친화적 성장 정책으로 보일지 모르지만, 실제로는 연구의 수월성(秀越性)에 대한 보상 체계를 망가뜨려 장기에 성장과 분배 모두에 나쁜 영향을 미치는 분배 저해적 성장 정책이다. 우리 조상들이 가르쳐 준 대로 지나침과 모자람을 지양하는 중용, 경제학이 강조하는 대로 단기와 장기를 구분할 줄 아는 신중한 실사구시적 지혜가 무엇보다 필요한 분야가 분배이다. 다원적이고 복합적인 분배 문제와 정책에 대해 7장과 8장에서 다룬다.

성장과 분배는 우리 생활수준을 높이고 인간다운 삶을 영위하는 데에 중요하지만 다른 중요한 것도 많다. 우리가 바라는 사회는 풍요롭고 골고루 잘사는 사회일 뿐 아니라 자유와 공정이 확보되고 삶의 질이 높은 사회이다. 이런 좋은 사회를 만들기 위해서는 성장과 분배라는 경제적 측면 이외에 정치, 사회, 환경, 안전, 문화, 예술 등의 비경제적 측면들도 중시해야 한다. 이에 대해서는 맺음말에서 다룬다.

2. 분배의 분석 대상[4]

분배의 분석 대상이 되는 경제 자원은 크게 소득과 부(富)이다.[5]

소득(income)은 일정 기간 동안에 벌어들이는 화폐액이다. 일정 기간은 대개 한 달, 한 분기, 한 해이다. 부(wealth)는 일정 시점에 가지고 있는 실물자산과 금융자산의 총액이다. 부는 자산 또는 재산(asset)과 동의어로 섞어 쓴다. 일정 시점은 대개 분기 말이나 연말을 많이 쓴다.

기능별 소득 분배와 계층별 소득 분배

소득 분배는 어떤 소득을 보느냐에 따라 기능별 소득 분배와 개인별 소득 분배로 나눈다. 기능별 소득 분배는 생산 과정에서 각 생산요소가 수행한 역할과 기능에 따라 요소 소유자가 받는 소득이 얼마인가를 살펴보는 것이다. 전통적으로 생산요소는 자본, 노동, 토지의 3대 요소로 분류되어 왔다. 요소 소유자는 각각 자본가, 노동자(근로자), 지주이다. 자본주의경제에서 자본가는 기계 시설 같은 자본을 투입하고 생산을 조직하여 이자와 이윤을 얻는다. 노동자는 노동을 제공하고 임금

---

4. 이 절의 용어 설명은 "2020년 가계금융복지조사 결과" 부록의 용어 설명을 많이 참조하였다.

5. 권력과 명예의 분배는 본서에서 다루지 않는다. 소득 자료가 없을 때 소비 자료를 가지고 소득 분배를 논하기도 한다. 대체로 소비에 근거한 가구 조사 자료는 소득에 근거한 자료보다 불평등이 더 낮게 나타난다. 그 이유는 두 가지다.
   ① 소득이 0인 사람도 과거 저축을 인출하거나 남에게 빌려서 소비하기 때문에 소비가 플러스(+)이다.
   ② 소득이 높은 사람들은 저축을 많이 하여 소득이 늘어난 만큼 소비가 늘어나지 않는다.
   이런 한계가 있고 소득 자료가 있기 때문에 이 책에서는 소비의 분배를 다루지 않는다.

을 받는다. 지주는 토지를 제공하고 지대를 받는다. 자본주의경제의 초기 단계에는 이런 요소의 역할과 세 계급의 구분이 뚜렷했다. 지주가 노동자처럼 노동을 제공하거나 노동자가 지주인 경우가 거의 없었다. 자본가가 노동자이지도, 노동자가 자본가이지도 않았다. 따라서 경제학계는 자본가 계급, 노동자 계급, 지주 계급이 총생산액 = 총소득에서 가져가는 몫이 얼마나 되고 그 몫이 어떻게 결정되는가를 탐구하는 것이 분배 연구의 주요 임무라고 보았다.

자본주의경제가 발전함에 따라 기업가의 경영 능력과 지식이 중요한 생산요소로 인식되고 자본가, 노동자, 지주 계급의 구분이 흐려지게 되었다. 세 계급의 특성을 모두 가지는 자영업자도 많이 출현하였다. 따라서 각 개인이 생산 과정에서 수행한 기능과 관계없이 전체적으로 얼마나 벌어들이고 이 전체 소득의 분포가 어떻게 되는가가 중요한 관심사가 되었다. 이를 개인별 소득 분배 혹은 계층별 소득 분배라고 한다.[6]

우리가 일상생활에서 소득 분배를 말할 때는 으레 계층별 소득 분배를 뜻한다. 그러나 기능별 소득 분배도 이론적인 차원에서 중요하게 다루어지고 있다. 오늘날 경제학계는 흔히 토지를 별도의 생산요소로 분류하지 않고 광의의 자본에 포함시킨다. 토지 사용의 대가인 지대는 임료(rent)라는 이름으로 재산소득과 자본소득에 포함된다. 국민소득은 노동의 대가인 노동소득(피용자보수 = 임금)과 자본 사용의 대가인 자본소득(이자, 배당, 이윤, 임료, 건물 사용의 대가인 임대료 등의 재산소득)으로

6. 개인별 소득 분배는 흔히 전체 인구를 5등분하거나 10등분하거나 100등분하는 등 분위별, 계층별로 나누어 보기 때문에 계층별 소득 분배라고도 한다. 본서는 경제학의 관행대로 개인별 소득 분배를 계층별 소득 분배와 동의어로 섞어 쓴다.

구성된다. 기능별 소득 분배는 국민소득이 자본소득과 노동소득으로 어떻게 나누어지고 각 요소소득의 크기나 몫을 결정하는 요인이 무엇인지를 탐구한다. 본서는 전체적으로 계층별 소득 분배에 초점을 맞추어 논의를 전개한다. 기능별 소득 분배는 5장에서 다룬다.

자산은 총소득에서 소비하고 난 나머지가 축적된 것이기 때문에 '기능별 자산 분배'라는 말은 성립하지 않는다. 따라서 계층별 자산 분배만 다룬다. 계층별 자산 분배를 가구 단위와 개인 단위로 살펴본다.

경상소득, 시장소득과 처분가능소득

계층별 소득 분배에서 주로 다루는 소득은 경상소득, 시장소득, 처분가능소득이다. 경상소득(current income)은 경제주체가 경상적으로 벌어들이는 소득 총액이다. 경상적(經常的)으로 번다는 것은 정기적·규칙적으로 예측 가능하게 번다는 것이다. 퇴직금이나 경조금, 복권, 스톡옵션같이 일시적으로 생기는 소득은 경상소득에 포함되지 않는다. 경상소득은

① 근로자가 일해서 버는 근로소득(노동소득)

② 사업을 해서 버는 사업소득(자영업자의 이윤 = 영업이익)

③ 이자, 배당, 임료, 임대료 등 자산에서 생기는 재산소득

④ 생산 활동과 관계없이 사적으로 주고받은 소득의 차액인 순이전소득

⑤ 생산 활동과 관계없이 공적으로 받은 이전소득(공적 이전소득)

을 포괄한다. 우리나라에서 가구 소득이라고 할 때는 가구의 경상소득을 뜻한다. 경상소득에는 정부가 개입하여 생긴 소득도 있다. 정부가 개입하기 전에 시장 활동을 통해 번 소득을 시장소득(market income)이라 한다. 시장소득은 근로소득, 사업소득, 재산소득, 사적 순이전소득을 더한 것이다.[7] 시장소득에 정부의 개입으로 생긴 공적 이전소득을 더한 것이 경상소득이다. 공적 이전소득은 공적 연금과 사회보험금 등 가구 구성원이 생산 활동과 관계없이 정부로부터 받는 금액을 말한다.

처분가능소득(disposable income)은 경제주체가 마음대로 소비와 저축으로 처분할 수 있는 소득이다. 이는 경상소득에서 공적 이전지출을 뺀 것과 같다. 공적 이전지출은 정부가 걷어 가는 세금, 연금 기여금, 사회보험료 등을 말한다.

경상소득 = 근로소득 + 사업소득 + 재산소득 + 사적 (순)이전소득 + 공적 이전소득 (1-1)

단, 사적 순이전소득 = 가구 간에 무상으로 받은 소득 − 가구 간에 무상으로 준 소득

공적 이전소득 = 공적 연금과 사회보험금(기초연금, 실업 급여, 산재보험, 장애수당, 근로장려금, 아동수당 등)

7. 시장소득은 시장 활동을 통해 번 근로소득, 사업소득, 재산소득만 포함하는 것이 엄밀하게는 맞는다. 그런데 가구(혹은 개인) 간에 무상으로(= 공짜로) 받은 사적 이전소득과 무상으로 준 사적 이전지출의 차액인 사적 순이전소득(private net transfer income)도 포함시키는 것이 근래의 관행이다. 개인 간에 무상으로 받은 소득과 무상으로 준 소득의 차액이 그리 크지 않기 때문이다. 이 관행을 이해한다는 전제하에 앞으로 사적 순이전소득을 사적 이전소득과 섞어 쓰기로 한다.

시장소득 = 근로소득 + 사업소득 + 재산소득 + 사적 이전소득
= 경상소득 – 공적 이전소득 (1–2)

처분가능소득 = 시장소득 + 공적 이전소득 – 공적 이전지출
= 경상소득 – 공적 이전지출 (1–3)

단, 공적 이전지출 = 세금(소득세, 재산세, 자동차세, 기타 세금 등), 연금기여금, 사회보험료 등

총자산 vs. 순자산

부의 분배는 총부(total wealth), 총자산(total asset)의 분배를 살펴보기도 하고 총부에서 총부채를 뺀 순부(net wealth) 또는 순자산(net asset)을 살펴보기도 한다. 일반적으로 총자산의 분포가 순자산의 분포보다 불평등하다. 부자는 가난한 사람보다 빌릴 수 있는 금액이 커서 총자산 규모의 진폭이 순자산 규모의 진폭보다 크게 나타나기 때문이다. 가구의 실제 자산 분배를 더 잘 나타내는 개념은 순자산이다.

가구 vs. 개인

분배의 분석 대상이 되는 경제주체는 가구나 개인이다. 가구(household)는 혼자 사는 사람(1인 가구 혹은 단독가구)이나 혈연, 결혼, 입양 등으로 맺어져 주거 · 소득 · 지출 면에서 생계를 같이하는 가족을 말한다. 가족이라도 미혼 자녀가 취직해서 독립한 경우처럼 함께 살지 않고 독립된 생계를 꾸리면 다른 가구가 된다. 가구를 흔히 가계와 섞어 쓴

다. 개인은 대개 전체 국민 1인당으로 살펴보지만 자료의 성격에 따라 성인 1인당, 혹은 과세자 1인당으로 살펴보기도 한다.

자산이나 소득의 규모, 구성, 분포 등을 파악하기 위해 전국적으로 실시하는 각종 조사(survey)는 으레 가구 단위로 이루어진다. 자산 분배를 살펴볼 경우 이 가구 자산 조사 자료를 그대로 이용한다. 가구 단위로 자산 분배를 보는 것이 관행이기 때문이다. 필요한 경우에는 가구 구성원 수로 나누어 개인 단위로 보기도 한다. 소득 분배를 살펴볼 때는 가구 단위로 보기도 하고 개인 단위로 보기도 하는데 개인 단위로 보는 경우가 일반적이다. 대개 가구 소득에서 '균등화소득'이라는 이름으로 개인소득을 계산하여 이 개인소득의 분포를 본다.

가구조사 대신 소득과세 자료를 이용할 수도 있는데 소득과세는 가구별로 부과되지 않고 납세자 개인별로 부과되기 때문에 성인(대개 20세 이상) 인구의 소득 분배를 유추하는 데에 사용된다. 불평등 측정에 쓸 만한 가구조사 자료는 대부분의 선진국에서도 1950년대 이후에야 갖추어졌다. 개도국의 경우에는 대개 1980년대부터 작성되기 시작하였다. 따라서 그 이전 소득 분배나 부 분배를 추정할 때는 소득세와 재산세 같은 세금 자료를 사용할 수밖에 없는 경우가 많다.

균등화소득(equivalent income)은 가구원 수가 서로 다른 가구의 후생수준을 비교할 수 있도록 하는 개인소득 개념이다. 각국은 대개 가구 소득을 가구원 수의 제곱근으로 나누어 균등화소득을 계산한다. 균등화소득이라는 이름의 개인소득을 계산할 때 가구 소득을 가구원 수가 아니라 가구원 수의 제곱근으로 나누는 이유는 가계생활에 규모의 경제가 작용하기 때문이다. 1인 가구가 100만 원의 생활비로 얻는 후생수준을 2인 가구는 200만 원보다 적은 비용으로 누릴 수 있다. 주택과

가전제품, 자동차 등을 공동 사용하고 각종 소비재를 살 때에도 혼자 사는 경우에 비해 비용이 두 배까지 들지는 않기 때문이다. 일반적으로 OECD에서는 2인 가구가 1인 가구와 같은 후생수준을 누리기 위해서는 1인 가구 소득의 2배가 아니라 $\sqrt{2}$(= 1.41)배의 소득이 있으면 된다고 본다. 2인 가구가 141만 원의 소득만 있으면 1인 가구가 100만 원을 가지고 있는 것과 마찬가지라는 것이다. 3인 가구가 1인 가구와 같은 후생수준을 누리기 위해서는 1인 가구 소득의 $\sqrt{3}$(= 1.73)배만 있으면 족하다. 여기에서 균등화소득이라는 개념이 나왔다.

$$\text{균등화소득} = \frac{\text{가구 소득}}{\sqrt{\text{가구원 수}}} \qquad (1-4)$$

한 가구의 구성원이 4명이고 이들이 벌어들이는 소득을 모두 합치면 월 400만 원이라 하자. 위 공식에 따라 이 가구 구성원의 균등화소득은 월 200만 원이다. 이 가구 구성원 4명은 각각 월 소득이 200만 원이라고 보는 것이다. OECD는 가족 수와 소득이 다양한 것을 후생 면에서 의미 있게 비교하기 위하여 가구 기준이 아닌 개인 기준으로 소득분배를 보도록 권고하고 있다.

명목소득과 실질소득

우리가 소득의 크기를 말할 때 으레 사용하는 개념이 명목소득(nominal income)이다. 명목소득은 해당 연도의 화폐액으로 표시된 소득이다. 이에 반해 실질소득(real income)은 명목소득의 구매력을 나타내며 기준 연도의 화폐액으로 표시된다. 작년에 400만 원의 소득을 번 가구가 올해 420만 원의 소득을 번다면 작년의 명목소득은 400만 원이고 올해의 명목소득은 420만 원이다. 올해의 명목소득이 작년보다 5% 증가한 금액이다. 그런데 작년보다 올해에 소비자물가도 5% 상승한다면 상품 구매력 면에서 올해는 작년과 같다. 이때 작년을 기준 연도로 삼는다면 작년의 실질소득이나 올해의 실질소득이나 400만 원으로 똑같다. 물가가 5%보다 더 많이 오른다면 명목임금이 5% 올랐지만 실질임금은 줄어든다. 명목임금이 오른다고 좋아할 일이 아니라 물가와 대비하여 평가해야 하는 것이다. 임금뿐 아니라 재산소득도 마찬가지다. 경제가 성장하여 각 사회 계층의 명목소득이 증가하지만 어떤 계층의 명목소득은 증가세가 미미하여 실질소득이 하락하는 경우가 있다. 이런 불균형을 포착하기 위해 실질소득이라는 개념이 명시적으로 사용될 필요가 있다. 이 책에서도 필요하면 실질소득을 다루지만 으레 명목소득으로 분배를 분석한다. 소득이라고 할 때는 명목소득을 뜻하기로 한다. 실질소득을 말할 때는 명시적으로 실질소득이라고 표현한다. 자산에 대해서도 마찬가지다.

3. 분배를 분석하는 주요 지표

이 책에서는 어떤 분배 상태가 다른 분배 상태보다 좋다(낫다, 양호하다, 평등하다) 혹은 나쁘다(열악하다, 못하다, 불평등하다)라는 말을 많이 사용할 것이다. 분배가 좋다, 나쁘다고 판단하는 기준은 무엇일까? 경제학에서는 이른바 피구-달튼(Pigou-Dalton)의 이전의 원칙(principle of transfer)을 자명한 기준이라고 인정한다. 이전의 원칙은 소득이 많은 사람에게서 소득을 일부 떼 내어 소득이 적은 사람에게 이전시킨다면 새로운 분배 상태가 원래의 분배 상태보다 좋다는 것이다.[8] 상식적으로 사람들 간의 소득 격차, 자산 격차가 큰 것보다 작은 것이 좋은 분배 상태이다. 격차가 커지면 분배가 악화하였다고 말한다. 격차가 작아지면 분배가 개선되었다고 말한다.

인간 사회에 중요한 분배 문제를 체계적으로 분석하게 해 주는 주요 분배지표들을 살펴보기로 하자. 아래에서 소개되는 분배지표들은 이전의 원칙을 충족시킨다.[9]

5분위배율과 10분위배율

사회 구성원들을 소득을 가장 적게 버는 사람부터 가장 많이 버는 사람까지 차례로 세운다고 해 보자. 사회 구성원 전체를 10등분할 때 가장 적게 버는 10%의 사람을 1분위계층, 그 다음으로 적게 버는 10%의 사람을 2분위계층, 가장 많이 버는 10%의 사람을 10분위계층이라 한다. 10분위계층이 1분위계층보다 몇 배나 많은 소득을 버는가를 나타내는 것이 10분위배율(income decile share ratio)이다.

때로는 사회 구성원 전체를 5등분하여 살펴볼 수 있다. 이때 가장 적게 버는 20%의 사람을 1분위계층, 가장 많이 버는 20%의 사람을 5분위계층이라 한다. 5분위계층이 1분위계층보다 몇 배나 많은 소득을

---

8. 이전의 원칙에는 한 가지 전제가 있다. 소득이 많은 사람과 적은 사람 간의 재분배로 소득의 순위가 바뀌지 않아야 한다는 것이다. 순위가 바뀔 정도의 이전은 새 분배 상태와 원래의 분배 상태 중에는 어느 쪽이 좋다 나쁘다 말할 수 없다.

9. 이 책에서 소개하지 않은 여러 정교한 불평등 지표와 양극화 지표에 관해서는 이준구(1992)와 이정우(2010)를 참고할 것.

버는가를 보여주는 것이 5분위배율(income quintile share ratio)이다.

10분위배율 = 10분위(최상위 10%) 계층의 소득/1분위(최하위 10%) 계층의 소득 (1-5)

5분위배율 = 최상위 20% 계층의 소득/최하위 20% 계층의 소득 (1-6)

5분위배율을 20 : 20 비율이라고도 한다. 10분위배율과 5분위배율이 커지면 저소득층에 비해 고소득층의 소득이 커지기 때문에 소득 분배가 나빠지고 양극화가 심화한다고 볼 수 있다. 한 나라의 고소득층이 저소득층에 비해 얼마나 많이 버는가를 보여 주는 간단한 지표이다.

각 계층의 소득을 총소득으로 나누면 그 계층의 소득 점유율이 된다. 위 두 식에서 분모와 분자를 똑같이 전체 소득으로 나누어 주면 분수값은 변하지 않는다. 따라서 10분위배율과 5분위배율을 다음과 같이 정의할 수도 있다.

10분위배율 = 최상위 10% 계층의 소득 점유율/최하위 10% 계층의 소득 점유율 (1-5)′

5분위배율 = 상위 20% 계층의 소득 점유율/하위 20% 계층의 소득 점유율 (1-6)′

10분위배율과 5분위배율은 소득뿐 아니라 부에 대해서도 물론 쓸 수 있는 개념이다. 필요에 따라 구성원을 개인 단위로 분류할 수도 있고 가구 단위로 분류할 수도 있다. 아래에서 소개되는 지표들도 마찬가지다. 이하에서 논의의 편의를 위해 개인 단위 소득을 중심으로 설명한다.

10분위분배율

하위 40% 계층이 상위 20% 계층에 비해 얼마나 많은 소득을 버는가를 보여주는 지표가 10분위분배율(decile ratio)이다.

10분위분배율 = 하위 40% 계층의 소득/상위 20% 계층의 소득 (1-7)

10분위분배율은 재분배 정책의 주요 대상인 하위 40% 계층과 상위 20% 계층의 분배 상태를 알 수 있고 두 계층 소득의 비율을 보여준다는 점에서 세계적으로 많이 쓰이는 분배지표 중 하나이다. 10분위분배율이 클수록 소득 분배가 개선되는 것을 나타낸다. 소득 분배가 완전 평등하면 10분위분배율은 2가 된다. 현실 세계에서 10분위분배율이 1을 넘어가는 경우는 없다. 흔히 처분가능소득 기준으로 10분위분배율이 0.5를 넘으면 소득 분배가 상당히 양호한 것으로, 0.35 이하이면 상당히 나쁜 것으로 평가된다.

상위 x% 집중률

상위 x% 계층의 소득이 전체 소득에서 차지하는 비율을 상위 x% 소득 집중률이라고 한다. 대개 상위 10%, 5%, 1%, 0.1%, 0.01% 계층이 전체 소득에서 차지하는 비중이 얼마인가를 본다.

$$\text{상위 } x\% \text{ 소득 집중률} = \text{상위 } x\% \text{ 계층의 소득/전체 소득} \quad (1\text{-}8)$$

1990년대 이후 북구 여러 나라를 제외한 대부분의 선진국에서 경제는 성장하는데 많은 사람들의 실질소득은 정체 상태이거나 감소하였다. 경제 성장의 과실이 소수의 사람들에게만 돌아간 것이다. 이에 따라 상위 x% 계층의 소득 집중률과 부 집중률 지표에 주목하게 되었다. 시장소득 기준으로 2019년에 전 세계 상위 10% 계층의 소득 집중률은 53%, 상위 1% 계층의 소득 집중률은 20%대이다. 세계 상위 10%는 균등한 소득 몫의 5배, 최상위 1%는 20배의 소득을 벌고 있다는 것이다. 서유럽 국가로만 국한시키면 상위 10% 계층의 소득 집중률은 35%, 상위 1% 계층의 소득 집중률은 11%대이다(wid.world 참고).

평균/중위값

사회 구성원의 소득을 모두 합하여 구성원 수로 나눈 것을 평균 소득(average income)이라 한다. 흔히 말하는 1인당 소득이 바로 평균 소득이다. 모든 구성원을 소득순으로 정렬했을 때 한가운데 있는 구성원의 소득을 중위 소득(median income)이라 한다. 부에 대해서도 마찬가지로 평균 자산과 중위 자산을 정의한다. 평균 소득이 중위 소득의 몇 배인가, 혹은 평균 자산이 중위 자산의 몇 배인가를 나타내는 개념이 평균/중위값 혹은 평균/중앙값이다.

모든 사람이 똑같은 소득을 번다면 평균 소득/중위 소득은 1이 될 것이다. 현실 세계에서는 불평등한 소득 분배로 인하여 평균 소득이 중위 소득보다 으레 많다. 평균/중위값 비율이 클수록 분배가 불평등하다고 할 수 있다. OECD 국가들의 평균/중위값 비율은 소득 분배의 경우 1.2 안팎, 부 분배의 경우 2.5 안팎이다. 일반적으로 부 분배가 소득 분배보다 훨씬 불평등하다.

지니계수

개인 간 소득 분배와 부 분배를 나타내는 지표로서 가장 많이 쓰이는 지표는 지니계수(Gini coefficient)이다. 대표적인 분배지표이기 때문에 지니계수와 친숙해질 필요가 있다. 지니계수는 1914년에 이탈리아 출신의 통계학자이자 사회학자인 지니(Corrado Gini, 1884~1965)가 만들었다. 지니계수를 계산하기 위해서는 다음과 같은 단계를 거친다.

① 모든 구성원의 소득을 다른 개인의 소득과 일일이 비교하여 임의의 두 사람 간의 소득의 차이를 구한다. 소득 차이의 절댓값을 모두 더한다. 이 총합을 임의의 두 사람 간 조합의 수로 나눈다. 최종적으로 얻은 값을 사회의 소득 격차의 평균, 혹은 평균 소득 격차(mean income difference)라 부른다.

② 사회의 평균 소득을 구한다.

③ 평균 소득 격차를 사회의 평균 소득의 2배로 나눈다. 그 값이 지니계수다.

$$\text{지니계수} = \frac{\text{사회의 평균 소득 격차}}{2 \times \text{사회의 평균 소득}} \qquad (1\text{-}9)$$

지니계수는 사람들 간의 소득 격차가 크면 불평등이 커질 것이라는 상식을 반영한 분배지표이다. 모든 사람들의 소득이 똑같은 완전평등의 경우에는 임의의 두 사람 간의 소득 격차가 0이고 이에 따라 사회의 평균 소득 격차도 당연히 0이어서 지니계수는 0이 된다. 한 사람이 모든 소득을 가지는 완전불평등의 경우엔 사회의 평균 소득 격차가 사회의 평균 소득의 2배가 되는 것으로 밝혀졌다. 지니계수 식의 분모에 나오는 2는 지니계수의 최대치를 1로 만드는 장치이다. 지니계수가 커지면 불평등이 커지는 것으로 해석한다. 아래에서 몇 가지 간단한 산술 연습을 통해 지니계수의 특성을 익혀 보도록 하자.

예 1-1 다섯 사람 A, B, C, D, E가 있는 사회를 생각해 보자. 각자의 소득을 Y_i라 하자. 그러면 있을 수 있는 임의의 두 사람 간의 소득 차이의 절댓값은 다음과 같이 모두 10개의 경우가 있다.

$$
\begin{aligned}
&|Y_A - Y_B|,\ |Y_A - Y_C|,\ |Y_A - Y_D|,\ |Y_A - Y_E|,\\
&|Y_B - Y_C|,\ |Y_B - Y_D|,\ |Y_B - Y_E|\\
&|Y_C - Y_D|,\ |Y_C - Y_E|\\
&|Y_D - Y_E|
\end{aligned}
$$

이것들을 모두 더하여 두 사람 간 조합의 수 10으로 나누면 앞의 ①에서 말한 사회의 평균 소득 격차를 얻는다. 이를 다섯 명의 평균 소득의 2배로 나눈 것이 지니계수이다. 다섯 사람의 소득이 구체적으로 다음과 같다고 하자.

A	B	C	D	E
1	2	3	4	5

위에서 열거한 임의의 두 사람 간의 소득 격차의 절댓값을 차례로 모두 더하면

$$1 + 2 + 3 + 4 + 1 + 2 + 3 + 1 + 2 + 1 = 20$$

이다. 이 20을 두 사람 간 조합의 수 10으로 나누면 다섯 명의 평균 소득 격차 2를 얻는다. 다섯 명의 평균 소득은 3이다. 따라서 지니계수는 평균 소득 격차를 평균 소득의 2배로 나눈 $\frac{2}{2 \times 3} = 0.333$이다.

다음과 같은 극단적인 경우를 보자. 다섯 사람 중 네 사람의 소득은 0이고 마지막 한 사람이 소득을 모두 차지하고 있는 경우다.

A	B	C	D	E
0	0	0	0	15

위와 같은 방법으로 모든 소득 격차의 절댓값을 차례로 더하면

$$0 + 0 + 0 + 15 + 0 + 0 + 15 + 0 + 15 + 15 = 60$$

이다. 이 60을 두 사람 간 조합의 수 10으로 나누면 6을 얻는다. 다섯 명의 평균 소득은 여전히 3이다. 따라서 지니계수는 $\frac{6}{2 \times 3} = 1$이다.

사회의 총소득이 15가 아니라 10이고 한 사람이 모두 갖고 있다고 하자. 이 경우 모든 소득 격차의 절댓값을 더하면 40이다. 이 40을 두 사람 간 조합의 수 10으로 나누면 사회의 평균 소득 격차 4를 얻는다. 사회의 평균 소득은 2이다. 따라서 지니계수는 $\frac{4}{2 \times 2} = 1$이다. 사회의 총소득이 얼마가 되든 관계없이 한 사람이 그 소득을 모두 가지고 있으면 그 사회의 평균 소득 격차는 평균 소득의 2배가 되고 지니계수는 1인 것이다. 반대 극단으로 다섯 사람 모두 3씩 똑같은 소득을 갖고 있다고 하자. 그러면 모든 소득 격차가 0이어서 소득 격차 합의 절댓값도 0이다. 따라서 지니계수는 0이 된다.

예 1-1′ 모든 사람의 소득이 아래 표처럼 앞의 예보다 정확히 2배라고 하자.

A	B	C	D	E
2	4	6	8	10

그러면 평균 소득 격차는 4이고 평균 소득은 6이다. 지니계수는 $\frac{4}{2 \times 6} =$ 0.333이다. 지니계수가 종전과 같다.

경제가 성장하여 모든 사람의 소득이 똑같은 비율로 증가한다면 지니계수는 변하지 않는다. 위 예에서 각 사람 사이의 소득의 절대적인 격차는 2배로 커졌지만 지니계수는 변하지 않는 것을 주목해야 한다. 예컨대 부자의 소득이 1억 원에서 3억 원으로, 빈자의 소득이 100만 원에서 300만 원으로 늘어나면 분배가 악화한 것이 아니고 불변이다. 지니계수는 분배의 절대적인 격차를 나타내는 것이 아니라 상대적인 격차를 나타내는 것이다. 이는 지니계수를 계산할 때 평균 소득 격차를 평균 소득으로 나누어주기 때문이다. 경제가 성장하면 위 예에서처럼 소득의 절대적인 차이는 으레 커진다. 그러나 지니계수가 꼭 커지는 것은 아니다. 대표적인 분배지표로 지니계수를 사용한다는 것은 경제학에서 절대적인 분배 상황이 아니라 상대적인 분배 상황을 살펴본다는 것이다. 소득이나 부의 분배를 말할 때에는 절대적인 격차가 아니라 상대적인 격차, 절대적인 분배 상황이 아니라 상대적인 분배 상황을 말한다. 지니계수가 커지면 상대적인 분배가 나빠진다. 다른 대부분의 분배지표가 다루는 것도 상대적인 분배 상황이다.

비슷한 맥락에서 위에서 든 소득의 단위는 아무래도 좋다. 1원이어도 좋고, 만 원이나 100만 원이어도, 혹은 다른 어떤 금액 단위여도 상관없다. 이하의 예에서 비현실적으로 적은 1원 단위를 쓰는 이유이다. 식 (1-9)에서 보는 바와 같이 지니계수를 계산하는 데에 분자, 분모로 들어가는 평균 소득 격차와 평균 소득의 단위가 똑같기 때문이다.

예 1-2 다섯 사람으로 구성된 한 사회의 총소득이 100원이고 소득 분포가 다음과 같다고 하자.

A	B	C	D	E
7	13	18	22	40

이 사회의 평균 소득은 100/5 = 20원이다. 임의의 두 사람 간의 소득 격차의 조합 수는 여전히 10이다. 모든 소득 격차의 합의 절댓값은

$$6 + 11 + 15 + 33 + 5 + 9 + 27 + 4 + 22 + 18 = 150$$

이다. 평균 소득 격차는 150/10 = 15원이다. 따라서 지니계수는 $\frac{15}{2 \times 20} = 0.375$이다. 하위 40%, 중위 40%, 상위 20%의 소득 점유율이 각각 20%, 40%, 40%인 경우에 지니계수가 대개 0.35 안팎으로 나온다. 처분가능소득 기준으로 지니계수가 0.20~0.30인 북유럽국가들은 **예 1-2**보다 소득 분포가 고른 경우이다.

예 1-3 다섯 사람으로 구성된 한 사회의 소득 분포가 다음과 같다고 하자.

A	B	C	D	E
5	8	12	20	55

앞에서와 같이 계산해 보면 평균 소득 격차는 22.4원, 평균 소득은 20원, 지니계수는 0.56이다. 지니계수가 0.60 안팎인 브라질과 남아프리카공화국은

이 예와 유사한 경우이다.

예 1-4 다섯 사람으로 구성된 사회의 소득 분포가 다음과 같다고 하자.

A	B	C	D	E
2	4	8	12	70

앞에서와 같이 계산해 보면 평균 소득 격차는 30, 평균 소득은 20이어서 지니계수는 0.75이다. 소득 지니계수가 이렇게 높은 나라는 없다. 그러나 지구 전체는 이렇게 높다. 지구 전체의 (시장소득 기준) 지니계수는 0.75에서 0.80에 이른다. 소득이 0이거나 0에 가까워 입에 풀칠하기가 어려운 제3세계 수많은 사람들과 천문학적인 소득을 버는 극소수의 선진국 부호들이 모두 지구 인구에 포함되기 때문이다.

독자들은 위 간단한 예를 가지고 앞에서 소개한 5분위배율, 10분위분배율, 상위 20% 집중률, 평균/중위값 등의 분배 지표도 쉽게 계산할 수 있을 것이다.

로렌츠 곡선

로렌츠 곡선은 구성원의 누적 비율과 소득의 누적 점유율 사이의 관계를 그림으로 나타낸 것이다. 미국의 경제학자 로렌츠(Max O. Lorenz, 1876~1959)가 1905년 박사 과정 학생으로 논문을 쓸 때 창안하여 그의 이름을 따 명명하였다. 앞의 예들은 모두 로렌츠 곡선으로 나타낼 수 있다. 그림에서 횡축은 저소득층에서부터 시작하여 누적 계층의 비율을, 종축은 소득의 누적 점유율을 측정한다.

그림 1-1은 **예 1-2**를 그린 것이다. 예에서 최하위 20% 가구 A의 소득 점유율은 7%이다. 차상위 20% 가구 B의 소득 점유율은 13%이다. 따라서 하위 40% 가구의 누적 소득 점유율은 20%이다. 또 그 다음 20% 가구 C의 소득 점유율은 18%이다. 따라서 하위 60% 가구의 누적 점유율은 38%이다. 이렇게 누적 가구의 비율과 소득의 누적 점유율 간의 관계를 나타낸 것이 로렌츠 곡선이다.

[그림 1-1] 로렌츠 곡선

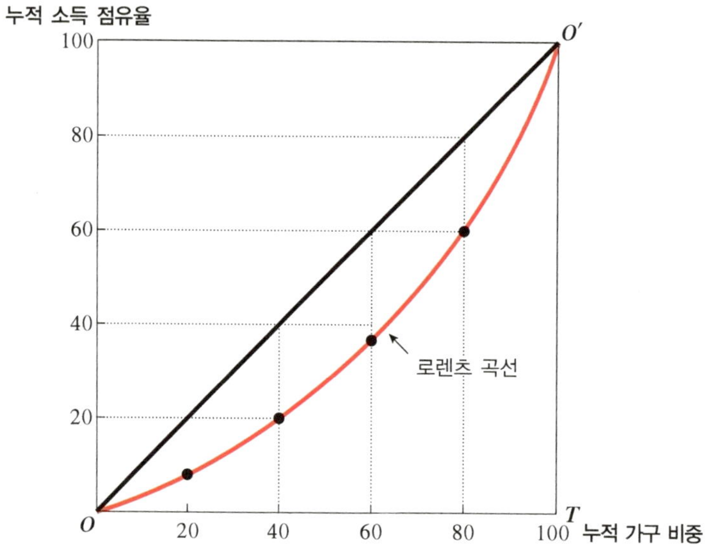

소득이 완전 균등하게 분배되어 있으면 로렌츠 곡선은 45도 선인 *OO′*가 된다. 소득이 한 사람에게 집중되어 있으면 로렌츠 곡선은 L자의 좌우 대칭인 *OTO′*가 된다. 현실 세계의 분배는 이 완전평등선과 완전불평등선의 사이에 있다. 로렌츠 곡선이 아래로 늘어질수록 소득 분배가 불평등한 것을 나타낸다.

분배를 연구하는 학자들에 의해 다음 세 가지 사실이 밝혀졌다. 첫째는 분배 상태가 다른 분배 상태보다 개선되었다거나 악화하였다고 말할 수 있기 위해서는 로렌츠 곡선이 서로 교차하지 말아야 한다는 것이다. 한 분배 상태와 다른 분배 상태를 나타낸 두 로렌츠 곡선이 교차하면 교차점을 기준으로 앞뒤의 분배 상태에 대한 평가가 달라지기 때문에 전체적으로 어느 쪽 분배 상태가 낫다거나 나쁘다고 평가할 수 없다. 둘째는 지니계수와 로렌츠 곡선이 긴밀한 관계를 가지고 있다는 것이다. 그림에서 완전평등선인 대각선과 로렌츠 곡선이 만들어 내는 초승달 모양의 면적을 대각선과 완전불평등선이 만들어 내는 정삼각형의 면적으로 나눈 값이 바로 지니계수라는 것이다.

$$\text{지니계수} = \frac{\text{대각선과 로렌츠 곡선이 만들어 내는 면적}}{\text{삼각형 } OTO'\text{의 면적}} \qquad (1\text{–}10)$$

셋째는 중위 소득 부근에서 일어난 소득 이전이 양쪽의 꼬리 부분에서 일어난 것보다 지니계수를 더 크게 변화시킨다는 것이다.

이상의 논의를 바탕으로 소득 분배와 지니계수 간의 관계를 다음과 같이 정리할 수 있다. 일반적으로 지니계수가 클수록 소득 분배가 나쁘다, 불평등하다고 평가한다. 단, 각 분배 상태를 그린 로렌츠 곡선이 교차하지 않는다는 전제하에 그렇다.

팔마지수와 P90/P50

상위 10% 계층의 소득 점유율을 하위 40% 계층의 소득 점유율로 나눈 값을 팔마지수(Palma index) 또는 팔마비율(Palma ratio)이라 한다.

팔마지수 = 상위 10% 계층의 점유율/하위 40% 계층의 점유율

(1-11)

팔마지수는 소득 양극화를 쉽게 포착할 수 있는 개념으로 2010년대부터 쓰이고 있다. 팔마(Jose Gabriel Palma)라는 칠레 경제학자가 '중간 50%'(하위 40% 초과에서 상위 10% 미만까지) 계층의 소득 점유율은 대략 50% 수준에서 안정적이고, 나머지 50%는 최상위 10%와 하위 40% 계층에 귀속되는데 두 계층에 귀속되는 비율은 나라마다 현저하게 다르다는 것을 발견하였다. 이런 관찰에 따라 그의 이름이 붙여졌다. 지니계수는 중위 소득 부근의 변화에 민감하고 고소득과 저소득 부분의 변화에는 둔감한 한계를 가지는데 팔마지수가 이 한계를 완화해 주는 분배지표로 평가된다. 팔마지수의 값이 커질수록 양극화와 부익부 빈익빈이 심화한다고 해석한다.

팔마지수와 비슷한 지표로 P90/P10, P90/P50, P50/P10 등이 있으며, 분배를 볼 때 이 지표들도 같이 살펴보는 경우가 많다. 소득(또는 부)의 분배에서 분위별로 구간을 나눌 때 구간의 상한(上限)값으로 P를 사용한다. 예컨대 P10은 하위 10% 계층 소득의 상한값을 뜻한다. P50은 하위 50% 계층 소득의 상한값을 뜻하기 때문에 중위 소득이 된다. 이에 따라 P90/P10은 하위 90% 계층의 상한 소득(즉, 최상위 10% 계층의 하한 소득)이 최하위 10% 계층의 상한 소득보다 몇 배나 많은가를 살펴보는 지표이다. P90/P50은 최상위 10% 계층의 하한 소득이 중위 소득보다 몇 배나 많은가를, P50/P10은 중위 소득이 최하위 10% 계층의 상한 소득보다 몇 배나 많은가를 살펴보는 지표이다. P90/P10은 P90/P50과 P50/P10의 곱으로 표현할 수도 있다. 최상위 10% 계층과 최하

위 10% 계층 간 소득 격차를 최상위 10% 계층과 중위 소득자 간 소득 격차와 중위 소득자와 최하위 10% 계층 간 소득 격차로 분해할 수 있는 것이다.

이 책에서는 분배를 나타내는 일반적인 지표로 지니계수와 10분위 분배율, 5분위배율 등을 사용하고, 부익부 빈익빈과 양극화를 포착하는 지표로 팔마지수와 10분위배율, 상위 x% 집중률 등을 사용한다.

4. 얼마나 불평등해야 지나치게 불평등한 것인가?

소득과 부의 완전한 평등 분배는 한때 유토피아를 꿈꾸던 사회주의자들이 지향했던 이상이었다. 그러나 사회주의경제 실험의 실패를 통해 현재 인류의 발전 단계에서는 진지한 정책 목표가 될 수 없다는 것이 자명해졌다.[10] 불평등은 우리가 받아들이고 살아야 할 현실이다. 앞에서 불평등은 인류 진보와 경제 성장에 불가피하지만 지나친 불평등은 사회 통합과 성장을 해친다고 하였다. 따라서 불평등이 지나치게 크지 않도록 하는 것이 진지한 정책 목표가 될 수 있고 되어야 한다. 그러면 지나친 불평등의 기준은 무엇일까? 얼마나 불평등해야 지나치게 불평등한 것인가? 밀라노비치(Milanovic, 2016)의 말대로 불평등은 콜레스테롤처럼 좋은 불평등과 나쁜 불평등이 있는데 어느 정도의 불평등이 나쁜 불평등일까? 이에 대하여 사람마다(특히 경제학자마다) 나름대로 상식적 판단을 할 수 있지만 경제학계의 정설은 없다. 소득 분배에

10. 인공지능이 인간 노동을 완전히 대체하고 생산성이 엄청나게 높아지는 먼 훗날의 세계에서는 완전한 평등 분배가 바람직할 수도 있을 것이다. 그러나 그때에는 인공지능이 인간을 지배하여 호모 사피엔스의 시대가 끝나버릴 수도 있다.

서 지니계수가 0.6이거나 상위 10% 집중률이 50%를 넘는다면 많은 사람이 분배가 지나치게 불평등하다고 판단할 것이다. 지니계수가 0.4라면 어떨까? 시장소득 기준이면 지나치게 불평등하다고 할 수 없지만 처분가능소득 기준이면 지나치게 불평등하다고 많은 학자가 평가할 것이다. 소득 지니계수가 처분가능소득 기준으로 0.35라면 어떨까? 많은 학자가 분배가 지나치게 불평등하다고 평가하지 않을 것이다. 그렇다고 지니계수가 어떤 수치 이상이면 분배가 지나치게 불평등해진다고 평가하는 기준 지니계수를 제시하는 학자는 없다. 지나치게 불평등하다는 판단은 주관적인 것으로서 사람마다 그 판단이 다양하게 나타난다. 한마디로 불평등하다, 불평등하지 않다를 가르는 객관적인 기준은 없다. 지나치게 불평등하다, 그렇지 않다를 가르는 기준도 없다. 고대부터 현대까지 '최적 불평등'이라는 개념이 간헐적으로 논의되어 왔다. 그러나 사회에서나 학계에서 일반적으로 받아들이는 최적 불평등이라는 개념은 없다.

객관적인 불평등의 기준이 없는 상황에서 이 책은 지나친 불평등의 기준으로 OECD 국가들의 평균을 사용하기로 한다. 지니계수와 상위 *x*% 집중률, 5분위배율, 팔마지수 등이 OECD 평균 수준보다 현저히 높으면 불평등이 크다, 분배가 지나치게 불평등하다고 평가하는 것이다. OECD 평균보다 현저히 낮으면 분배가 양호하다, 불평등 수준이 낮다, 더 간단히 말해 분배가 평등하다고 평가한다. OECD 평균 수준이면 분배가 괜찮다 혹은 분배가 평등한 편이다고 판단한다. OECD는 모든 선진국을 포괄하고 있다. 선진국에 준하는 일부 고소득국과 개발도상국을 포함하고 있지만 기본적으로 선진국 클럽이다. 따라서 OECD의 평균을 통해 선진국의 중심 경향을 헤아려 볼 수 있다. OECD에는 복지 선진국과 후진국, 분배가 양호한 나라들과 열악한 나라들이 섞여 있다. 각국의 역사적 배경과 특성에 따라 다양한 모습을 보이고 있다. OECD 평균은 이런 각국 특유의 상황을 먼 배경으로 돌리고 선진국의 전형적인 혹은 대표적인 모습을 보여 준다. 각국이 앞으로 (서로 수렴해 간다면) 수렴해 갈 준거라고 상정해 볼 수도 있다. 따라서 OECD 평균을 기준으로 삼는 것이 타당한 것으로 보인다.

물론 OECD 평균을 분배 평등의 기준으로 삼는 것은 자의적이고 주관적이어서 다양한 반론이 있을 수 있다. 그러나 마땅한 대안을 찾기 어렵다. 세계 모든 나라들의 평균이나 모든 개도국의 평균을 기준으로 삼을 수도 있을 것이다. 소득이나 부의 분배와 관련하여 세계 모든 나라들의 평균을 보면 앞에서 설명한 것처럼 실제 세계의 어느 나라보다 분배가 불평등하게 나타난다. 개도국의 평균은 개도국의 특징을 살펴보는 데에는 유용하다. 그러나 각국이 발전하는 과정에서 짐작해 볼 수 있는 전형적인 모습을 헤아릴 수 없기 때문에 유용한 시사점을 얻기 어렵다. 따라서 이 책은 OECD 평균을 기준으로 하고 상식적 판단을 덧붙임으로써 소득 분배, 자산 분배가 얼마나 불평등한가의 여부를 판단하기로 한다. 분배를 개선하는 조세와 재정지출을 포함하는 다양한 정책도 OECD 평균을 구심점으로 삼아 논의한다. OECD 평균에서 크게 벗어난다면 그래야 할 필연적인 이유가 있는가를 살펴본다.

5. 본서의 구성

이 책의 구성은 다음과 같다. 2장에서는 역사적으로 분배 이론이 어떻게 전개되어 왔는가를 살펴본다. 인류 역사는 개인의 자유, 경제적 효율, 사회 정의가 확대되어 온 과정으로서 분배와 관련한 사회 정의는 공정한 분배여야 함을 논한다. 사람마다 주관적으로 쓰게 마련인 '평등한 분배', '정의로운 분배'라는 용어를 '공정한 분배'로 바꿔 쓰고, 학계에서 이론적 · 실증적으로 정립한 공정한 분배의 개념을 활용한다. 그것은 인간의 기본 욕구를 충족시키는 최소한의 소득(기초소득)이 모든 사람에게 골고루 분배되고, 나머지 잉여분은 공헌도에 따라 분배되며, 구성원들이 능력에 따라 사회에 기여하는 것이다. 3장에서는 우리나라 소득과 부의 분배를 다루기에 앞서 소득과 부의 수준이 얼마나 되는가를 설명한다. 2019년에 우리나라 3인 가구당 소득은 대략 6,000만 원, 순자산은 3억 6,000만 원이다.

우리나라 분배의 실상을 4~6장에서 다룬다. 4장에서는 소득이 창출된 원천을 따지지 않고 각자의 소득 총액이 어떻게 분포되어 있는가를 살펴보는 계층별 소득 분배를 다룬다. 1990년대 중반부터 2010년까지 전반적으로 악화하는 추세를 보인 계층별 소득 분배가 2010년대에는 개선 내지 안정세로 돌아섰다. 2010년대에 소득의 양극화와 중산층의 약화 현상도 상당히 완화하였다. 그러나 처분가능소득 기준으로 절대적 빈곤율이 7~8%, 상대적 빈곤율이 16~17%로 OECD 평균보다 훨씬 높은 양상을 보였다. 분배 상태는 시장소득 기준으로 OECD 평균보다 양호하지만 처분가능소득 기준으로는 상당히 불평등하다. 대기업과 중소기업, 정규직과 비정규직으로 이원화한 노동시장은 다른 선진국에서 유례를 찾을 수 없을 정도로 심한 이중의 이중시장(二重市場, dual market)으로서 이를 완화하는 노동 부문 개혁이 분배 개선을 위해 우선적인 과제라는 것을 논한다. 5장에서는 각 생산요소와 그 소유자가 얼마나 소득을 버는가를 살피는 기능별 소득 분배를 다룬다. 노동소득의 몫(노동소득분배율)은 1960년대부터 1997년의 외환위기가 일어나기 전까지 지속적으로 상승해 오다가 외환위기 이후 상승도, 하락도 아닌 안정세를 보이고 있다. 그러나 외환위기 이후의 추이에 대해서는 논란이 있다. 성별 소득 격차는 선진국보다 크고, 지역별 소득 격차는 선진국보다 작다. 6장에서는 우리나라의 부 분배를 다룬다. 부 분배는 OECD 평균보다 훨씬 양호하여 평등한 편이다. 2010년대에 들어와 개선세를 보이다가 후반에 일어난 집값 폭등으로 부의 분배가 악화하였다.

7~8장에서는 분배 정책을 다룬다. 먼저 7장에서 분배에 영향을 미치는 여러 요인들을 살펴본다. 이어 분배 정책과 관련된 소득주도성장과 포용적 성장, 보편적 복지와 선별적 복지, 부자 증세와 보편 증세, 기본소득제와 기존 사회안전망 강화 등 여러 논쟁을 살펴본다. 8장에서는 바람직한 분배 정책을 다룬다. 무엇보다 경제적 · 비경제적으로 수많은 요인들이 분배에 영향을 미치기 때문에 다차원적으로 접근해야 한다는 것을 강조한다. 공정한 분배가 이루어지도록 절대적 빈곤층에 최소한의 소득을 보장하되 근로 능력이 있는 사람은 자조(self help)의 삶을 살 수 있도록 절제 있게 도와주는 것, 상대적 빈곤층에 근로장려세제를 강화하여 근로빈곤에서 헤어날 수 있게 해 주는 것이 재분배 및 복지 정책의 핵심이 되어야 한다는 것을 논한다. 거시적인 경제 안정과 경제 성장은 낮은 한 자릿수의 성장을 보이는 구조적인 전환기에 괜찮은 일자리와 중부담-중복지의 복지국가를 만드는 데에 중요한 바탕이다. 경제위기는 분배를 악화시키기 때문에 위기를 맞지 않게 하는 거시적인 경제안정화 정책이 주요한 분배 정책이라는 것, 저성장 시대에 고령화로 늘어나는 복지 수요에 부응하기 위해서도 혁신, 인적 자본 축적,

규제 완화, 교육 개혁 등 잠재성장률을 시현하고 확충하는 성장 정책이 바람직한 분배 정책이기도 하다는 것, 보편적 복지는 분배를 악화시키고 국민을 복지병에 걸릴 수 있게 하는 나쁜 복지 정책이라는 것, 선별적 복지가 성장 친화적이고 분배 친화적인 복지 정책이라는 것을 설명한다. 생산물시장의 독과점을 규제하고 공정한 시장질서를 확립하며, 기업 지배 구조와 노동시장을 개혁하는 경제민주화가 불평등을 축소하는 분배 정책이자 성장 정책이라는 것을 논한다. 분배와 성장에 대해 이런 다원적 · 복합적인 접근을 하는 데에는 유능하고 공평무사한 정부가 무엇보다 중요하다.

맺음말은 8장에서 다룬 바람직한 분배 정책을 바탕으로 자유와 효율, 사회 정의가 확보되는 공정한 사회와 나아가 삶의 질이 높은 좋은 사회를 지향해야 한다는 것으로 가름한다.

2장

분배 이론은 어떻게 전개되어 왔나?

“평등은 가장 자연스러우면서도 비현실적인 것이다 : 권리에 관한 한 자연스럽지만, 부와 권력을 평등화하고자 하면 부자연스러운 것이다.” —볼테르

“자본주의의 본질적 결함은 혜택의 불평등 분배에 있고, 사회주의의 고유한 미덕은 고통의 평등 분배에 있다.” —윈스턴 처칠

“인류의 정치 문제는 경제적 효율, 사회 정의, 개인의 자유, 이 세 가지를 결합하는 것이다.” —존 메이너드 케인스

경제적 자원의 불평등한 분배를 시정하고 평등한 분배를 이루면 바람직할 것이다. 어떤 상태가 평등한 분배인가? 1장에서 설명한 것과 같이 20세기에 자본주의경제와 체제 경쟁을 벌인 사회주의경제의 이념, 즉 노력과 기여에 관계없이 똑같이 나누는 문자 그대로 균등한 분배는 평등한 분배가 아니다. 프랑스 계몽주의 작가 볼테르(Voltaire)의 말대로 "인간으로서의 권리의 평등(형식적 평등)을 추구하는 것은 자연스러울 정도로 당연하다. 그러나 부와 권력의 평등(실질적 평등)을 추구하는 것은 온갖 부작용이 나타나는 부자연스러운 일이다." 근대국가에서 인종 · 종교 · 성별 · 지역 · 신분 등의 차이를 금지하는 '법 앞의 평등'은 국가를 지탱하는 헌법적 가치다. 그러나 실질적 평등을 달성한다는 이념으로 완전한 경제적 평등과 권력의 평등까지 추구하는 것은 비현실적이다. 완전한 경제적 평등을 추구하면 사회주의 실험 실패로 경험한 것처럼 고통(빈곤)의 평등 분배로 귀결되게 마련이다. 완전한 권력의 평등을 추구하면 "모든 동물은 평등하다. 그러나 어떤 동물은 다른 동물들보다 더 평등하다"라는 오웰(George Orwell, 1945)의 풍자처럼 새로운 지배계층에 의한 '일당독재'로 변질되게 마련이다.

시장경제에서는 기회가 균등하고 과정이 공정하기만 하면 능력과 노력에 따라 아무리 엄청난 불평등이 생겨도 괜찮다, 즉 결과를 놓고 공정한 분배를 운위하는 것은 부질없다고 생각하는 사람들도 있다. 그러나 오늘날 대부분의 사람들이 완전균등분배와 정반대로 극단적인 이 견해에도 동의하지 않는다. 지나치게 불평등한 분배는 불공정하다고 생각한다. 이른바 '공정한 분배(fair distribution)'가 '평등한 분배'이자 바람직한 분배라고 생각하는 것이다. 하지만 완전균등분배와 시장에 자유방임하는 분배의 양쪽 극단 사이에서 어느 지점이 공정한 분배인가는 규범적 판단의 문제로서 의견의 일치를 보기도, 객관적 합리화도 불가능할 정도로 어렵다.

공정한 분배 문제는 고대로부터 플라톤, 아리스토텔레스와 같은 철학자, 사회사상가들의 주요 관심사였다. 그 후 분배 문제는 주로 자본주의가 꽃핀 18세기부터 경제학자들에 의해 다루어졌다. 경제학의 창시자인 애덤 스미스와 그의 뒤를 이은 데이비드 리카도부터 분배를 중요한 분야로 생각했다. 분배 이론은 경제학에서 일찍부터 자산보다 소득을 중심으로 전개되어 왔다. 분배 이론 중에는 처음에 현실 적합성이 큰 이론이나 경험적 사실로 받아들여졌지만 나중에 그렇지 않은 것으로 판명된 것들도 많았다. 이 장에서는 플라톤과 아리스토텔레스와 같은 철학자, 그리고 18세기부터 분배 문제에 이론적 · 실증적으로 기여한 경제학자들을 중심으로 분배 이론을 살펴보도록 한다.[1] 그러고 나서 공정한 분배에 관해 합의 가능한 개념을 모색해 본다.

플라톤(Platon, 기원전 427~347)

서양 철학의 원조(元祖)인 그리스의 철학자 플라톤은 국가의 핵심적인 정치 과제를 국가 공동체의 유지와 사회 정의의 실현이라고 보았다. 사회 정의에는 불편부당하고 공공의 이익을 위하는 정치와 모든 사람이 마땅히 받아야 할 몫을 주는 것이 포함된다. 각자가 '마땅히 받아야 할 몫'(공정한 몫)이 무엇을 뜻하는 건지는 수많은 논란이 이어져 왔

1. 아래에 개관한 분배 이론의 역사는 모든 분배 이론을 포괄하는 것이 아니다. 필자의 능력이 부족하여 본서의 전개와 직접 · 간접으로 관련된 것들만을 부분적으로 다루었을 뿐이다.

다. 플라톤은 70세를 넘긴 만년에 집필하기 시작한 『법률(*Laws*)』에서 '최적 불평등'에 관한 흥미로운 주장을 폈다. 그에 따르면 어떤 시민도 너무 가난하거나 너무 부유해서는 안 된다. 지나친 빈부의 차이가 분쟁이나 분열을 초래하기 때문이다. 지나친 빈부의 차이를 막기 위해서는 가난한 사람도 일정 재산을 가져야 하고, 부자는 그 재산의 4배 이상을 갖지 못하도록 해야 한다고 주장하였다. 부자가 노력이나 행운 덕에 4배를 초과하는 경우 그 초과분을 국가나 신전에 헌납해야 한다. 플라톤은 4 : 1의 비율이 경제의 효율성과 사회의 형평성을 조화롭게 유지시켜 공동체의 지속적이고 안정적인 번영을 가져올 것으로 생각한 것 같다(김인규, 2016).

부자의 부가 빈자의 부보다 4배 이상을 초과해서는 안 된다는 플라톤의 주장은 합리화하기 어렵다. 어떤 특정 배수를 제시해도 마찬가지로 합리화하기 어렵다. 격차가 '너무 지나치다'는 것은 규범적인 판단으로서 시대와 사회, 사람에 따라 다르게 마련이다. 그럼에도 불구하고 현실 세계에서는 특정 시대와 사회의 부나 소득 격차가 상식적인 수준에 비추어 지나치다는 주장이 흔히 있어 왔다. 2010년대에 미국에서 기업 최고경영자의 급여가 일반 종업원의 급여보다 300~400배나 많은 것을 예전처럼 30~40배로 낮추거나 최대한 100~200배까지 한도를 두어 이를 초과하지 못하도록 해야 한다는 논의가 일었다. 이는 플라톤이 제안한 부 상한제가 소득 상한제로 확장된 것이다. 최근 서구 학계 일각에서 모든 청년들이 일정 재산 이상을 가지고 인생을 출발할 수 있게 하자는 기본자산 논의가 일어나는 것도 누구나 최소한의 재산을 가져야 한다는 플라톤의 '최적 불평등'의 현대판 부활이라 하겠다.

아리스토텔레스(Aristoteles, 기원전 384~322)

플라톤을 이은 고대 그리스의 위대한 철학자 아리스토텔레스는 플라톤이 말한 '마땅히 받아야 할 몫'을 분배적 정의로 정리했다. 분배적 정의란 각자가 자기의 능력과 노력과 사회에 공헌한 정도에 따라 다른 대우를 받아야 한다는 것이다.

> "당사자들이 동등함에도 불구하고 동등하지 않은 몫을 분배받거나, 또는 동등하지 않은 사람들이 동등한 몫을 분배받아 갖게 되면 바로 거기서 싸움과 불평이 생겨난다."(『니코마코스 윤리학』, 1131a, 23-24)

이는 후세에 "같은 것을 다르게 대우하는 것은 정의롭지 못하다. 다른 것을 같게 대우하는 것도 정의롭지 못하다"라는 말로 알려졌다. 개미(열심히 일한 사람)와 베짱이(게으른 사람)에게 동등하게 보상하는 것은 정의롭지 못한 것이다. "같은 것은 같게, 다른 것은 다르게 분배하라", "각자에게 각자의 몫을 주라"는 아리스토텔레스의 담론은 오늘날 공정한 분배의 바탕을 이루고 있다. 그러나 각자의 정당한 몫을 어떻게 규정하느냐에 대해서는 많은 해석과 논란이 이어져 왔다.

아리스토텔레스의 명저, 『정치학』과 『니코마코스 윤리학』은 각각 획득과 교환에 관하여 다룸으로써 근대 이전의 경제학적 사유에 관한 고전이 되었다. 아리스토텔레스에 따르면 인간의 삶의 목적은 좋은 삶이다. 좋은 삶을 실현하는 데 한편으로 최소한의 필수품이 있어야 하고, 다른 한편으로 사람의 끝없는 욕구(wants)를 필요(needs)에 묶어두는 절제가 필요하다. 좋은 삶이라는 것이 존재하며 화폐는 좋은 삶을 누리기 위한 수단에 불과하다. 화폐(부)의 끝없는 축적 욕구에서 벗어나지 못하는 것은 좋은 삶과 거리가 멀다. 더할 나위 없이 좋은 건강과 행복은 있지만 더할 나위 없이 좋은 부란 없다. 끝없는 욕구란 우리가 다스려야 할 개인적인 악덕이다. 스키델스키-스키델스키(Skidelsky-Skidelsky, 2013)가 지적하는 바와 같이 부와 소비에 관한 끝없는 욕구를 부추겨 좋은 삶을 누리기가 어려워지고 있는 (그리하여 끝없는 욕구가 사회적 악덕이 된) 자유시장경제에서 아리스토텔레스의 윤리적 대명제는 각별한 의미를 갖는다.

애덤 스미스(Adam Smith, 1723~1790)

영국의 도덕철학자 애덤 스미스는 경제학의 아버지로 불리며 분배에 대하여도 후세에 여러 가지로 해석 · 평가될 다양한 논의를 전개하였다. 따라서 좀 상세하게 살펴볼 필요가 있다. 스미스가 1776년에 쓴 『국부론(*The Wealth of Nations*)』은 경제학을 독립된 사회과학으로 정립시킨 저서로 평가된다. 『국부론』 제1편의 제목은 '노동생산력을 향상시키는 원인들과 노동생산물이 상이한 계급들 사이에 자연법칙에 따라 분배되는 질서'이다. 스미스는 기능별 소득 분배의 개념을 도입하였다.

> "한 나라의 토지 · 노동의 연간 생산물 전체, 또는 같은 이야기지만 연간 생산물의 총가격은 세 부분, 즉 토지 지대, 노동 임금, 자본 이윤으로 나누어진다. 그리고 이것은 상이한 세 계급, 즉 지대로 먹고 사는 사람들, 임금으로 먹고 사는 사람들, 이윤으로 먹고 사는 사람

들의 수입을 구성한다. 이 세 계급은 모든 문명사회를 구성하는 3대 계급이다."(김수행 역, 『국부론』, 2007 ; 320쪽)

스미스는 이 3대 계급을 지주 계급, 노동자 계급, 자본가 계급(스미스의 표현으로는 고용주 계급)이라고 불렀다. 지대는 불로소득이라고 규정하면서도 지주 계급과 노동자 계급의 이익은 사회 일반의 이익과 밀접하게 연관되어 있지만 자본가 계급의 이익은 사회 일반의 이익과 반드시 일치하지는 않는다고 보았다. 자본가 계급은 일반적으로 지주 계급보다 예리한 이해력을 갖고 사회의 이익보다는 자기의 특수한 사업상의 이익을 더 많이 고려하기 때문이다.

스미스는 총생산이 임금, 지대, 이윤으로 분해되지만 총생산의 근원은 노동이라고 보는 노동가치설을 주창하였다. 세 계급 중 노동자 계급만이 가치와 부의 유일한 창조자이다. 노동자가 토지와 자본을 소유한 태초에는 모든 가치를 생산하는 노동자가 총생산을 모두 가져 갔다. 그러나 토지와 자본을 갖는 소수의 지주와 자본가가 등장함으로써 총생산의 일부가 지주와 자본가에게 돌아가게 되었다. 스미스는 자본가와 노동자 간의 계급 갈등의 중요성을 인식하였다. 두 계급 사이의 분배는 임금의 크기에 의해 좌우된다. 임금의 크기는 두 계급 사이의 계약에 의해 결정되는데 자본가의 힘이 노동자의 힘보다 세기 때문에 계약은 으레 노동자에게 불공평하게 맺어진다. 자본가의 힘은 소유하고 있는 부, 여론에 영향을 미치는 능력, 정부의 장악 등 내적으로 상호 연결되어 있는 세 가지 원천으로부터 나온다. 이러한 스미스의 논의는 마르크스에 영향을 주어 착취론으로 전개되었다.

스미스는 계급갈등론과 별개로 '보이지 않는 손'(invisible hand)이라는 말로 유명한 자연법적인 조화론을 전개하였다. 개인의 이기심에 맡겨 자유로운 경제 활동을 보장하면 각 개인에게 이로울 뿐 아니라 보이지 않는 손에 이끌려 공익도 저절로 증진된다는 것이다. 이 보이지 않는 손은 오늘날 경제학에서 경쟁시장의 수요 · 공급의 이론으로 정립되었다. 스미스에 의하면 보이지 않는 손이 작동할 수 있도록 정부 규제는 최소화하고 개인의 경제적 자유를 최대한 보장하는 것이 바람직하다. '보이지 않는 손'에 입각한 조화론은 한계효용학파에 의해 계승되었다.

스미스는 분배와 공평(equity)에 관한 자신의 견해도 밝혔다.

> "하인, 노동자 그리고 각종 직공들은 모든 대국의 인구의 대부분을 이루고 있다. 그러므로 그 대부분의 상태를 개선하는 것은 결코 전체에 불리한 것이라고 간주될 수 없다. 어느 사회라도 그 구성원의 대부분이 가난하고 비참하다면 번영하는 행복한 사회라고 할 수 없다. 뿐만 아니라 국민 전체의 의식주를 공급하는 노동자들이 자기 자신의 노동생산물 중 일정 분량을 받아 그런대로 잘 먹고 입고 잘 수 있어야 공평한 사회라 할 수 있다."(『국부론』, 102쪽)

자유시장경제의 오묘한 조화에 따라 개개인의 이기적인 행동이 의도하지 않게 이타적인 행동도 된다는 보이지 않는 손 이론은 후세에 스미스를 최소정부론의 챔피언으로 만들었다. 스미스가 자유 경쟁을 옹호하고 규제를 최소화하는 '최소정부가 최상의 정부다'(최소정부론)를 주장하며 재분배는 반대한 것으로 주류 경제학계에서 이해되어 온 것이다. 그가 『국부론』에서 정부의 역할을 크게 국방, 사법행정과 공공

사업의 세 가지로 최소화한 것은 사실이다. 그러나 『국부론』보다 17년 앞서 출간한 『도덕감정론(*The Theory of Moral Sentiments*)』(1759)과 연결하여 『국부론』을 이해해야 한다. 스미스는 『도덕감정론』에서 다른 사람의 입장에서 헤아려 보는 공정한 관찰자(impartial spectator)의 동감(sympathy) 능력을 인간 사회의 도덕적 원리라고 보았다. 오늘날의 용어로 스미스의 동감은 공감(empathy)이라고 부를 수 있다. 다른 사람의 고통과 기쁨을 직접 경험하지 못하지만 역지사지의 상상력을 통해 이런 감정을 비슷하게 느낄 수 있다. 공정한 관찰자의 공감을 바탕으로 스미스는 네 가지 시민사회의 미덕, 즉 신중(prudence), 자기 제어(self-control), 정의(justice), 자혜(혹은 박애, benevolence)를 제시하였다. 인간은 이기적이지만 네 가지 미덕으로 이기심을 절제하며 남들과 더불어 사는 것을 배워 나가기 마련이다. 또한 인간은 사회적 동물로서 내가 중요한 만큼 남도 중요하다. 스미스는 성경에 나오는 '네 자신을 사랑하는 만큼 네 이웃을 사랑하라'는 황금률도 강조한다(박세일 · 민경국 공역, 『도덕감정론』, 2009, 제1편 제5장 5).

네 가지 미덕은 우리 각자가 가지고 있는 공정한 관찰자의 자질로 인해 어느 정도 발휘되지만 완전하지는 않다. 네 가지 미덕 중 스미스가 특히 강조한 것은 정의다. 스미스에 따르면 정의란 남에게 피해(injury)를 끼치지 않는 것이다. 남에게 피해를 끼치지 않는 것이야말로 인간 사회의 존속을 위해 필수적인 최소한의 요소이다. 정의만큼은 완전하게 준수될 수 있도록 정부가 적극 개입해야 한다. 정의가 완전하게 준수되어야만 사회가 존속할 수 있기 때문이다. 남에게 피해를 끼치지 않는 것을 넘어 남의 행복을 증진시키는 박애를 발휘하는 것은 얼마든지 환영할 일이다. 그러나 정의를 요구하는 것처럼 박애를 요구할 수는 없다. 스미스는 『도덕감정론』을 죽기 직전까지 수정할 정도로 『국부론』보다 중시하였다. 그는 유언으로 자신의 묘비명을 "『도덕감정론』의 저자, 여기에 잠들다"로 써 달라고 하였다.

두 저서를 종합하여 스미스의 생각을 정리해 볼 수 있다.

> "이 (특혜와 규제가 완전히 철폐된 자연적 자유의) 제도 하에서 모든 사람은 정의의 원칙을 위반하지 않는 한, 완전히 자유롭게 자신의 방식대로 자신의 이익을 추구할 수 있으며, 자신의 근면 · 자본을 바탕으로 다른 누구와도 완전히 자유롭게 경쟁할 수 있다(『국부론』, 848쪽)."

인간에게는 공감의 원리가 있기 때문에 이런 이기심의 자유로운 발현은 공정한 관찰자의 공감을 얻는 범위 내에서 어느 정도 자제될 수 있다. 그러나 정의가 준수될 수 있을 정도로 이기심이 자제된다는 보장이 없기 때문에 정부가 개입하여 필요한 제도를 만들고 강제해야 한다. 정의를 준수하게 하는 강제는 정부의 본질적인 역할이자 임무이다. 스미스의 시장경제는 자유방임적인 사익 추구와 경쟁만으로 작동하는 것이 아니라 개개인의 공정한 관찰자로서의 공감 능력과 국가의 정의 실현 역할이 어우러져 작동하는 것이다. 이러한 시장경제가 경제 발전과 사회 번영을 이루고 개인의 자유를 꽃피울 수 있다. 일부 학자들은 스미스가 『도덕감정론』에서 펼친 사회 정의의 실현이라는 문제의식을 가지고 『국부론』에서 사회 정의를 실현하기 위한 제도로서 자유시장경제를 주창한 것이라고도 해석한다(Billet, 1978 ; 이영선, 1989). 시장경제에서 착취와 불평등이라는 폐해가 발생할 수 있지만, 개인의 자유와 사유재산 제도를 보장하는 시장경제가 사회 번영을 가져오기 때문에 시장경제의 장점이 폐해를 능가한다고 보았다는 것이다.

데이비드 리카도(David Ricardo, 1772~1823)

19세기 초 서구 산업자본주의는 3대 계급을 뚜렷이 부각시켰다. 노동을 팔아 임금을 받는 노동자 계급은 빈곤했다. 그에 비해 땅을 소유해 지대를 받는 지주 계급과 자본을 소유해 이윤을 얻는 자본가 계급은 부유했다. 이 세 계급 간의 소득 분배는 한 사회의 미래를 결정하는 중요한 요소로 여겨졌다. 애덤 스미스의 뒤를 이은 영국의 고전학파 경제학자인 데이비드 리카도는 대표적인 저서 『정치경제학과 과세의 원리(*The Principles of Political Economy and Taxation*)』(1817)에서 기능별 소득 분배를 경제학의 주요 과제로 꼽았다.

> "지상의 생산물은 …… 세 사회 계급, 즉 지주, 자본 소유자, 노동자 사이에 분배된다. 그러나 지상의 생산물이 지대, 이윤, 임금이라는 이름으로 세 계급에 배분되는 비율은 사회의 단계가 다름에 따라 …… 근본적으로 다르게 마련이다. 이 분배를 지배하는 법칙을 규명하는 것이야말로 정치경제학의 주요 과제이다."(리카도(1817), 머리말 첫 세 단락)

그는 스미스의 뒤를 이어 지대와 임금이 어떻게 결정되는가를 연구하였다. 인구 증가로 식량 수요가 늘면서 점점 덜 비옥한 땅까지 경작하게 되고, 이것이 식량 가격과 지대를 높여 지주 계급의 몫이 늘어난다. 임금이 노동자들의 최저생계비보다 높으면 장기에 출산과 인구가 증가하여 노동 공급이 증가하고 이에 따라 임금이 낮아진다. 임금이 최저생계비보다 낮으면 인구가 감소하여 노동 공급이 감소하고 이에 따라 임금이 높아진다. 임금은 장기에 노동자들의 최저생계비 수준을 벗어날 수 없다. 리카도는 고용주 계급을 자본가 계급으로 부르고, 시간이 흐름에 따라 노동자 계급과 자본가 계급의 소득 몫은 점점 감소한다고 보았다.

리카도, 맬서스(Thomas Malthus, 1766~1834) 등 스미스를 이어 경제학을 독자적인 사회과학으로 정립시킨 영국의 고전학파 경제학자들은 인구 증가로 임금이 장기에 최저생계비 수준으로 회귀한다고 주장하였다. 또한 지대가 높아져 지주 계급의 몫이 늘어난다고 전망하였다. 이런 주장과 전망은 경제 성장과 인구 변화의 역동성을 과소평가한 것으로서 서구 자본주의 발전 과정에서 틀린 것으로 판명되었다.

공상적 사회주의자들

프랑스의 생 시몽(Saint Simon, 1760~1825), 푸리에(Charles Fourier, 1772~1837), 영국의 오웬(Robert Owen, 1771~1858) 같은 공상적 사회주의자들은 프랑스 혁명의 영향을 받아 소득 분배에 관한 진취적인 원칙을 모색하였다. 그러나 누구도 소득의 완전한 평등을 주장하지는 않았다. 상대적으로 보수적인 입장을 취한 생 시몽은 '각자에게 일한 만큼(to each according to his work)'의 분배 기준을 제시함으로써 평등(equality)보다 형평(혹은 공평, equity)을 선호하였다. 푸리에는 여성과 다섯 살 이상의 어린이를 포함한 누구에게나 안락한 생활을 할 수 있는 최저소득(comfortable minimum income)을 보장해 주고, 나머지 소득은 노동, 자본, 재능 간에 5 : 4 : 3의 비율로 분배해야 한다고 주장하였다. 안락한 (생활을 할 수 있는) 최저소득을 어떻게 정하고 3자 간에 분배 비율을 어떻게 정당화할 것인지에 관한 엄밀한 논의는 없었다. 그러나 소득 분배에서 유인효과를 감안하면서 최저한의 생활수준을 보장하는 것이 중요하다는 인식을 후세에 심어주었다.

근대에 이름 난 경제학자와 사회학자 중에서 소득의 완전한 평등 분배를 주장한 사람은 없었다. 아리스토텔레스가 밝힌 분배적 정의에 공감하고, 무엇보다 완전한 평등 분배는 일하려는 유인에 결정적으로 악영향을 끼친다는 것을 인식한 때문이다.

칼 마르크스(Karl Marx, 1818~1883)

앞에서 본 바와 같이 스미스와 리카도에 따르면 생산된 상품의 가치는 임금과 지대와 이윤으로 나누어져 노동자 계급, 지주 계급, 자본가 계급의 소득이 된다.

가치 = 임금 + 지대 + 이윤 (2-1)

마르크스는 19세기에 발간된 가장 유명하고 영향력이 큰 저서 『자본론(*Das Kapital*)』(1867)을 통해 인류의 경제 체제와 분배의 변화를 예측하는 엄청난 비전을 제시하였다. 그는 스미스와 리카도가 주장한 노동가치설과 계급갈등론을 이어받았다. 그리고 상품의 가치가 노동에 의해서만 결정된다는 노동가치설을 발전시켜 지대와 이윤은 노동을 착취한 것이라는 착취설을 주장하였다. 계급 갈등은 자본가 계급과 노동자 계급 사이의 갈등에 초점을 맞추었다. 생산수단을 소유하고 직접 생산에 참여하지 않는다는 점에서 지주 계급은 광의의 자본가 계급에 포함시켰다.

마르크스에 따르면 한 상품의 가치는 그 상품을 생산하는 데에 직접·간접으로 투입된 노동량(마르크스의 표현에 따르면 노동자가 투입한 '사회적 노동시간')에 의해 결정된다. 구체적으로 한 상품의 가치는

$$\text{가치} = \text{불변자본} + \text{가변자본} + \text{잉여가치} \qquad (2-2)$$

로 표시된다. 불변자본은 생산에 투입되는 자본재와 원자재의 가치를 말한다. 자본재와 원자재는 이미 노동에 의해 생산된 것으로서 그 가치를 사회적 노동시간으로 표시할 수 있다는 뜻에서 간접노동이라고 부른다. 자본재와 원자재는 생산 과정에서 상실되는 가치만큼만 최종 상품에 덧붙인다. 상품 생산에 투입되는 노동이 직접노동인데 직접노동이 나머지 상품의 가치를 생산한다. 가변자본은 생산에 투입되는 직접노동의 가치 중 임금으로 지불된 부분이다. 잉여가치는 직접노동이 생산한 가치 중 임금으로 지불되지 않은 부분이다. 직접노동을 제공한 노동자는 가변자본과 잉여가치를 합한 만큼의 가치를 생산하지만 노동의 대가로 가변자본만 받는다. 나머지 잉여가치는 자본가에게 귀속된다. 잉여가치는 노동자가 생산한 몫인데도 불구하고 노동자에게 돌아가지 않고 자본가에게 돌아간다는 점에서 자본가가 노동자를 착취한 몫이다. 식 (2-1)의 틀에서 설명하면 원래 가치 = 임금이어야 하는데 임금이 가치보다 적고 그 차액은 지대와 이윤 등의 불로소득이라는 것이다.

지주와 자본가는 상품의 생산과 가치 창출에 하등 기여하는 바가 없다. 그런데도 지대와 이윤을 가져가는 것은 노동자에게 돌아가야 할 몫의 일부를 빼앗는 것이다.

마르크스는 식 (2-2)의 각 항목 간 비율을 다음과 같이 정의하였다.

$$\text{노동착취도} = \text{잉여가치}/\text{가변자본}$$

$$\text{자본의 유기적 구성} = \text{불변자본}/\text{가변자본}$$

$$\text{이윤율} = \frac{\text{잉여가치}}{\text{불변자본} + \text{가변자본} } \qquad (2\text{-}3)$$

마르크스는 자본주의가 발전함에 따라 노동착취도와 자본의 유기적 구성은 높아지는 한편 이윤율은 떨어진다고 보았다. 이윤율이 떨어지는 것을 회피하기 위해 대자본이 소자본을 합병하는 자본 집중이 일어난다. 자본 집중은 소수의 대자본가에게 부를 집중시키고 많은 소자본가들을 노동자 계급으로 떨어트린다. 노동착취도와 자본의 유기적 구성이 높아짐에 따라 노동자 계급은 궁핍해진다. 자본 집중과 노동자 계급의 빈궁으로 인해 과잉생산과 유효수요의 부족이 일어나 주기적인 공황에 시달린다. 갈수록 노동자 계급이 빈궁해지고 대자본가에게 부가 집중되며, 주기적인 공황이 심화하는 것이 자본주의의 모순이다. 이 자본주의의 모순으로 결국 다수의 노동자가 극소수의 대자본가들을 무력으로 타도하는 노동자 혁명이 일어난다. 노동자 혁명으로 자본주의는 붕괴하고 사회주의로 이행한다. 사회주의 사회에서는 '능력에 따라 일하고 생산한 만큼 분배한다(From each according to his abilities, to each according to his work).' 궁극적으로 사회주의는 공산주의로 이행한다. 생산력이 고도로 발달한 공산주의 사회에서는 '능력에 따라 일하고 필요에 따라 분배한다(From each according to his abilities, to each according to his needs).'

사유재산 제도와 경제적 자유를 두 기둥으로 삼는 자본주의는 마르크스가 예언한 것처럼 붕괴하지 않았다. 붕괴한 것은 자본주의를 부정하고 생산수단의 국유화와 계획경제를 내세워 20세기에 등장했던 사회주의다. 노동자 계급은 갈수록 궁핍해진 것이 아니라 경제 성장의 혜택을 받아 실질임금이 상승하고 노동소득분배율이 증가하는 추세를 밟아 왔다. 노동자 계급은 총칼을 통한 무력혁명으로가 아니라 투표를 통한 정치세력으로 등장하여 국가가 복지 향상에 힘쓰도록 영향력을 행사해 왔다. 자본주의하에 기술 진보와 혁신이 끊임없이 일어남으로써 장기적으로 이윤율은 하락 추세를 밟지 않았다. 오스트리아 출신 미국 경제학자 조지프 슘페터(1883~1950)는 대표적인 저서 『자본주의, 사회주의, 민주주의』(1943)에서 자본주의가 마르크스가 주장한 것처럼 자체의 모순과 계급 투쟁을 통해 사회주의로 이행하는 것이 아니라고 주장하였다. 그에 의하면 생산력의 눈부신 발전이 이루어지는 가운데 구성원들이 비인간적인 이윤 추구와 인간 소외에 환멸을 느껴 사회주의로 이행한다. 자본주의가 체제 실패가 아니라 지나친 성공을 통해 극복된다는 것이다. 생산력이 인공지능에 의해 지금보다 훨씬 고도로 발전하게 될 면 미래에는 슘페터의 예언이 들어맞을 수도 있을 것이다.

존 스튜어트 밀(John Stuart Mill, 1806~1873)

고전학파의 경제이론을 완성시킨 밀은 정치경제학자 못지않게 사회학자, 철학자, 사회개혁가로서 유명한 지식인이었다.[2] 그가 활동하던 19세기 중엽은 봉건적 계급 질서가 청산되지 않은 가운데 근로자들이 열악하고 위험한 생산 현장에서 장시간 일하는 데에도 불구하고 절대적 빈곤에서 벗어나지 못하는 산업자본주의 시대였다. 이런 비인도적인 현실을 배경으로 사회주의와 공산주의 이론이 등장하는 때에 밀은 '현실의 자본주의'와 '이상으로서의 사회주의(공산주의)'를 구분하는 지혜를 발휘하였다. 밀은 인간 진보의 제1원리로 개인의 자유와 개성(individuality)의 발현을 꼽았다. 그는 자본주의에 대한 사회주의의 여러 가지 비판에 공감하면서도 '이상으로서의 사회주의'가 아닌 '현실로서의 사회주의'가 자유와 개성의 발현과 양립할 수 있을까에 대하여 매우 회의적이었다. 그의 회의는 다음 세기의 '현실로서의 사회주의'의 실험과 엄청난 비용을 치룬 실패로 현실화되었다.

경제적 자유는 사유재산제와 함께 자본주의의 근간이다. 경제적 자유는 일상의 경제 활동에서 경쟁으로 나타난다. 밀은 스미스처럼 경쟁이 제한 없이 이루어지는 자유 경쟁을 강조한다. 그는 자유 경쟁이 사회주의자들이 말하는 것처럼 불편하고 일부 동업자 사이에 적대감을 낳을 수 있다는 것을 인정하면서도, 비경쟁과 독점에 따른 더 큰 폐해를 막을 수 있다는 것을 잊어서는 안 된다고 강조한다. "경쟁은 진보를

2. 밀의 이론은 조순 외(1992)에 나오는 논문들, 특히 박세일의 「존 스튜어트 밀의 사회개혁론」을 많이 참고하였다.

위한 최선의 자극제는 아닐지 몰라도 현재로서는, 아니 가까운 장래까지도, 진보를 위해 필요한 불가결의 자극제가 될 것이다. …… 경쟁에 대한 모든 제한은 악이고, 경쟁의 활성화는 선이며, 경쟁을 막는 것은 게으름과 지적 우둔함을 보호하는 것이 된다."

밀은 노동자만이 가치를 창출한다는 사회주의자들의 노동가치설에 대해서도 비판적이었다. 이윤에는 자기의 자본을 소비에 사용하지 않고 생산적으로 사용한 제욕(abstinence)에 대한 보상의 의미가 있다. 구체적으로는 투자라는 위험부담행위에 대한 일종의 보험과 관리자 내지 감독자로서의 임금 몫이 포함되어 있다. 따라서 자본가가 이윤을 수취하는 것은 정당하다. 그러나 지대에 대해서는 부정적이어서 지대공유론을 주장하였다.

밀에 따르면 사유재산 제도는 '올바른 사유제'와 '잘못된 사유제'로 나눌 수 있다. '올바른 사유제'는 노력과 제욕의 열매를 당사자에게 귀속시키는 사유제이다. '잘못된 사유제'는 아무런 자기 노력이나 공로 없이 타인의 노력이나 절제의 열매를 수취하는 사유제이다. 토지 자체는 자연의 일부이고 인간의 노력에 의해 생산된 것이 아니기 때문에 토지를 특정 개인이 배타적으로 사용하고 처분하게 하는 것은 대단히 부정의한 일로서 잘못된 사유제이다. 그러나 토지를 개간하고 구획 정리를 하고 길과 수로를 만드는 등의 수고를 가한 경우, 즉 토지 소유자가 토지 개량자가 되어 공공의 이익에 합치되는 경우에는 배타적 소유권을 인정해 줄 수 있다. 토지 소유자들이 일하지도 않고 위험 부담도 없이 인구와 국부의 증가에 따라 지대가 올라 얻는 이익은 불로소득이다. 밀은 국가가 조세를 통해 불로소득을 국고에 귀속시키고 사회의 이익을 위해 사용해야 한다는 지대공유론을 주장한다. 인구와 국부의 증가에 따른 지대 증가분에 대해 과세를 하는 것을 밀은 불로증가세(不勞增價稅, tax of the unearned increment of land 혹은 tax on the increase of the rent of land from natural causes)라고 불렀다. 밀에 의하면 불로증가세는 사유재산 제도의 기본 원리에 반하는 것이 아니다. 불로증가세에 의해 불로소득이 모두 세금으로 징수되면 실수요 목적 외 토지 소유의 의미가 사라져 시장에 토지 공급이 증가할 것이다. 이런 토지를 국가가 사들여 ① 경작지로서 소규모 경작 농민과 농업협동조합에 임대하거나 ② 노동자의 주거지로서 활용하거나 ③ 문화 유산의 부속 토지 혹은 야생 자연미의 보존지로 사용해야 한다. 토지에 관한 밀의 독특한 견해는 미국의 사회사상가이자 경제학자인 헨리 조지(Henry George, 1839~1897)에 의해 토지에만 세금을 부과해야 한다는 토지단일세론으로 이어졌다.[3] 우리나라는 땅값이 1970년대부터 폭등하여 빈부 격차의 주요인이 됨에 따라 밀의 이론을 수용하여 1990년대 초에 토지공개념을 도입하였다.

밀은 영국의 사상가 벤담(Jeremy Bentham, 1748~1832)이 제창한 공리주의를 적극 받아들여 발전시켰다. 공리주의(utilitarianism)란 인간 삶의 목적이 쾌락(행복, 효용)을 증진하고 고통을 감소시키는 것이라고 규정하고, 사람들이 각자 자유롭게 삶의 목적에 충실하면 '최대 다수의 최대행복(the greatest happiness for the greatest number)'이 가능하다고

3. 조지는 대표적인 저서 『진보와 빈곤』(1879)에서 경제가 성장하더라도 전체 소득 중 지주들이 차지하는 지대의 비중이 커지고 임금 + 이자의 비중이 작아져 빈곤이 나타난다고 주장하였다. 역사 발전 과정에서 틀린 것으로 판명된 또 하나의 분배 이론이다. 그러나 경제 발전 과정에서 토지 가치의 빠른 상승이 분배를 악화시킬 수 있다는 조지의 통찰은 오늘날에도 유효하다.

보는 이론이다. 밀에 의하면 인간이 자유를 향유할 수 있어야 하는 이유도 자유를 향유하는 것이 최대의 효용을 주기 때문이다. 개인의 자유를 제한하는 경우는 다른 사람에게 위해(危害, harm)를 주는 경우, 오직 그 경우에만 허용된다. 다른 사람에게 위해를 주면 사회 전체의 효용이 훼손되기 때문이다. 다른 사람에게 위해를 주지 않는 한 개인의 자유는 보장되어야 한다는 밀의 생각은 위해 원칙(harm principle)이라고 불린다. 공리주의는 후술하는 한계효용학파와 결합하여 소득 재분배의 타당성을 뒷받침해 준다.

한계생산력학파

한계생산력학파는 애덤 스미스의 보이지 않는 손과 사회조화론을 계승하여 발전시키고 현대 소득 분배 이론의 기초를 닦았다. 19세기 말 영국의 경제학자 마셜(Alfred Marshall, 1842~1924)과 윅스티드(Philip Henry Wicksteed, 1844~1927), 미국의 경제학자 클라크(John Bates Clark, 1847~1938), 오스트리아 경제학자 뵘-바베르크(Eugen von Böhm-Bawerk, 1851~1924) 등은 노동만이 유일한 생산요소라는 노동가치설을 부정하고 토지와 자본도 독자적인 생산요소라고 보았다. 노동량이 주어져 있을 때 기계와 장비 등의 자본이 조금 있는 경우보다 많이 있는 경우 생산량이 커진다. 토지도 마찬가지다. 따라서 노동뿐 아니라 자본과 토지도 본원적인 생산요소다. 우리는 각 요소의 한계생산력을 계산할 수 있다. 다른 생산요소들의 투입량이 주어져 있는 상황에서 한 생산요소의 투입량을 한 단위 늘릴 때 증가되는 생산물 수량이 그 생산요소의 한계생산물이다.

$$요소의\ 한계생산물 = 총생산량의\ 증가분/요소의\ 증가분 \quad (2\text{-}4)$$

한계생산력학파는 구체적인 생산 과정에서 각 생산요소가 투입되는 마지막 단위의 한계생산물만큼을 각 요소의 (실질)소득으로 지급하면 생산물이 모자라거나 남지 않고 정확히 분배된다는 것을 이론적으로 보였다. 이를 소득 분배의 한계생산력 이론(marginal productivity theory)이라 부른다. 한 상품의 가치를 나타낸 식 (2-1)을 다음과 같이 고쳐 쓸 수 있다.

$$\begin{aligned} 가치 &= 노동소득 + 토지소득 + 자본소득 \\ &= 임금 \times 노동량 + 지대 \times 토지량 + 자본\ 수익률 \times 자본량 \end{aligned} \quad (2\text{-}1)'$$

상품의 가치는 각 요소의 가격과 요소 투입량의 곱을 더한 것이다. 그런데 각 요소의 가격은 각 요소시장에서 수요·공급에 의해 결정된다. 경쟁시장에서 기업이 이윤극대화를 추구하면 시장임금은 노동의 한계생산물과 같다. 지대는 토지의 한계생산물과 같고, 자본 수익률은 자본의 한계생산물과 같다. 이렇게 기업이 이윤극대화에 부합하는 요소 투입량을 수요하는 과정을 통해 요소시장에서 결정된 요소 거래량과 요소 가격을 곱하면 요소소득이 되고, 세 요소소득을 더하면 상품 가치와 정확히 맞아 떨어진다는 것이 한계생산력 이론이다. 각 요소가 생산 과정에 기여하는 만큼 보상을 받으면 생산물이 남지도 않고 모자라지도 않는다. 마르크스가 말하는 잉여가치는 없다. 토지 사용의 대가인 지대와 자본 사용의 대가인 이자는 불로소득이 아니고 착취도 아니다. 경제학에서 쌀, 옷과 같은 생산물의 시장 가격과 거래량이 어떻게 결정되는가를 다루는 이론이 생산물의 가격 이론이고, 그 해답은 수요 · 공급의 이론이다. 한계생산력학파가 보인 것은 기능별 소득 분배는 다름 아닌 생산요소의 가격 이론이고, 그 해답도 수요 · 공급의 이론이 제공한다는 것이다.

사회의 생산 기술이 규모에 대한 보수 불변이고(즉, 모든 생산요소를 2배, 3배 늘리면 생산량도 2배, 3배 늘어나고) 시장이 완전경쟁시장이면 한계생산력 이론이 정확히 들어맞는 것으로 밝혀졌다. 규모에 대한 보수 불변이 아니거나 시장이 독과점이면 한계생산력 이론이 들어맞지 않는다. 현실 경제에서는 규모에 대한 보수 불변이 성립하지 않는 산업이 많고 독과점 시장도 많다. 이런 한계에도 불구하고 한계생산력 이론은 기능별 소득 분배를 그럴듯하게 설명하는 이론적 우아함을 가지고 있다. 스미스는 임금의 크기가 자본가 계급과 노동자 계급의 계약에 의해 결정된다고 보았는데 이 관점은 게임의 이론을 이용한 협상의 이론으로 발전하였다. 오늘날 한계생산력 이론은 협상의 이론과 함께 주류 경제학의 대표적인 소득 분배 이론으로 자리 잡고 있다.

빌프레도 파레토(Vilfredo Pareto, 1848~1923)

이탈리아의 파레토는 개인 간 소득 불평등 문제를 다룬 최초의 통계학자이자 경제학자이다. 경제학에서 효율적 자원배분의 원칙을 정립한 위대한 경제학자 파레토는 분배 분야에서도 이른바 '파레토 법칙'과 파레토 원칙을 세워 후세에 큰 영향을 미쳤다.

파레토(1897)는 19세기 후반 여러 유럽 국가와 도시의 세금 자료를 바탕으로 다음과 같은 소득 분배의 법칙을 도출하였다. 소득 수준을 Y, Y보다 많은 소득을 버는 사람 수를 N이라고 하자. 파레토에 따르면 많은 국가와 도시의 소득 분포는

$$N = AY^{-\alpha} \text{ 혹은 } \log N = \log A - \alpha \log Y,\ \alpha > 0 \qquad (2\text{-}5)$$

의 형태로 표시할 수 있다. N의 로그가 Y의 로그의 선형함수라는 것이다. $\log N$을 수직축, $\log Y$를 수평축으로 측정하면 양자의 관계를 $-\alpha$라는 기울기를 가지는 우하향하는 직선으로 표시할 수 있다. α값이 클수록 소득이 늘어남에 따라 고소득자가 더 빨리 줄어들기 때문에 소득 분배가 양호한 것을 나타낸다. 파레토는 당시 여러 유럽 국가와 도시의 세금 자료를 바탕으로 위 식을 통계적으로 측정하면 α가 1.5에서 1.7의 값을 갖는다는 것을 발견하였다. 파레토는 조사할 수 있는 모든 지역과 시대에 대해 이런 견고한 결과가 나오는 것을 확인하고 물리학에서의

[그림 2-1] 파레토 곡선의 예

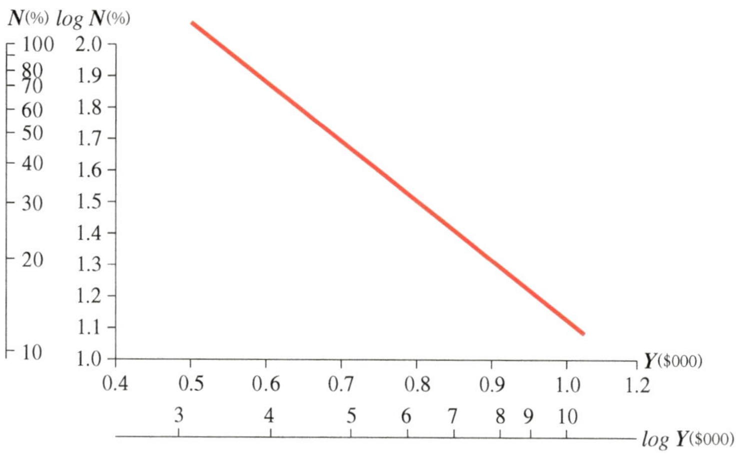

중력의 법칙만큼이나 확실하고 중요한 법칙이라고 믿었다. 그래서 파레토는 그가 얻은 결과를 파레토 법칙(Pareto's law)이라고 명명하였다. A는 Y의 측정 단위에 따라 값이 달라지므로 경제적 의미가 없다. 그러나 α는 Y의 측정 단위에 관계없이 일정한 값을 갖고 경제적 의미를 갖기 때문에 파레토 계수라 불린다. α가 1.5라고 하자. 그러면 소득이 10% 증가할 때 증가된 소득 이상을 버는 인구 비중은 종전에 비해 15% 감소한다. 소득이 100만 원에서 110만 원으로 10% 증가하면 110만 원 이상 버는 인구 비중은 종전에 비해 15%만큼 감소하는 것이다. 파레토에 따르면 사회와 경제 체제에 관계없이 이 패턴은 변하지 않는다.

사회가 발전을 하든 안 하든, 경제 체제가 봉건제든, 자본주의이든, 사회주의이든 지배층만 바뀔 뿐 개인별 소득 분배는 변하지 않는다는 파레토의 법칙은 오랫동안 경제학자들에게 주술로 작용하여 1940년대까지 경제학계를 지배하였다. 그러나 파레토가 주장한 시대와 체제, 경제 발전 단계를 초월한 분배의 철칙이란 없다. 오늘날 많은 실증 분석 결과 전체 소득 분포에 대해 파레토 법칙은 성립하지 않는다는 것이 밝혀졌다. 하지만 상위 소득계층, 특히 최상위 1~2% 계층에서는 소득이 올라갈수록 사람 수가 일정한 비율로 감소한다는 파레토 법칙이 상당히 근사하게 성립하는 것으로 확인되고 있다. 이는 부 분포의 경우에도 마찬가지다.

파레토는 이탈리아의 20% 인구가 전체 토지의 80%가량을 소유하고 있음을 관찰하고, 영국을 비롯한 유럽의 다른 나라들도 비슷한 패턴을 보인다는 것을 발견하였다. 이는 파레토 원칙 혹은 20 : 80 원칙으로 불리며 오늘날에 다른 분야에까지 광범위하게 적용되고 있다. 미국과 남미 여러 나라의 부 분포를 보면 상위 20%가 전체 부의 80~90%

가량을 소유하고 있다. 경영학에서 백화점 매출의 80%가량을 상위 고객 20%가 올린다, 기업이 내놓은 제품 중 20%가 전체 매출의 80%가량을 차지한다, 회사 직원의 20%가 전체 업무의 80%가량을 처리한다는 등 20 : 80의 원칙이 폭넓게 확인되었다. 곤충 세계에서 꿀벌도 일벌 중 20% 정도만 일을 열심히 하고 나머지 80%는 열심히 하지 않는 것으로 관찰된다. 열심히 일하는 20%의 꿀벌을 따로 떼어 놓으면 다시 그중 20% 정도만 일을 열심히 하고 나머지 80%는 열심히 하지 않는다.

한계효용학파 vs. 존 메이너드 케인스(John Maynard Keynes, 1883~1946)

영국의 제본스(W. S. Jevons, 1835~1882), 오스트리아의 멩거(Carl Menger, 1840~1921), 프랑스의 왈라스(Leon Walras, 1834~1919) 등은 1870년대에 한계효용이론을 제창하였다. 백 년이 지나서야 한계효용이론이 애덤 스미스가 『국부론』(1776)에서 제기한 가치의 역설(물은 없어서는 안 되는 생활필수품인데 값이 싸고, 다이아몬드는 일상생활에 없어도 되는 사치품인데 값이 비싼 현상)을 해결하였다는 것은 잘 알려진 이야기다. 한계효용이론은 소비량이 많아질수록 똑같은 추가 소비량이 낳는 만족(효용)은 점점 감소한다는 한계효용 체감의 법칙이 핵심이다. 사람 간에 효용을 비교할 수 있다면 한계효용이론은 소득재분배의 이론이 된다. 고소득자로부터 10만 원을 세금으로 걷어 저소득자에게 주면 고소득자의 효용은 줄어들고 저소득자의 효용은 늘어난다. 그러나 한계효용 체감의 법칙에 의해 고소득자의 효용 감소분은 저소득자의 효용 증가분보다 적다(재벌의 소득이 100만 원 줄어드는 것은 대수롭지 않은 일이지만 빈자 10명의 소득이 10만 원씩 늘어나는 것은 각각의 빈자에게 대수로운 일이다). 따라서 고소득자와 저소득자를 아우르는 사회 전체로는 효용의 총합인 사회후생이 재분배로 늘어난다. 한계효용이론에 의하면 평등을 향한 재분배는 사회후생을 증가시키는 것이다.

이 논의에 한 가지 한계점이 있다. 소득 중에 소비가 차지하는 비중이 고소득층은 낮고 저소득층은 높다. 따라서 소득 재분배는 경제 전체로 소비를 증가시키고 저축을 감소시킨다. 저축이 감소하면 투자가 감소하고 투자가 감소하면 경제 성장이 낮아진다. 재분배가 경제 성장에 부정적인 영향을 미치는 것이다. 이런 부정적인 영향을 걱정할 필요가 없다는 것이 케인스가 제기한 유효수요이론이다. 케인스는 1930년대의 대공황으로부터 서구 경제와 기존 경제학을 구출한 20세기의 가장 위대한 경제학자이다. 완전고용에 대응하는 국민소득 수준을 완전고용국민소득이라 한다. 재분배는 경제 전체로 소비수요를 증가시킨다. 경제가 완전고용국민소득보다 낮은 생산 수준에 있을 때 이 늘어난 소비수요가 생산시설의 가동률을 높여 국민생산 = 국민소득을 늘리고 이에 따라 저축도 늘어난다. 경제가 완전고용과 그에 따른 완전고용국민소득을 달성하지 못하고 있을 경우에, 재분배가 소비는 물론 저축도 증가시켜 분배와 성장 간에 선순환을 이룰 수 있다는 것을 보인 것이 케인스의 공헌이다. 케인스는 실현성이 없는 구매 욕구가 아니라 실제로 구매력을 갖춘 구매 욕구를 유효수요(effective demand)라 불렀다. 현실 경제에서 재분배가 유효수요를 창출하고 공장 가동률을 높여 생산과 소득을 증가시킬 수 있다는 것을 밝힌 것이다.

사이몬 쿠즈네츠(Simon Kuznets, 1901~1985)

러시아계 미국인 경제학자이자 통계학자인 쿠즈네츠는 1913년부터 1948년까지 35년간 미국의 소득세 과세 자료를 이용하여 소득 분배를 실증적으로 연구하였다(Kuznets, 1955). 그 결과 상위 10% 계층의 소득 비중이 1910년대부터 1920년대까지는 증가하다가 1930년대부터 낮아졌다는 것을 발견하였다. 이를 바탕으로 쿠즈네츠는 자본주의 발전 단계의 초기에는 소득 분배가 악화하지만 나중에는 개선된다는 역U자 가설을 제시하였다. 쿠즈네츠에 의하면 산업화의 초기에는 생산성이 낮은 농업 부문에서 생산성이 높은 제조업 부문으로 일부 사람들만 이동하기 때문에 소득 분배가 나빠진다. 그러나 산업화가 충분히 진행되면 대부분의 사람들이 제조업 부문으로 이동하여 높은 생산성의 혜택을 받게 되기 때문에 소득 분배가 개선된다. 경제가 더욱 발전하면 광범위한 교육 제도가 도입되어 이전에는 소수만이 누리던 교육의 프리미엄이 감소한다. 또 정부가 사회 보장 제도를 도입하여 계층 간에 재분배가 이루어진다. 이에 따라 소득 불평등이 줄어드는 측면도 있다. 결국 소득 불평등도를 세로축, 소득 수준을 가로축에 나타내면 초기에는 소득 불평등도가 커졌다가 소득이 증가(경제가 발전)함에 따라 개선되므로 역U자 형태의 도표로 나타난다.

쿠즈네츠(1955)를 이어 다른 나라들과 다른 시대로 연구가 확장되었다. 그 결과 영국, 독일, 일본 등 여러 선진국에서도 대체로 같은 결과를 얻었다. 미국과 다른 선진국들을 1970년대까지 연장해서 연구한 결과 소득 분배가 1940년대와 비슷하게 나타났다. 이에 따라 자본주의 경제 발전 과정에서 소득 분배가 자연스레 수렴해가는 어떤 균형 수준이 있는 것 같다는 통념이 은근히 생겨났다. 역U자 가설이 가설을 넘어 소득 분배의 법칙인 양 받아들여졌다.

쿠즈네츠의 역U자 가설은 마르크스의 예측을 실증적으로 뒤집는 것이다. 쿠즈네츠에 따르면 자본주의가 충분히 발전함에 따라 소득 불평등도는 줄어들고 노동소득분배율은 높아진다. 소수의 자본가는 부유해지고 다수의 노동자는 궁핍해져 소득과 부의 불평등이 심화한다는 마르크스의 우울한 예측은 틀렸다. 소득 분배에 관한 쿠즈네츠와 후속 연구는 애덤 스미스, 칼 마르크스 등이 중요하게 생각한 분배 문제는 이제 걱정하지 않아도 된다는 시사점을 낳았다. 이는 자본주의와 개발도상국에게 희망의 메시지였다. '산업화의 시동을 걸고 낙수효과를 기다려라.' '성장은 모든 배를 들어 올리는 밀물이다.' '분배의 불평등은 장기에 심각한 문제가 아니다.' 경제가 성장하면 초기에는 분배가 악화할 수 있지만 결국에는 분배가 개선되기 때문이다.

[그림 2-2] 쿠즈네츠 역U자 가설

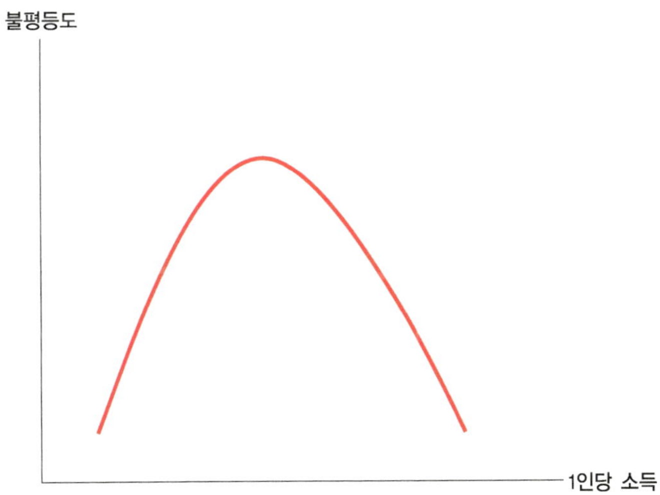

쿠즈네츠의 연구는 19세기 경제학자들은 결코 이용할 수 없었던 두 통계 자료(소득세 자료와 국민소득 추계 자료)를 사용한 분배에 관한 엄밀한 실증 분석이었다. 분배에 관한 실증적 · 이론적 분석의 공로로 쿠즈네츠는 1971년에 노벨 경제학상을 받고, 주류 경제학계는 한계생산력 이론과 역U자 가설에 안주하여 분배 문제를 별로 걱정하지 않게 되었다.

토마 피케티(Thomas Piketty, 1971~)와 동료들

새천년에 접어들어 프랑스 경제학자 피케티와 그의 동료들은 분배 문제에 대해 안이하게 생각해 온 주류 경제학계에 일대 충격을 가하였다. 피케티(2003)는 가계조사보다 세금 자료를 이용한 파레토와 쿠즈네츠의 방법론을 이어받아 20세기 전 기간에 걸쳐 프랑스의 소득 집중도를 연구하였다. 지니계수가 소득 분배에 관한 전반적인 상황을 개괄적 · 추상적으로 보여 주는 반면에 소득 집중도는 상위 10%는 물론 5%, 1%, 0.1%, 심지어 0.01%, 0.001% 등 극소수 최상위 소득층의 소득 집중도를 보여준다. 이로써 일반 국민과 정치인들이 현실 소득 분배의 실상을 구체적으로 이해하게 만들었다. 피케티는 쿠즈네츠의 역U자 곡선은 쿠즈네츠가 살펴본 20세기 초부터 중엽까지만 들어맞고 20세기 후반에는 소득 불평등이 심화하였다는 것을 보였다.

피케티(2003)의 분석 방법을 원용하여 피케티-사에즈(Piketty and Saez, 2003)는 미국의 소득 분배를, 앳킨슨(Atkinson, 2003)은 영국의 소득 분배를, 앳킨슨-피케티(Atkinson and Piketty, 2007)는 여타 유럽 국가와 선진국들의 소득 분배를 과세 자료로 실증 분석하여 피케티와 비슷한 연구 결과를 얻었다. 앳킨슨-피케티(2010)와 알바레도 외(Alvaredo, et. al., 2013)는 여러 신흥국들로 연구를 확장하였다. 대개 2차 세계대전 이후 자료들만 있는 신흥국들의 경우에도 1980년대 이후 소득 분배가 악화하였다. 최상위 계층의 소득 점유율 대신 분배지표로 흔히 쓰는 지니계수와 10분위분배율, 5분위배율을 사용해도 1980년대부터 소득 분배는 악화하였다.

이들은 부의 분포도 18세기까지 거슬러 올라가 조사하였다. 자본주의가 본격적으로 발전한 18세기에 선진국의 부의 분배가 계속 악화하여 1910년대에 가장 불평등하였다. 그후 1940년대까지 급속하게 개선되다가 1970년대부터 다시 악화하기 시작하여 2010년에는 1910년대 수준에 근접해졌다. 2010년대에 소득 분배와 부 분배는 세계적으로 불평등하고 앞으로 더 불평등해질 전망이다. 피케티와 동료들은 "세계 최상위소득 데이터베이스(World Top Income Database)"라는 자료집을 만들어 세계 각국의 소득 분배 자료를 싣고 있다.[4] 우리나라 통계도 실려 있는데 이는 김낙년 · 김종일(Kim and Kim, 2014)이 실증 분석한 자료이다.

피케티와 동료들의 연구를 집대성한 피케티의 『21세기 자본』(2014)에 의하면 서구 자본주의 사회에서 21세기 초의 소득 불평등은 매우 높고 앞으로 더 높아진다. 원래 19세기 내내 소득 불평등이 높아져 20세기 초에 불평등이 가장 높았다. 그 후 1950년대까지 소득 불평등이 감소한 것은 두 차례 세계대전으로 인한 생산시설의 파괴, 고(高)인플레

4. 2015년에 세계 부 불평등 자료까지 포괄하여 World Inequality Database(WID.world)로 통합되었다.

이션과 대공황으로 인한 금융자본 가치의 멸실, 최고 세율이 90%대까지 오른 누진 소득세, 복지국가의 출현 등 여러 요인들이 복합적으로 작용한 때문이다. 이런 요인들이 약화하자 1980년대부터 소득 분배는 악화하기 시작했다. 세계대전의 후유증에서 벗어나고 더 이상 고인플레이션이나 공황을 경험하지 않으며, 최고 세율이 40%대까지 낮아지고 복지 지출을 삭감하는 신자유주의 체제 하에서 19세기처럼 다시 소득 분배가 악화했다. 2000년대에는 종전의 소득 분배가 가장 열악했던 1920~1930년대와 비슷한 상황이 되었다. 피케티는 자본주의 발전 과정에서 1910~1960년대를 제외하고는 일반적으로 자본 수익률이 경제 성장률을 상회해 왔고, 그것이 소득 분배를 악화시킨 기본 요인이라고 보았다. 자본 수익률이 경제 성장률을 상회하면 장기에 임금 상승률이 경제 성장률을 초과할 수 없기 때문에 자본소득이 임금소득을 상회하여 기능별 소득 분배가 악화하고 개인별 소득 분배도 악화한다는 것이다.

피케티와 동료들의 연구 결과와 주요 시사점을 크게 세 가지로 요약할 수 있다. 첫째, 자본가와 노동자의 부익부 빈익빈으로 자본주의가 멸망한다는 마르크스의 예언도 틀리지만, 자본주의경제를 분배 면에서 낙관적으로 본 쿠즈네츠도 틀리다. 쿠즈네츠가 묘사한 부문 간 인력 이동과 소득 분배는 별 관련이 없다. 시장경제에서 소득 분배가 조화롭게 균형 수준으로 수렴한다는 것은 허구다. 둘째, 분배는 경제적 요인만으로 결정되지 않는다. 정치적 · 경제적 · 사회적 요인과 정책이 결합되어 일어나는 복합적인 현상이다. 셋째, 자본주의의 발전을 위해서도, 경제 성장을 위해서도 분배의 불평등 문제를 해결해 나가야 한다. 민주적 통제를 통해 양극화가 심화하는 시장을 고치고 자본주의를 보존해야 한다. 둘째와 셋째에 맞게 분배를 개선하는 바람직한 정책에 대하여 8장에서 다룬다.

밀라노비치(Branco Milanovic, 1953~)와 샤이델(Walter Scheidel, 1966~)

오랫동안 세계은행 수석 경제학자로 활약해 온 미국의 경제학자 밀라노비치는 불평등에 관한 저서(2017)[5]에서 소득 불평등의 추세에 관한 기존 가설들을 비판하고 새로운 가설을 제시하였다. 경제가 발전함에

5. 우리 말 번역서 제목은 『왜 우리는 불평등해졌는가』, 원저명은 『글로벌 불평등(*Global Inequality*)』이다. '코끼리 곡선'이라는 말을 회자시킨 책이다. 코끼리 곡선은 1988~2008년의 20년 동안 세계화로 인해 전 세계 시민의 소득이 소득 집단별로 얼마나 늘었는가를 보여주기 위해 제시한 그림으로 코끼리 위쪽 외곽선 형태를 띤다고 해서 붙인 말이다. 가로축을 전 세계 1인당 소득 수준, 세로축을 20년 기간 중 (실질)소득의 증가율로 나타낼 때 코끼리 코의 가장 낮은 지점에 고소득 국가의 중산층과 하위계층이 있다. 세계 소득 분포에서 상위 20%를 점하는 이 계층의 소득 증가율은 저소득 국가 빈곤층의 소득 증가율보다도 훨씬 낮은 0%대로 소득이 거의 정체 상태이다. 코끼리 곡선은 영국의 유럽연합 탈퇴와 미국의 트럼프 등장, 선진국의 보호주의 열풍을 낳은 경제적 요인을 직관적으로 보여주는 그림이다. 중국과 인도 등 신흥국의 중산층이 전 세계의 중간층을 이루면서 소득이 가장 많이 증가했고, 그 다음으로 많이 증가한 계층이 전 세계 소득 최상위 1% 계층이었다.

[그림 2-3] 코끼리 곡선

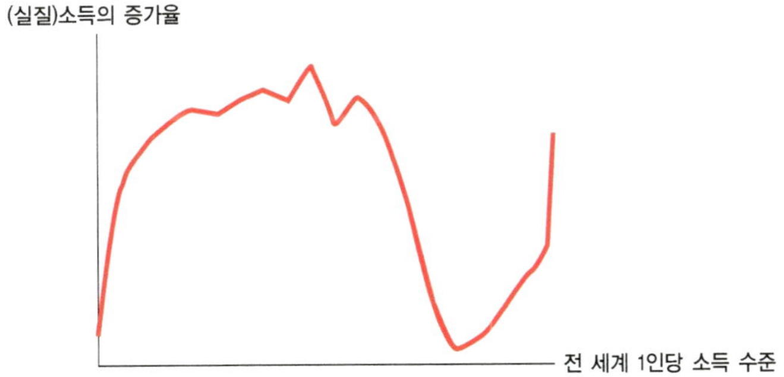

따라 처음에는 소득 분배가 악화하다가 나중에는 개선된다는 쿠즈네츠의 역U자 가설은 1980년대부터 나타난 소득 불평등의 증가를 설명하지 못한다는 것을 피케티와 그의 동료들이 보였다는 것은 앞에서 설명하였다. 피케티는 자본주의경제가 발전함에 따라 소득 분배는 악화한다는 대안적인 가설을 제시하였다. 자본주의 체제는 불가피하게 불평등 증가를 낳는다는 것이다. 그러나 밀라노비치에 의하면 피케티의 가설은 18세기와 19세기를 잘 설명하지 못한다. 18세기와 19세기에 서구 자본주의가 계속 소득 불평등을 낳은 건 아니다. 경제적 힘에 의해 소득 불평등이 감소한 현상은 모두 자본주의 시대에 일어났다. 예컨대 영국은 1차 세계대전이 발발하기 50년쯤 전인 1867년에 소득 불평등이 정점을 찍고 소폭으로 서서히 감소하기 시작했다.

면세점 이하 소득을 버는 많은 사람들이 빠져 있는 국가 재정 자료를 통해 한 나라 소득 분배의 정확한 실상을 파악한다는 것은 어려운 일이다. 이러한 한계를 최대한 완화시키는 실증 분석을 통해 밀라노비치는 자본주의경제가 발전함에 따라 소득 분배의 악화와 개선이 번갈아 일어난다고 해석했다. 자본주의경제의 전 과정을 쿠즈네츠 곡선의 역U자와 U자가 반복해서 나타나는, 혹은 옆으로 누운 S자형의 쿠즈네츠 파동으로 이해해야 한다는 것이다. 평균 소득이 증가하는 사회에는 불평등을 완화하는 악성 요인과 양성 요인이 있다. 악성 요인은 전쟁(재산 파괴와 세율 인상), 내전(국가 붕괴), 대규모 전염병 등이다. 양성 요인은 정치를 통한 사회적 압력(사회주의, 노조), 교육 확대, 인구 고령화(사회적 보호에 대한 요구) 등이다.

평균 소득이 정체된 사회에는 악성 요인들만 있다. 경제가 성장하는 사회에서만 정치 참여 확대, 교육 수준 향상, 인구 고령화에 따른 사회 보장 제도 확충 등의 양성 요인에 의해 불평등이 억제된다. 미국의 불평등이 1910년부터 1933년 사이에 정점에 도달한 원인은 이민에 따른 임금 인하 압력, 테일러주의(근로자의 동작을 과학적으로 연구하여 통제, 관리하는 방식)로 요약되는 자본 편향적 기술 진보, 스탠다드 오일로 알 수 있는 경제의 독과점, 노조 억압, 금권정치 체제의 확산 등이었다.

1990년대 불평등 증대 요인도 비슷하다. 사회주의권의 시장 편입에 따른 임금 인하 압력, 인터넷으로 요약되는 자본 편향적 기술 진보, 대형은행의 사례로 알 수 있는 경제의 독과점, 노조 영향력 감소, 자본소득분배율 증가, 금권 체제의 확산 등이 그것이다. 불평등의 변화 양상을 결정하는 세 가지 요인이 있다. 8장에서 설명하는 것처럼 기술(Technology), 개방(Openness, 세계화), 정책(Policy)의 TOP이다. 이 세 가지 요인은 상호 연관되어 있는 가운데 변화한다. 이는 정책이 내생적으로 결정되는 경향이 있음을 시사한다. 경제 변화를 주도하는 힘이 어떻게 전개되느냐에 따라 파동이 길게 또는 짧게 나타날 수 있다.

밀라노비치의 연구와 관련된 흥미로운 연구로 오스트리아 역사학자 발터 샤이델이 최근에 쓴 『불평등의 역사(*The Great Leveler*)』(2017)를 들 수 있다. 이에 따르면 높은 수준의 경제적 불평등은 역사상 존재했던 모든 사회의 보편적 특징이었다. 글로벌 불평등에 대한 정책 대안은 사실상 없다. 불평등은 인간의 숙명이다. 샤이델은 "평준화(평등화)의 네 기사"가 있다고 지적한다. 역사를 통틀어 가장 강력한 평등화는 예외 없이 강력한 충격으로 발생했다. 네 가지 다른 종류의 격렬한 분출이 불평등의 벽을 허물어 왔다. 대중 동원 전쟁(예 : 제1 · 2차 세계대전), 변혁적 혁명(예 : 사회주의혁명), 국가 실패(붕괴), 치명적 대유행병(예 : 중세의 페스트)이 그것이다. 이 폭력적 충격에 의한 평등화가 대압착(Great

Compression)이다. 이런 '거대한 폭력'이 없었다면 불평등은 대폭적으로 축소될 수 없었을 것이다. 샤이델은 인류의 정착생활이 시작된 기원전 농경 시대부터 지금에 이르기까지 불평등의 역사를 일일이 추적해 나가며 네 기사가 큰 평등화를 초래했다는 그의 주장을 실증적으로 뒷받침한다.

샤이델이 보인 것은 1인당 소득이 지속적으로 증가하지 못한 자본주의 이전 사회에서도 불평등이 심화하면 밀라노비치가 지적한 불평등의 악성 완화 요인들이 작용하여 불평등이 급격하게 완화하는 쿠즈네츠 파동이 일어났다는 것이다. 밀라노비치가 보인 것은 자본주의 사회에서는 불평등을 완화시키는 악성 요인들이 없더라도 양성 요인들만으로 불평등이 완화하는 쿠즈네츠 파동이 일어날 수 있다는 것이다.

존 롤스(John Rawls, 1921~2002)

앞에서 다룬 샤이델에 이어 경제학자가 아닌 학자를 한 사람 더 다루어보자. 27세에 하버드대학교의 최연소 교수가 된 미국의 정치철학자 롤스는 1971년에 출간된 유명한 저서 『정의론(*A Theory of Justice*)』에서 자유 및 경제적 불평등과 정의의 관계를 설명했다. 그에 의하면 사회의 기본 구조는 기본적 자유를 규정하여 모든 사람에게 평등하게 통용시키고, 사회 경제적 불평등의 허용 기준을 명시하여 관철시켜야 한다. 그는 기본 구조가 갖추어야 할 정의의 원칙은 사회 구성원들이 합의한 사회계약이어야 한다고 보았다. 실제로 태초에 이러한 계약이 명시적으로 체결되었을 리 없기 때문에 롤스는 가상적 실험을 제안한다. 그는 가상적 실험에서 다른 사람들의 처지에는 관심을 두지 않는 자유롭고 합리적인 개인들이, 각자 자신이 어떠한 태생적 특성이나 사회적·경제적 지위를 누릴지 전혀 모르는 무지의 장막(veil of ignorance)이라는 원초적 입장(the Original Position)에서 정의의 원칙을 채택한다고 설정한다. 그는 이 설정으로 사람들이 각자의 이해관계와 편파성을 버리고 합의에 이를 것으로 기대한다. 그리고 이렇게 합의된 정의를 '공정으로서의 정의(justice as fairness)'라고 불렀다. 공정한 과정의 결과물이 곧 정의라는 것이다. 롤스의 '공정으로서의 정의'는 모든 것을 내려놓은 합리적인 인간이라면 동의하기 마련인 정의의 원칙으로 두 가지(정확하게는 세 가지)를 제안하였다(롤스, 1971 ; 302쪽).

첫째는 평등한 기본적 자유(equal basic liberties)의 원칙이다. 평등한 기본적 자유의 원칙은 각자가 다른 모든 사람들의 유사한 자유와 병립될 수 있는 한도 내에서 가장 광범위한 기본적 자유를 평등하게 누려야 한다는 것이다. 롤스는 기본적 자유로 투표권과 공직 취임권을 포함한 정치적 자유, 언론 및 집회의 자유, 양심과 사상의 자유, 인신의 자유(freedom of person), 개인 재산을 보유할 권리, 임의로 체포당하지 않을 자유 등을 들었다.

둘째는 사회적·경제적 불평등이 두 가지 원칙, 즉 차등 원칙과 공정한 기회 균등의 원칙과 결부되는 한에서만 허용된다는 것이다. 차등 원칙(the difference principle)은 사회적·경제적 불평등이 '최약자층에게 최대의 혜택(the greatest benefit of the least advantaged)'을 제공한다면 정당하다는 것이다. 차등 원칙은 경제학 문헌에서 흔히 최소극대화 원칙(maximin principle)이라 불린다. '최소' 소득을 얻는 최약자층의 효용을 '극대화'한다는 것이다. 정의의 제1원칙이 기본적 자유를 평등하게 허용해야 한다는 것과 대조적으로 차등 원칙은 사회적·경제적 불평등이 정의로울 경우를 규정한다. 공정한 기회 균등(fair equality of opportunity)의 원칙은 기본적 사회구조의 모든 직책과 지위가 모든 사람에게 공정하고 균등하게 개방될 것을 규정한다. 비슷한 능력과 의욕, 동기를 가진 사람들은 각종 사회적 직책과 지위와 관련하여 비슷한 삶의 전망을 가질 수 있어야 하기 때문에 공정한 기회 균등의 원칙이 필요하다.

롤스는 정의의 원칙에서 무엇이 더 중요한지를 규정하는 우선 규칙(priority rule)도 제시하였다. 먼저 평등한 기본적 자유의 원칙이 최우선 가치이다. 경제적 혜택이나 사회 복지의 이득이 아무리 크더라도 평등한 기본적 자유가 희생되어서는 안 된다. 자유를 희생하는 사회주의 사회나 전체주의 사회는 정의로운 사회가 아니다. 다음으로 공정한 기회 균등의 원칙이 차등 원칙에 우선한다. 소득의 분배와 사회적 지위의 위계는 자유와 기회 균등을 보장하는 한에서 허용된다.

롤스의 '공정으로서의 정의'는 플라톤 이후 전개되어 온 정의에 관한 논의를 획기적으로 진전시킨 것으로 평가된다. 롤스(1971) 이후 수많은 후속 연구가 있어 왔다. 평등한 기본적 자유의 원칙과 공정한 기회 균등의 원칙이 '무지의 장막'에서 채택될 정의의 원칙이라는 것은 이론의 여지가 없다. 그러나 차등 원칙이 세 번째 정의의 원칙으로 채택될 것이라는 롤스의 주장에 대하여는 여러 반론이 제기되었다. 그중 하나는 차등 원칙이 가장 불운한 상황에 빠질 (최소 소득을 얻을) 가능성에 대비하는 지나치게 위험 회피적인 성향을 반영한다는 것이다. 이것과 관련하여 다른 하나는 '무지의 장막'에서 차등 원칙만이 필연적으로 도출되는 것은 아니라는 것이다. 사회의 1인당 소득을 극대화하는 원칙이나 모든 사람에게 최소한의 바닥 소득을 보장해 준다는 전제하에 1

인당 소득을 극대화하는 원칙도 도출될 수 있다는 것이다. 이에 '공정으로서의 정의'는 이론적인 문제이자 실증적인 문제가 되었다. 실증적인 접근에 대하여는 다음의 공정한 분배에서 논의한다.

자유지상주의자들

롤스가 기본적 자유와 공정을 정의의 핵심으로 보는 데 반해 개인의 자유 그 자체를 정의의 핵심으로 보는 일단의 학자들이 있다. 미국의 철학자 노직(Robert Nozik, 1938~2002)(1974)은 "오직 계약을 집행하고, 사람들을 무력과 절도와 사기에서 보호하는 기능을 수행하는 최소국가만이 정당화할 수 있다. 거기서 더 나아가면 어떤 일도 강요당하지 않아야 하는 개인의 권리를 침해하게 되고, 그런 국가는 정당화할 수 없다"라고 주장한다. 부자에게 세금을 부과해 가난한 사람을 돕는 것은 부자가 강요당하는 것이다. 이는 내 돈을 내 마음대로 쓸 자유와 권리를 침해하는 것이어서 정의롭지 못하다. 부당하게 얻은 자원으로 부당하게 경제 활동을 하지 않는 한 시장경제에서 결과가 아무리 불평등하더라도 그 분배는 정의롭고 정당하다. 이처럼 개인의 자유와 선택을 중요시하여 재분배에 반대하는 사람을 자유지상주의자(libertarian)라 부른다. 오스트리아 출신 영국의 경제학자이자 정치철학자인 프리드리히 하이에크(Friedrich Hayek, 1899~1992)와 미국의 경제학자 밀턴 프리드먼(Milton Friedman, 1912~2006)이 또 다른 대표적인 자유지상주의자들이다. 1980년대부터 서구 사회를 풍미한 신자유주의는 작은 정부, 큰 시장, 개인의 자유, 민영화와 규제 완화, 대외 개방을 주창하는 이념을 말한다. 신자유주의는 이론적으로 자유지상주의자들에 의해, 정책적으로는 미국과 영국의 보수 정부에 의해 주도되었다.

갈수록 개인의 자유와 기본권이 천부의 권리로 인식되고 있는 현대 사회에서 자유지상주의자들의 주장은 울림이 있다. 특히 성 소수자의 권리, 여성 출산 결정권 등을 옹호하며 복지병을 비판하는 자유지상주의자들의 견해는 서구 선진국에서 많은 동조자를 얻고 있다. 그러나 복지사회를 지향하는 현대 국가에서 재분배를 반대하는 자유지상주의자들의 주장은 소수의 의견에 그치고 있다. 개인의 자유는 만끽하되 그에 상응하는 개인의 책임을 감당하지 못하여 비참한 '탕아'가 되는 경우가 있다. 열심히 노력해도 아프거나 다치거나 늙거나 장애로 인해 빈곤층의 굴레에서 벗어나지 못하는 경우도 적지 않다. 이런 사람들까지 포용하여 누구나 최소한의 인간다운 생활을 영위하도록 하는 것이 현대 복지국가의 이념이다. 이를 위해 재분배는 불가피한 정책 수단이다.

공정한 분배

지금까지 분배를 둘러싼 다양한 이론과 관점을 살펴보았다. 케인스와 밀의 통찰을 통해 이 장을 마무리해 보자. 케인스는 "인류의 정치 문제는 경제적 효율, 사회 정의, 개인의 자유, 이 세 가지를 결합하는 것이다"라고 설파하였다. 인류의 문제와 경제 체제의 문제를 한 문장으로 축약한 명언이다.[6] 쉽게 풀어 보면 효율은 먹고 사는 문제다. 중세까

6. 현대에는 지구 온난화 등 환경 오염과 감염병으로부터의 안전(safety)이 네 번째 과제로 추가되어야 할 것이다. 이 네 번째 과제는 오늘날과 같은 초연결사회, 세계화 시대에 한 국가가 독자적으로 해결하기 어렵다. 그러나 케인스가 말하는 세 가지 과제는 한 국가가 독자적으로도 해결할 수 있다.

지의 왕조 시대에는 효율과 정의, 자유의 세 가지 모두 최소한의 수준마저 보장되지 못했다. 18세기에 자본주의경제가 출현하여 효율이 최고도로 발현되었다. 먹고 사는 문제를 해결할 뿐 아니라 번영을 누리게 했다. 군주정이 민주정으로 대체됨에 따라 개인의 자유도 신장되었다. 그러나 18세기 시장경제에서 사회 정의가 허물어졌다. 빈부 격차가 커지고 풍요 속의 빈곤이 만연하였다. 이런 불의를 타파하기 위해 사회주의경제가 등장하였다.

사회주의는 사회 정의를 분배의 평등으로 해석하고 평등을 성취하는 것을 최우선과제로 삼았다. 그러나 그 과정에서 효율과 자유가 희생되었다. 밀(Mill)이 지적한 바와 같이 경제적 효율과 개인의 자유가 희생되는 것은 인류 역사 발전을 거스르는 것이다. 자유지상주의자가 아니더라도 롤스가 강조하는 것과 같이 정의는 개인의 기본적 자유를 존중한다는 개념이 당연한 명제로 내장되어 있는데 자유를 희생시킨다는 것은 시대착오적이었다. 사회주의국가에서는 자유와 효율이 희생되면서 평등도 '빈곤의 평등'으로 빈 껍데기가 되었다. 처칠이 익살맞게 표현한 것처럼 "자본주의의 본질적 결함은 혜택의 불평등 분배에 있고, 사회주의의 고유한 미덕은 고통의 평등 분배에 있다." 20세기의 체제 경쟁에서 사회주의가 패퇴한 이유다. 많은 사람들이 1930년대의 대공황을 자본주의가 멸망하는 전조라고 보았다. 케인스는 사회주의의 근본적인 모순을 통찰하고, 사회주의의 도입이 아닌 자본주의의 수정을 통해 대공황의 위기에서 자본주의를 구출하였다.

결국 사회 정의는 소득과 부의 분배 면에서는 롤스가 강조한 '공정으로서의 정의'와 부합해야 할 것으로 보인다. 그러면 이 장의 처음에도 언급한 공정한 분배는 어떤 분배일까?

미국의 정치학자 프롤리히(Norman Frohlich)와 오펜하이머(Joe Oppenheimer)는 그럴듯한 '무지의 장막'을 만들어 내는 통제된 실험을 통해 롤스를 포함한 여러 학자들이 제안한 여러 가지 공정한 분배 개념 중 어느 것이 타당한지를 조사하였다. 그들은 미국, 캐나다, 폴란드 대학생들을 대상으로 다음 네 가지 정책 중 정의로운 분배라고 생각되는 정책 하나를 택하도록 했다.

① 최저 소득층의 소득을 극대화하는 롤스의 차등 원칙에 충실한 정책
② 1인당 소득을 극대화하는 '공리주의적' 정책(소득이 행복과 비례한다면 1인당 소득의 극대화는 최대다수의 최대행복이라는 공리주의와 상통한다)
③ 1인당 소득을 극대화하되 모든 사람에게 최저한도의 '바닥' 소득을 보장하는 정책
④ 소득의 격차를 극소화하는 정책('바닥' 소득을 보장하고 '천장' 소득을 규제하는 플라톤 식의 최적 불평등)

광범위한 실험을 통해 그들이 확인한 것은 실험집단들이 압도적으로 ③을 선택한다는 사실이다(Frohlich and Oppenheimer, 1992). 모든 사람에게 '바닥' 소득을 보장한다는 전제하에 1인당 소득을 극대화하는 정책을 선택한 사람이 전체의 78%에 달했다. 모든 사람에게 '바닥' 소득을 보장한다는 전제 없이 1인당 소득을 극대화하는 '공리주의적' 정책 ②를 지지한 사람은 12%였다. 소득의 격차를 극소화하는 정책 ④를 지지한 사람은 9%, 롤스의 차등 원칙을 선택한 사람은 고작 1%에 불과

했다.[7] 분배적 정의의 후보로 네 가지를 제시했는데 압도적으로 많은 사람이 ③을 선택했다는 것이다. 저자들은 다음과 같이 결론을 내린다. "실험집단은 개인에게 모두 적용되는 사회적 안전망을 위해 …… 최소한도의 수준을 보장하는 바닥 소득(floor constraint of income)을 원했다. 하지만 이런 강제 조항이 적용된 뒤에는 생산과 평균 소득의 극대화를 위해 유인 수단을 원했다." 정의는 모든 사람에게 바닥(기초) 소득이 보장되도록 요구하고 오직 그것만을 요구할 뿐이라는 것이다. 많은 후속 연구에서도 결과는 크게 달라지지 않았다. 우리나라에서도 비슷한 연구 결과가 나왔다. 우리 국민은 국가 전체로는 재분배 기능이 강화되기를 기대하고, 소득의 창출과 부의 축적에서는 경쟁과 시장의 보상 원리가 충실하게 작동하기를 기대한다(황수경, 2019).

이와 관련하여 미국의 생물학자이자 복잡계 과학자인 코닝(Peter Corning, 2011)은 인류가 출현한 이래 인간의 본성에 맞고 지속 가능한 미래를 보장하는 사회는 공정한 사회(fair society)라고 주장하였다. 공정은 평등과 정의처럼 다양하게 정의할 수 있고 상황과 관계에 따라 달라질 수 있는 주관적 · 상대적인 개념이지만 인류 역사에 도도히 흘러내려온 관념이다. 코닝에 따르면 인류의 지속 가능한 미래를 위한 사회상인 공정한 사회는 다음 세 가지 원칙이 담보되는 사회이다.

7. 도덕적으로 설득력이 크게 보이는 롤스의 차등 원칙을 지지하는 사람이 없다시피 한 것은 뜻밖이다. 사회주의경제의 실패와 복지 제도를 갖춘 자본주의경제의 역동성을 역사적 사실로 알고 있는 데다가, 차등 원칙이 최저계층의 소득을 차상위 계층의 소득보다 높게 만들 수 있다는 의구심이 들었기 때문인 것으로 보인다. 네 명 중 세 명이 정책 ③을 지지한다는 것은 기초적인 필요(needs)와 능력껏 버는 유인(incentive)을 둘 다 보장하는 것이 정의롭고 공정하다고 생각한다는 것이다. 앞으로 바닥 소득을 기초소득과 섞어 쓰기로 한다.

첫째, 재화와 서비스는 모든 인간의 기본 욕구를 충족시킬 수 있도록 골고루 분배되어야 한다(이때 평등이 실현된다).
둘째, 기본 욕구를 충족하고 남는 잉여물은 '공로'에 따라 분배되어야 한다(이때 공평이 실현된다. 즉, 아리스토텔레스가 말한 '각자에게 각자의 몫을 주라'는 분배적 정의가 실현된다).
셋째, 공로에 따른 분배의 대가로 인간은 각자 능력에 따라 집단적 생존 조직에 비례적으로 기여할 의무가 있다(이때 상호주의가 실현된다).

첫째는 좋은 삶을 실현하는 필요조건으로 최소한의 필수품이 있어야 한다고 규정한 아리스토텔레스, 누구에게나 안락한 최저소득이 있어야 한다고 주장한 푸리에의 생각과 상통한다. 둘째는 공정성의 심층심리에 작용하는 중요한 요소로서 인간의 노력과 성취를 존중하려는 강력한 욕구를 반영한다. 공로는 보상이 노력과 투자, 그리고 기여도에 비례하여 주어진다는 뜻이다. 첫째와 둘째의 원칙은 기본 욕구를 충족시키는 생산물을 기초소득으로 보면 모든 사람에게 바닥 소득을 보장한다는 전제하에 각자의 소득을 극대화하는 것을 대다수가 선호하는 프롤리히-오펜하이머(1992)의 실증적인 연구 결과와 상통한다. 현대국가에서는 정부가 세금과 복지 지출을 통해 모든 사람이 기본 욕구를 충족할 수 있도록 골고루 재분배하는 역할을 할 수 있다. 공로에 따른 분배는 시장경제에서 자유 경쟁을 통해 자동적으로 이루어진다. 생산 과정에 참여한 생산요소의 소유자는 기여한 성과(한계생산물의 가치)를 분배받는다. 기업은 유용한 혁신에 대한 보상으로 적어도 단기에 초과이윤을 향유한다. 이런 성취에 대한 보상으로 효율이 극대화한다.

공정한 사회의 셋째 원칙은 상호주의(reciprocity)다. 다윈은 일찍이 인간사회가 철저히 상호의존적인 생존 조직이라는 것을 인식하였다. 코닝에 의하면 사람은 항상 이기적이지도, 이타적이지도 않다. 기본적으로 이기적이지만 남이 나에게 잘해 주면 나도 남에게 잘해 주고, 집단적 조직의 생존과 발전을 위해 협동하고 손해를 감수하거나 희생하는 경우도 드물지 않다. 남이나 사회가 나에게 혜택을 주니까 나도 남이나 사회에 혜택을 주고자 하는 성향, 내가 남에게 선행을 베풀 때 남도 나에게 혹은 또 다른 남에게 잘해 줄 것이라고 기대하는 경향이 상호주의다. 상호주의는 인간의 생존과 번영에 결정적인 역할을 하는 바 근래에 행동경제학과 생물사회학, 게임의 이론 등을 통해 공정성 개념의 뿌리라는 것이 밝혀지고 있다. '남에게 대접받고 싶은 대로 남을 대접하라', '내가 원하지 않는 것을 남에게 하지 말라'는 철학계와 종교계에서 강조하는 황금률(보편적 도덕 원칙)도 상호주의의 고양된 형태이다. 공정한 사회의 세 가지 원칙—평등, 공평, 상호주의—을 지키는 데에 밀과 롤스가 강조한 것처럼 모든 개인이 기본적 자유를 평등하게 누리고 균등한 기회가 보장되어야 한다는 명제는 당연히 기본 전제로 깔려 있다. 실상 롤스가 제안한 정의와 공정의 세 원칙, 즉 자유, 기회 균등, 차등 원칙을 코닝은 자유, 기회 균등, 기초소득 보장 조건부 1인당 소득의 극대화로 바꾼 것이다. 앞에서 본 것처럼 프롤리히-오펜하이머의 실증 분석도 기초소득 보장 조건부 1인당 소득의 극대화를 지지한다.

공로에 따른 분배를 공평하다고 보는 둘째 원칙은 공로가 능력과 노력에 따른 것이기 때문에 능력주의 원칙이라고 부를 수 있다. 샌델(2020)은 능력주의(meritocracy)가 승자의 오만과 패자의 열패감을 낳아 공동체의 원칙을 훼손하며, 능력 못지않게 운이 성과를 좌우하게 마련인 현실이 실상 공정하지 않은데도 공정하다는 착각을 불러일으킨다고 비판한다. 그러나 그는 능력주의 원칙을 대체할 설득력 있는 분배의 원칙을 제시하지는 못한다. 필자는 코닝의 세 원칙이 샌델의 비판을 어느 정도 극복하고 있다고 생각한다. 우선, 첫째 원칙인 평등이 모든 사람에게 최소한의 인간다운 생활을 가능하게 해 주기 때문에 사회적 약자의 열패감을 완화할 수 있다. 다음으로, 셋째 원칙인 상호주의가 인류공동체의 존속과 발전을 위해 축적되어 온 속성이라는 것을 확인함으로써 승자의 오만을 순치할 수 있다. 마지막으로, 왈처(Waltzer, 1983)가 강조하는 것처럼 정의와 공정에는 소득, 부와 같은 경제 자원의 분배로만 재단할 수 없는 여러 차원이 있다. 예컨대 정치 권력, 명예, 안전, 복지, 자유시간, 문화, 사랑 등의 다양한 사회적 가치가 있고 이러한 가치의 다원성을 반영하는 다양한 분배 기준이 있다. 다양한 분배 기준이 나름대로 합리적인 근거를 가지고 작동하고, 각 영역의 자율성이 보장되며, 한 영역에서의 영향력이 다른 영역으로 확대되지 않는 복합적인 평등(complex equality)을 이룬다면 경제 자원의 분배에 대한 단선적인 평등의 집착에서 벗어날 수 있고, 벗어나야 한다.

능력주의에서 강조하는 각자의 능력은 실상 본인만의 노력과 능력이기보다 자기가 통제할 수 없는 타고난 재능, 금수저 · 흙수저 논란에서 드러나는 부모의 능력과 가정 환경, 행운과 불운 등에 의해 큰 영향을 받는다. 한편으로 다양한 사회적 가치에 대한 각자의 선호와 선택 등에 의해 능력이 크게 영향을 받는 것도 사실이다. 시장에서의 결과를 정의롭다고 생각해 어떤 재분배도 반대하는 자유지상주의자들의 시각이 너무 편협하다면, 시장에서의 결과를 놓고 인생의 승자와 패자로 인식하고 다양한 차원의 사회적 가치를 무시하는 것도 너무 편협하고 단선적인 시각이다.

코닝이 정의한 공정한 사회는 소득 분배 면에서 사회적 합의를 이룰 수 있는 좋은 사회의 개념이라 하겠다. 코닝이 강조한 것과 같이 인류 발전 과정에서 각인되어 온 공정성—평등, 공평, 상호주의—을 새로운 사회계약으로 삼을 만하다. 우리가 늘 쓰면서 뜻이 너무 광범위하여 애매한 '불평등한 분배'라는 개념을 코닝이 말한 공정한 사회의 세 원칙이 이루어지지 않는 '불공정한 분배'의 개념으로 쓸 수 있을 것이다. 물론 무엇을 기본 욕구로 보고, 어느 정도를 '충족'이라고 보느냐는 사람마다 생각이 다르기 때문에 사회적 합의를 이루기 어렵다.[8] 그렇다 하더라도 사회와 시대, 경제 발전 단계에 따라 기본 욕구를 충족시키는 소득 수준을 대략적으로 설정하는 것이 불가능한 일은 아니다. 오늘날 선진국들은 기본 욕구를 충족시키는 것을 4장에서 다루는 절대적 빈곤을 해소하는 것(절대적 빈곤율이 0%인 것)과 같은 뜻으로 받아들이는 경향을 보이고 있다. 공로에 따른 분배를 나타내는 일반적인 지표는 없다. 그러나 전체 파이가 커짐에 따라 공로에 따른 분배가 커질 것이라고 상정한다면 경제 성장률, 1인당 소득 수준, 1인당 소득 증가율 등을 공로에 따른 분배를 나타내는 지표로 삼을 수 있을 것이다.

8. 코닝(2011)은 영양, 식수, 수면, 호흡, 안전, 건강, 소통, 사회관계, 생식, 자녀 양육, 이동 기능 등 14개 영역을 기본 욕구로 본다.

공정한 분배와 시장경제

현대 경제는 자본주의가 주축을 이루고 케인스가 처방한 대로 시장의 실패를 국가가 개입하여 완화하는 혼합경제이다. 국가가 개입하는 정도에 따라 혼합경제를 흔히 자유시장경제와 사회적 시장경제로 나눈다. 자유시장경제는 개인의 자유와 책임을 강조하고 국가의 개입을 가급적 줄이고자 하는 시장경제다. 미국과 영국이 대표적인 자유시장경제다. 사회적 시장경제는 자유 경쟁과 개인의 책임보다 사회적 연대와 국가의 책임을 강조하는 시장경제다. 독일, 프랑스와 북유럽 국가들이 채택하고 있다. 사회적 시장경제는 국가가 책임지고 요람에서 무덤까지 국민의 복지를 보장해 주는 복지국가를 지향하기 때문에 불평등이 낮고 빈곤율도 낮다. 이에 따라 국민이 부담해야 하는 세금도 당연히 많다. 고부담-고복지 사회인 것이다. 이에 비해 자유시장경제는 복지제도가 허술하지만 그 대신 세금 부담이 낮은 저부담-저복지 사회이다. 사회적 시장경제가 따뜻하고 살맛 나는 좋은 시장경제인 것 같지만 두 가지 중대한 문제점이 있다. 하나는 '국민의 삶을 책임진다'는 큰 정부가 국민을 의존적으로 만들어 밀이 인간 진보의 제1원리라고 강조한 자유와 개성의 발현을 위축시킨다는 것이다. 다른 하나는 저출산-고령화-저성장 시대에 재정 면에서 고부담-고복지가 지속 가능하지 않다는 점이다. 그렇다고 불평등과 빈곤율이 높은 저부담-저복지의 자유시장경제가 합리화되는 것은 아니다. 불평등이 크고 빈곤율도 높기 때문이다. 중부담-중복지의 복지사회를 지향하는 것이 오늘날의 대세이다.

그림 2-4에서 왼쪽 끝을 마르크스가 지향한 순수 사회주의라고 하면 오른쪽 끝은 18세기 유럽에서와 같은 순수 자본주의이다. 수평축

[그림 2-4] 시장경제의 스펙트럼

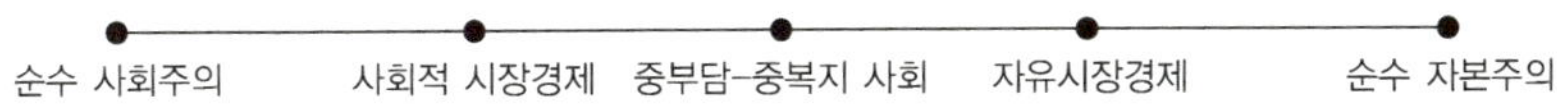

에 사유재산권, 개인의 경제적 자유, 분배 평등, 복지 지출과 조세 부담, 정부 개입의 정도 등을 0~100%로 표시할 수 있다. 예컨대 사유재산권과 경제적 자유는 순수사회주의에서 전혀 없기 때문에 0%, 순수자본주의에서 최대이기 때문에 100%이고, 왼쪽에서 오른쪽으로 갈수록 두 가지가 커지기 때문에 두 값이 커진다. 반대로 분배의 평등은 순수사회주의에서 100%로 완전 평등(비록 빈곤의 완전 평등이지만), 순수자본주의에서 0%로 완전 불평등이고, 왼쪽에서 오른쪽으로 갈수록 불평등해진다. 복지 지출과 조세 부담을 수평축에 측정하면 오른쪽으로 갈수록 작아진다. 정부 개입의 정도를 측정하면 맨 왼쪽은 가장 큰 정부이고 맨 오른쪽은 가장 작은 정부를 나타낸다. 그러면 양 극단을 제외한 나머지 영역은 혼합경제이다. 복지 지출과 조세 면에서 볼 때 한가운데 부근이 중부담-중복지 국가를 나타낸다. 그 왼쪽 영역이 북구와 같은 사회적 시장경제이자 고부담-고복지 국가, 오른쪽 영역이 미국, 영국, 일본과 같은 자유시장경제이자 저부담-저복지 국가를 나타낸다. 오늘날 중부담-중복지 국가를 지향하여 사회적 시장경제는 오른쪽으로, 자유시장경제는 왼쪽으로 이동함으로써 서로 수렴해 가는 과정에 있다. 우리나라는 복지 지출과 조세 면에서 자유시장경제권보다 더 오른쪽에 있다. 그러나 경제적 자유와 정부 개입 정도 면에서는 자유시장경제권보다 왼쪽에 있는 비정상적인 모습을 보이고 있다. 나중에 설명하는 관치경제와 정경유착, 정실자본주의 행태가 이와 연관되어 있다.

사회적 시장경제를 채택하고 있는 북유럽 국가들은 자유시장경제를 채택하고 있는 미국과 영국에 비해 기본 욕구를 충족시키는 분배가 양호하여 빈곤율이 낮다. 최소한의 인간다운 생활도 영위하지 못하는 절대적 빈곤은 없어서 절대적 빈곤 통계를 따로 작성하지 않고 있다. 한편 개인의 자유와 창의를 존중하는 자유시장경제는 혁신을 통해 파이를 키움으로써 공로에 따른 분배가 커져 경제 성장률, 1인당 소득 수준과 1인당 소득 증가율이 높은 경향이 있다. 미국의 적극적인 기부 문화에서 볼 수 있듯이 자유시장경제에서는 가진 자의 사회 기여도 활발하게 이루어지고 있다. 1장에서 좋은 분배의 기준으로 사회적 시장경제를 채택한 나라들뿐 아니라, 자유시장경제를 채택한 나라들까지 포괄한 OECD 전체 국가들의 평균을 삼은 이유이다. 한 나라가 1장에서 다룬 지니계수, 10분위분배율, 5분위배율, 팔마지수 등의 분배 지표들과 빈곤율, 1인당 소득, 1인당 소득 증가율 면에서 OECD 평균의 상태를 보여주면 괜찮은 분배, 불평등이 지나치게 높지 않은 분배로 볼 수 있다. OECD 평균보다 양호한 분배를 좋은 분배, 불평등이 낮은 분배로 간주한다. 불평등이 낮은 분배는 현실 세계에서 공정한 분배에 가까운 것으로 볼 수 있다. OECD 평균보다 현저히 나쁜 분배는 지나치게 불평등한 분배로 본다고 하였다. 지나치게 불평등한 분배는 말할 것도 없이 불공정한 분배이다.

읽을거리

1. 자본주의 사회의 불평등의 추세

불평등의 추세에 관한 이 장의 논의를 미국 경제를 예로 다음과 같이 정리할 수 있다. **그림 2-5**는 시장소득 기준으로 미국 상위 10% 계층의 소득 점유율 추이를 나타낸다. 1929년에 시장소득 기준으로 상위 10%의 소득 점유율이 49%로 소득 집중도가 가장 높다. 쿠즈네츠가 실증 분석한 20세기 전반기(1913년부터 1948년) 중 1913년부터 1929년까지 소득 집중도가 높아지다가 그 후에는 낮아진다. 집중도를 불평등도의 대리변수로 볼 수 있기 때문에 역U자형의 쿠즈네츠 곡선을 확인시

[그림 2-5] 미국의 소득 불평등(1910~2010)

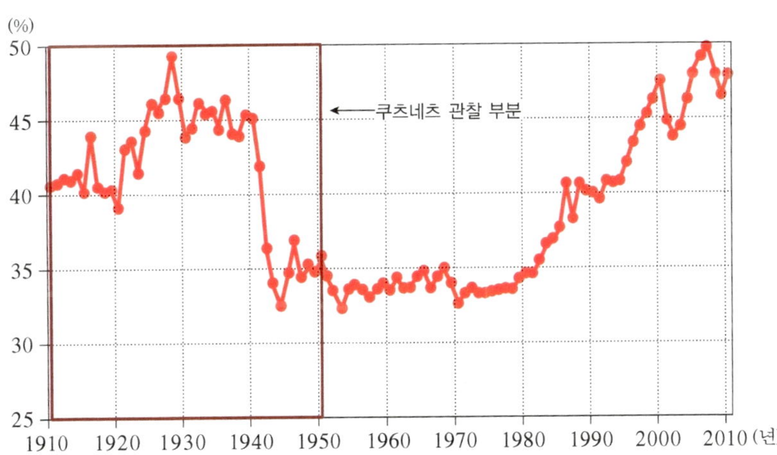

주 : 상위 10% 계층의 소득 집중률, 시장 가격 기준.
출처 : piketty.pse.ens.fr/fr/capital21c.

켜 주는 그림이다. 1970년대까지 소득 분배가 하향 안정세를 보인다. 소득 분배가 악화하지 않기 때문에 쿠즈네츠 가설이 여전히 유효하다. 그러나 1980년대부터 소득 불평등이 지속적으로 높아지기 시작하여 2008년에 50%에 육박하였다. 이는 1913년의 소득 분배보다 더 나쁜 상황이다. 피케티는 자본주의 전개 과정에서 소득 분배가 지속적으로 악화하는 추세를 보인다고 주장하면서 1930년대부터 1970년대까지를 자본주의의 예외적인 기간이라고 치부하였다. 대공황과 2차 세계대전, 전후 회복 등의 예외적인 충격이 가시고 나자 소득 분배가 악화하는 자본주의의 경향성이 다시 나타났다는 것이다. 밀라노비치는 쿠즈네츠와 피케티의 결정론적 예측을 부정하고 쿠즈네츠의 역U자 현상이 반복적으로 일어난다고 예측한다. 밀라노비치의 예측은 18세기와 19세기 유럽의 경험을 토대로 한 것이기에 설득력이 있다.

비슷한 시기 영국, 독일, 프랑스 등 다른 주요 유럽 국가들도 대체로 미국과 같은 패턴을 보인다. 그렇다 하더라도 **그림 2-5**에 따른 종합적인 결론이 최종적인 것은 아니다. 2차 세계대전 이후에 대해서만 확실히 신뢰할 수 있다. 그 이전은 나중에 다른 결과로 나타날 수도 있다. 그 이전에는 사람들의 소득 및 소비 조사 자료가 없어서 각국의 단편적이고 불완전한 재정 자료에 의존했기 때문이다.

2. 피케티의 『21세기 자본』과 『자본과 이데올로기』

피케티는 700쪽에 육박하는 대작 『21세기 자본』(2014)을 발간하여 세계적으로 선풍적인 인기를 얻었다. 18세기와 19세기의 부족하고 종잡을 수 없는 재정 통계들을 일정한 기준으로 일관성 있게 편제하는 작업은 경제학계도, 사학계도 기피해 온 일이었다(경제학자에게는 너무 역사적이고 역사학자에게는 너무 경제적인 분야이다). 어렵고 귀찮은 작업을 10년 넘게 해 오면서 동료들과 방대한 데이터베이스(World Inequality Database)를 만들고 그 결과로 제시한 시사점은 학계를 크게 자극하기에 충분하였다. 자본주의 역사를 아우르는 시각과 분배에 관한 명쾌한 거대 담론은 일반 대중을 흥분시키기에도 충분하였다. 특히 불평등도가 심한 미국과 한국에서 피케티에 열광하여 '피케티 열풍(현상)'이 일어났다.

피케티(2014)는 300여 년의 자본주의 역사에 걸쳐 소득과 부의 불평등을 측정했을 뿐 아니라 불평등 문제에 관한 거시적 이론 틀도 제시하였다. 분배는 경제적 요인만으로 결정되지는 않지만 중요한 경제적 요인이 작용한다는 것이다. 피케티는 자본주의경제에서 다음과 같은 세 가지 주요 관계를 추출해낸다.

$$\text{자본소득분배율} = \text{자본소득}(rK)/\text{국민소득}(Y) = \text{자본 수익률}(r) \times K/Y \qquad (2-6)$$

$$\text{자본·소득 비율}(K/Y) = \text{저축률}(s)/\text{경제 성장률}(g) \qquad (2-7)$$

$$\text{자본 수익률}(r) > \text{경제 성장률}(g) \qquad (2-8)$$

식 (2-6)은 자본소득이 국민소득에서 차지하는 비율인 자본소득분배율의 정의(definition)식이다. 식 (2-7)은 성장 이론에서 얻는 관계식이다. 장기에 자본·소득 비율은 저축률을 경제 성장률로 나눈 값과 같다. 피케티는 자본 수익률(*r*)이 경제 성장률(g)보다 크다는 식 (2-8)이 자본주의의 중심 모순이라고 보았다. 이 때문에 부를 가진 사람들은 더 많은 소득을 갖게 되고 소득 불평등은 악화한다. 자본주의가 성숙해짐에 따라 저성장 체제는 불가피한데 저성장 체제에서 부자가 더 부자가 되는 19세기 말과 같은 세습자본주의로 회귀한다. 세습자본주의란 "개인의 능력이나 노력으로 번 돈이 아닌 상속받은 재산에 의해 경제가 지배되는 시스템"을 말한다. 자본주의가 진행됨에 따라 능력주의보다 상속주의가 기승을 부리고 "과거가 미래를 먹어치운다".

피케티는 20세기 주요 선진국 통계 자료를 바탕으로 다음과 같은 사실을 밝혀냈다.

① (실질)자본 수익률은 대체로 4~5% 수준에서 일정하다. 자본·소득 비율은 장기적으로 U자형을 보인다. 따라서 식 (2-6)에서 유추할 수 있는 것처럼 자본소득분배율도 U자형이다.
② 저축률은 대체로 일정하다. 경제 성장률은 거꾸로 U자형이다. 이에 따라 식 (2-7)의 자본·소득 비율은 U자형이다.
③ $r-g$도 U자형이다. $r-g$가 커질 때 상위 소득계층의 소득 점유율이 높아지고 소득 분배가 악화한다. $r-g$가 커질 때 부의 분배도 악화하고 국부 중에서 상속받은 부의 비중도 높아진다.

요약건대 자본·소득 비율, 자본소득분배율, $r-g$가 모두 U자형이고 값이 커질 때 계층별 불평등도도 확대된다.

분배에 관한 피케티의 정책 처방은 크게 다음의 세 가지이다.

첫째, 현행보다 한층 누진적인 소득세제를, 최고한계세율 80%까지 도입해야 한다. 최상위 1%에 최고한계세율 80%로 과세하는 것은 경제 성장을 저해하지 않는다. 성장의 과실을 재분배하며, 최고경영자들이 과도하게 연봉을 올리지 못하게 하는 방어벽 역할을 한다. 소득

(1912~1922)과 유산(1937~1939)에 대해 최고 세율 70%로 과세한 최초의 나라는 미국이었다. 쿠즈네츠가 상위 10% 소득을 계산한 시점(1958년)에 미국 최고소득세율은 93%, 법인세는 70%였다.

둘째, 글로벌 자본세제(부에 대한 글로벌 누진세)를 도입해야 한다. 순자산에 대해 누진적 자본세 부과는 부의 투명성, 자본에 대한 민주적 통제를 위해서도 필요하다.

셋째, 교육훈련 투자와 지식 확산에 힘쓰고, 저소득층이 좋은 교육을 받을 기회를 확대해야 한다.

피케티는 『21세기 자본』의 후속작으로 2020년에 1,300쪽에 달하는 『자본과 이데올로기』를 발간하였다. 이 책에서 피케티는 서구사회에서 1980년대 이후 불평등이 심각해진 주요한 이유로 한때 인민의 이해를 대변했던 '브라만 좌파'(교육 수준이 높은 엘리트 고소득층)가 소유와 분배에 대한 담론에서 사유재산과 능력주의라는 '상인 우파'(글로벌 자본가)의 지배적 이데올로기를 용인한 때문이라고 본다. 그가 불평등을 해결하기 위해 내놓는 해법은 기본소득과 '기본자산' 지급이다. 만 25세가 된 모든 젊은이에게 집을 마련하거나 창업할 수 있는 종잣돈을 주자는 것이다. 프랑스를 예로 들면 유럽 성인 평균 자산의 60%에 해당하는 12만 유로(약 1.6억 원)를 준다는 것이다.[9] 피케티는 평등한 사회를 위해서는 교육 기회를 보장하고 불평등한 사회 제도를 개선할 사회민주주의와 인민대중의 정당정치 참여가 필요하다고 본다. 나아가 피케티는 국가의 경계를 넘어서 국가 간 불평등 문제를 사유하고 불평등을

9. 우리나라에서도 이런 아이디어를 원용하여 2020년 총선에서 정의당이 20세 청년에게 기초자산 5,000만 원을 주는 '청년 사회 상속제'를 공약으로 내놓았다.

줄여야 한다는 문제의식을 여러모로 드러내고 있다.

기본자산을 지급하자는 피케티의 주장은 불평등을 해소하기 위한 혁명적인 제안이다. 문제는 이것이 경제적 효율을 훼손하지 않으면서 실현 가능한 정책인가 하는 것이다. 이 책의 7장에서 설명하는 바와 같이 '기본자산'이 아닌 '기본소득'을 주는 데에도 막대한 재원이 소요된다. 그런데 기본소득제가 근로 의욕과 창의적 일을 북돋는다는 소기의 목적을 달성하지는 못하는 것으로 스웨덴의 국가적 실험에서 드러났다. 인간 대신 인공지능이 모든 생산을 담당하고 모든 사람의 필요를 충당할 정도로 생산력이 비약적으로 높아지는 먼 미래에는 기본소득제와 기본자산제가 필요하고 이것이 지속 가능해질 것으로 전망해 볼 수 있다. 그러나 그 전까지는 비현실적인 제안이다.

3. "기회는 평등하고, 과정은 공정하며, 결과는 정의로운 나라"?

"이게 나라냐, 바꾸자"라는 촛불 민심이 박근혜 정부를 무너뜨리고 문재인 정부를 등장시켰다. 문재인 대통령은 대통령 취임사에서 '기회는 평등하고, 과정은 공정하며, 결과는 정의로운 나라'를 만들겠다고 천명하였다. 평등, 공정, 정의 등 가슴을 뛰게 할 만한 화려한 수사(修辭)를 구사하였다. 그러나 이 멋지고 무거운 개념들의 의미를 숙고해보면 헷갈리게 하는 내용이 드러난다. 먼저 기회 평등은 현대 민주사회에서 가장 중요한 개념으로 아무리 강조해도 지나치지 않다. 기회 평등을 우리나라 헌법 전문에 나와 있는 대로 기회 균등으로 썼다면 더 좋았을 것이다. 과정은 공정해야 한다는 말은 맞는 표현이고 중요한 명제다. 정치적 의사 결정 과정과 경제 활동 과정에서 공정은 특히 중요하다. 문제는 결과가 정의로워야 한다는 말이다. 이명박 정부는 기회가 평등하고 과정이 공정하면 그 결과는 괜찮은 것이라고 생각했는데 문재인 대통령의 말은 결이 다르다. 기회와 과정이 각각 균등과 공정이라는 독자적인 기준을 통과해야 하듯이 결과도 독자적으로 정의라는 기준을 통과해야 한다는 것이다. 이렇게 이해하면 혼란이 커진다. 어떤 결과가 정의로운 것인가? 정의를 자유로 보기도 하고 평등으로 보기도 한다. 롤스처럼 정의를 공정으로 볼 수도 있다. 어떤 정의를 뜻하는가? 어떤 기준을 사용해야 한다고 정하는 주체는 누가 되어야 하는가? 정의롭다고 판정하는 주체는 누구인가? 기회가 균등하고 과정이 공정한데 새삼 결과에 대해 시시비비를 가리고자 한다면 다분히 전체주의적 요소가 드러날 수밖에 없다. 시장경제에서는 기회가 균등하고 과정이 공정하더라도 소득과 부의 분배가 지나치게 불평등할 수 있다. 이를 정의롭지 않다고 보고 시장경제를 정의롭지 않다고 규정하는 것은 현대 복지국가의 관점이 아니다. 시장의 실패로 보고 재분배와 복지로 '지나친' 경제적 불평등을 해결하는 것이 복지국가의 관점이요 역할이다.

결론적으로 말해 표현이 화려한 만큼이나 뜻이 불분명한 위 수사는 '기회는 균등하고, 과정은 공정하며, 결과는 복지와 분배로 보완하는 나라'를 뜻하는 것이어야 했다. 공정한 사회 담론을 제시한 이명박 정부에서도 공평(균등)한 기회 제공, 공정한 경쟁 구현, 약자와 서민 배려가 핵심이라고 정리하였다(신중섭, 2012). 불행하게도 우리 사회가 기회는 균등하고 과정은 공정할 것이라는 문재인 정부의 다짐은 시대적 소극(笑劇)이 되었다. 정의의 마지막 보루인 사법부의 수장이 행정부와 입법부에 스스로 굴종하여 민주주의의 근간인 삼권분립을 깨트리고 나아가 거짓말까지 서슴지 않은 일, 몰염치의 결정판이라 할 조국 사태, 탐욕스러운 '대장동' 개발 비리, 청년 세대에 불공정의 상징으로 각인된 공공기관 비정규직의 정규직화 사태 등으로 아시타비(我是他非, 나는 옳고 남은 틀리다. 2020년 교수신문이 시대상을 반영하는 4자성어로 선정한 표현), 내로남불의 오만과 억지가 드러났기 때문이다. "기회는 불평등, 과정은 불공정, 결과는 역차별"(인천국제공항 사태 시위 플래카드), "기회는 아빠 찬스입니다. 과정은 엄마가 맡았습니다. 결과는 뻔했습니다."(진중권), '나라가 니(네) 거냐' 등의 탄식과 조롱, 규탄이 쏟아져 나온 것이 이를 단적으로 나타낸다.

우리나라 소득과 부의 수준

3장

1. 우리나라 가구 소득과 1인당 소득의 수준 / 2. 우리나라 가구 부의 수준

우리나라는 2017년에 1인당 소득 3만 달러 시대에 들어섰다. 2019년에 1인당 국민총소득은 대략 32,000달러, 3,754만 원으로 월평균 313만 원꼴이다.

국민총소득에는 정부와 기업이 가져가는 몫도 포함되어 있다. 이 몫을 빼면 가구 구성원 1인당 소득은 월평균 310만 원대가 아니라 180만 원대이다.

2019년에 우리나라 가구 소득은 대략 연평균 6,000만 원(월평균 500만 원)이고, 2020년 3월 말 기준으로 가구 순자산은 3억 6,000만 원이다.

분배를 다루기에 앞서 우리나라 가구 소득과 부의 규모에 대해 알아보자. 우리가 나누어야 할 빵 덩어리의 크기가 얼마나 되는지 우선 알아보는 것이 전체의 그림을 이해하는 데에 도움이 되기 때문이다.

1. 우리나라 가구 소득과 1인당 소득의 수준

가계금융 · 복지조사에 의한 가구 소득 수준

현재 우리나라 가구의 소득 분배와 부 분배에 관한 공식적인 통계는 "가계금융 · 복지조사"에 따른다. 통계청은 2012년부터 한국은행, 금융감독원과 같이 매년 가계금융복지조사를 실시해 오고 있다. 우리나라 가계의 소득과 부를 가장 많은 표본 수 20,000개로 추계하는 패널조사(panel survey)다. 패널 조사란 매년 같은 표본을 사용하여 조사하는 방식을 말한다. 표본은 개인이 아닌 가구이다. 소득은 1장에서 설명한 것과 같이 가구 소득이라 부르는 경상소득과 시장소득, 처분가능소득으로 나누어 추계하고 있다. 가구 소득은 크게 근로소득, 사업소득, 재산소득, 공적 이전소득, 사적 (순)이전소득의 다섯 가지 소득으로 분류하고 있다.

가구 소득에는 퇴직금이나 경조금 같이 일시적으로 특별하게 생기는 비(非)경상소득을 뺀 모든 소득이 포함된다고 하였다. 특히 비경상소득이기 때문에 빠지는 중요한 소득 하나와 국민계정에서 소득으로 치는데 가계조사에서 소득이라고 치지 않는 다른 한 가지를 언급할 필요가 있다. 첫째, 비경상소득이기 때문에 가구 소득에서 빠지지만 국민의 체감 분배를 이해할 때 중요한 소득이 자산을 팔아 생기는 자본이득

(capital gain)이다. 금융자산이나 실물자산을 팔아서 처음 살 때와 비교하여 생기는 차액을 자본이득이라 한다. 처음 살 때에 비해 비싸게 팔면 그 차이만큼 플러스(+)의 자본이득을, 손해 보고 팔면 그 차이만큼 마이너스(-)의 자본이득, 즉 자본손실(capital loss)을 본다. 우리나라에서는 부유층이 땅과 아파트 등 부동산을 사고팔아 엄청난 양의 자본이득을 챙기는 경우가 많아 왔다. 이 때문에 많은 국민들이 상대적 박탈감을 느끼고 우리나라에 빈부 격차가 심하다고 느낀다. 미국에서는 실현된 자본이득이나 자본손실이 가구 소득에 포함된다. 많은 나라가 보고 누락이나 과소 보고에 따르는 추정상의 문제점 때문에 양의 자본이득이든, 음의 자본이득이든, 자본이득을 가구 소득에 포함시키지 않고 있다. 우리나라도 마찬가지다.

둘째, 국민계정에서는 소득으로 치는데 가계조사에서 소득으로 치지 않는 것으로 귀속임대료(imputed rent)라는 것이 있다. 귀속임대료란 주택 소유자가 주택을 빌려 거주한다고 가정할 때 내야 할 임대료다. 1인당 소득을 계산하는 국민소득계정에서는 주택 거주가 중요한 서비스 산업이라고 보아 주택 소유자가 귀속임대료를 버는 것으로 간주한다. 주택을 소유하지 못한 사람은 실제로 임대료를 낸다. 주택을 소유한 사람은 자기 집이 아니었다면 냈어야 할 임대료를 안 내기 때문에 그만큼 벌었다고 처리하는 것이다. 가계금융복지조사에서는 위에서 말한 다섯 가지 소득으로 분류하여 조사원이 면접 조사하는데 비경상소득과 자본이득, 귀속임대료는 다섯 가지 소득 어디에도 포함되지 않기 때문에 누락된다(주택이나 비거주용 건물을 빌려주고 받는 임대료는 당연히 재산소득으로 잡힌다).

우리나라에는 1인 가구에서부터 6인 이상 가구까지 다양한 규모의 가구가 있다. 이 모든 가구를 통틀어 본 평균 소득(가구 소득)은 2019년에 5,924만 원이다. 월평균으로는 494만 원이다. 가구의 평균 구성원 수는 2.71명이다. 식구가 대략 세 명인 가정이 연 6,000만 원(월 500만 원)을 벌어 사는 것이 2019년 우리나라 가구의 평균적인 모습이다.

가계금융·복지조사에 의한 가구 소득 분포

그러면 돈을 가장 못 버는 가구에서부터 가장 잘 버는 가구까지 전체 가구를 5등분해서 살펴보면 어떨까? 최근 몇 년의 결과가 **표 3-1**에 나와 있다.[1] 2019년을 중심으로 표를 읽는 방법을 설명하면 다음과 같다. 먼저 가장 못 번 최하위 20%(1분위) 가구만 따로 떼어 소득을 평균해 보면 평균 소득이 표의 상단에서 1,155만 원이다. 고작 월 96만 원밖에 벌지 못했다는 것이다. 이 1분위 가구가 전체 가구 소득 중에 겨우 3.9%만 가져갔다는 것을 표 중단의 분위별 점유율에서 알 수 있다. 1분위가 받는 연평균 소득의 상한이 1,915만 원이라는 것을 표 하단의 분위 경계값이 보여준다. P20은 저소득 가구 20%의 상한 소득이다. 연소득이 1,915만 원보다 작으면 1분위(가구), 1,915만 원보다 많으면 2분위이다.

소득이 제일 적은 1분위 다음으로 적은 20% 가구(2분위)의 연평균 소득은 2019년에 2,763만 원이다. 2분위가 번 소득은 전체 소득의 9.3%를 차지한다. 소득 범위는 1,915만 원부터 3,666만 원이다. 중간

1. 자료 : 통계청·한국은행·금융감독원, "가계금융복지조사 결과", 각 연도. 이하에서는 편제기관을 통계청으로 줄여 표기함.

〈표 3-1〉 최근 우리나라 가구 소득의 분위별 평균, 점유율 및 경계값

(단위 : 만 원, %)

	2014	2015	2016	2017	2018	2019
소득 분위별 평균 금액						
전체	4,770	4,882	5,010	5,705	5,828	5,924
1분위	864	891	919	1,057	1,104	1,155
2분위	2,355	2,412	2,463	2,657	2,725	2,763
3분위	3,896	3,993	4,077	4,464	4,577	4,671
4분위	5,792	5,958	6,073	6,825	6,977	7,126
5분위	10,938	11,153	11,519	13,520	13,754	13,903
분위별 점유율						
전체	100.0	100.0	100.0	100.0	100.0	100.0
1분위	3.6	3.7	3.7	3.7	3.8	3.9
2분위	9.9	9.9	9.8	9.3	9.3	9.3
3분위	16.3	16.4	16.3	15.6	15.7	15.8
4분위	24.3	24.4	24.2	23.9	23.9	24.1
5분위	45.9	45.7	46.0	47.4	47.2	46.9
분위 경계값						
P10	838	844	884	1,051	1,088	1,153
P20	1,591	1,630	1,680	1,826	1,864	1,915
P30	2,400	2,400	2,445	2,648	2,721	2,746
P40	3,072	3,172	3,240	3,552	3,632	3,666
P50	3,924	4,000	4,040	4,456	4,565	4,652
P60	4,747	4,836	5,000	5,424	5,576	5,757
P70	5,760	6,000	6,000	6,755	6,878	7,045
P80	7,100	7,320	7,500	8,524	8,695	8,793
P90	9,500	9,700	10,000	11,534	11,813	11,819

자료 : 통계청, "가계금융복지조사 결과", 각 연도.

소득층이라고 할 3분위와 4분위 가구의 연평균 소득, 소득 점유율, 소득 범위도 마찬가지로 표를 읽으면 된다. 대학을 졸업하고 대기업에 취직하여 연봉 6,000만 원을 받으면서 부모로부터 독립하여 생활한다면 P60 = 5,757만 원보다 많기 때문에 소득 상위 40% 가구에 속한다. 고소득층이라고 할 상위 20% 가구(5분위)에 대해 따로 살펴보면 연평균 소득이 1억 3,903만 원이다. 월평균 소득이 1,159만 원인 것이다. 이 가구들이 가져가는 소득은 전체의 46.9%를 차지한다. P80은 하위 80% 가구의 상한 소득이자 상위 20% 가구의 하한 소득으로서 8,793만 원이다. 가구를 10%씩 10개 그룹으로 나누어 1분위부터 10분위까지 분류할 수도 있는데 표의 상단에서는 20%씩 5개 그룹으로 나누었다. 참고로 상위 10% 가구의 하한 소득은 P90인 1억 1,819만 원이다. 대략 가구의 연 소득이 1억 2,000만 원, 월평균 소득이 1,000만 원이면 소득 상위 10% 가구에 들어간다는 것이다.

가구를 소득순으로 세웠을 때 한가운데 있는 가구가 버는 소득이 중위 소득이다. 중위 소득은 표에서 P50으로 나타난다. 하위 50% 가구의 상한 소득이 P50이기 때문이다. 중위 소득 4,652만 원은 전체 가구의 평균 소득 5,924만 원보다 적다. 평균 소득/중위 소득 = 1.3이다. 소득 분배가 완전 평등하지 않는 한 평균 소득이 중위 소득보다 많다.

가계금융·복지조사에 의한 가구 소득 분포의 특징

통계청이 국가통계포털에 올린 자료에 따르면 2019년에 우리나라 가구(집단 가구와 외국인 가구를 뺀 일반 가구)는 모두 2,034만 가구이다.[2] 가계금융복지조사에 따르면 2019년에 우리나라 가구의 평균 경상소득은 5,924만 원이고 평균 처분가능소득은 4,818만 원이다. 경상소득과 처분가능소득의 차액인 비소비지출은 1,106만 원이다. **표 3-2**를 중심으로 가구 소득 5,924만 원과 관련하여 몇 가지 특징적인 현상을 정리해 볼 수 있다.

① 소득 원천별로는 전체 가구 소득 중 근로소득(2/3가량)이 가장 많고 사업소득(1/5가량), 공적 이전소득(7%대), 재산소득(7%대), 사적 이전소득(2% 내외) 순이다. 전체 가구로 볼 때 재산소득이 가구 소득의 7%대에 불과한 낮은 수준이다.

② 소득 5분위별로 보면 분위가 높아질수록 근로소득, 사업소득, 재산소득이 많아지고 공적·사적 이전소득이 적어진다(2019년에 1분위의 공적 이전소득이 2분위와 3분위의 그것보다 적은 것은 예년과 다른 예외적인 현상이다). 분위가 높아질수록 근로소득이 많아질 뿐 아니라 근로소득의 비중도 커지는 것에 주목할 만하다. 1분위의 근로소득은 가구 소득의 1/4에 불과하여 가구 소득의 43%를 차지하는 공적 이전소득보다 훨씬 적다. 5분위의 근로소

2. 통계청, 국가통계포털 인구 > 인구 총조사 > 가구부문 > 총조사가구(2015년 이후)/전수부문(등록센서스) > 전수 기본표 > 가구 형태별 가구 및 가구원 > 전국 일반가구. 2021년 5월 조회.

득은 가구 소득의 70%를 차지한다.

③ 가구주의 연령대별로 보면 가구 평균 소득은 가구주의 나이가 40대인 가구가 가장 많고, 그 다음으로 50대인 가구, 30대, 60세 이상인 가구 순이며 30세 미만인 가구가 가장 적다.

④ 가구주의 교육 수준별로 보면 교육 수준이 높을수록 가구 소득이 높아진다. 가구주가 대학 졸업 학력 이상인 가구(8,326만 원)는 초등학교 졸업 이하인 가구(2,322만 원)의 3.6배이고, 고등학교 졸업인 가구(5,401만 원)에 비해서도 54%가 더 많다.

⑤ 가구주 종사상 지위별로 보면 가구 소득이 상용 근로자 가구(7,958만 원), 자영업자 가구(6,519만 원), 임시·일용 근로자 가구(3,704만 원) 순이다. 상용 근로자 가구의 소득이 임시·일용 근로자 가구 소득보다 2배 이상 많고 자영업자 가구 소득보다 많다. 비정규직의 임금이 정규직의 절반 수준이고, 생계형 서비스업에 영세 사업자가 지나치게 많은 현실을 반영하고 있다.

⑥ 가구주의 성별로 보면 남자 가구주 가구 소득(6,791만 원)이 여자 가구주 가구 소득(3,085만 원)의 2.2배에 이른다.

⑦ 가구 소득은 가구원 수가 많을수록, 취업자 수가 많을수록 높게 나타난다. 근로소득은 4인 가구(6,621만 원)에서, 사업소득은 5인 이상 가구(2,605만 원)에서 가장 많다. 취업자가 없는 가구의 경우 공적 이전소득과 사적 이전소득이 다른 가구들에 비해 훨씬 많다.

⑧ 순자산 5분위별로 보면 순자산의 분위가 높은 가구일수록 소득도 많은 양의 상관관계를 보이고 있다.

⑨ 가구 유형의 특성별로 보면 노인 가구(2,335만 원)가 소득이 가

장 낮고, 그 다음이 한부모 가구(4,076만 원)이며 장애인 가구 (4,246만 원), 다문화 가구(5,249만 원) 순이다.

〈표 3-2〉 **2019년 소득 원천별 가구 소득 평균 및 구성비**

(단위 : 만 원)

가구 특성		평균						가구 소득 중앙값
		가구 소득	근로 소득	사업 소득	재산 소득	공적 이전소득	사적 이전소득	
2019년 전체		5,924	3,791	1,151	417	457	107	4,652
소득 5분위별	1분위	1,155	286	98	93	494	184	1,153
	2분위	2,763	1,379	496	205	526	157	2,746
	3분위	4,671	2,798	1,029	255	496	93	4,652
	4분위	7,126	4,807	1,488	345	426	60	7,045
	5분위	13,903	9,683	2,644	1,188	345	43	11,820
가구주 연령대별	39세 이하	5,935	4,658	868	153	195	61	5,113
	· 29세 이하	3,533	2,769	476	50	118	120	2,962
	· 30~39세	6,346	4,981	936	170	208	50	5,523
	40~49세	7,648	5,399	1,683	345	171	51	6,352
	50~59세	7,549	5,329	1,524	453	190	53	6,274
	60세 이상	3,989	1,683	729	525	865	187	2,713
	· 65세 이상	3,180	1,001	485	523	951	219	2,117
가구주 교육 수준별	초졸 이하	2,322	929	378	200	616	199	1,512
	중졸	3,752	1,829	905	274	598	146	2,858
	고졸	5,401	3,228	1,327	328	415	103	4,584
	대졸 이상	8,326	5,884	1,366	615	396	65	6,851

가구주 종사상 지위별	상용 근로자	7,958	6,922	383	391	222	40	6,686
	임시 · 일용 근로자	3,704	2,781	222	161	449	90	2,942
	자영업자	6,519	1,346	4,173	522	395	83	5,137
	기타(무직 등)	2,938	1,089	170	494	928	257	1,807
가구주 성별	남자	6,791	4,411	1,355	476	465	83	5,523
	여자	3,085	1,760	482	225	432	186	2,112
가구원 수별	1인	2,162	1,122	345	160	372	162	1,511
	2인	4,503	2,147	921	520	754	161	3,520
	3인	7,339	5,055	1,353	460	405	65	6,243
	4인	8,951	6,621	1,617	445	228	41	7,633
	5인 이상	9,786	6,112	2,605	602	412	54	7,850
취업자 수별	0인	2,155	395	70	461	936	293	1,422
	1인	5,258	3,476	936	375	390	80	4,001
	2인	8,010	5,441	1,795	429	295	49	6,779
	3인 이상	10,159	7,018	2,291	489	320	40	8,758
순자산 5분위별	1분위	2,713	1,678	431	26	448	130	2,033
	2분위	3,961	2,668	720	79	387	107	3,480
	3분위	5,368	3,644	1,050	172	391	111	4,874
	4분위	6,993	4,705	1,381	351	453	102	6,323
	5분위	10,583	6,258	2,172	1,457	608	88	8,927
가구 유형별	한부모 가구	4,076	2,336	732	187	594	227	3,281
	노인 가구	2,335	459	296	449	882	249	1,559
	다문화 가구	5,249	3,356	1,158	303	378	54	4,670
	장애인 가구	4,246	2,091	794	379	831	150	2,910

자료 : 통계청, "2020년 가계금융복지조사 결과", 〈표 11〉, 65쪽

가계금융 · 복지조사에 의거한 1인당 소득 수준

2019년에 연평균 가구 소득은 5,924만 원으로 월평균은 494만 원이다. 처분가능소득이 4,818만 원으로 월 402만 원꼴이다. 같은 해 가계금융복지조사에서 가구의 구성원은 2.71명으로 조사되었다. 따라서 1인당 소득은 경상소득 기준으로 연 2,186만 원, 월 182만 원이다 (처분가능소득 기준으로 1인당 소득은 연 1,778만 원, 월 148만 원이다).

가계동향조사에 의한 가구 소득과 1인당 소득 수준

통계청은 1970년대부터 월별 및 연간으로 "가계동향조사"를 실시해 왔다. 가계동향조사는 전국 가구를 대상으로 8,700개의 표본을 추출하여 가구의 소득과 지출을 조사하였다. 1990년부터는 2인 이상 도시 가구에 대한 소득 분배도 조사해 왔다. 1인 가구와 농어 가구가 포함되지 않은 한계에도 불구하고 우리나라 소득 분배에 관한 가장 긴 공식 통계이다. 2006년부터 소득 분배지표를 작성할 때 1인 가구와 농어 가구까지 포함하여 '전체 가구'라는 이름으로 분배 통계를 작성하기 시작하였다. 가계동향조사와 농가경제조사를 이용하여 전체 가구의 소득에서 균등화소득을 계산하여 개인별 소득 분배지표를 작성하였다. 2016년까지 우리나라 정부가 공식 분배 통계로 제시해 온 것이 바로 이 소득 분배지표이다. 그러나 이 통계가 실제 체감 분배를 반영하지 못한다는 비판이 끊임없이 제기되어 왔다. 이에 따라 2017년 12월에 통계청은 가계동향조사를 소득 부문과 지출 부문으로 나누고 두 부문의 표본집단을 확대하는 한편 추계 방법을 개선하였다. 더불어 가계동향조사를 이용해 지니계수와 빈곤율 등의 분배지표를 산출, 공표해 오던 것을 중단하였다. 지니계수와 빈곤율 등의 분배지표는 앞에서 다룬 가계금융복지조사에 의거하여 산출 · 공표하고, 이 통계가 새로운 공식 분배 통계가 되었다. 가계동향조사의 분배 통계가 비현실적으로 양호하게 추계된다는 비판 때문에 1990년부터 제법 긴 분배 시계열을 가지고 있는 것을 아예 추계하지 않는다는 것은 유감스러운 일이다. 추계한다면 분배가 개선되는 추세인지 악화하는 추세인지, 특별한 추세가 없이 정체 상태인지를 판별하는 보조지표로 활용할 수 있기 때문이다. 여하튼 2인 이상 도시 가구라는 제한된 표본에도 불구하고 1997년의 외환위기와 2008년의 세계적인 금융위기 기간을 포함하는 1990년부터 2016년까지 소득 분배의 추이를 살펴볼 수 있다는 점에서 가계동향조사 결과는 우리나라 소득 분배 연구에 참조할 수 있는 유용한 자료이다.

가계동향조사에 따르면 2019년 전국 가구의 가구 소득은 월 478만 원[3]이고 처분가능소득은 372만 원이다. 가계금융복지조사에서 나온 2019년 월 가구 소득 494만 원, 처분가능소득 402만 원과 비슷하지만 좀 적다. 가계동향조사는 상대적으로 소득이 적은 1인 가구와 농어업 가구를 제외하기 때문에 가구 소득이 더 크게 나와야 정상인데 더 적게 나왔다. 이 괴리는 두 조사에서 전체 가구 소득의 20%가량인 사업소득을 처리하는 방식이 다른 것에 주로 기인한다. 가계금융복지조사에서

3. 2019년 1/4분기부터 4/4분기까지 분기별 경상소득을 평균하여 계산한 금액이다. "2019년 가계동향조사(소득 부문)"을 참고할 것. 가계동향조사는 가계금융복지조사와는 달리 경조소득, 퇴직수당, 실비보험수령액 등의 비경상소득도 조사하고 있다. 그러나 비경상소득은 2018년 이후 월평균 10만 원을 넘는 경우가 드물어 무시할 수 있을 정도로 작다.

는 사업소득의 순수익(= 사업 수익 - 사업 비용)을 모두 가구 소득으로 보는 반면에, 가계동향조사에서는 순수익에서 앞으로의 재투자, 사업을 위한 저축 등의 유보 몫을 뺀 것만을 가구 소득으로 본다.[4]

2019년 가계동향조사에 나오는 가구원 수는 3.05명이다. 이 가구원 수로 나누면 2019년의 1인당 소득은 월 157만 원, 1인당 처분가능소득은 122만 원이다.

1인당 소득 3만 달러 시대에 1인당 월 소득은 310만 원대가 아닌 180만 원대

우리나라는 2017년부터 1인당 소득 3만 달러 시대에 들어섰다. 시장환율 기준으로 1인당 소득이 2019년에 32,204달러, 원화로는 3,754만 원이다. 연 3,754만 원이면 월 313만 원꼴이다. 그런데 가계금융복지조사와 가계동향조사에서는 1인당 소득이 각각 월 182만 원, 157만 원으로 많아 봐야 고작 월 182만 원이다. 182만 원이라면 313만 원의 58% 수준이다. 국민소득 통계에 따르면 2019년에 1인당 소득이 월 300만 원이 넘어야 할 것 같은데 가계소득 통계에 따르면 180만 원대인 것이다. 이 괴리를 어떻게 설명해야 할까? 뭐가 문제인가? 문제는 없다. 국민소득 계정에 나오는 국민소득과 1인당 소득은 가계뿐 아니라 기업과 정부에 돌아가는 몫까지 포함한 개념이기 때문이다. 이는 다

4. 정부가 가계금융복지조사 결과를 바탕으로 소득과 부의 분배에 관한 공식 통계를 공표하기 때문에 앞으로 본서는 가계금융복지조사 결과를 주로 이용한다. 그러나 가계금융복지조사가 시작된 2011년 이전 자료의 경우 1990년부터 있는 가계동향조사 자료를 이용해야 하는 것은 물론이다.

른 나라들도 마찬가지다. 가계 구성원이 실제로 받는 소득은 가계금융복지조사가 제대로 포착한다. 아래에서 경제학원론을 복습하면서 이를 살펴보도록 하자.

한 나라의 생산 수준은 으레 국내총생산으로, 소득 수준은 국민총소득으로 나타낸다. 국내총생산(Gross Domestic Product ; GDP)은 한 나라 국경 안에서 일정 기간 동안 만들어 낸 모든 최종 생산물의 시장가치이다. 국민총소득(Gross National Income ; GNI)은 한 나라 국민이 일정 기간 동안 국내외에서 생산 활동으로 벌어들인 소득의 총합이다. 2019년에 우리나라 국내총생산은 1,925조 원이다. 국민총소득은 대개 국내총생산과 규모가 비슷하다. 생산물이 팔리면 누군가의 소득이 되기 때문이다. 2019년에 우리나라 국민총소득은 1,941조 원이다. 누군가가 우리나라 국민이 아닐 수 있기 때문에 차이가 좀 난다. 우리나라 국경 안에서 외국 근로자와 기업가가 생산하여 벌어 간 몫은 국내총생산에서 빼고, 외국에서 우리나라 근로자와 기업가가 생산하여 벌어 온 몫을 더한 것이 국민총소득이다. 국민총소득을 인구 수로 나눈 것이 1인당 국민총소득이다. 2019년의 국민총소득 1,941조 원을 우리나라 추계 인구(2019년 한가운데 날인 7월 1일 기준) 5,171만 명으로 나누면 1인당 국민총소득은 3,754만 원, 32,204달러이다. 1인당 소득 3만 달러 시대라고 말하는 것이 바로 1인당 국민총소득이다.[5] 월평균 313만 원이다.

5. 이 항에 나오는 국민계정 관련 통계는 한국은행 경제통계시스템 > 국민계정(2015년 기준년) > 주요지표 > 연간 지표 > 경제 규모 및 국민소득(명목) 참고. 2021. 7. 10. 열람.

$$
\begin{aligned}
\text{2019년 1인당 국민총소득} &= \text{2019년 국민총소득/2019년 인구} \\
&= \text{1,941조 원/5,171만 명} \\
&= \text{3,754만 원}
\end{aligned}
$$

$$\text{2019년 월 1인당 국민총소득} = \text{3,754만 원/12개월} = \text{313만 원} \tag{3-1}$$

생산의 주체인 기업은 기계, 설비, 공장 등 각종 자본재를 가지고 있다. 자본재에는 수명이 있다. 생산 과정에서 자본재는 마모되면서 수명이 줄어든다. 기업은 이 마모되는 자본재 몫만큼의 자금을 따로 비축해 놓아야 수명이 다하는 자본재를 새 것으로 교체하여 지속적인 생산 활동을 할 수 있다. 생산 과정에서 마모되는 자본재 몫을 고정자본소모 혹은 감가상각이라 한다. 고정자본소모는 국내총생산과 국민총소득에 포함되어 있지만 가계에 귀속되지 않는다.

정부는 생산 및 수입세(관세, 부가가치세, 특별소비세 등 상품의 생산, 수입(輸入), 판매, 사용에 부과하는 세금), 소득세(법인세, 근로소득세, 이자소득세) 등의 각종 세금을 부과하고, 국유재산을 생산 과정에 활용하여 각종 재산소득도 얻는다. 이것들은 국민총소득에 포함되지만 가계소득에는 포함되지 않고 정부 부문 소득으로 잡힌다. 한편 정부는 가계로부터 각종 사회부담금(social contribution)을 징수하고 각종 명목의 사회수혜금(social benefits)을 가계에 지급한다. 사회수혜금이란 공적 연금(국민연금, 공무원연금, 군인연금, 사학연금 등)과 사회보험(고용보험, 산재보험, 국민건강 의료서비스 등)의 혜택을 말한다. 사회부담금이란 가계가 공적 연금과 사회보험 등의 혜택을 받기 위해 연금 기여금, 사회보험료 등으로 지불해야 하는 금액을 말한다. 정부가 세금 외에도 사회부담금을 가져가고, 사회수혜금을 가계에 제공하는 것이다. 이 사회수혜금이 가계의 다섯 가지 소득 원천 중 하나인 공적 이전소득(국민소득계정의 용어로 공적 경상이전)이다.

국민총소득에서 기업과 정부가 가져가는 몫을 빼고 공적 경상이전을 더하면 전체 가계 부문이 마음대로 쓸 수 있는 총소득이 나온다. 이를 가계총처분가능소득(personal gross disposable income ; PGDI)이라 한다. 가계총처분가능소득을 인구 수로 나눈 것을 1인당 가계총처분가능소득이라 한다. 2019년에 우리나라 가계총처분가능소득은 1,059조 원이고, 1인당 가계총처분가능소득은 2,047만 원이다. 월 171만 원꼴이다. 이 1인당 가계총처분가능소득이 가계조사의 1인당 처분가능소득과 이론적으로 같다. 실제로는 1인당 가계총처분가능소득 월 171만 원이 두 가계조사에서의 1인당 처분가능소득 148만 원, 122만 원보다 각각 16%, 40%나 많다.

국민소득계정의 1인당 소득 추계치가 두 가계조사에서의 그것보다 상당히 많은 것은 국민소득계정 추계의 포괄범위가 두 가지 면에서 넓기 때문이다. 국민소득계정에서는 학교, 병원, 노조, 종교단체 등 가계에 봉사하는 비영리단체와 민간 비법인기업이 가계 부문에 포함되고, 앞에서 설명한 것처럼 주택의 귀속임대료를 개인소득으로 계산한다. 가계조사에서는 영세한 자영업자만 가계에 포함된다. 가계에 봉사하는 비영리단체와 대부분의 민간 비법인기업이 가계에 포함되지 않는다. 귀속임대료도 가구 소득으로 계산되지 않는다. 이를 감안하면 국민소득계정에 나오는 1인당 가계총처분가능소득과 가계금융복지조사의 처분가능소득은 대략적으로 비슷해진다고 할 수 있다. 한국은행은 가계에 봉사하는 비영리단체가 차지하는 소득을 공개하지 않는다. 귀속임대료는 서구 선진국에서 대략 1인당 가계총처분가능소득의 5% 안팎인 것으로 알려져 있다.

2019년 1인당 가계총처분가능소득 : 2,047만 원(월 171만 원)
= 2019년 1인당 국민총소득 3,754만 원의 55% (3-2)

요약건대 우리 국민이 실제로 버는 1인당 소득은 국제 비교에 쓰이는 1인당 국민총소득보다 훨씬 적기 마련이고, 크기 면에서 1인당 가계총처분가능소득과 비슷하게 추계된다. 1인당 가계총처분가능소득은 1인당 국민총소득의 55% 수준이다. 1인당 소득 3만 달러 시대라지만 국민 개개인이 받을 수 있는 평균 소득은 넉넉잡아 3만 달러의 60%선인 18,000달러 정도이고 월 1,500달러대, 180만 원대이다. 통계청은 매년 각 시도별 지역소득을 공표한다. 17개 시도의 1인당 소득을 포괄하는 전국의 개인소득은 2019년에 2,040만 원으로 잠정 추계되었다. 이는 월평균 170만 원이다.

1인당 월 소득 180만 원대의 의미

2018년에 우리나라 최저임금은 전년보다 16.4%나 올라 시간당 7,530원, 월 환산 157만 원이었다. 2019년에는 최저임금이 다시 10.9%가 올라 시간당 8,350원, 월 175만 원이 되었다. 최저임금 175만 원은 1인당 가계총처분가능소득 171만 원(혹은 가계금융복지조사에 의거한 우리나라 전체의 1인당 소득 182만 원)과 비슷한 수준이다. 그런데 최저임금이 나라 전체의 1인당 소득 수준과 비슷한 나라는 세계 어디에도 없다. '1인당 소득이 3만 달러 시대라는데 최저임금이 하다못해 시간당 1만 원은 되어야 하지 않겠느냐'라는 말은 감성적으로 그럴듯하게 들리지만 우리 경제력으로는 아직 감당하기 어려운 수준이다. 2018년과 2019년에 사상 최대의 자영업자 폐업과 최고의 청년 실업률을 기록한 것은 최저임금의 대폭 인상에 기인하는 바가 크다.[6] 실제 1인당 소득이 아직 180만 원대라는 현실을 헤아리는 슬기가 필요하다.

가계금융복지조사를 실시하기 시작한 2011년에 가구 소득은 4,233만 원, 1인당 소득은 1,411만 원이었다. 2019년의 1인당 소득 2,186만 원은 2011년에 비해 55% 증가한 수준이다. 기간 중 (명목)국내총생산은 38.2%, 1인당 국민총소득은 33.8% 증가하였다. 1인당 소득은 기본적으로 경제가 지속적으로 성장해야 지속적으로 증가할 수 있다. 가계금융복지조사의 1인당 소득이 국민계정의 국내총생산 및 1인당 GNI보다 높게 증가한 것은 2017년에 가계조사의 추계 방식을 개편하면서 과세행정 자료를 사용하여 가구 소득이 크게 상향 보정되었기 때문이다. 지난 8년간의 경제 성장세와 1인당 소득의 증가세가 앞으로도 지속된다면 2025년이 되어서야 1인당 연 소득이 3,000만 원(월 250만 원)에 도달할 것이다. 그러나 잠재성장률이 종전의 3%대에서 1~2%로 낮아진 저성장 시대에 이 전망은 쉽게 실현되지 않을 것으로 보인다. 1인당 월 250만 원 소득이 별 대수롭지 않은 수준인 것 같지만 우리 경제 체력으로 볼 때 앞으로 근 10년이나 기다려야 한다는 말이다. 코로나19 충격을 받아 기다려야 하는 기간이 더 길어질 수도 있다.

6. 이에 대한 자세한 논의는 7장 4절의 포용적 성장과 소득주도성장에 있는 최저임금제 논의를 참조할 것.

1인당 소득 180만 원대가 충분히 높은 수준이라고 생각한다면 몰라도 그렇지 않다면 파이를 키우는 경제 성장과 이를 위한 성장 잠재력의 확충은 분배 차원에서도 중요한 당면 과제라 하지 않을 수 없다. 이에 대하여 8장에서 자세히 다룬다.

〈표 3-3〉 가계금융복지조사에 의거한 우리나라 1인당 소득의 추이

(단위 : 만 원)

2011	2012	2013	2014	2015	2016	2017	2018	2019
1,411 (118)	1,493 (124)	1,553 (129)	1,634 (136)	1,695 (141)	1,774 (148)	2,023 (169)	2,096 (175)	2,186 (182)

주 : 각 연도 가계금융복지조사의 가구 소득을 가구원 수로 나눈 값임.
괄호 안은 월 소득임.

소득 분배와 균등화소득

개인별 소득 분배를 볼 때에는 지금까지 본 1인당 소득을 대상으로 하지 않는다. 가구는 1인 가구부터 6인 이상 가구까지 구성원 수가 다양하다. 다양한 규모의 가구 소득을 개인소득으로 바꿀 때 앞에서는 가구 소득을 가구원 수로 나누어 계산하였다. 그러나 소득 분배를 따질 때에는 1장에서 설명한 것처럼 가구 소득을 가구원 수의 제곱근으로 나누어 계산한 균등화소득을 사용한다. 2인 이상이 공동생활을 할 때에는 혼자 살 경우에 비해 규모의 경제가 작용하기 때문이다. 가계금융복지조사에서는 균등화경상소득을 공표하지 않고 복지 정책의 재분배 효과를 살펴보기 위해 다른 OECD 국가들처럼 균등화시장소득과 균등화처분가능소득을 공표하고 있다. 2019년에 균등화시장소득은 3,539만 원,

균등화처분가능소득은 3,320만 원이다.[7] 이는 월평균으로 따지면 각각 295만 원, 277만 원이다. 이상의 논의를 정리하면 아래 표와 같다.

〈표 3-4〉 2020년 가계금융복지조사에 나오는 2019년 1인당 소득과 균등화소득

- 가계금융복지조사에 나오는 2019년 가구 소득 : 5,924만 원
- 가계금융복지조사에서 계산되는 2019년 1인당 소득 = 가구 소득/평균 가구원 수
  = 5,924만 원/2.71명
  = 2,186만 원
- 소득 분배에 활용되는 균등화경상소득 = 가구(경상)소득/$\sqrt{\text{평균 가구원 수}}$
  = 5,924만 원/1.646명 = 3,599만 원
- 소득 분배에 활용되는 균등화시장소득 : 3,539만 원(월 295만 원)
- 소득 분배에 활용되는 균등화처분가능소득 = 3,320만 원(월 277만 원)

우리나라 사람이 모두 똑같은 소득을 얻는다면 소득 분배는 완전평등하고 지니계수는 0이 될 것이다. 그러나 모든 사람의 소득이 똑같은 완전평등의 상태는 동서고금을 통해 어느 나라에도 없다. 1인당 소득이나 균등화처분가능소득은 평균 개념이다. 한쪽 발은 섭씨 -10도의 냉동칸에 있고 다른 발은 40도의 열탕에 있어도 양쪽을 평균한 값은 15도로 쾌적한 온도라고 나온다. 한쪽이 14도이고 다른 쪽은 16도일 때에도 평균은 15도이다. 문제가 되는 것은 평균이 아니라 어떻게 분배되고 분포되어 있느냐이다. 다음 장부터 분배를 다루는 것은 이 때문이다.

7. 통계청, "2020년 가계금융복지조사 결과", 67쪽, 통계표 13, 균등화경상소득은 균등화소득의 정의를 이용하여 필자가 계산해본 것이다. 통계청처럼 각각의 가구 소득으로부터 균등화소득을 계산하여 이를 평균한 균등화소득과 필자처럼 평균 가구 소득을 평균 가구원 수의 제곱근으로 나누어 계산한 균등화소득은 값이 다르게 나타난다. 예컨대 2019년의 가구 처분가능소득 4,818만 원을 가구원 수의 제곱근으로 나누면 균등화처분가능소득은 2,927만 원인데 통계청의 균등화처분가능소득은 3,320만 원이다.

2. 우리나라 가구 부의 수준

우리나라 가구 부(자산)의 규모와 분포에 관한 공식적인 통계 자료는 앞에서 말한 가계금융복지조사이다. 부는 크게 금융자산과 실물자산으로 구분된다. 금융자산은 현금, 예금, 적금, 주식, 채권, 선물은 물론 각종 적립식 및 예치식 펀드, 저축성 보험, 전월세 보증금, 임차보증금, 빌려준 돈 등 화폐액으로 표시되는 일체의 증권이 포함된다. 실물자산은 눈으로 볼 수 있는 물건으로서 부동산과 기타 실물자산으로 나눈다. 부동산은 아파트, 빌라, 단독주택 등 주거용 건물과 상가, 빌딩 등 비주거용 건물, 그리고 토지 등을 포괄한다. 기타 실물자산은 자동차, 자영업자 설비와 재고자산, 각종 (콘도, 골프 등) 회원권, 귀금속, 골동품, 예술품, 고가 내구재, 지식재산권 등을 포괄한다.

가구의 (총)자산에서 부채를 빼면 가구 순자산이 된다. 가구 부채는 금융부채와 임대보증금으로 구성된다. 금융부채는 금융기관으로부터의 담보대출, 신용대출, 신용카드 관련 대출, 외부로부터 빌린 돈 등을 포괄한다. 임대보증금은 주택과 토지 등 부동산을 임대해 주고 받은 금액을 말한다.

2020년 가계금융복지조사에 따르면 2020년 3월 말 현재 우리나라 가구의 평균 자산은 4억 4,543만 원이다. 그중 금융자산은 24%에 불과하고 실물자산이 76%를 차지한다. 실물자산의 대부분은 토지, 주택, 비주거용 건물 등을 포함하는 부동산으로서 부동산이 전체 실물자산의 94%, 전체 자산의 72%를 점하고 있다. 가구 부채는 8,256만 원이다.[8]

---

8. 총부채를 총가구 수로 나눈 값이다. 총가구의 63.7%가 부채를 가지고 있고, 나머지

그중 금융부채가 73%, 임대보증금이 나머지 27%이다. 자산에서 부채를 뺀 가구 순자산은 3억 6,287만 원이다.

앞에서 2019년 한 해 동안 가구의 평균 소득은 5,924만 원, 처분가능소득은 4,818만 원이라고 하였다. 처분가능소득은 소비와 저축으로 나누어진다. 저축은 차기의 부의 증가로 나타난다. 그 결과 2020년 3월 현재 우리나라 가구당 총자산은 4억 4,543만 원, 순자산은 3억

[그림 3-1] 2019~2020년 우리나라 가구의 경제 상황

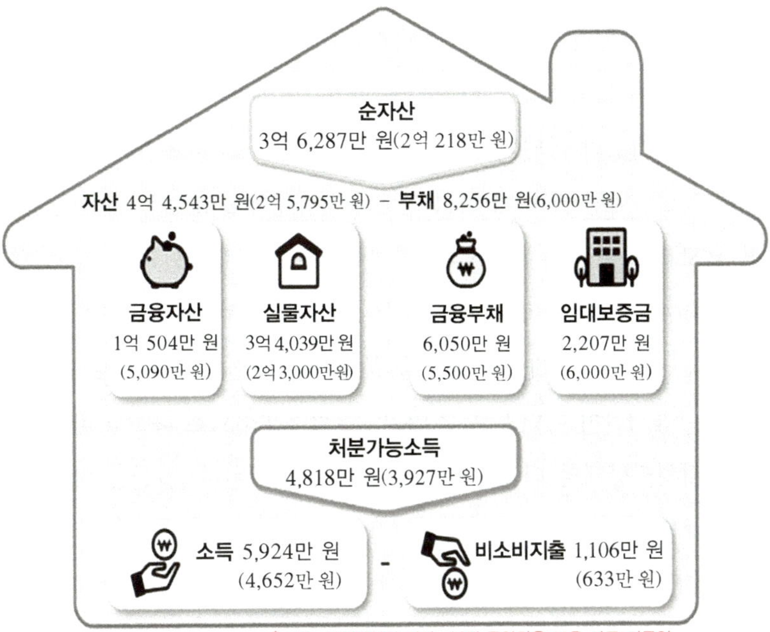

* ( )는 중앙값이며 자산 · 부채 중앙값은 보유 가구 기준임.

주 : 소득과 지출은 2019년, 자산과 부채는 2020년 3월 말 통계임.

36.3%의 가구는 부채를 가지고 있지 않다. 부채를 가지고 있는 가구당 부채는 1억 2,961만 원으로 1억 원을 넘는다.

6,287만 원이다. 이 순자산은 연 소득의 6.1배에 달한다.

우리나라 가구 부와 국부

위에서 2020년 3월 말 기준으로 우리나라 가구당 순자산이 3억 6,287만 원이라고 하였다. 2019년에 전체 가구 수는 2,034만 가구이다. 따라서 2019년 말의 가구 수를 대략 2,030만 가구라 치면 전체 가구 순자산 총액은 7,360조 원대이다. 그러면 기업과 정부가 가지고 있는 순자산은 얼마나 될까? 우리나라 가계와 기업과 정부가 가지는 순자산을 모두 합한 국부(national wealth)는 얼마나 될까? 이를 알려주는 것이 국민계정의 국민대차대조표(national balance sheet)이다. 국민대차대조표는 매년 말 현재 나라 전체와 경제주체별로 보유 자산의 종류와 규모를 보여주는 통계이다. 경제주체는 비금융법인기업, 금융법인기업, 정부, 가계 및 비영리단체, 국외 부문의 다섯 제도 부문으로 분류된다. 기업 부문을 자금의 융통을 주업무로 하는 금융기관(금융법인기업)과 금융기관이 아닌 일반 기업(비금융법인기업)으로 나누되 비법인기업은 비영리단체와 더불어 가계 부문에 포함시킨다. 자산은 비금융자산과 금융자산으로 구분한다. 비금융자산은 실물자산과 기본적으로 같은 개념인데 생산자산과 비생산자산으로 나눈다. 생산자산은 건물(주거용 건물과 비주거용 건물)과 설비, 재고자산 등을 포함한다. 비생산자산의 대종은 토지이다. 토지가 국부의 55%, 건물이 21% 내외를 차지하여 부동산(토지와 건물)이 국부의 76%선이다.

표 3-5에서 보는 것과 같이 2019년 말에 우리나라 전체 (순)자산, 즉 국부는 1경(京) 6,628조 원이다. 그중 비금융자산이 1경 6,029조 원,

〈표 3-5〉 2019년 국민대차대조표

(단위 : 조 원)

	비금융 법인기업	금융 법인기업	정부	가계 및 비영리단체	국내	국외
비금융자산	4,988	188	3,643	7,211	16,029	–
생산자산	3,615	111	1,464	2,024	7,214	–
비생산자산	1,373	77	2,179	5,187	8,815	–
순금융자산	−2,436	180	752	2,102	600	−594
금융자산	2,800	8,640	1,814	3,982	17,235	1,394
금융부채	5,235	8,459	1,062	1,879	16,636	1,987
(순)자산	2,552	368	4,395	9,313	16,628	−594

주 : 반올림 때문에 부분의 합이 전체와 다를 수 있음.
자료 : 통계청 · 한국은행, "2020년 국민대차대조표 결과(잠정)", 2021. 7.

순금융자산이 600조 원으로 대부분의 자산이 비금융자산이다. 국내 한 제도 부문의 금융자산은 으레 다른 부문의 금융부채로 나타나기 때문에 나라 전체로는 금융자산과 금융부채가 대부분 상쇄된다. 우리나라 경제주체들이 다른 나라의 금융자산을 가지고 있고 다른 나라 경제주체들이 우리나라의 금융자산을 가지고 있는데, 전자가 후자보다 많다면 그 차액이 우리나라 순금융자산으로 들어간다. 이를 포착하기 위해 국외 부문이 제5의 제도 부문으로 들어와 있다. 정부의 순자산은 4,395조 원으로 국부의 26%를 차지하고 있다. 비금융자산이 3,643조 원, 순금융자산이 752조 원이다. 시장경제는 사유재산 제도를 근간으로 하지만 국유자산이 0인 나라는 없다. 가계와 비영리단체의 순자산은 9,313조 원이다. 전체 가구의 순자산 7,360조 원을 뺀 1,953조 원이 비영리단체와 비법인기업의 순자산인 셈이다. 1,953조 원 중 비영리단체와 비법인기업의 몫이 얼마인지는 알 수 없다. 가구의 순자산 7,360조 원은 국부의 44%를 차지한다. 비영리단체를 기업 부문으로 치면 법인기업, 비법인기업, 비영리단체를 포괄하는 기업 부문은 국부의 30%를 차지하고 있다.

부는 일정 시점에 쌓여 있는 것이다. 총생산이나 총소득은 일정 기간에 만들고 번 것이다. 일정 시점에서 측정하는 지표를 저량(stock), 일정 기간으로 측정하는 지표를 유량(flow)이라고 한다. 부는 저량이고 총생산이나 총소득은 유량이다. 저량인 부가 커지면 유량인 소득도 커진다. 한 나라의 경제가 발전함에 따라 국부가 증가하고 총생산도 증가하는데 일반적으로 총생산 대비 국부도 높아진다. 2019년 말에 우리나라의 국부(1경 6,628조 원)는 2019년 중 국내총생산(1,925조 원)의 8.6배이다. 이 배율은 2000년에 5.8, 2005년에 6.6을 거쳐 2006년(7.1)부터 2017년(7.8)까지 7대를 유지하다가 2018년에 8.2로 올라섰다(2019년의 8.6에 이어 2020년에는 9.2까지 올라 부동산 가격 거품의 징후를 드러냈다). 주요 선진국의 국부는 국내총생산의 6배 내외이다.

읽을거리

1. 달러 표시 1인당 국민총소득

각국 소득 수준을 비교할 때 쓰는 지표가 미국 달러화로 표시한 1인당 국민총소득(per capita GNI)이다. 달러화로 표시하기 위하여는 대미(對美) 환율로 나눠줘야 한다. 사용하는 환율은 시장환율과 구매력평가환율의 두 가지가 있다. 시장환율은 매일매일 외환시장에서 형성된 환율을 연중 평균한 것이다. 2019년에 우리나라 시장환율은 연평균 1,165.7원이었다. 이 환율로 나누면 2019년의 국민총소득 1,941조 원은 1조 6,600억 달러, 1인당 국민총소득 3,754만 원은 32,204달러이다. 시장환율로 표시한 우리나라 1인당 GNI는 2006년에 처음으로 2만 달러대에 진입하고, 이어 11년 만인 2017년에 3만 달러대에 올라섰다.

세계은행은 시장환율을 이용하여 각국의 GNI와 1인당 GNI도 발표하는데 이것이 한국은행이 발표하는 1인당 GNI와 일치하지는 않는다. 그 이유는 한국은행을 비롯한 각국이 적용하는 시장환율은 해당 연도의 시장환율을 평균하는 데 반해 세계은행은 해당 연도를 포함한 최근 3개년의 환율을 가중평균하기 때문이다. 이때 해당 연도의 비중을 가장 크게 하고 2년 전의 비중을 가장 작게 하는 방식으로 가중평균한다. 이를 세계은행은 아틀라스(Atlas) 방식이라 부른다. 아틀라스 방식은 단기의 환율 급변에 따른 1인당 소득의 널뛰기를 완화시켜 준다. 2008년에 우리나라 1인당 GNI는 시장환율 기준으로 21,345달러였는데 미국의 금융위기 이후 환율이 큰 폭으로 오르자 2009년에 19,122달러로 곤두박질했다. 아틀라스 방식으로는 2008년에 22,800달러, 2009년에 21,040달러여서 20,000달러 이하로 추락하지 않았다.

시장환율과 달리 각국 통화의 실질구매력을 바탕으로 계산하는 환율이 구매력평가(purchasing power parity ; PPP)환율이다. 세계은행은 매년 각국의 구매력평가환율을 계산하여 이 환율에 입각한 1인당 GNI도 공표하고 있다. 1달러로 미국에서 살 수 있는 상품을 각국의 시장에서 그 나라 화폐로 살 때의 가격으로 평가하여 구매력평가환율을 산출한다. 국가 간에 교역되는 재화의 상대 가격은 시장환율이 잘 반영한다. 그러나 국가 간에 거래되지 않는 이발, 외식, 의료 등의 서비스는 미국과 같은 선진국이 비싸고 개발도상국이 싸다. 예를 들면 2019년에 100달러로 미국에서 살 수 있는 이발, 외식, 의료 서비스의 양을 우리나라에서 산다면 11만 6,570원보다 적은 돈으로 살 수 있는 것이다. 10만 원에 산다면 구매력평가환율은 1,000원이 된다. 국제간 소득 비교에는 아틀라스 방식에 입각한 시장환율과 구매력평가환율이 쓰인다.

한 나라의 국력을 흔히 인구, 면적, 생산력, 1인당 소득으로 나타낸다. 우리나라(대한민국)는 면적이 10만 km^2로 전 세계에서 100위 아래에 있는 작은 나라다. 그러나 인구와 생산력, 1인당 소득 면에서는 큰 나라다. 2019년에 우리나라 인구는 5,171만 명, 국내총생산은 (아틀라스 방식에 의한) 시장 환율로 1조 5,800억 달러, 1인당 국민총소득은 33,790달러다. 국내총생산은 세계 205개국 중 11위다(2020년에는 세계 10위다). 1990년대부터 국내총생산이 세계 9~15위 구간 안에 들어가는 순위를 기록해 오고 있다. 1인당 소득 3만(30thousand) 달러 이상, 인구 5,000만(50million) 명 이상인 나라를 언론에서 흔히 30-50 클럽이라 부르는데 세계적으로 7개국만 이 클럽에 들어가 있다. 종전에 미국, 영국, 독일, 프랑스, 일본, 이탈리아의 6개국이었는데 2017년에 우리나라가 들어갔다. 캐나다, 호주, 스페인은 면적과 생산력이 우리나라보다 크지만 인구가 5,000만 명이 안 된다. 우리나라는 면적은 작지만 국력이 대단한 강소국이다.

세계은행이 매년 발간하는 세계개발보고서(World Development Reports)에 따르면 2019년에 전 세계 인구는 대략 77억 명, 국민총소득(GNI)은 89조 달러로 세계 전체의 1인당 소득이 11,570달러다(여기에 적용된 환율은 아틀라스 방식의 시장환율이다). 우리나라 국민총소득은 1조 7,472억 달러로 세계 11위다. 1인당 소득이 1,025달러 이하인 저소득국 31개국의 국민총소득이 통틀어 5,300억 달러에 지나지 않는 것과 비교하면 엄청난 경제력이라 하지 않을 수 없다. 1인당 GNI는 33,790 달러로 세계 30위이다. 총생산은 적지만 인구도 적어 1인당 소득이 높은 석유 부국, 자치령 등이 적지 않아 우리나라 1인당 소득은 세계 30위 안팎이다(참고로 구매력평가환율 기준으로는 우리나라 1인당 GNI가 44,390달러로 세계 33위다).

북한은 인구 2,570만 명, 국토 면적 12만 km^2 통계만 실려 있고 국민총소득과 1인당 소득에 관한 공식 통계는 없다. 폐쇄적인 전체주의 국가인 북한은 총생산과 소득에 관한 통계를 대외적으로 공표하지 않는다. 북한 예산을 바탕으로 생산과 소득 통계를 추정하는 한국은행에 의하면 2019년에 북한의 국민총소득은 우리나라 돈으로 35.6조 원, 1인당 소득은 141만 원이다. 우리나라가 북한에 비해 국민총소득은 54배, 1인당 소득은 27배 많다. 우리나라 환율을 적용하면 북한의 1인당 소득은 1,210달러다. 북한은 저소득국을 겨우 벗어나 중하위 소득국의 끝자락에 위치해 있는 셈이다. 그러나 한국은행은 원화로 표시한 북한의 총생산과 1인당 소득을 우리나라 환율을 이용하여 달러로 전환하는 것을 경계하고 있다. 환율은 한 나라의 경제력과 경제 발전의 정도를 반영하기 때문에 남한의 환율을 북한에 적용하면 북한의 소득을 과대평가하게 된다는 것이다(북한의 공식 환율은 1달러당 북한 돈으로 150원인데 비공식 환율은 6,000~8,000원이다). '고난의 행군'을 다시 들먹이고 '쌀밥에 고깃국이 소원'이라는 북한은 실제로 아직 저소득국을 벗어나지 못했다는 뜻이다.

2. 제도 부문별 소득 분배

국민총소득에서 기업과 정부가 가져가는 몫을 빼고 공적 경상이전을 더하면 가계 부문이 마음대로 쓸 수 있는 가계총처분가능소득이 나온다고 본문에서 설명하였다. 최근 우리나라 1인당 가계총처분가능소득은 1인당 국민총소득의 55% 안팎이라고 하였다. 그러면 나머지 45%는 기업과 정부에 어떻게 나누어질까? **그림 3-2**는 2010년대에 대략 반반씩 나누어졌다는 것을 보여준다.

1인당 국민총처분가능소득 통계는 1975년부터 있다. 국민총처분가능소득은 국민총소득에 생산 활동과 무관하게 외국과 주고받은 경상이전(current transfer)의 순계(純計)를 더한 것으로서 규모가 국민총소득과 비슷하다. **그림 3-2**를 보면 가계 부문이 국민총처분가능소득에서 차지하는 비중이 그동안 지속적으로 낮아져 왔다. 1975~1979년

[그림 3-2] 1인당 국민총처분가능소득의 구성

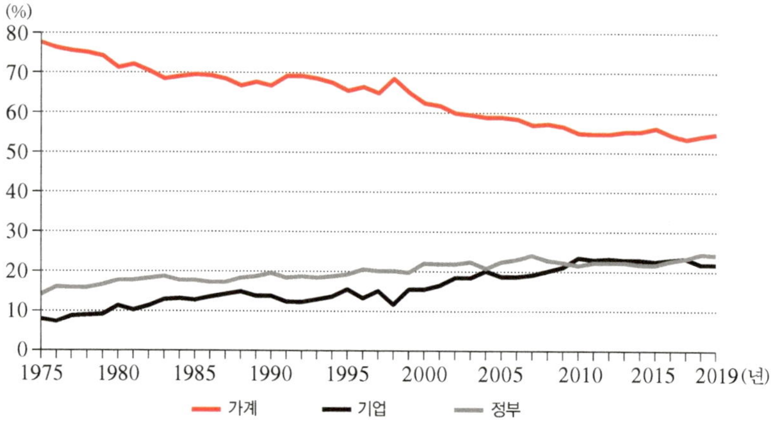

자료 : 한국은행, 경제통계시스템, 국민계정(2015년 기준년) > 주요지표 > 연간지표 > 분배구조 > 총처분가능소득(GNDI)의 분배 > 제도부문별

기간 중 연평균 76%였던 가계 부문 소득 비중이 2015~2019년 기간 중 54%대까지 낮아졌다. 그동안 기업이 가져가는 몫은 9%대에서 23%대로, 정부가 가져가는 몫은 16%대에서 23%로 커졌다. 정부가 가지고 있는 자산은 전체 자산의 26%라고 본문에서 설명하였다. 정부의 자산 몫과 정부가 매년 가져가는 소득 몫 둘 다 대략 경제 전체의 1/4 안팎인 것이다.

주요 선진국 중에서 우리나라처럼 1인당 가계총처분가능소득이 1인당 국민총처분가능소득에서 차지하는 비중이 50%대 중반인 나라는 없다. 2010년대에 이 비중은 미국 75%, 일본 63%이고, OECD 평균도 62%이다. 우리나라는 주요 선진국에 비해 1인당 국민총처분가능소득(혹은 1인당 국민총소득)이 적은 데다가 안 그래도 작은 파이에서 정부와 기업이 가져가는 몫이 커서 OECD 평균 62%보다 훨씬 낮은 54%만 가계가 가져가는 것이다.

우리나라 자영업자 비중은 선진국들보다 월등 높은 수준에서 꾸준히 현저하게 감소해 왔다. 자영업자와 무급 가족종사자를 합한 비임금 근로자가 전체 취업자에서 차지하는 비율은 1990년의 40%에서 2018년에 25% 선까지 낮아졌다. 이렇게 자영업자가 상대적으로 줄어들면 법인기업과 임금 근로자가 상대적으로 늘어난다. 법인기업의 증가는 기업총처분가능소득의 증가와 가계총처분가능소득의 감소로 이어진다. 이처럼 자영업자 비중이 현저히 낮아짐에 따라 순수한 가계소득의 비중이 감소하지 않고도 가계총처분가능소득의 비중이 감소할 수 있다(박정수, 2020). 그 밖에 비법인 자영업자는 대부분 영세중소기업이기 때문에 자영업자에 고용된 근로자의 임금 상승폭이 상대적으로 작았다는 것, 구조조정과 자동화 투자로 대기업의 영업잉여가 크게 늘어났다는 것도 가계총처분가능소득의 비중이 감소하는 데에 기여한 것으로 보인다.

part two

우리나라의 분배

제4장 우리나라의 계층별 소득 분배 / 제5장 우리나라의 기능별 소득 분배
제6장 우리나라의 부 분배

4장

우리나라의 계층별 소득 분배

"소득 분배만큼 인간의 이해관계에 큰 영향을 미치는 문제는 없다. 그런데도 소득 분배만큼 과학적 연구가 덜 되어 있는 문제도 없다." — **어빙 피셔**

"세계가 만일 100명의 마을이라면 20명은 영양실조이고, 1명은 굶어 죽기 직전인데, 15명은 비만이다." — **이케다 가요코**

"가난한 사람은 자유인이 아니다." — **프랭클린 루스벨트**

"빈곤층에 대한 괜찮은 처우는 문명의 참된 시금석이다." — **새무엘 존슨**

앞 장에서 우리나라 가구 소득과 1인당 소득 수준에 대해 알아보았다. 이제 우리나라의 계층별(혹은 개인별) 소득 분배를 1장에서 배운 분배 지표로 살펴보자. 3장에서 설명한 것처럼 계층별 소득 분배는 가구별 소득 분배와 다르다. 가구 소득을 균등화소득이라는 개인소득으로 바꾸어 이 개인소득의 분배를 살펴보는 것이다. 그동안 우리나라의 계층별 소득 분배 상태에 대해 마치 다른 두 나라 이야기를 하는 것처럼 크게 엇갈리는 평가가 있어 왔다.

1. 우리나라의 최근 소득 분배 상황과 평가

종전 우리나라 공식 통계 : 소득 분배가 양호하다

종전에 우리나라의 소득 분배에 관한 공식 지표는 앞에서 설명한대로 가계동향조사를 기반으로 작성되었다. 이에 따른 우리나라의 지니계수는 시장소득 기준으로 2010년대 초반(2010~2014년 평균)에 0.340이다. 0.34라는 숫자는 OECD 국가 중에 가장 낮은 지니계수 값이다. 시장소득 기준으로 우리나라 소득 분배가 OECD 국가들 중에 가장 양호하다는 것이다. 참고로 OECD 국가들의 시장소득 기준 지니계수의 평균은 2010년대 초반에 0.475이다. 처분가능소득 기준으로 우리나라 지니계수는 2010년대 초반에 0.306이다. 2010년대 초반의 지니계수 0.306은 OECD 평균 수준인 0.318과 대략 비슷하면서 약간 더 나은 수준이다.

국가통계포털은 각 연도의 공식적인 지니계수뿐 아니라 각 분위별 균등화소득의 평균값도 제시하고 있다. 이를 바탕으로 상위 계층의 소득 집중도를 계산하면 2015년에 시장소득 기준으로 상위 10%의 소득 점유율이 23.5%, 상위 20%의 소득 점유율이 39.1%이고 5분위배율은 8.1이다. 처분가능소득 기준으로는 상위 10%의 소득 점유율이 22.0%, 상위 20%의 소득 점유율은 36.9%이고 5분위배율은 5.1이다. 이 또한 양호한 소득 분배 상황을 나타낸다. 통계청은 2016년까지 가계동향조사에서 나온 지니계수와 분위별 점유율 등을 공식 분배지표로 삼아 국제기구에 제공하였다. 가계금융복지조사에서는 가계동향조사보다 분배 상태가 나쁜 지표가 산출되는데 통계청은 이를 참고 자료로 공표하며 양자의 추이가 같기 때문에 크게 문제 될 게 없다는 입장을 취해 왔다.

최근 외국 연구진의 보고 : 분배가 미국 다음으로 불평등하다

2016년에 우리나라의 소득 분배 상태가 국제적으로 볼 때 매우 나쁜 상태라고 평가하는 자료가 국제기구에서 발간되었다. 국제통화기금(IMF)의 제인-챈드라 외(Jain-Chandra, et. al., 2016)가 그것이다. 한국의 상위 10% 소득 점유율이 2010년대 초반에 45%로 OECD 국가 중에 미국의 50% 다음으로 높고, 조사 대상 아시아 22개국 중에 가장 높다는 것이다. 1990년대 후반의 외환위기 때 우리나라의 소득 분배가 급격히 나빠졌다는 것은 일반적으로 인지된 사실이다. 그러나 소득 분배가 OECD 국가들 중에서 가장 불평등하다고 알려진 미국에 육박하고, 아시아에서 소득 분배가 가장 나쁘리라고는 많은 사람들이 예상하지 못했다. 그런 점에서 권위 있는 국제기구 연구진의 보고는 국내외에 큰 파장을 불러일으켰다.

최근까지 국내 학계의 연구 보고 : 분배의 불평등이 크다

실상 위 국제기구 연구진의 결론은 국내 학계의 연구를 인용한 것이다. 공식 분배지표가 현실에서 체감하는 분배 상태보다 지나치게 양호하다는 의구심을 풀기 위해 가계조사의 문제점이 다각도로 제기되고 다른 자료로 분배 실상을 분석하는 움직임이 학계에서 있어 왔다. 김낙년(2012)은 국세청 소득세와 종합소득세 자료를 이용하여 시장소득 기준의 소득 집중도를 추계하였다. 이에 따르면 20세 이상 인구 중 상위 10%, 5%, 1% 인원이 2010년에 각각 전체 성인소득의 44%, 30%, 12%를 차지하여 미국에 버금가는 소득 집중도를 보인다. 김낙년(2012)의 추계를 이은 김낙년 · 김종일(Kim and Kim, 2014)의 추계가 피케티와 동료 교수들이 작성하기 시작한 "세계 부 및 소득 데이터베이스(World Wealth and Income Database ; WID)"에 한국 통계로 등재되었다. 제인-챈드라 외(2016)는 이를 인용한 것이다. 김낙년 교수팀의 연구 결과보다 분배가 더 나쁘다는 연구도 나왔다. 홍민기(2015, 2017)는 2015년에 상위 10%, 5%, 1%의 소득 집중도가 각각 48.5%, 33.0%, 14.2%까지 높아졌다고 보고하였다.

상위 소득 집중도가 아니라 지니계수로 보아도 우리나라 소득 분배가 불평등하지만 소득 집중도로 표현되는 것만큼 나쁘지는 않는 것으로 나타난다. 김낙년 · 김종일(2013)은 통계청의 가계동향조사에 입각한 소득 분배 추계가 고소득층의 응답 회피와 과소보고 편의(bias)가 심한 것을 보이고, 국세청 소득세 자료를 사용하여 이 편의를 보정하였다. 이에 따르면 2010년도 시장소득 기준 지니계수는 가계동향조사의 0.339보다 훨씬 높은 0.415, 처분가능소득 기준 지니계수는 0.308

이 아닌 0.371이다. 시장소득 기준 지니계수가 0.415라면 OECD 평균 0.475보다 현저하게 낮은 수준이다. 그러나 처분가능소득 기준 지니계수가 0.371이라면 OECD 평균 0.315보다 훨씬 높고 회원국 중 다섯 번째로 높은 수준이다. 실제 분배를 나타내는 지표는 처분가능소득 기준 지니계수이기 때문에 이 연구에 따르면 우리나라는 소득 분배가 매우 불평등한 국가군에 속한다고 할 수 있다.

정부의 새로운 소득 분배지표 : 분배가 상당히 불평등하다

분배 통계에 대한 학계의 불신과 여러 학자들의 독자적인 추계 작업 등에 대응하여 2017년에 통계청은 대대적으로 통계 개편 작업을 단행하였다. 우선 분배 통계에 관한 공식적인 자료원을 가계동향조사에서 가계금융복지조사로 바꾸었다. 가계동향조사는 표본 가구가 자신이 작성한 가계부를 바탕으로 응답을 하는 방식이어서 기록 누락과 응답 회피 등의 문제가 많았다. 가계금융복지조사는 면접 조사 방식으로 조사원이 자료를 작성하기 때문에 이런 문제가 적었다. 무엇보다 가계동향조사에서 가장 큰 문제점은 고소득층이 대답을 거절하거나 소득을 과소 보고하는 데 대한 보완책이 없다는 것이었다. 이 두 가지 문제는 중간소득층이나 저소득층에서도 일어날 수 있지만 고소득층에서 훨씬 심하게 나타난다. 선진국에서 이러한 가계조사의 한계를 보완하는 방법은 크게 두 가지이다. 하나는 고소득층의 표본 비중을 실제 비중보다 많이 선정하는 과대표집(oversampling)이다. 표본을 추출하는 데에 예컨대 상위 10% 계층을 10%보다 많은 표본으로 대표시키는 것이다. 다른 하나는 고소득층의 과세 자료를 활용하여 과소 보고를 보정하는 것이다. 가계동향조사에 이런 보완 장치가 없었다. 가계금융복지조사에는 과대표집을 통한 보완 장치가 어느 정도 있었다. 나아가 2017년에 국세청의 과세 자료를 가구(개인) 단위로 연계하여 고소득층의 소득을 포착함으로써 면접조사의 응답 오차를 선진국 수준으로 줄이는 보완 장치를 갖추게 되었다. 저소득층도 정부로부터 받는 각종 사회수혜금을 면접 조사에서 제대로 밝히지 못하는 현실을 반영하여 사회보장 관련 행정 자료로 대체하여 보완하였다. 그 결과 2016년에 시장소득 기준 지니계수가 종전에 가계동향조사가 공표한 0.35에서 0.40으로 '현실화'되었다.

가계금융복지조사의 분배지표를 가지고 2019년 소득 분배의 실상을 살펴보자. **표 4-1**은 우리나라의 2018년과 2019년의 공식 분배 지

〈표 4-1〉 2010년대 후반 OECD 평균과 대비해 본 우리나라 소득 분배지표

	우리나라(2019)	우리나라(2018)	OECD 평균(2018)
5분위배율	6.25(11.56)	6.54(11.15)	5.40
10분위배율	10.71(32.43)	11.36(31.10)	8.55
10분위분배율	0.47(0.33)	0.45(0.34)	0.52
상위 10% 집중률(%)	24.9(28.0)	25.0(28.0)	24.8
상위 20% 집중률(%)	40.4(44.5)	40.7(44.5)	39.5
팔마비율	1.32(1.89)	1.36(1.86)	1.20
지니계수	0.339(0.404)	0.345(0.402)	0.317(0.475)

주 : 처분가능소득 기준. 단, ( ) 안은 시장소득 기준임.
자료 : 2018년, 2019년 우리나라 자료는 통계청, 가계금융복지조사, 2019, 2020.
2018년 OECD 평균 자료는 OECD IDD(Income Distribution Database), Key Indicators on the Distribution of Household Disposable Income and Poverty, 16 December 2020 version. 단, 시장소득 기준 OECD 평균 지니계수 0.475는 OECD IDD, Key Indicators on the Distribution of Household Market Income and Poverty, 16 Dec. 2020 version의 2018년(혹은 최근년)의 36개국 지니계수 값을 평균한 값임. 2021. 2. 25. 열람. OECD 모든 나라의 2018년 통계는 아님. 10여 개국 통계는 2017년이나 그 이전 연도 통계임.

표를 OECD가 공표한 2018년 OECD 평균과 대비시킨 것이다.

표와 이 책의 마지막에 있는 부록의 **부표 4-1**을 보면 처분가능소득 기준으로 볼 때 전반적으로 우리나라의 소득 분배 상황이 OECD 평균에 비해 상당히 나쁘다는 것을 알 수 있다. 구체적으로 5분위배율, 10분위배율, 10분위분배율, 팔마비율 등이 상당히 나쁘다. 지니계수는 OECD 평균 0.317에 비해 0.345로 0.03 정도 크다. 상위 10% 집중률, 상위 20% 집중률 등은 OECD 평균보다 약간 높다. 예컨대 상위 10% 소득 집중률은 OECD 평균이 24.8%인데 우리나라는 25.0%다. 이는 2021년에 OECD에 가입한 코스타리카와 분배 통계가 없는 콜롬비아를 뺀 36개 회원국 중에 13번째로 높은 수준이다. 칠레(36.7%), 멕시코(36.4%), 터키(31.6%), 영국(28.9%), 미국(28.5%), 뉴질란드(27.5%), 리투아니아(26.5%), 라트비아(25.7%), 호주(25.5%), 이스라엘(25.4%), 이탈리아(25.1%), 포르투갈(25.1%) 다음이다.

우리나라의 소득 분배가 나쁘지만 미국 다음으로 나쁜 정도까지는 아니다. 실상 미국이 OECD 국가 중에 소득 분배가 가장 나쁜 나라도 아니다. 처분가능소득 기준 지니계수로 볼 때 가장 소득 분배가 나쁜 나라는 칠레(0.460)와 멕시코(0.458)이고, 다음으로 터키(0.404), 미국(0.390), 영국(0.366), 리투아니아(0.361), 라트비아(0.351), 뉴질랜드(0.349), 이스라엘(0.348), 우리나라(0.345) 순이다. 북미와 서구 선진국으로 국한해서 볼 때에만 미국의 소득 분배가 가장 불평등하다고 말할 수 있다. OECD 국가 전체로 볼 때 지니계수 기준으로 미국은 네 번째, 우리나라는 열 번째로 분배가 불평등한 나라다. 위에서 본 것처럼 상위 10% 소득 집중률은 미국이 다섯 번째, 우리나라가 13번째로 높다. OECD 국가 중 북미와 서구 선진국으로 국한시켜 볼 때 자유시장경제를 지향하는 미국과 영국의 소득 분배가 가장 불평등하다. 우리나라는 뉴질랜드, 이스라엘과 함께 영미권에 가깝게 소득 분배가 나쁜 국가군에 속하는 것이다. 북유럽 4개국을 포함한 대부분의 중유럽 선진국들은 0.25~0.30의 지니계수를 보여 분배가 가장 평등한 국가군이다.

OECD 회원국이 아닌 신흥국이나 제3세계 국가들을 보면 일반적으로 OECD 국가들보다 분배 상태가 훨씬 불평등하다. 인구와 면적으로 볼 때 대국인 몇 나라를 보면 처분가능소득 기준 지니계수가 2010년대에 남아프리카공화국은 무려 0.623으로 가장 크고, 중국 0.514, 인도 0.495, 브라질 0.470으로 OECD 국가 중 소득 분배가 가장 나쁜 칠레보다 더 나쁘다. 문재인 정부가 "우리가 경제적 불평등이 세계에서 가장 극심한 나라가 됐다"[1]라고 언명했는데 "우리나라가 OECD 회원국 중 소득 분배 면에서 가장 불평등한 미국, 영국에 가까워지고 있다"라고 말했어야 정확한 표현이다.

시장소득 기준으로는 사뭇 다른 그림이 나온다. 무엇보다 지니계수가 OECD 평균이 0.475인데 우리나라는 0.402로 크게 낮다. 아이슬란드(0.369, 2017), 슬로바키아(0.387), 스위스(0.386)에 이어 네 번째로 양호한 수준이다. 다른 분배지표들은 OECD가 처분가능소득 기준으로 공표하지만 시장소득 기준으로는 일목요연하게 공표하지 않고 있다. 그러나 우리나라의 지니계수가 OECD 평균보다 훨씬 양호하기 때문에 다른 분배지표들도 우리나라가 OECD 평균보다 상당히 양호하게 나올 것으로 예상된다. 시장소득 기준으로 볼 때 소득 분배가 매우 양호한데 처분가능소득 기준으로 볼 때는 분배가 상당히 나쁘게 나온다는 것

1. 2019년 1월 대통령의 새해 기자회견 발언

은 우리나라가 조세와 재정지출을 통한 정부의 재분배 기능이 취약하다는 것을 나타낸다. 2019년 우리나라 시장소득 기준 지니계수 0.404와 처분가능소득 기준 지니계수 0.339의 차이는 0.065로서 16.1%의 개선도를 보인다. OECD 평균은 두 기준 지니계수의 차이가 0.158로 33.3%의 개선효과를 나타낸다. 16%대의 개선효과는 OECD 국가 중에서 제일 바닥권이다.

정부의 새 공식 분배 통계보다 더 불평등한 분배 상태?

가계금융복지조사는 2017년의 개편으로 소득 분배지표 추계 방법이 대폭 개선되었다. 물론 완벽하다고는 할 수 없다. 우리 현실은 가계금융복지조사의 추계보다 더 나쁜 분배 상태일 수도 있다. 그 이유는 두 가지이다. 첫째, 가구와 개인이 버는 소득에 부동산의 양도소득이 빠져 있다. 남기업 · 이진수(2017)는 부동산 양도소득과 집의 귀속임대료를 포함하면 지니계수가 대략 0.1포인트나 높아진다는 것을 보였다. 집과 땅을 팔아 생기는 양도소득은 고소득층과 부유층이 많이 얻게 마련이다. 둘째, 소득에 퇴직소득과 같은 일시적 임시소득이 빠져 있다. 퇴직소득은 고소득층일수록 액수가 커서 퇴직소득을 포함하면 분배가 더 나쁘게 나올 것이다. 그러나 다른 대부분의 OECD 국가에서도 비경상소득과 귀속임대료는 으레 가계조사 대상에서 빠진다. 우리나라만의 문제가 아니다. 국제 비교를 위해서는 이것들을 빼고 보아야 한다. 가계금융복지조사의 새로운 공식 소득 분배 통계는 신뢰할 만하다.

국세청의 개인소득세와 종합소득세 자료를 이용한 학계의 추계에도 다른 종류의 문제점이 있다. 최고소득층의 소득 분포를 파악하는 자료가 미흡한 것을 파레토 분포를 가정하여 보충하고 있는데 가정한 분포가 현실을 정확히 반영한다는 보장이 없다. 최고소득층이 정예 전문가의 도움을 받아 다른 소득계층보다 소득세를 탈세하거나 절세하는 기술이 우월하다면 소득세제 자료에 입각한 소득 분포가 현실을 왜곡할 수도 있다. 이런 양쪽의 한계와 문제점을 유의하는 가운데 지니계수를 비롯한 각종 소득 분배지표는 정부의 공식 통계에 의존하고, 공식 통계에 나오지 않는 최고소득층 1%, 0.1% 등의 소득 집중도는 학계의 통계를 참고하는 것이 실용적인 접근이라고 판단된다.

상위 10%의 소득 집중률은 공식 통계처럼 25%대인가? 국내 학계의 연구처럼 45%대인가? 상위 10%가 전체 소득의 1/4을 차지한다는 것과 거의 절반을 차지한다는 것은 엄청난 차이이다. 그러나 실상 양쪽이 다 맞다고 할 수 있다. 양쪽의 추계 기준이 두 가지 면에서 다르기 때문이다. 첫째, 앞에서 소개한 통계청의 소득 집중률 통계는 처분가능소득 기준이고, 학계의 통계는 시장소득 기준이다. 국세청의 소득세제 자료를 바탕으로 집중률을 추계하는 학계의 통계는 정부에 의한 재분배가 이루어지기 전의 시장소득 기준이다. 정부의 재분배는 상위층의 소득 집중률을 낮춘다. 둘째, 통계청의 통계는 균등화소득으로 바꾼 개인소득 기준이고, 학계의 연구는 20세 이상 성인 소득 기준이다. 소득이 없는 가계 구성원이라도 균등화소득으로 바꾸면 소득이 있는 다른 구성원의 소득과 똑같게 된다. 소득이 많은 가계 구성원도 균등화소득으로 바꾸면 소득이 크게 줄어들게 마련이다. 학계에서 사용한 소득과세 자료는 개인 단위의 자료이고 소속된 가족과 결부시키지 않기 때문에 균등화소득을 계산할 수 없다. 균등화소득은 가구 내 모든 구성원들의 소득을 똑같은 것으로 치기 때문에 이를 기준으로 하면 성인 1인당 소득이나 가구 소득에 비해 격차가 완화되고 소득 집중도가 둔화되어 나타나게 마련이다.

피케티의 동료 사에즈(Emanuel Saez) 교수의 연구에 힘입어 미국의 상위 10% 소득 집중률은 50.0% 안팎으로 알려져 있다. 그러나 OECD 소득 분배 데이터베이스에는 30.0% 안팎으로 기록되고 있다. 위에서 설명한 두 가지 이유 때문이다. 우리나라는 재분배 기능이 취약하여 미국만큼 시장소득과 처분가능소득의 차이가 크지 않다. 그런데도 어떻게 공식 통계와 학계 연구 사이에 상위 10% 소득 집중률이 미국처럼 20%포인트까지 차이가 날 수 있는가는 앞으로 검증되어야 할 문제다. 우리나라 공식 통계와 학계 연구 둘 다 시장소득 기준 지니계수는 비슷하게 추계되기에 더욱 그렇다.[2]

2. 우리나라의 소득 분배 추세

2010년대 소득 분배의 추세

통계청은 2017년의 가계금융복지조사 개편작업을 2011년까지 소급하여 실시하였다. 그 결과 가계금융복지조사가 제시하는 우리나라 공식적인 소득 분배지표는 2011년부터 갖추어져 있다. 앞에서 설명한 바와 같이 가구 소득이 아니라 개인소득이고, 구체적으로 균등화시장

2. 통계청은 2017년에 분배통계 자료원을 가계동향조사에서 가계금융복지조사로 바꾸면서 세금과 사회보장수혜금 등의 행정 자료를 이용하여 종전의 과소 추계 문제를 해결하였다. 학계에서 추계 자료와 방식을 보완할 때 종전 학계의 추계가 과대 추계였던 것으로 밝혀질 소지가 있다고 하겠다.

소득과 균등화처분가능소득으로 보는 분배지표다. **표 4-2**는 가계금융복지조사가 제시하는 (균등화)처분가능소득 기준 지니계수와 분위별 소득 점유율이다. 표를 보면 2010년대에 지니계수가 감소하고, 1~4분위의 소득 점유율이 높아지며, 10분위의 소득 점유율이 낮아짐으로써 전반적으로 소득 분배가 개선된 것을 알 수 있다. 이를 지니계수, 5분위배율, 10분위분배율을 이용하고 균등화시장소득 기준까지 포괄하여 살펴보도록 하자.

〈표 4-2〉 2010년대 지니계수와 분위별 소득 점유율(균등화처분가능소득 기준)

	2011	2012	2013	2014	2015	2016	2017	2018	2019
지니계수	0.388	0.385	0.372	0.363	0.352	0.355	0.354	0.345	0.339
1분위	1.78	1.81	1.87	1.95	2.07	2.07	2.05	2.20	2.32
2분위	3.55	3.62	3.70	3.76	3.88	3.88	3.90	4.03	4.14
3분위	4.93	4.99	5.14	5.20	5.33	5.30	5.34	5.45	5.54
4분위	6.17	6.25	6.46	6.53	6.62	6.61	6.63	6.71	6.81
5분위	7.44	7.54	7.75	7.80	7.91	7.90	7.87	7.95	8.04
6분위	8.87	8.90	9.08	9.20	9.27	9.25	9.17	9.27	9.29
7분위	10.46	10.50	10.64	10.76	10.91	10.80	10.79	10.83	10.78
8분위	12.52	12.42	12.56	12.72	12.90	12.72	12.78	12.85	12.70
9분위	15.68	15.43	15.45	15.68	15.76	15.68	15.72	15.75	15.52
10분위	28.60	28.55	27.35	26.40	25.35	25.77	25.73	24.95	24.85
상위 1%	–	5.60	5.47	5.18	5.12	5.13	5.22	4.83	5.21
상위 0.1%	–	0.86	0.88	0.79	0.86	0.90	1.09	0.93	1.33

주 : 분위별 소득 점유율은 국가통계포털의 균등화처분가능소득의 분위별 분포에서 계산한 수치임. 상위 1%와 0.1%는 중앙대 경제학부 석사 과정에 있는 윤용기 군이 추계한 수치임. 사사오입으로 1~10분위 소득 점유율의 합계가 100.00이 되지 않을 수도 있음.

자료 : 통계청, 국가통계포털 > 소득 · 소비 · 자산 > 가계금융복지조사 > 소득 분배지표 > 소득 분배지표 2011~ 2019 > 처분가능소득 > 분위별 균등화 평균 소득

먼저 **그림 4-1**에서 지니계수의 추이를 보자. (균등화)시장소득 기준의 지니계수에 따르면 2015년까지는 분배가 개선세를 보이다가 그 후 약간 나빠졌다. 전반적으로는 분배가 거의 변화가 없고, 있다면 미약하게 하향 안정세를 보인다고 평가할 수 있다. 우리가 통념으로 짐작하는 것과 같이 근래에 소득 분배가 악화한 것이 아니다. 물론 분배가 뚜렷이 개선되었다고 말할 수도 없다. 그런데 처분가능소득 기준의 지니계수는 완만한 개선의 조짐을 보이는 것이 뚜렷하다. 선진국에서 보이는 것처럼 시장소득 지니계수와 처분가능소득 지니계수 사이에 '벌린 악어 입'의 모습을 보여 가는 중이다. 이는 근래에 정부의 사회 복지 지출이 급격히 증가하여 사회안전망의 역할이 커진 데에 기인한다.

[그림 4-1] 우리나라 2010년대 지니계수의 추이

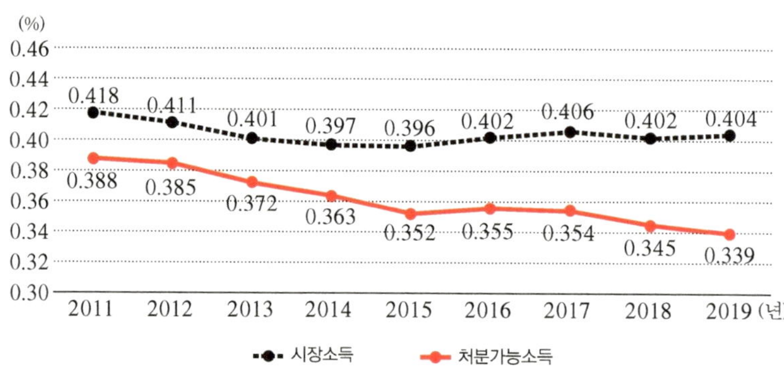

출처 : 통계청, "2020년 가계금융복지조사 결과", 37쪽 [그림 6-1].

상위 20% 계층의 소득이 하위 20% 계층의 소득보다 몇 배 많은가를 나타내는 5분위배율도 비슷한 패턴을 보인다. **그림 4-2**를 보면 시장소득 기준으로는 뚜렷한 상승세나 하락세를 보이지 않고, 처분가능소득 기준으로는 뚜렷한 하락세를 보이고 있다. 유일한 차이는 시장소

[그림 4-2] 2010년대 5분위배율의 추이

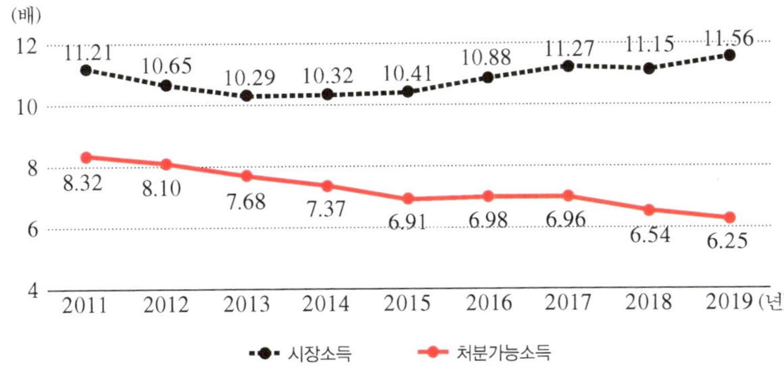

출처 : 통계청, "2020년 가계금융복지조사 결과", 38쪽, [그림 6-3].

득 기준으로 2019년의 지니계수가 2011년의 지니계수보다 약간 낮아서 2010년대 말의 소득 분배 상황이 2010년대 초보다 좀 나은 것으로 볼 수 있는 데 반해, 2019년의 5분위배율은 2011년의 5분위배율보다 약간 커서 2010년대 말의 소득 집중이 2010년대 초보다 좀 커졌다는 점이다.

마지막으로 하위 40% 계층의 소득(점유율)이 상위 20% 계층의 소득(점유율)의 몇 배인가를 나타내는 10분위분배율을 보자. 표를 보면 2010년대에 10분위분배율은 시장소득 기준으로 특별한 변화가 없는

〈표 4-3〉 2010년대 10분위분배율의 추이

	2011	2012	2013	2014	2015	2016	2017	2018	2019
시장소득 기준	0.32	0.33	0.34	0.35	0.35	0.34	0.33	0.34	0.33
처분가능 소득 기준	0.37	0.38	0.40	0.41	0.44	0.43	0.43	0.45	0.47

자료 : 통계청, 국가통계포털 > 소득 · 소비 · 자산 > 가계금융복지조사 > 소득 분배지표 > 소득 분배지표 2011~ 2019 > 소득 점유율(5분위)에서 계산.

정체 상태를 보인다. 처분가능소득 기준으로는 뚜렷한 개선 기조를 보인다. 기본적으로 지니계수, 5분위배율과 같은 패턴이다.

[그림 4-3] 2010년대 10분위분배율의 추이

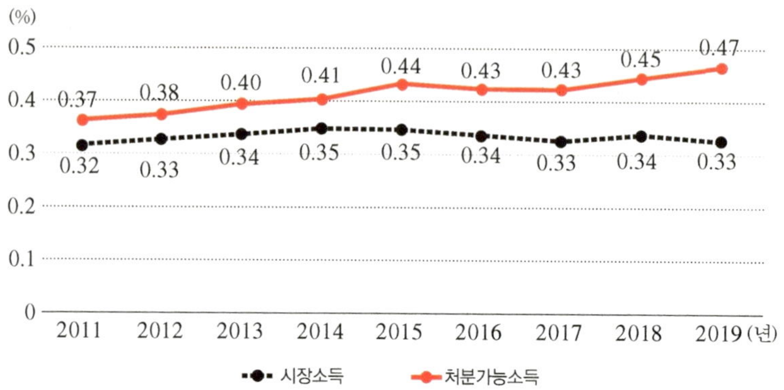

1990년대 이후 소득 분배의 추세

1990년대와 2000년대의 소득 분배의 추세는 어떨까? 분배의 추세를 가늠하게 해 주는 정부의 가장 오래된 시계열은 가계동향조사에 나오는 도시 2인 이상 가구의 소득 분배 통계이다. 앞에서 설명한 것처럼 분배 상태가 지나치게 양호하게 추계되고 전국 가구를 대상으로 한 것이 아니어서 지니계수의 수준 자체를 신뢰할 수 없지만, 추세적 움직임을 가늠해 볼 수는 있다. 이를 나타낸 것이 **그림 4-4**이다.

그림 4-4에서 2010년대를 먼저 보면 분배 상태가 눈에 띄게 개선되거나 악화하지 않고 정체 상태라는 점에서 앞의 가계금융복지조사의 통계와 일맥상통한다.[3] 따라서 분배 추세에 관한 한 두 가계조사를 연

3. 차이점은 2016년의 분배가 가계금융복지조사에서의 그것보다 악화한 정도가 두드러

[그림 4-4] 가계동향조사에 의한 지니계수의 추이 : (1) 도시 2인 이상 가구 (1990~2016) vs. (2) 전국 가구(2006~2016)

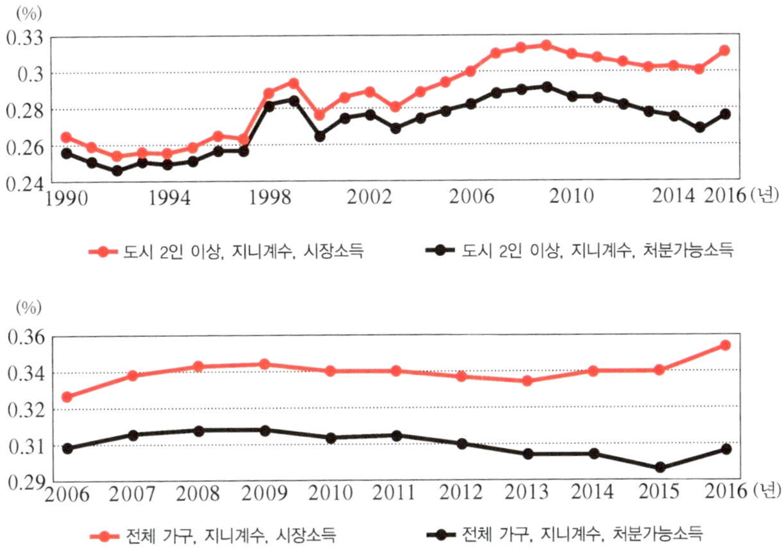

자료 : 통계청, 국가통계포털 > 소득 · 소비 · 자산 > 가계소득지출 > 소득 분배지표 > 소득 분배지표 1990~ 2016.

결하여 1990년대부터 2010년대까지의 분배 추세의 특징을 다음과 같이 요약할 수 있다.

첫째, 1997년의 외환위기 이후 소득 분배가 급격히 악화하였다. 악화한 정도를 보면 지니계수가 1995~1997년보다 1998~2000년에 적어도 0.03포인트 정도 높아졌다.

둘째, 2008년 가을에 일어난 세계적인 금융위기가 우리나라 소득 분배에 두드러지게 나쁜 영향을 미치지는 않았다. 2006~2016년 기간

지게 크다는 점이다. 이에 따라 2010년 이후 분배가 시장소득 기준으로는 미약하게나마 악화한 것으로 해석할 수도 있다. 그러나 2016년 이후의 통계도 있는 가계금융복지조사는 2016~2019년 중 시장소득 지니계수가 2011년의 그것과 비슷하면서도 약간 낮게 나와 2010년대 분배가 (하향)안정세라고 평가할 수 있다.

중 처분가능소득 기준으로 2009년이 분배가 가장 나쁘지만 위기 이전인 2007년과 별 차이가 없다.

셋째, 우리는 '1997년의 외환위기 이후 소득 분배가 지속적으로 악화하였다'고 흔히 말하는데 이는 2009년까지만 맞는 말이다. 앞에서 가계금융복지조사로 설명한 것과 같이 2010년대에는 소득 분배가 약간 개선되거나 정체인 상태를 보인다. 그렇더라도 2010년대의 분배 상태는 외환위기 이전과 비교하면 상당히 악화한 수준이다.

넷째, 외환위기 직후 크게 악화한 소득 분배는 2000년대 초반에 다소 개선되다가 중후반에 다시 현저히 악화하였다. 2010년부터 소득 불평등이 약간 개선되는 경향을 보이는데 이 경향이 시장소득 기준 지니계수로 볼 때 일시적인지, 추세적인지는 아직 단정할 수 없다.

다섯째, 시장소득 기준 지니계수와 처분가능소득 기준 지니계수 간의 차이는 2000년대 중반부터 확대된다. 이는 저소득층에 대한 복지 지출이 확대되면서 재분배 정책이 불평등을 완화하는 효과가 예전보다 커졌기 때문이다. 그러나 재분배 효과는 다른 OECD 국가들과 비교해 볼 때 가장 낮은 수준이다.

추세란 원래 장기적인 경향이고 그 안에 들쭉날쭉 크고 작은 변이를 동반하게 마련이다. 따라서 2010년대의 정체 상태가 어떤 성격의 것인지는 시간이 좀 지나야 알 수 있을 것이다. 피케티가 말하는 장기적인 분배 악화 추세에서의 일시적인 변이인지, 밀라노비치가 말한 대로 개선과 악화의 파동을 보일지 아직 알 수 없다. 코로나19 충격이 일어난 2020년에는 1998년의 외환위기 때처럼 소득 분배가 악화 방향으로 껑충 뛰어오르기 십상이다. 그 후 2~3년간 조정 과정을 거쳐 2000년대처럼 불평등 추세를 보일지 2010년대처럼 하향 안정세를 보일지 알 수 없다. 시장소득 기준으로는 7장에서 설명하는 것처럼 분배를 악화시키는 구조적 요인들이 많기 때문에 분배가 악화하거나 잘해야 정체 상태이기 쉽다. 처분가능소득 기준으로는 정부의 적극적인 복지 정책에 힘입어 악어의 입이 더 벌어지고 2020년 위기 이전의 분배 상태로 회귀도 가능할 것이다. 그러나 외환위기 이전 수준의 양호한 분배 상태로 다시 돌아가기는 어려울 것으로 전망된다.

지금까지 지니계수를 중심으로 논의하였다. 이를 국세청의 소득세와 종합소득세 자료를 바탕으로 소득 집중도를 추계한 학계의 연구와 비교해보자. 김낙년(2012, 2018), 홍민기(2015, 2017), 박명호(2016) 등이 대표적인 연구다. 그중에서도 김낙년(2018)이 추계 방법이 정밀하고 신뢰성이 큰 것으로 보인다. 김낙년(2012, 2018)은

① 1997년의 외환위기 이후 소득 집중도가 급격히 높아졌다.
② 최상위층으로 갈수록 소득 점유율이 더 빨리 늘어났다.
③ 국제 비교를 해 보면 1990년대까지는 유럽 및 일본형의 비교적 낮은 소득 집중도를 유지해 오다가 2000년대에 들어와 높은 소득 집중도를 보이는 영미형으로 접근하고 있으며, 2010년대 현재 그 중간의 위치에 있다.
④ 2010년대 전반에는 소득 집중도가 하락 또는 정체 기미를 보이다가 중반에는 다시 상승하는 등 위 세 특징이 2010년대 전체로는 둔화하고, 분배가 뚜렷한 개선이나 악화 추세가 아닌 정체 상태다.

라고 주장하였다. 정부의 통계와 학계의 통계가 추세 면에서 상응하는

것을 알 수 있다. 통계청은 상위 10%의 집중도만 발표하고 상위 1%, 0,1% 등의 집중도는 공표하지 않는다. 이 최상위층의 소득 집중도는 학계의 연구를 참조할 수 있다.

김낙년(2018)에 의하면 20세 이상 인구 기준으로 상위 10%, 1%, 0.1%가 차지하는 소득 몫은 1997년에 각각 35.7%, 8.0%, 2.2%였다. 그 후 전반적인 증가세를 보여 글로벌 금융위기가 일어난 2008년에 42.9%, 11.4%, 4.0%로 높아졌다. 이후 2011년에 43.1%, 12.0%, 4.3%까지 높아졌다가 잠시 하향안정세를 보이고 2015년부터 높아졌다. 2016년에 43.2%, 12.1%, 4.3%이다.

가계금융복지조사에서 상위 10% 집중률은 학계의 연구에서처럼 43% 수준이 아니라 28%로 크게 낮은 수준이다. 상위 20% 집중률은 41~45%이다. 둘 사이에 큰 괴리가 생기는 두 가지 이유에 대해서는 앞에서 설명하였다. 분배에 영향을 미치는 다양한 요인들에 관해서는 7장에서 다룬다.

20세기 우리나라 소득 분배의 장기 추세?

주학중 · 김대모(Choo and Kim, 1978)와 주학중(1979)은 도시가계의 소비 자료에서 소득 자료를 추정하여 신뢰성과 일관성이 어느 정도 보장된다고 판단한 1965년, 1970년, 1976년에 대해 지니계수를 도출하였다. 이 초기의 연구들은 균등화소득을 사용하지 않은 가구 소득 분배 통계이고, 가구 소비 자료에서 소득 자료를 얼마나 제대로 복원해 낼 수 있는지 확신할 수 없다. 시장소득과 처분가능소득의 구분이 확실하지 않은 한계도 가진다. 어쨌든 이 연구들에 따르면 소득 분배가 1965년의 0.342, 1970년의 0.332 등 양호한 상태에서 1976년에 0.391로 크게 악화하였다. 통계청은 도시가계 구자료를 이용하여 1980년대 몇몇 연도(1980, 1985, 1988년)와 1993년의 지니계수를 공표하였다. 이에 따르면 1980년의 0.389에서 1985년 0.345, 1988년의 0.336, 1993년의 0.310으로 소득 분배가 지속적으로 개선되었다. 이것들이 결합되어 우리나라는 1960년대부터 고도 성장을 보이는 가운데 분배도 양호한 편이었고, 1970년대에 악화되었다가 1980년대부터 1997년 외환위기가 있기까지 지속적으로 개선되었다고 국내외 학계에 알려지게 되었다.[4]

최근에는 소득세 자료가 있는 1930년대까지 거슬러 올라가 소득 집중률을 추계한 연구도 나왔다. 김낙년(2018)은 입수 가능한 연도의 소득과세 자료를 이용하여 상위 10%, 1%, 0.1% 등의 소득 집중률을 1930년대부터 추계하였다. 최상위 1%의 소득 집중률은 1934~1942년 기간 중 18~22%로 극도로 높다. 1976~1985년 기간 중에는 7%대 수준을 유지하였다. 1995년부터 2016년까지 7%대에서부터 12%대까지 높아진 것으로 추계되었다. 이 추계의 신빙성은 시간의 검증을 기다려야 할 것 같다.

4. 1980년대 중후반에 소득 분배가 개선된 것이 아니라 크게 악화하였다는 소수의 연구도 있었다. 3저 호기로 고성장, 고물가, 부동산 가격 폭등과 과소비가 만연하였는데 가계의 소비 자료를 통해 추정한 소득 분배는 이 기간 중에 크게 악화하였다는 것이다. 이는 부동산 가격 폭등에 따른 엄청난 자본이득에 기인하는 것으로 해석되었다. 1960년대부터 1980년대까지의 소득 분배에 관한 연구는 안국신(2015)과 거기에 인용된 문헌들을 참고할 것.

3. 양극화와 부익부 빈익빈

양극화가 심화해 왔다?

우리나라는 소득 분배의 불평등이 심하다는 통념과 함께 양극화도 심하다는 것이 상식처럼 통용되어 왔다. 정치권에서는 으레 우리 사회의 중산층이 줄어들고 양극화가 심화하는 게 일반적인 사실인 양 치부한다. 소득 분배 면에서 양극화가 얼마나 심한지 살펴보자. 양극화의 개념은 학계에서 여러 가지로 규정하고 있다. 본서에서는 우리나라에서 통용되는 상식대로 사용하기로 한다. 즉, 중산층의 비중이 감소하고 저소득층과 고소득층의 비중이 증가하는 것이 양극화라고 정의한다.

그러면 중산층은 어떻게 정의하는가? 두 가지 기준이 있다. 첫째는 중위 소득의 일정 범위 내에 속하는 인구(혹은 가구)를 중산층으로 보는 것이다. 흔히 중위 소득의 50%에서 150% 사이에 있는 인구를 중산층으로 분류한다. 1990년대부터 OECD가 사용해 온 기준이다. 이에 따르면 중위 소득의 50% 미만은 저소득층(혹은 빈곤층), 150% 이상은 고소득층(상류층)이 된다. 둘째는 전체 인구를 소득 수준에 따라 5등분할 때 중간인 2~4 분위에 속하는 인구를 중산층으로 정의하는 것이다.[5] 중간 60%의 인구를 중산층으로 정의하고, 1분위를 저소득층, 5분위를 고소득층으로 본다. 두 기준에 따른 각 소득계층의 소득 점유율의 변화

---

5. 예컨대 Easterly(2001) 참고. 때로 3, 4분위 인구(가구)만을 중산층으로 보기도 한다. OECD가 사용하는 기준에서도 때로는 중위 소득의 60~150%를 중산층으로 보기도 한다. 이런 중산층 범위의 자의성을 피하게 해 주는 지표에 관한 연구들도 있다. 이에 대하여는 Foster & Wolfson(2009)을 참고할 것.

를 보면 **표 4-4**와 같다. 표는 가계금융복지조사를 바탕으로 통계청이 국가통계포털의 소득 분배란에 올려 놓은 분배 통계를 인용한 것이다.

먼저 중위 소득의 50~150%인 인구를 중산층으로 보면 표에서 중산층이 전체 인구에서 차지하는 비율은 시장소득 기준으로 2011년에 49.8%였는데 2019년에 50.8%이다. 기간 중에 중산층 비율이 약간 늘

〈표 4-4〉 **우리나라 계층의 소득 점유율**

(단위 : %, 배수)

	상대적 빈곤층	중산층	상류층	하위 20%	중위 60%	상위 20%	10분위 배율	팔마 비율
2011	19.6 (18.6)	49.8 (54.9)	30.6 (26.5)	4.1 (5.3)	49.8 (50.4)	46.1 (44.3)	28.20 (16.04)	2.05 (1.74)
2012	19.0 (18.3)	50.6 (56.2)	30.4 (25.5)	4.3 (5.4)	50.1 (50.6)	45.6 (44.0)	26.55 (15.75)	1.98 (1.71)
2013	19.1 (18.4)	51.7 (57.2)	29.2 (24.5)	4.3 (5.6)	51.1 (51.6)	44.6 (42.8)	25.90 (14.60)	1.86 (1.59)
2014	19.6 (18.2)	51.0 (56.9)	29.3 (24.9)	4.3 (5.7)	51.6 (52.2)	44.1 (42.1)	25.90 (13.51)	1.82 (1.51)
2015	19.5 (17.5)	51.0 (57.4)	29.5 (25.1)	4.2 (6.0)	52.0 (52.9)	54.8 (41.1)	26.76 (12.27)	1.79 (1.42)
2016	19.8 (17.6)	51.4 (58.1)	28.8 (24.3)	4.1 (5.9)	51.4 (52.6)	44.5 (41.5)	29.36 (12.47)	1.87 (1.45)
2017	19.7 (17.3)	50.8 (57.6)	29.4 (25.1)	4.0 (6.0)	51.2 (52.5)	44.8 (41.5)	31.28 (12.54)	1.90 (1.44)
2018	19.9 (16.7)	51.0 (58.6)	29.1 (24.8)	4.0 (6.2)	51.5 (53.1)	44.5 (40.7)	31.10 (11.36)	1.86 (1.36)
2019	20.8 (16.3)	50.8 (60.1)	28.4 (23.6)	3.8 (6.4)	51.7 (53.2)	44.5 (40.4)	32.43 (10.71)	1.89 (1.32)

주 : 괄호 밖은 시장소득 기준, 괄호 안은 처분가능소득 기준임.
자료 : 통계청, 국가통계포털 > 소득 · 소비 · 자산 > 가계금융복지조사 > 소득 분배지표 > 소득 분배지표 2011~ 2019.

어났다. 빈곤층 비율도 19.6%에서 20.8%로 약간 늘어났다. 그 대신 고소득층 비율이 30.6%에서 28.4%로 하락하였다. 처분가능소득으로 보면 중산층이 54.9%에서 60.1%로 크게 오르고, 빈곤층은 18%대에서 16%대로 떨어졌다. 이에 따라 상류층은 26%대에서 23%대로 감소하였다. 첫 번째 기준으로 볼 때 2010년대에 양극화는 심화하지 않은 것이다. 오히려 시장소득으로는 미약하게, 처분가능소득으로는 현저하게 양극화가 완화하였다.

중위 60% 구간 인구를 중산층으로 보는 두 번째 기준으로 살펴보자. 시장소득으로 중산층은 2011년에 전체 소득의 49.8%를 차지하였는데 2019년에는 51.7%로 약간 늘어났다.[6] 빈곤층은 2019년에 약간 감소하였지만 대체로 전체 소득의 4% 내외를 보이고 있다. 이에 따라 상류층의 소득 점유율은 2011년의 46.1%에서 2019년에 44.5%로 감소하였다. 처분가능소득으로 보면 중산층은 2011년에 전체 소득의 50.4%를 차지하였는데 2019년에는 53.2%로 늘어났다. 빈곤층의 소득 점유율은 5%대에서 6%대로 늘어났다. 상류층의 소득 점유율은 44%대에서 40%대로 감소하였다. 두 번째 기준으로도 2010년대에 양극화가 심화하지 않고 오히려 유의성 있게 완화하였다.

유경준 · 최바울(2008)은 통계청의 도시가계조사 원자료를 바탕으로 중산층의 추이를 추정하였다. 그 결과에 따르면 중산층의 비중이 1980년대부터 1990년대 중반까지 증가하다가 1996~2006년의 10년 기간 중 지속적으로 현저히 감소하였다. 위 가계금융복지조사의 결과

6. Easterly(2001)처럼 5~8분위(5등분할 때의 3~4분위)만 중산층으로 볼 때에도 소득 점유율은 2011년의 39.3%에서 2019년에 40.7%로 늘어나 중산층의 비율이 약간 늘어났다는 결론은 같다.

는 1990년대 후반부터 진행된 '중산층의 쇠퇴'와 양극화가 2010년대에는 멈추고, 오히려 약간 개선되고 있음을 보여준다. 이는 2000년대까지 소득 분배가 대체로 악화하였다가 2010년대에 안정세 내지 약간의 개선세를 보인 것과 마찬가지 패턴이다.[7]

소득 양극화 현상은 스포츠, 연예 산업에서 스타 선수, 스타 연예인과 일반 선수, 일반 연예인 사이에 벌어지는 소득 격차처럼 경쟁사회에서 불가피한 측면이 있다. 현대 경쟁사회는 이런 측면을 심화시키는 경향이 있다. 일본에서 볼 수 있는 바와 같이 소득 격차가 심한 고령 인구와 1인 가구의 증가, 비정규직의 확대, 임금의 호봉제 축소와 연봉제 확대, 니트족(Not in Education, Employment, or Training ; NEET)의 증가 등은 양극화를 심화시킨다. 이렇게 구조적 요인에 의해 심화하는 양극화는 전 세계 공통의 현상으로서 불가피한 측면이 있다. 양극화 '해소' 대신 양극화 '완화'를 추구하면서 완화 대책의 폭넓은 함의에 유의해야 하는 이유다.

---

7. Esteban, Gradin and Ray(1999)는 양극화를 단순히 고소득층과 저소득층의 소득 점유율이 증가하는 것이 아니라 모든 사회 구성원들이 가지는 유효 반감(effective antagonism)의 합이 커지는 것이라고 정의하였다. 계층 간 평균 소득의 차이가 클수록 집단 간 갈등이 커지고 이에 따라 유효 반감이 커지는 양극화지수를 제시하였다. 최희갑(2002)은 도시가계조사 자료, 신동균(2007)은 한국노동패널 자료를 이용하여 외환위기 이후 2000년대에 유효 반감의 합으로서의 양극화지수가 커졌음을 보이고 있다. 이 양극화지수를 이용해도 2010년대의 양극화는 완화하는 것으로 나타날 것이다.

부익부 빈익빈이 심화해 왔나?

우리나라에서 '양극화' 못지않게 회자되는 말인 '부익부 빈익빈' 현상은 어떤가? 시간이 흐를수록 소득 분배 면에서 저소득층에 비해 고소득층의 소득 점유율이 높아지면 부익부 빈익빈이라고 평가할 수 있다. 상위 10% 계층의 소득이 하위 40% 계층의 소득에 비해 몇 배나 되는가를 보여주는 팔마비율은 2010년대에 **표 4-4**에서 보는 바와 같이 하향세를 보여 왔다. 시장소득 기준으로 2011년의 2.05에서 2019년에 1.89로, 처분가능소득 기준으로는 1.74에서 1.32로 떨어졌다.

상위 20% 계층의 소득이 하위 20% 계층의 소득보다 몇 배나 많은가를 보여주는 5분위배율은 앞의 **그림 4-2**에서 보는 것처럼 시장소득 기준으로는 약간 커지고 처분가능소득 기준으로는 작아지는 엇갈린 결과를 보여 준다. 시장소득 기준으로 2011년에 11.2였던 5분위배율은 10.3 안팎까지 떨어졌다가 2018년에 11.2로 회귀하고 2019년에 11.6으로 약간 높아졌다. 처분가능소득 기준으로는 2011년에 8.3이었는데 지속적으로 하락하여 2019년에 6.3을 기록하였다. 2010년대에 부익부 빈익빈이 심화하였다는 명제를 시장소득 기준 5분위배율은 약간 뒷받침해 주지만 처분가능소득 기준은 부인한다.

상위 10% 계층의 소득이 하위 10% 계층의 소득보다 몇 배나 많은가를 보여주는 10분위배율은 시장소득 기준으로 커지고 처분가능소득 기준으로는 작아지는 5분위배율의 엇갈린 결과를 강화하여 보여 준다. 시장소득 기준으로 2011년에 28.2였던 10분위배율은 2019년에 32.4가 되었다. 상위 10% 계층의 소득이 하위 10% 계층의 소득보다 평균적으로 32배나 많다는 것이다. 처분가능소득 기준으로는 10분위배율이 2011년의 16.0에서 2019년에 10.7로 하락하였다. 시장소득 기준으로 보면 2010년대에 부익부 빈익빈이 심화했지만 정부의 재분배로 인해 처분가능소득 기준으로 보면 부익부 빈익빈이 완화한 것이다.

최상위 5% 계층의 소득이 최하위 5% 계층의 소득보다 몇 배나 되는가, 나아가 최상위 1% 계층의 소득이 최하위 1% 계층의 소득보다 몇 배나 되는가에 대한 공식 통계는 없다. 시장소득 기준으로 각각 몇 백 배, 몇 천 배이기 쉽다. 최상위 계층의 재산소득만으로도 최하위층의 소득보다 수십 배, 수백 배 이상 많기 마련이기 때문이다. 따라서 이렇게 최상위·최하위 계층의 범위를 좁혀감에 따라 부익부 빈익빈은 더욱 심화하는 것으로 나타날 것이다. 피케티(2013)가 선진국에 대해 지적한 세습자본주의 경향은 우리나라를 포함한 대부분의 신흥국과 개발도상국에도 적용된다. 그러나 처분가능소득 기준으로는 부익부 빈익빈의 상황이 심하지만 시간이 흐르면서 더 심화한다고 단정할 수 없다.

4. 빈곤이 문제다

우리가 소득 분배에 관심을 가지는 이유는 분배 상태가 얼마나 좋은가 나쁜가를 알아보는 것 외에도 저소득층이 얼마나 못사는가를 확인해 보기 위해서이다. 실상 모든 사람에게 최소한도의 생존권을 보장하기 위해서는 빈곤에서 벗어나게 하는 것이 최우선순위가 되어야 한다. 그런 의미에서 분배의 불평등보다 빈곤의 해소가 더 중요한 문제다. 미국의 루스벨트 대통령은 인간의 네 가지 기본적인 자유로 언론의 자유, 종교의 자유, 공포로부터의 자유와 함께 궁핍으로부터의 자유를 들었다. 궁핍으로부터 벗어나는 것이야말로 인간의 기본적인 자유와 권리가 되어야 마땅하다. “사흘을 굶으면 포도청의 담도 넘어간다”, “사흘 굶어 도둑질 아니 할 놈 없다”, “열흘 굶어 군자 없다”라는 우리나라 속담이 있다. 아무리 착한 사람이라도 몹시 궁하게 되면 못 하는 짓이 없게 됨을 비유하는 속담이다. 이는 동서고금을 막론하고 맞는 말이다. 루스벨트 대통령은 경제적인 안정과 독립 없이는 개인의 진정한 자유가 존재할 수 없다고 말했는데 이 또한 참으로 맞는 말이다.

“백성은 가난한 것보다 고르지 못한 것을 걱정한다”라는 옛말이 있지만, “백성은 먹는 것으로 하늘을 삼는다(民은 食爲天)”라는 옛말도 있다. 실상 입에 풀칠을 못 하는 가난이 분배의 불평등보다 당장 더 절박한 문제다. 제3세계 여러 나라에서 내전과 정변이 일어나는 것은 불평등한 분배에 크게 기인한다고 1장에서 설명했거니와 실상 불평등한 분배가 대중의 빈곤과 결합할 때 일어나는 것이다. 가난은 나라도 어찌할 수 없다는 동양 고래의 격언은 인류가 일찍이 경험하지 못한 생산력의 증대를 바탕으로 한 오늘날의 자본주의와 복지국가 체제에서는 더 이상 통용될 수 없다. 빈곤 퇴치는 중소득국 이상의 정부에게 기본적인 의무가 되어야 한다. 이렇게 말하는 가난과 빈곤은 절대적 빈곤(absolute poverty)을 뜻한다.

절대적 빈곤

절대적 빈곤(혹은 절대 빈곤)은 최소한의 인간다운 생활을 하기조차 어렵게 가난한 것을 말한다.[8] 어떤 것이 ‘최소한의 인간다운 생활’이냐

8. 일찍이 1995년에 국제연합(UN)은 절대적 빈곤을 ‘식품, 안전한 식수, 위생시설, 건강,

에 관해서는 사회에 따라, 같은 사회라도 발전 단계에 따라 기준이 달라진다. 오늘날 많은 나라는 그 기준을 최저생계비로 삼는다. 흔히 정부가 객관적인 위원회를 구성하여 매년 최소한의 인간다운 생활이 무엇이고 이 생활을 영위하는 데에 들어가는 비용(최저생계비)이 얼마나 되는가를 정한다. 소득이 이 최저생계비에 미치지 못하면 절대적 빈곤으로 규정한다. 이런 의미에서 최저생계비를 빈곤선(poverty line)이라고 부른다. 빈곤선 이하의 인구(빈곤층)가 전체 인구에서 차지하는 비중을 빈곤율이라 한다. 빈곤층의 실제 소득이 빈곤선보다 얼마나 적은가를 빈곤선에 대한 비율로 나타낸 것을 빈곤갭(poverty gap)이라 한다.

$$\text{빈곤갭} = \frac{\text{빈곤선} - \text{빈곤층의 평균 소득}}{\text{빈곤선}} \quad (4-1)$$

우리나라 정부는 2000년부터 최저생계비를 계측하기 시작했다. 1990년대까지는 절대적 빈곤층에 대한 공식적인 조사가 이루어지지 않았다. 1997년에 일어난 외환위기 이전까지는 지속적인 고성장, 저실업과 물가 안정에 힘입어 가계의 실질소득이 현저히, 그리고 꾸준히 증가하였기에 절대적 빈곤은 중요한 사회 문제로 등장하지 않았다.[9] 우리나라 정부는 2000년부터 기초생활보장제도를 시행하면서 최저생계

집, 교육, 정보를 포함한 인간의 기본적인 욕구가 심각하게 채워지지 않은 상태'라고 정의하였다. 절대적 빈곤은 소득뿐 아니라 각종 서비스에 접근이 가능한가에도 의존한다.

9. 외환위기 직전과 직후에 절대적 빈곤에 대한 공식 통계가 있다면 외환위기의 충격을 극적으로 포착할 수 있을 것이다. 유경준(2009)은 도시 가구의 (절대적) 빈곤율이 1997년의 7% 초반에서 외환위기로 16%대까지 상승했다가 2002년 이후 9%대에 있다고 보고했다.

비를 공표해 왔지만 최저생계비도 못 버는 가구나 인원의 비중은 공표하지 않았다. 한국보건사회연구원이 통계청의 가계동향조사를 바탕으로 절대적 빈곤율을 추계해 왔다. 가계동향조사의 진화에 맞추어 2006년부터는 1인 가구를 포함하는 전국 가구를 대상으로 절대적 빈곤율 통계도 작성하였다. 이 1인 가구를 포함하는 전국 가구를 대상으로 처분가능소득 기준으로 본 절대적 빈곤율은 2006~2015년 기간 중 8~9% 수준에서 안정적이다. 경제가 성장하는데도 절대적 빈곤율이 낮아지지 않은 이유는 최저생계비(=절대적 빈곤선)가 매년 오르고 (명목)최저생계비에서 물가 상승분을 조정한 실질최저생계비도 올랐기 때문이다. 최저생계비가 매년 오른 이유는 우리나라가 최저생계비를 '최소한의 인간다운 생활을 하기 위해 필요한 비용'에서 더 나아가 '건강하고 문화적인 생활을 유지하기 위해 소요되는 최소한의 비용'으로 정의하기 때문이다(국민기초생활보장법 2조). 중국이 2010년대 중반에 절대적 빈곤율을 2020년까지 0%로 만들겠다는 야심찬 목표를 공표한 것은 절대적 빈곤선을 고정시켰기 때문이다. 우리나라 정부는 맞춤형 복지 정책의 일환으로 생계, 주거, 의료, 교육 분야별로 세분하여 다양한 지원 비율을 적용함에 따라 2016년부터 최저생계비 계측을 중단하였다. 고소득국이 된 우리나라의 현실을 반영하여 건강하고 문화적인 생활에 필요한 최소비용이 얼마인가에 대해 사회적 합의를 보기가 어려워지는 현실적 이유도 작용한 것으로 보인다.

종전과 기준이 다르지만 종전과 비슷한 최저생계비 자료를 얻을 수는 있다. 보건복지부는 국민기초생활보장법 제21조 제11호에 따라 매년 빈곤층에 주는 급여의 기준으로 활용되는 기준 중위 소득을 공표하고 있다. 이 기준 중위 소득은 가계금융복지조사에 나오는 균등화처분가능소득의 중위 소득을 바탕으로 최근 가구 소득과 물가의 변화 등을 반영하여 결정된다. 채무자 회생법에 입각한 개인회생사건 처리지침을 보면 채무자와 그 가족의 최저생계비는 기준 중위 소득의 60%로 산정하는 것을 원칙으로 하되 특별한 사정이 있는 경우에는 적절히 증감할 수 있다. 법원에서는 기준 중위 소득의 최대 60%, 최소 40%를 최저생계비로 인정해 주는 방향으로 이 처리지침을 운용하고 있다. 따라서 법원은 기준 중위 소득의 40%를 말 그대로의 최저생계비로 보고 있는 셈이다. 2016년에 1인 가구의 기준 중위 소득은 162만 원이고 그 40%는 65만 원이었다. 이는 2015년의 1인 가족 기준 최저생계비 62만 원과 비슷하면서 약간 많아 그럴 듯하게 연결된다. 종전에 보건복지부가 공표해 온 최저생계비도 기준 중위 소득의 40%와 비슷한 수준이다. 기준 중위 소득의 40% 이하를 절대적 빈곤으로 정의할 때 절대적 빈곤율은 2006~2015년에 그랬던 것처럼 2016~2019년에 처분가능소득 기준으로 8~9%대로 추정된다.[10]

절대적 빈곤과 공적 부조

1인 가구의 월 기준 중위 소득은 2019년에 171만 원, 2020년에 176만 원이었다. 기준 중위 소득의 40%를 최저생계비로 본다면 1인 가구의 최저생계비는 월 70만 원선이다. 이 최저생계비도 못 버는 절

10. 정부가 최저생계비와 절대적 빈곤율을 추계하지 않지만 이 책에서는 기준 중위 소득의 40% 이하를 절대적 빈곤으로 정의하여 사용하기로 한다. 정부도 2016년부터 '기준 중위 소득 40% 이하'를 2015년까지의 '최저생계비 이하'와 대등하게 기술하고 있다(보건복지부 · 국토교통부 · 교육부, 2020).

대적 빈곤계층은 국가로부터 어떤 지원을 받을 수 있을까? 우리나라는 2000년부터 국민기초생활보장제도라는 공적 부조를 운용해 오고 있다. 공적 부조(public assistance)란 정부가 경제적 약자를 무상으로 지원해 주는 제도이다. (국민)기초생활보장제도는 절대적 빈곤에 빠진 사람들 중 대략 최하위 3%대(가구 기준으로는 5%대)에 대해 무상으로 지원해 준다. 급여라고 불리는 무상 지원의 종류는 7가지가 있다. 생계, 주거, 의료, 교육의 4개 급여가 대표적인데 수혜층 모두에 지원되는 것이 생계급여와 주택급여다. 일상적인 의식(衣食)을 위해 지급하는 생계급여는 기준 중위 소득의 30%를 지급한다. 2020년에 1인 가구의 경우 중위 소득이 176만 원이므로 생계급여는 53만 원이다. 주택급여는 무주택자에게 임대료를, 유주택자에게는 집 보수비를 지원한다. 2020년에 임대료는 전 지역을 평균하여 1인 가구 기준 21만 원이다. 따라서 1인 가구가 받는 생계급여와 주택급여를 합하면 월 74만 원이 된다. 절대적 빈곤선 70만 원을 충당할 수 있는 금액이다. 기초생활보장제도에서 2인 이상 가구의 경우에도 소득이 최하위 5%대에 해당하면 기준 중위 소득의 40%가량에 해당하는 급여를 지원하고 있다.

위에서 절대적 빈곤율은 8 ~ 9%선이라고 했는데 기초생활보장제도는 최하위 3 ~ 5%만 지원해 주고 있다. 이는 소득이 없어도 자산이 있거나 부양가족이 있는 경우에는 기초생활보장제도의 혜택을 받을 수 없기 때문이다. 이 지원 불가 조건을 완화하여 절대적 빈곤층은 정부의 지원을 제대로 받을 수 있어야 한다. 이에 대해서는 8장에서 다시 다룬다.

우리나라의 대표적인 공적 부조인 기초생활보장제도 외에 다른 공적 부조로 기초연금제도가 있다. 2014년부터 시행된 기초연금제도는

2021년 현재 소득 하위 70%에 속하는 노인(만 65세 이상)에게 기초연금이라는 이름으로 매월 최대 30만 원을 지급하고 있다. OECD 국가 중에 노인빈곤율이 가장 높은 우리나라의 현실을 타개하기 위해 도입한 제도이다.

극심한 빈곤과 사회 복지 전달 체계

국제연합(UN)과 세계은행은 국제적으로 극심한 빈곤(extreme poverty)을 규정하고 2030년까지 극심한 빈곤을 퇴치하는 것을 가장 중요한 지속가능발전목표(sustainable development goal ; SDG)로 삼아 추진하고 있다. 극심한 빈곤 혹은 극빈은 미국 달러 기준으로 하루에 1.9달러(2011년 가격, 구매력평가환율 기준) 미만의 소득으로 살아가는 상태를 뜻한다. 그동안 물가가 올랐기 때문에 2019년 가격으로는 2.16달러다. 원래 1990년대 중반에 국제연합이 '1996년 가격 기준 하루 1달러 미만으로 사는 상태'라고 정의하여 '하루에 1달러 미만'이라는 말이 생겨났다. 세계은행에 따르면 전 세계의 극빈 인구 비율이 1990년의 36%에서 2018년에 10%로 줄었다. 괄목할 만한 개선이다. 그러나 전 세계적으로 극심한 빈곤에 처한 사람이 아직도 7억 명대에 이른다. 매일 3만 명의 사람이 기아와 영양실조로 사망하는 것으로 알려져 있다. 개발도상국의 생활비가 아무리 싸더라도 하루 2달러로 건강하고 문화적인 생활을 꿈꿀 수는 없다. 그야말로 입에 풀칠하면서 굶어 죽지 않고 간신히 연명할 정도의 소득이다.[11]

---

11. 최근 세계은행은 중하위소득국에 대해 하루 3.20달러, 중상위소득국에 대해서는

1인당 소득 3만 달러인 우리나라는 국제적으로 규정한 극심한 빈곤과 굶주림의 시대를 일찍이 졸업하였다. 그런데도 송파 세 모녀 사건과 탈북자 모자 아사 사건, 방배동 모자 사건 등에서 보듯이 굶다 못해 자살하거나 아무도 모르는 채로 병들어 죽어가는 사람들이 있다.[12] 극소수이지만 우리나라에 극심한 빈곤에 시달리면서 제대로 돌봄을 받지 못하는 사람들이 엄연히 존재한다는 얘기다. 비참한 일이 일어나지 않도록 도와줄 수 있는 국가적 역량이 있는 데도 이런 비극이 일어난다. 이는 독거노인, 한부모 가구, 탈북민 가구, 다문화 가구, 장애인이나 병약자가 있는 저소득 가구 등 다양한 최취약계층의 구석구석까지 사회복지가 미치지 못하기 때문이다. 이른바 사회 복지 전달 체계가 미흡한 것이다. 사회 복지와 공공보건 등에 종사하는 인력이 선진국에 비해 크게 부족한 것을 확충하고 맞춤형 복지, 찾아가는 복지를 한층 내실화하는 작업이 시급하다.

5.50 달러의 새 국제극빈선도 사용하고 있다. 중소득국에서 저소득국의 최저 생존 소비 바구니와 비슷한 소비 바구니를 얻기 위해서는 높은 소득에 상응하여 비용도 높아지는 현실을 반영한 것이다. 그러나 2030년까지 극빈을 근절한다는 목표는 여전히 종전의 국제빈곤선 하루 1.9달러 기준이다.

12. 송파 세 모녀 사건은 2014년에 송파구 반지하 월세방에 세 들어 살던 세 모녀가 큰딸의 만성 질환과 어머니의 실직으로 생활고에 시달리다가 "정말 죄송합니다"라는 메모와 함께 전 재산 70만 원을 월세와 공과금으로 남겨두고 동반 자살한 사건이다. 탈북자 모자 아사 사건은 2019년에 관악구 임대아파트에서 살던 탈북 모자가 굶어 죽은 지 2개월이 지나서야 알게 된 사건이다. 방배동 모자 사건은 2020년에 한 다세대주택에서 60대 여성이 죽은 지 근 반년 만에 발견되고, 그동안 발달 장애 아들은 거리를 전전하며 노숙한 사건이다. 가난 때문에 길이나 쪽방에서 죽어 가는 사람이 서울에서만 1년에 300명이 넘는 것으로 알려져 있다.

빈곤과의 전쟁

인류가 일찍이 경험해보지 못한 생산력의 발전을 이룩한 현대 자본주의경제에서 정부가 마음만 먹으면 절대적 빈곤을 퇴치할 수 있지 않을까? 충분히 가능한 일이다. 바로 이런 자신감을 바탕으로 1960년대에 미국 존슨 대통령이 빈곤과의 전쟁(war on poverty)을 선포하였다. 일정한 소득에 미달하는 국민에게 차액을 지급하여 빈곤을 퇴치하고 자아 실현을 도와 위대한 사회(The Great Society)를 건설한다는 비전이었다. 그 결과는 절대적 빈곤을 현저히 줄였다는 일부의 긍정적인 평가에도 불구하고 전반적으로는 당초의 거창한 목표가 무색하게 실패한 프로젝트로 평가된다. 공짜 돈이 생기니까 저소득층이 노동시간을 줄이고 실업 상태에서 새 일자리를 찾는 기간이 길어지는 등 도덕적 해이가 두드러지게 나타난 것이다. 줄어든 노동시간을 교육, 훈련 등 인적자본 투자에 쓰지 않는 것도 밝혀졌다. 무덤에서 요람까지 후한 복지 제도를 완성한 유럽에서도 1970년대와 1980년대에 근로 의욕의 후퇴와 지나친 복지 의존으로 자조 능력이 약해지는 부작용이 커졌다. 이른바 복지병이라 불리는 현상이다. 정부가 절대적 빈곤을 일시적으로 해결해 줄 수는 있지만 수혜자의 근로 유인을 약화시킴으로써 장기적으로 해결해 줄 수는 없다는 것을 보여주는 역사적 경험이다. 그 후 미국과 서유럽 각국에서는 방만한 복지 제도를 개혁하고, 복지수혜자에게 노동을 요구하는 근로 복지(workfare), 혹은 생산적 복지(productive welfare)를 채택하고 있다. 우리나라의 기초생활보장제도가 야박하게 최저생계비를 겨우 상회할 만큼만 지원해 주고, 국민기초생활보장법 3조에 "이 법에 따른 급여는 수급자가 자신의 생활의 유지, 향상을 위하여 그의 소득, 재산, 근로 능력 등을 활용하여 최대한 노력하는 것을 전제로 이를 보충, 발전시키는 것을 기본 원칙으로 한다"라고 규정하고 있는 것도 같은 맥락이다.

저성장, 저출산과 고령화가 뉴 노멀(new normal, 새로운 정상)이 되고 있는 우리나라에서 지속 가능한 복지 제도를 설계하고 운영하는 것이 앞으로 큰 과제다. 근로 능력이 없는 사회적 약자도 함께 잘살 수 있도록 정부가 촘촘한 사회안전망으로 포용하고, 복지 전달 체계를 잘 갖추어야 하는 것은 두말할 나위 없다. 그와 동시에 근로 능력이 있는 사회적 약자는 정부에 의존하지 않고 '하늘은 스스로 돕는 자를 돕는다'는 자립 · 자조(自立 · 自助)정신으로 일하게 해야 한다. 복지는 양날의 칼이다. 복지를 통한 빈곤 퇴치는 정부의 기본적인 의무이지만 단순히 빈곤층에게 현금을 살포하는 복지로는 빈곤이 퇴치되지 않는다는 것이 지난 세기에 유럽의 복지 선진국들이 얻은 교훈이다.

상대적 빈곤

상대적 빈곤(혹은 상대 빈곤)은 소득이 중위 소득의 50% 미만인 경우를 말한다. 앞에서 양극화를 살펴볼 때 2010년대의 상대적 빈곤에 대한 공식 통계를 다루었다. 중위 소득의 50% 미만인 가구를 빈곤층이라 했는데 이 빈곤층이 상대적 빈곤층이다. 2010년대 이전의 공식 통계는 도시가계연보를 바탕으로 통계청이 1990년부터 국가통계포털에 공표하고 있는 2인 이상 도시 가구를 대상으로 하는 상대적 빈곤율 통계이다(통계 추계 방식이 바뀐 2016년까지 실려 있다). 상대적 빈곤율은 중위 소득의 50% 미만 소득을 버는 사람들이 전체 인구에서 차지하는 비중을 뜻한다. 이에 따르면 **그림 4-5**에서 보는 바와 같이 1990년부터 1997년까지 상대적 빈곤율은 시장소득 기준으로 7.8%에서 8.7%로 1%포인트 정도 상승하였다. 세금과 이전소득을 조정한 처분가능소득 기준으로도 7.1%에서 8.2%로 1%포인트 정도 상승하였다.

[그림 4-5] 상대적 빈곤율의 추이

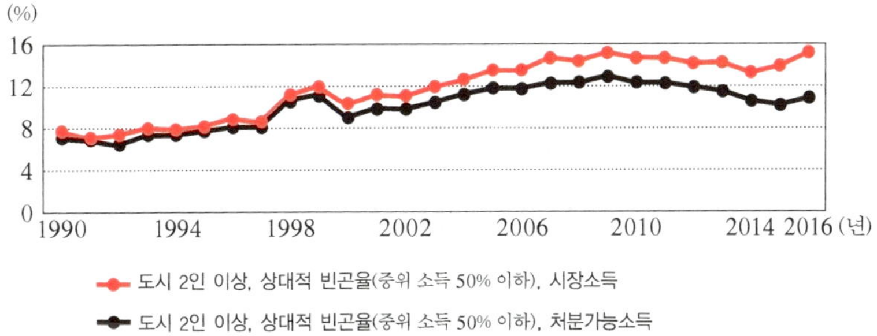

자료 : 통계청, 국가통계포털 > 소득 · 소비 · 자산 > 가계소득지출 > 소득 분배지표 > 소득 분배지표 1990~ 2016.

외환위기의 충격은 상대적 빈곤율에서 크게 나타났다. 2인 이상 도시 가구의 상대적 빈곤율은 1997년에 시장소득 기준으로 8.7%였는데 외환위기 후 두 자릿수로 올랐다. 1998년에 11.4%로 껑충 뛰고 1999년에는 12.2%로 높아졌다. 2년 동안에 상대적 빈곤율이 40%나 증가한 것이다. 2000~2002년 중 약간 감소 · 조정된 상대적 빈곤율은 그 후 기복을 보이는 가운데 상승 기조를 보여 2010년대 초반에 14.5% 내외가 되었다. 처분가능소득 기준으로 보아도 상대적 빈곤율은 1997년의 8.2%에서 1999년에 11.4%로 39%나 올랐으며, 이는 40%나 오른 시장소득 기준 상대적 빈곤율과 비슷하다. 두 기준 모두 2000년대(2000~2010년경)까지 상대적 빈곤율이 기복을 보이는 가운데서도 상승 기조를 보이고 2010년대에는 하향 안정세를 보인다는 점에서 지니계수의 추이와 비슷하다.

분배 관련 공식 통계원인 가계금융복지조사에 따르면 2010년대의 상대적 빈곤율은 앞의 **표 4-4**에서 보는 것처럼 시장소득 기준으로 20.0% 내외, 처분가능소득 기준으로는 16%대를 보이고 있다. 대략 하위 20%(1분위와 2분위)가 중위 소득의 50% 이하를 버는 상대적 빈곤에 처해 있다는 것이다. 처분가능소득 기준으로 상대적 빈곤율은 16%대로 **부표 4-1**에서 보는 것과 같이 OECD 평균치 11.6%보다 훨씬 높고, OECD 회원국 중에서 헝가리, 미국, 라트비아, 터키, 이스라엘 다음으로 높다. 특히 65세 이상 노인의 상대적 빈곤율은 43.4%로 OECD 회원국 중 1위다. 노인 2명 중 거의 한 명꼴로 가난하다는 것이다. OECD 평균은 13.6%다. 정부의 적극적인 재분배 정책으로 상대적 빈곤율을 낮추어 나가는 노력을 기울여야 한다. 이에 대하여 8장에서 다시 다룬다.

근래에는 노인 빈곤에 이어 청년층의 근로빈곤(working poor) 문제가 심각해지고 있다. 일하는 데도 빈곤을 벗어나지 못하는 현상이 근로빈곤 문제다. 과거에는 노인, 장애인 등 근로 능력이 없는 이들에 대한 빈곤 개념만 있었는데 외환위기 이후 일을 해도 가난한 근로빈곤 개념이 생겨났다. 일하는 데도 중위 소득의 50% 미만밖에 벌지 못해 상대적 빈곤에 빠져 있는 것이다. 근로빈곤은 일자리가 불안정하고 임금수준이 낮은 중소기업의 비정규직에서 주로 일어난다. 2010년대 후반에 코로나19 위기 이전에도 우리나라 근로빈곤율은 10.0%이고, 근로빈곤 위기에 처한 청년계층이 절반에 육박하였다. OECD 평균은 8.1%이다(OECD, 2020). 코로나19 위기가 덮친 2020년대 초반에는 상대적 빈곤율과 근로빈곤율이 크게 뛰어오를 것으로 보인다. 상대적 빈곤이나 근로빈곤 문제는 빈곤층 근로자가 열심히 일하는 만큼 그에 대응하여 정부가 보조금을 많이 주는 근로장려세제로 대처하는 것이 바람직하다. 이에 대하여는 8장에서 다룬다.

빈곤과 분배, 시장경제

일반적으로 근대 이전의 전통경제와 현대의 저개발국에서는 절대적 빈곤이 만연하고 상대적 빈곤율이 적다. 경제 발전이 이루어지지 않은 상태에서 국민 대부분이 저소득에서 벗어나지 못하고 절대적 빈곤이 높다. 대부분이 못사는 빈곤의 평등 분배가 이루어지고 있기 때문에 상대적 빈곤율은 낮다. 이런 저개발국에서는 경제 개발과 경제 발전이 가장 중요한 국가 의제가 된다. 20세기 초에 등장했다가 말(末)에 패망한 사회주의경제에서도 경제적 효율이 낮아 먹고 사는 문제를 제대로 해결하지 못하여 빈곤의 평등 분배가 이루어졌다. 더구나 사회주의경제는 개인의 자유가 보장되지 않는 1당 독재와 전체주의 사회이기 때문에 바람직한 사회가 아니라는 것이 밝혀졌다.

지금까지 인류가 경험한 세 가지 주요 경제 체제(전통경제, 자본주의경제, 사회주의경제) 중에 자본주의경제(시장경제)가 개인의 자유와 경제적 효율을 가장 잘 살리는 경제 체제이다. 게다가 빈곤을 없애고 분배의 정의를 이루기까지 하는 시장경제라면 금상첨화일 것이다. 어떤 시장경제가 그런 시장경제일까? 2장에서 설명한 것처럼 시장경제는 자유시장경제와 사회적 시장경제로 나눌 수 있는데 얼핏 보아서는 사회적 시장경제가 바람직한 경제 체제인 것으로 보인다. 그러나 이게 100% 정답은 아니다. 자유시장경제와 사회적 시장경제를 비교하는 **표**

4-5를 보자.

미국과 영국이 대표적인 자유시장경제권이다. 독일, 프랑스와 북유럽 4개국(노르웨이, 스웨덴, 핀란드, 덴마크)은 사회적 시장경제권이다. 표에서 사회적 시장경제권이 자유시장경제권에 비해 소득 분배가 매우 양호하고 빈곤율이 현저히 낮은 것을 알 수 있다. 사회적 시장경제는 여러 지표로 평가하는 삶의 질도 자유시장경제보다 높다. 그 대신 조세 부담률과 국민 부담률이 현저히 높은 고부담-고복지 사회이다. 함께 잘살고, 그러기 위해서 공동체적인 연대와 책임을 가져야 한다고 생각하는 공화주의자는 사회적 시장경제를 지지할 것이다. 자유시장경제는 사회적 시장경제에 비해 소득 분배가 불평등하고 빈곤율이 높다. 삶의 질도 으레 사회적 시장경제보다 낮은 것으로 나타난다. 그 대신 조세 부담률과 국민 부담률이 현저히 낮은 저부담-저복지 사회이다. 능력껏 돈을 벌어 내 마음대로 쓰고, 내 삶은 내가 주체적으로 영위하고자 하는 자유주의자 · 개인주의자라면 자기 소득의 40% 이상, 절반 가까이를 떼어가는 사회적 시장경제를 못마땅하게 여기고 자유시장경제를 안락하게 생각할 것이다. 복지와 연대를 중시하는 사회적 시장경제가 자유와 창의, 경쟁을 중시하는 자유시장경제보다 분배가 평등하고 빈곤이 낮다. 이것만 보아서는 사회적 시장경제가 자유시장경제보다 체제면에서 우월한 것으로 보인다.

그러나 자유시장경제가 사회적 시장경제보다 우월한 측면이 있다. 바로 경제 성장과 1인당 소득의 측면이다. 경제 성장은 장기적으로 보아야 체제의 차이를 제대로 볼 수 있다. 1980~2019년의 40년 기간 중 연평균 경제 성장률을 보면 자유시장경제는 2.4%인 데 비해 사회적 시장경제는 2.0%이다. 같은 기간 중 1인당 국민소득 증가율은 두

경제 모두 1.7%이다. 북유럽 4국만 떼어 보면 1인당 국민소득 증가율이 1.8%로 자유시장경제보다 높다. 북유럽 4국은 인구가 각각 수백만 명에 불과한 소국경제로서 다른 나라들과 질적인 차이가 있다. 자유시

〈표 4-5〉 **자유시장경제와 사회적 시장경제**

(단위 : 계수, %, 경상 미 달러)

	소득 지니 계수[1]	상대적 빈곤율[2]	사회 복지 지출 비중[3]	조세 부담률[4]	국민 부담률[5]	경제 성장률[6]	1인당 국민소득 증가율[7]	1인당 국민 소득[8]
자유시장경제	0.378	14.8	19.7	22.7	28.9	2.4	1.7	54,035
미국	0.390	17.8	18.7	18.2	24.3	2.6	1.7	65,850
영국	0.366	11.7	20.6	27.1	33.5	2.1	1.7	42,220
사회적 시장경제	0.277	8.8	27.6	32.1	42.5	2.0	1.7	57,212
독일	0.289	10.4	25.9	23.8	38.2	1.7	1.6	48,580
프랑스	0.301	8.5	31.0	30.0	46.1	1.8	1.3	42,450
북유럽 4국[9]	0.267	7.5	27.1	34.7	42.6	2.1	1.8	63,060
남유럽 4국[10]	0.322	13.0	24.9	26.2	37.7	1.6	0.8	29,373
일본	0.339	15.7	22.3	18.8	31.4	1.9	1.8	41,470
한국	0.345	16.7	12.2	19.9	26.7	6.0	5.3	33,790
OECD	0.317	11.2	20.0	24.9	34.0	2.4	1.6	40,173

주 : 1) 2018년 처분가능소득 기준 지니계수임.
2) 2018년 처분가능소득 기준 중위 소득 50% 미만 인구의 비중임.
3) 2019년 공공 부문 사회 복지 지출을 GDP로 나눈 값임(백분율로 표시).
4) 2018년 조세 총액을 GDP로 나눈 값임(백분율로 표시).
5) 2018년 조세와 사회보장기여금의 총액을 GDP로 나눈 값임(백분율로 표시).
6) 1980~2019년 40년간 연평균 실질 GDP 성장률을 산술평균한 값임.
7) 1980~2019년 40년간 연평균 1인당 GNI 성장률을 산술평균한 값임.
8) 2019년 1인당 GNI 수준. 아틀라스 방식에 의한 시장환율 기준임.
9) 노르웨이, 스웨덴, 핀란드, 덴마크의 4국.
10) 이탈리아, 그리스, 스페인, 포르투갈의 4국. 각 경제권의 값들은 해당 국가들의 인구까지 고려하지 않고 단순히 나라 수로 나눈 평균 값임.

자료 : OECD, IDD, OECD, Stat., 단, 1인당 국민소득과 1인당 국민소득 증가율은 World Bank, GNI와 GNI per capita 자료임.

장경제와 사회적 시장경제의 차이는 두 시장경제를 미국과 독일로 대표시킬 때 뚜렷이 대비된다. 표에서 미국은 경제 성장률과 1인당 소득 증가율이 독일보다 높고, OECD 평균보다도 약간 높다. 우리나라와 같은 신흥경제국이 다수 포함된 OECD 국가 전체의 평균보다 높다는 것은 그만큼 미국경제가 역동적이고 장기에 성장 잠재력이 크다는 것을 뜻한다. 1인당 소득증가율이 미국은 1.7%이고 독일은 1.6%로 차이가 0.1%포인트에 불과하다. 그러나 40년간의 연평균 증가율 0.1%포인트 차이는 무시할 수 없을 만큼 크다. 1980년에 1인당 국민소득이 미국과 독일 둘 다 13,000달러대였는데 2019년에는 미국이 65,000달러대, 독일은 48,000달러대이다. 결론적으로 자유시장경제가 사회적 시장경제에 비해 분배와 복지, 공정 면에서 크게 떨어지지만 개인의 자유와 경제적 효율 면에서는 우월하다. 분배와 복지, 공정 면에서 크게 미흡한 우리나라가 사회적 시장경제를 지향하되 자유시장경제도 중시해야 하는 이유이다.

세계적 추세는 저부담-저복지의 자유시장경제와 고부담-고복지의 사회적 시장경제 모두 중부담-중복지의 복지국가를 지향하고 있다. 우리나라는 복지와 세금 면에서 저부담-저복지의 미국, 영국보다 더 낮은 저부담-저복지 단계의 자유시장경제이다. 우리나라도 세계적 추세를 따라 중부담-중복지의 복지국가로 나아가야 한다. 이는 자유시장경제에서 사회적 시장경제 쪽으로 향하는 것으로 보일 수 있다. 그러나 사회적 시장경제의 고부담-고복지까지 가는 과정이 아니라 2장의 **그림 2-3**처럼 두 시장경제의 중간 지점 정도로 가는 과정이어야 한다. 그러면 어떤 방법으로 이행해 가야 할 것인가? 이를 8장에서 다룬다.

표 4-5는 흥미로운 통계를 보여준다. 남유럽 4국의 통계이다. 남

유럽 4국은 이탈리아, 그리스, 스페인, 포르투갈의 4국이다. 일찍이 세계를 제패해 본 저력이 있는 나라들이다. 분배와 빈곤, 복지와 세금 면에서 중부담-중복지를 보여주는 국가이다. 그런데 경제 성장과 1인당 소득 면에서 OECD 평균보다 훨씬 저조한 실적을 보이고 있다. 이 나라들은 제조업 비중이 낮고 방만한 거시경제 운용과 재정 위기, 제도 개혁 외면, 정부의 포퓰리즘과 이에 맛 들인 국민 등의 특징을 가지고 있다. 그 결과 1980년대 초에 1인당 소득이 우리나라가 2,000달러대일 때 평균 6,000달러대였던 남유럽 4국이 2010년대 말에 27,000달러밖에 안 되어 우리나라 1인당 소득 33,000달러보다 낮아졌다. 8장에서 다루는 분배 정책과 거시경제 정책이 중요하다는 것을 일깨워주는 사례이다. 우리나라는 40년 기간 중 연평균 경제 성장률이 6.0%이지만 2010년대(2010~2019)에 3.3%였다. 2020년대에는 성장률이 1 ~ 2%대일 것으로 전망된다. 복지를 확충하는 한편 구조적인 저성장 시대이지만 미국처럼 혁신 성장을 지속하여 OECD 평균 경제 성장률을 따라가는 효율성과 역동성을 발휘해야 할 과제를 안고 있다.

앳킨슨(2015)은 화성에 가는 사람이 있는 반면 최소한의 생계도 꾸려가지 못하는 사람이 있는 사회는 정의롭지 못한 사회라고 규정하였다. 공감할 수 있는 말이다. 서구 선진국처럼 사회안전망을 촘촘히 짜서 최소한의 생계도 꾸려가지 못하는 사람이 없도록 해야 한다. 그러나 서구 선진국이 완전한 복지국가를 지향하는 과정에서 경험한 교훈을 살려 공적 부조의 대상은 노동 능력이 없는 절대적 빈곤층에 국한해야 한다. 노동 능력이 있는 절대적 빈곤층에는 노동을 북돋아주는 복지, 즉 생산적 복지를 제공하여 복지병과 도덕적 해이를 막아야 한다. 재교육 · 훈련과 적극적인 일자리 찾기, 그리고 앞에서 언급한 근로장려세제 등이 생산적 복지의 유력한 예이다. 이런 방식으로 사회의 모든 구성원이 최소한의 생계를 꾸려 갈 수 있는 경제력과 시스템을 갖춘다면 일부 초부유층(super rich)이 화성으로의 여행이나 이주를 꿈꾸는 호사를 부린다고 해서 정의롭지 못한 사회라고 규정할 필요가 없다. 초부유층을 시기할 필요도 없다. 개인적 자유에 따른 다양한 사고와 생활방식으로 자유분방한 사회, 그 결과 '창의적인 게릴라'와 '돈키호테'들이 출몰하는 시장경제가 인류의 역동적인 발전을 낳기 때문이다.

읽을거리

1. 외환위기는 우리나라 소득 분배를 얼마나 악화시켰나?

1997년 가을에 일어난 외환위기는 우리나라의 소득 분배를 일시에 크게 악화시켰다.

외환위기가 일어난 주요인은 정부의 잘못된 거시경제 정책과 재벌 기업들의 수익성을 무시한 무분별한 과잉투자이다. 1995년부터 열린 '1인당 소득 10,000달러 시대'를 유지하기 위해 적지 않은 무역수지 적자에도 불구하고 원화 강세의 고정환율 정책을 고수한 것이 잘못된 거시경제 정책이었다. 이에 따라 외화가 빠져나가고 외환보유고가 바닥나는 한편 시장환율이 단기에 종전의 900원대에서 1,900원대까지 폭등하면서 외환위기가 일어났다. 재벌 기업들은 중복 · 과잉 투자를 서슴없이 하여 부채비율이 500%대에 이르렀다. 수익성을 아랑곳하지 않는 대기업의 행태가 외국인 투자가들의 신뢰를 잃게 만들었다. 정부와 정치권의 과도한 금융 개입('관치금융')과 은행의 대출 심사 기능이 작동하지 않는 금융 풍토도 외환위기의 한 요인으로 작용하였다. 결국 정부의 정책 실패와 관치금융, 재벌의 수익성 경영과 무관한 문어발식 확장 때문에 기존 체제가 위기를 맞을 수밖에 없었던 상황이었다.

외환위기로 수많은 기업들이 도산하고 실업이 급증하여 실업률이 1997년에 2%대에서 1998년과 1999년에 6%대로 껑충 뛰었다. 이자율이 연 20%대까지 치솟고 경기침체 속에 물가가 상승하는 스태그플레이션(stagflation)이 일어났다. 이런 거시경제 요인들이 외환위기 직후에 소득 분배를 일시에 크게 악화시킨 원인이다. 통계청이 1990년부터 공표해 온 2인 이상 도시 가구의 소득 분배를 시장소득 기준으로 보면 1997년에 0.264였던 지니계수가 1998년에 0.293, 1999년에는 0.298로 높아졌다.

조윤제 외(2016)와 유종일(2012) 등은 1997년의 외환위기 이후 소득 분배가 나빠졌다는 통설과는 다른 주장을 펴고 있다. 소득 분배가 1980년대부터 1990년대 초까지 개선되는 추세를 보여 오다가 1994년 전후부터 악화하는 추세로 반전했다는 것이다. 이들에 의하면 분배 악화의 원인은 외환위기 이전에 만들어진 '불균등 경제 발전 모델'의 결과로서 외환위기 이전에 이미 분배 악화 기조가 정착되었다. 다른 해석은 외환위기 전 1990년대에 소득 분배가 개선되고 있었다는 것이다. 기업들이 세계화 투자를 적극적으로 전개하면서 고용도 늘어나고 임금도 올라갔다. 임금이 올라가니 내수도 좋아지고 분배도 개선됐다. 분배는 1997년 외환위기 이후 IMF 체제에서 구조조정을 하는 과정에서 크게 악화했다. 정리해고가 도입되고 비정규직 문제가 시작된 것이 이

때이다. 반면 구조조정 후 금융기관과 대기업 임원들의 보수는 껑충 뛰었다.

어느 통계를 보더라도 분배 관련 지표는 1997년 이후 급격히 나빠진다. 지금 국민들이 느끼는 분배 악화의 원죄가 외환위기 전 경제 발전모형 때문이냐, 아니면 우리나라 현실을 무시한 지나친 고금리, 고환율 등의 IMF가 처방한 구조조정에 있느냐는 논란의 여지가 많은 문제다. 1960년대부터 추구해 온 선성장-후분배의 불균형 성장 전략이 1인당 소득 1만 달러 시대를 유지하기 위한 정치적 고려와 결부되어 경제위기를 일으켰다. 엄청난 고금리와 고환율은 시장이 단기에 과잉조정하는 과정에서 촉발되었다. 하지만 구제금융을 제공한 IMF가 구조개혁을 위해 불가피하다고 판단하여 우리 정부로 하여금 고금리와 고환율을 꽤 오랫동안 수용하도록 강요한 책임도 있다. 경제위기와 위기 극복을 위한 과잉 처방, 이 양자가 결부되어 분배가 급격히 나빠졌다고 종합하는 것이 합리적인 진단이라고 하겠다.

2. 한국노동패널조사와 소득 분배

노동연구원은 한국노동패널조사(Korean Labor and Income Panel Study ; KLIPS)라는 이름으로 1998년부터 매년 5,000가구를 대상으로 경제 활동 및 노동시장 이동과 더불어 소득과 소비를 종단면으로 추적 조사하고 있다. 국책연구기관이 경제 활동 전반에 걸쳐 같은 가구들을 관찰하는 최초의 종단면 분석으로서 가구와 개인의 장기에 걸친 변화와 상태 간 이동 과정까지 살펴볼 수 있다. 이런 장점 때문에 많은 연구자들이 이 패널 조사를 이용하여 노동시장과 소득 · 자산 분배를 실증 연구해 왔다.[13] 한국노동패널조사는 1999년부터 추계 결과가 나오기 때문에 외환위기 이전에 비해 분배가 얼마나 악화하였는지 알 수 없다. 추계된 소득 지니계수는 1999년에 2인 이상 도시 가구, 처분가능소득 기준으로 0.370이어서 통계청 가계동향조사의 0.288보다 훨씬 높다. 또한 통계청에 의하면 소득 분배가 2009년 이후 개선되는 것으로 나타나지만 노동패널조사에서는 2006년 이후 감소하는 것으로 나타나고 있다. 3년의 시차는 있지만 분배가 개선세를 보인다는 점에서 통계청의 분배 통계와 궤를 같이한다. 그러나 2000년대 들어 2009년까지 분배가 악화하였다는 김낙년(2018) 등의 연구와 달리 2000년대에 눈에 띄는 악화가 없었다고 분석하는 데에서 차이가 난다. 어느 쪽이 맞는지는 나중에 가려질 것이다. 한국노동패널조사는 도시 가구만을 대상으로 하고 있으며, 조사가 진행될수록 표본에 나오는 세대주 평균 연령이 우리나라 전체 가구 세대주 평균 연령보다 높아져 대표성에 문제가 있었다(중간에 개편을 통해 이 문제가 보완되었다). 그러나 가구의 소득에 시장소득뿐 아니라 부동산 매매 차익, 퇴직금, 증여 · 상속액, 축의금 · 조의금까지 포함시켜 가장 광의의 총소득을 포괄하는 장점도 있다.

3. 중국의 탈빈곤 정책과 대동사회 지향

중국은 1978년의 개혁 · 개방 정책 이후 40여 년간 연평균 8%의 고속 성장을 지속해 왔다. 장기간의 고속 성장으로 14억의 인구를 자랑하는 중국의 절대 다수가 절대적 빈곤의 늪에서 벗어났다. 그 과정에서

13. 한국노동패널조사를 이용한 연구들에 대한 개관 연구는 전병유(2014)를 참고할 것.

소득 분배가 악화하고 빈부 격차가 심화하였다.

“1인당 하루 생활비 1.9달러의 국제 구매력 평가를 기준으로 중국의 절대적 빈곤율은 1981년 88.3%에서 2013년 1.9%로 대폭 하락했다. 8억 5천만 명의 중국인들이 빈곤에서 탈출한 셈이다….” 2018년 3월에 세계은행이 발간한 국가별 보고서는 구체적인 데이터를 나열하며, 2018년 중국의 절대적 빈곤율이 1% 이하로 떨어질 것으로 전망했다. 새천년에 들어와 세계적으로 절대적 빈곤인구가 급격히 줄어든 것은 두 인구 대국 중국과 인도가 비약적인 경제 성장을 이룩한 데에 크게 기인한다.

2020년은 중국의 ‘국민경제 및 사회발전 제13차 5개년 계획(2016~2020)’의 마지막 해였다. 중국 정부는 2015년에 13차 5개년 계획을 수립하면서 2020년까지 절대적 빈곤인구를 0으로 만들겠다는 목표를 제시하였다. 이를 통해 공산당 창당 100주년인 2021년에 소강(小康)사회를 실현하겠다는 게 시진핑 주석이 내건 ‘중국의 꿈’이다. 소강사회란 기본 민생 문제가 해결되고 절대적 빈곤이 사라져 국민 모두가 안정적으로 잘사는 중진국을 말한다. 눈부신 경제 성장의 혜택을 누리지 못하는 절대적 빈곤층을 완전히 해소하겠다는 것은 바람직한 목표이다. 2020년에 극심한 빈곤으로 표시되는 절대적 빈곤은 공식적으로 해소된 것으로 보인다.

호사다마랄까. 40여 년에 걸친 고속 성장 과정에서 중국은 소득 분배가 크게 악화하고 빈부 격차가 심화하였다. OECD가 발표하는 중국의 소득 분배지표는 2011년 기준으로 시장소득 지니계수가 0.548, 처분가능소득 지니계수가 0.514다. 처분가능소득 지니계수가 세계적으로 가장 나쁜 나라 군에 속한다. 부의 지니계수는 0.8 내외이다. 빈곤의 평등 분배로 특징지어지는 정통 사회주의경제에서 '사회주의 시장경제'로 선회한 지 30여 년 만에 분배가 세계적으로 가장 불평등한 나라 중 하나가 된 것이다. 2021년부터는 제14차 5개년계획(2021~2025)이 시작되었다. 소강사회를 이룬 중국은 신중국 건국 100주년인 2049년에 대동(大同)사회에 도달한다는 장기적인 목표를 제시하고 있다. 중국 정부에 따르면 대동사회란 문명이 발달하고 경제가 부강해 모두가 복지를 누리는 선진국을 말한다. 애쓰모글루-로빈슨(Acemoglu and Robinson, 2012)이 말하는 포용적인 정치·경제 제도를 갖추지 못한 중국이 앞으로 포용적인 제도를 갖추면서(아니면 포용적인 제도를 갖추지 못한 채) 극심한 분배의 불평등을 완화하고 대동사회를 달성할지 흥미롭게 지켜볼 사안이다.

4. 상대적 빈곤과 상대적 박탈감

통계청은 2년마다 계층의식을 조사한다. 19세 이상 우리나라 국민이 자기의 사회·경제적 지위를 어떻게 느끼는가를 조사하는 것이다. 사회 계층을 상층, 중간층, 하층의 세 계층으로 나누고, 각 계층을 다시 상, 하로 나누어 자신이 어디에 속한다고 생각하는가를 묻는다. "2019년 사회조사 결과"를 보면 자기가 상층, 중간층, 하층이라고 생각하는 비중은 2019년에 각각 2%, 59%, 39%였다. 이 비중은 근래에 변동이 없었다. 2010년대 전체의 상층 : 중간층 : 하층은 2 : 58 : 40이었다. 하층이라고 생각하는 사람의 비중이 40%인 것은 소득 분배에서 4분위까지를 저소득층으로 보는 관행과 잘 부합된다. 본문에서 상대적 빈곤율이 18% 내외라고 했는데 이는 하하층이라고 생각하는 비중 16%와 근사하게 들어맞는다. 가장 큰 괴리가 생기는 건 상층이다. 국민을 크게 세 계층으로 나눌 때 상층은 1/3 비중이기 때문에 상층에 속한다고 생각하는 사람이 30%를 넘어도 이상할 것이 없는데 고작 2.4%만이 상층으로 생각한다. 상의 상층이라고 생각한 사람의 비중은 0.6%였다. 월평균 가구 소득 600만 원 이상이어서 고소득자로 분류되는 경우에도 스스로 상층이라고 생각하는 비중은 8%에 불과하고 76%가 중간층이라고 생각한다. 하층이라고 생각하는 비중도 16%나 되었다. 가계금융복지조사에 따르면 월평균 가구 소득이 대략 500만 원이기 때문에 750만 원까지는 상층 소득이 아니라 중간층 소득이라 할 수 있다. 사회·경제적 지위라고 포괄적으로 물어보기 때문에 부, 명예, 권력 등이 없다고 생각하여 스스로에 대해 박한 평가를 할 수도 있다. 소득뿐 아니라 성별이나 연령별로 보아도 자신의 지위에 대한 박한 평가는 공통으로 나타난다.

우리나라 사람이 자신의 사회·경제적 지위를 낮게 보는 이유는 무엇일까? 사회학자들은 우리나라 국민의 유별난 상대적 박탈감을 꼽는

[그림 4-6] 우리나라의 계층의식

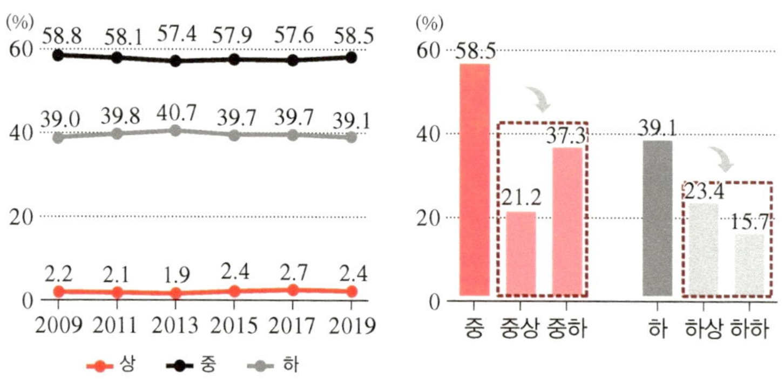

(a) **계층의식** (b) **"중", "하" 계층의식**(2019)

다. 상대적 박탈감이란 자기보다 나은 사람이나 집단과 비교하여 자기 처지를 변변찮게 여기고 불만족을 느끼는 감정을 말한다. 우리나라 속담대로 '사촌이 땅을 사면 배 아픈' 정서가 많이 작용한다는 것이다. 소득이 웬만큼 많은 사람도 자기보다 훨씬 많은 소득을 벌어 과시 소비를 하는 사람들과 비교하여 스스로를 초라하게 느낀다. 상대적 박탈감은 엄청나게 오르는 집값 때문에 더욱 커진다. 문재인 정부 집권 3년 동안에 서울 아파트 중위값이 6억 원에서 9억 원으로 50%나 올랐다. 무주택 서민은 평생 저축해도 모으기 힘든 거액의 돈을 서울 아파트 소유자들은 3년 만에 자본이득으로 챙긴 셈이다. 무주택자가 현재 소득의 많고 적음과 관계없이 상대적 박탈감을 느낄 수밖에 없는 상황이다. 우리 국민의 상대적 박탈감이 유별나다고만 치부할 성질의 것이 아니다.

일생 동안 노력한다면 본인 세대에서 개인의 사회 · 경제적 지위가 높아질 가능성이 "높다"고 생각하는 사람은 22.7%로 2017년, 2015년과 같았다. 그러나 이는 2009년의 37.6%, 2011년의 32.2%, 2013년의 31.2%에 비해 많이 낮아진 비중이다. 자식 세대의 계층 상승 가능성에

[그림 4-7] 계층이동 가능성 "높다"

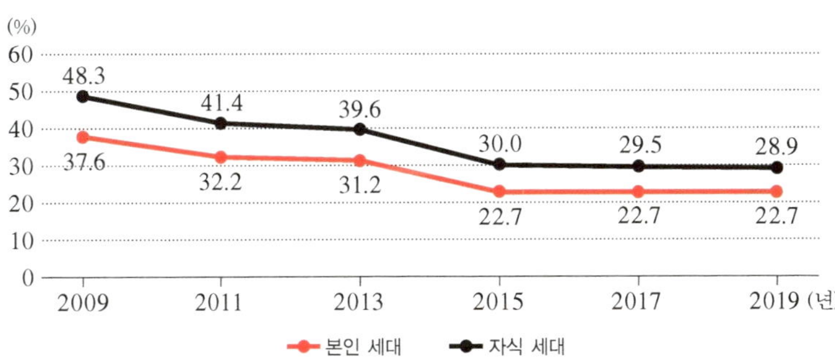

출처 : 통계청, "2019년 사회조사 결과" 보도 자료, 2019. 11.

대해 '높다'라고 응답한 비중은 2019년에 28.9%에 지나지 않았다. 이 비중은 2009년의 48.3% 이후 지속적으로 현저히 감소하는 추세를 보이고 있다. 현재 본인의 사회 · 경제적 지위를 '낮다'라고 생각하는 사람일수록 본인 세대와 자식 세대의 계층 상승 가능성이 '낮다'라고 생각하였다. 우리나라가 갈수록 계층 상승 가능성이 낮아지는 '세습주의' 사회로 나아가고 있음을 시사하는 통계이다.

〈표 4-6〉 **우리나라의 계층의식**(19세 이상)

(단위 : %)

	계	상	상	하	중	상	하	하	상	하
2017년	100.0	2.7	0.7	1.9	57.6	21.1	36.5	39.7	23.9	15.8
2019년	**100.0**	**2.4**	**0.6**	**1.9**	**58.5**	**21.2**	**37.3**	**39.1**	**23.4**	**15.7**
남자	100.0	2.7	0.7	2.0	58.7	21.6	37.1	38.5	23.0	15.6
여자	100.0	2.1	0.4	1.7	58.2	20.7	37.5	39.7	23.8	15.9
100만 원 미만	100.0	1.0	0.3	0.8	28.1	7.2	21.0	70.8	29.3	41.5
100~200 만 원 미만	100.0	1.0	0.3	0.7	40.6	9.8	30.8	58.4	33.1	25.3
200~300 만 원 미만	100.0	1.3	0.4	0.9	53.7	13.9	39.8	45.0	28.8	16.1
300~400 만 원 미만	100.0	1.1	0.2	0.9	64.0	18.5	45.5	34.9	24.2	10.7
400~500 만 원 미만	100.0	2.0	0.5	1.5	72.7	26.6	46.1	25.3	18.1	7.2
500~600 만 원 미만	100.0	2.8	0.7	2.1	78.2	34.5	43.7	19.0	13.3	5.6
600만 원 이상	100.0	8.2	1.7	6.5	76.0	43.4	32.6	15.8	11.6	4.3

주 : 가구의 월평균 소득임.
출처 : 통계청, "2019년 사회조사 결과" 보도 자료, 2019. 11.

〈표 4-7〉 **본인 세대의 계층 이동 가능성**(19세 이상)

(단위 : %)

	계	높다	매우	비교적	낮다	비교적	매우	모르겠다
2017년	100.0	22.7	2.3	20.4	65.0	44.5	20.5	12.3
2019년	100.0	22.7	2.0	20.7	64.9	44.1	20.8	12.4
상층	100.0	58.5	12.0	46.6	37.3	30.0	7.3	4.2
중층	100.0	28.0	2.1	25.9	63.3	49.3	13.9	8.7
하층	100.0	12.5	1.2	11.4	69.2	37.2	32.0	18.3

출처 : 전게서

〈표 4-8〉 **자식 세대의 계층 이동 가능성**(19세 이상)

(단위 : %)

	계	높다	매우	비교적	낮다	비교적	매우	모르겠다
2017년	100.0	29.5	3.0	26.5	55.0	38.8	16.2	15.5
2019년	100.0	28.9	2.7	26.2	55.5	39.1	16.4	15.6
상층	100.0	48.6	8.8	39.7	45.2	34.7	10.5	6.2
중층	100.0	33.1	3.0	30.1	55.2	42.3	12.9	11.8
하층	100.0	21.5	1.9	19.6	56.6	34.5	22.1	21.9

출처 : 전게서

5장

우리나라의 기능별 소득 분배

1. 전통적인 기능별 소득 분배 / 2. 이중 노동시장과 임금 격차
3. 남녀 간 소득 분배 / 4. 지역 간 소득 분배

“한 나라의 토지 · 노동의 연간 생산물 전체, 또는 같은 이야기지만 연간 생산물의 총가격은 세 부분, 즉 토지 지대, 노동 임금, 자본 이윤으로 나누어진다. 그리고 이것은 상이한 세 계급, 즉 지대로 먹고 사는 사람들, 임금으로 먹고 사는 사람들, 이윤으로 먹고 사는 사람들의 수입을 구성한다. 이 세 계급은 모든 문명사회를 구성하는 3대 계급이다.”

— 애덤 스미스

“임금, 지대, 이윤의 분배를 지배하는 법칙을 규명하는 것이야말로 정치경제학의 주요 과제이다.”

— 데이비드 리카도

1. 전통적인 기능별 소득 분배

계층별(개인별) 소득 분배 외에 소득 분배의 실상을 이해하는 또 다른 방법은 기능별 소득 분배를 살펴보는 것이다. 전통적으로 기능별 소득 분배는 전체 소득이 노동, 자본, 토지 등 생산요소의 소유자에게 어떻게 분배되는가를 고찰한다. 국민계정에서는 노동의 대가로 근로자에게 돌아가는 몫을 피용자보수, 노동을 뺀 나머지 생산요소들의 대가를 뭉뚱그려 영업잉여라 한다. 노동 소유자에게 돌아가는 노동소득을 피용자보수, 자본과 토지의 소유자에게 돌아가는 비노동소득을 영업잉여라고 부르는 것이다. 현대경제학에서는 토지를 광의의 자본에 포함시켜 생산요소를 크게 노동과 자본으로 나눈다. 그러면 영업잉여가 자본소득이 된다. 피용자보수와 영업잉여를 합한 것을 요소비용국민소득(national income at factor cost), 줄여서 국민소득(national income)이라 부른다. 피용자보수가 국민소득에서 차지하는 비율을 노동소득분배율 혹은 노동분배율(labor share)이라 한다. 영업잉여가 국민소득에서 차지하는 비율을 자본소득분배율 혹은 자본분배율(capital share)이라 한다. 정의에 의해 노동소득분배율과 자본소득분배율을 합하면 1이 된다. 경제가 성장하면서 노동소득분배율이 높아지면 노동자 계층의 소득이 자본가, 지주 등 비노동자 계층의 소득에 비해 더 많이 증가한다는 것을 뜻한다.

전통적인 기능별 소득 분배의 특징

서구 자본주의의 장기적인 발전 과정에서 두드러진 특징은 노동과 자본의 상대적 분배율이 대체로 일정하다는 것이다. 노동과 자본의 상대적 분배율(relative shares)이란 노동소득을 자본소득으로 나눈 값을 말한다. 같은 말이지만 노동소득분배율을 자본소득분배율로 나눈 값을 말한다. 구체적으로 노동소득분배율이 3/4 내지 2/3 수준에서 높아지지도 않고 낮아지지도 않은 채 안정적이다. 따라서 자본소득분배율은 1/4 내지 1/3 수준에서 안정적이다. 영국의 경제학자 칼도(Nicholas Kaldor)는 이를 성장의 정형화된 사실이라 불렀다. 마르크스는 자본주의가 발전함에 따라 노동소득분배율이 낮아지고 노동자와 자본가 간에 빈익빈 부익부가 심화되어 결국 노동자혁명이 일어날 것이라고 예언하였다. 노동소득분배율이 0.7 내외에서 안정적이라는 사실은 선진 자본주의국가의 발전 과정에서 마르크스의 예언이 틀렸다는 것을 보여준다.

노동량을 L, 자본량을 K, 매기당 실질임금(실질임금률)을 w, 자본의 실질수익률을 r이라 하자. 그러면

노동과 자본의 상대적 분배율 = 노동소득/자본소득 = wL/rK (5-1)

이다. 장기적인 성장 과정에서 자본의 실질수익률 r은 대체로 일정하다. 자본-노동 비율(K/L)은 증가한다. 따라서 노동과 자본의 상대적 분배율이 대체로 일정하다는 것은 실질임금률 w가 대체적으로 자본-노동비율이 증가하는 만큼 상승한다는 것을 뜻한다.[1]

---

1. 장기적으로 매기당 실질임금의 상승률과 자본-노동 비율의 증가율이 똑같은 상태로

우리나라 기능별 소득 분배의 추이와 특징

한국은행은 국민소득 계정의 일환으로 우리나라의 노동소득분배율을 1953년부터 편제해 오고 있다. 이에 따르면 1997년의 외환위기가 일어나기 전까지 기복이 제법 있지만 1950년대의 33%에서부터 시작하여 1960년대에 35%, 1970년대에 42%, 1980년대에 53%, 1990년대 전반에 58% 등으로 꾸준히 증가해 왔다. 그러다가 외환위기 이후 종전의 증가 추세가 사라지고 경기변동에 따라 기복을 보이는 가운데 기본적으로 정체 상태이다. 그러나 지속적인 정체 상태는 아니다. **부표 5-1**과 **그림 5-1**에서 보는 바와 같이 외환위기 직전 1996년의 63%에서 2000년의 58%로 5%포인트 정도 낮아진 노동소득분배율은 2000년대 후반과 2010년대 후반에 증가세를 보여 2019년에는 65.5%가 되었다. 우리나라 노동소득분배율과 관련하여 네 가지 문제를 제기할 수 있다.

[그림 5-1] 노동소득분배율의 추이

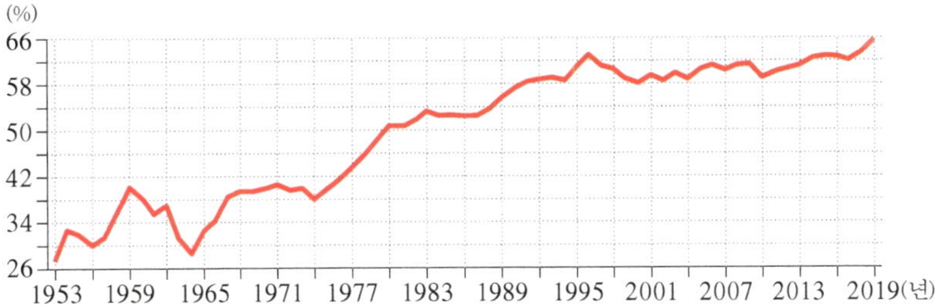

자료 : 한국은행 경제통계시스템(ECOS), 2015년 가격 기준 노동소득분배율 연간지표.

성장할 수 있다는 것을 이론적으로 보인 것이 신고전파적 성장 이론이라 불리는 솔로우(Robert Solow, 1956)의 성장모형이다.

첫째, 서구 선진국은 노동소득분배율이 0.7 내외인데 우리나라는 왜 0.6 내외인가?

둘째, 노동소득분배율의 변동 요인은 무엇인가?

셋째, 노동소득분배율과 (계층별) 소득 분배는 어떤 관계에 있는가?

넷째, 최근 노동소득분배율이 하락해 왔다는 일부 실증 연구가 있는데 사실인가?

(1) 우리나라 노동소득분배율이 서구 선진국보다 0.1 정도 적은 0.6대인 이유

우리나라의 노동소득분배율은 서구 선진국보다 0.1 정도 적은 0.6 내외이다. 왜 그럴까? 이는 노동소득분배율 추계상의 문제이다. 한국은행이 추계하는 노동소득분배율은 이론적인(경제학적으로 타당한) 노동소득분배율이 못 된다. 그 이유는 세 가지이다. 첫째, 한국은행의 추계에서는 자본의 감가상각을 자본소득으로 보고 있지 않는데 이론적으로 보면 자본소득에 포함시켜야 한다. 둘째, 국내 생산 과정에서 요소소득이 어떻게 배분되는가를 보기 위해서 대외순수취요소소득(= 대외수취요소소득 – 대외지급요소소득)은 빼야 하는데 한국은행의 추계에서는 포함하고 있다. 셋째, 한국은행 추계에서는 자영업자 소득을 모두 자본소득으로 처리하고 있다. 자영업자 소득은 자영업자의 자본뿐 아니라 노동도 투입되어 생긴 '혼합소득'이기 때문에 자영업자가 제공한 노동의 대가도 포함되어 있다.

김배근(2013)은 대부분의 선진국이 하는 것처럼 자본의 감가상각을 자본소득에 포함시키고 대외순수취요소소득을 요소소득에서 제외하며, 피용자 1인당 보수를 자영업자 1인당 노동소득으로 간주하여 이론적인 노동소득분배율을 추계하였다. 자영업자 1인당 노동소득이 피용자 1인당 소득과 같다는 가정은 자영업자와 피용자의 경제 활동 행태가 크게 다를 경우 노동소득분배율을 왜곡할 수 있다. 그러나 자영업자의 소득을 모두 자본소득으로 보거나 노동소득으로 보는 양 극단과 비교할 때 자영업자 노동의 기회비용을 감안한다는 점에서 합리적이라고 할 수 있다. 김배근(2013)의 새 추계에 의하면 우리나라의 노동소득분배율은 한국은행이 추계하는 노동소득분배율보다 0.1 정도 높으면서 한국은행 통계와 비슷한 추이를 보이고 있다. 한국은행이 추계하는 노동소득분배율은 대부분의 선진국보다 0.1 정도 낮았는데 이 차이가 주로 추계 방법상의 차이에 기인한다는 것을 보여준 것이다.

(2) 노동소득분배율의 변동 요인

유럽 대륙국가들을 필두로 많은 나라에서 노동과 자본의 상대적 분배율이 종래의 안정적이었던 추세에서 벗어나 1980년대 후반부터 하락하고 있다. 노동소득분배율이 하락하고 노동과 자본의 상대적 분배율이 하락하는 것은 일찍이 볼 수 없었던 현상이다. 노동소득분배율에 영향을 미치는 요인은 많다. ILO-OECD(2015)는 노동소득분배율이 감소하는 주요인으로 세계화, 기술 변화, 노동시장과 관련한 제도적 요인, 실업 상태, 고용 구조의 변화 등을 들었다.

첫째, 세계화다. 세계화로 중국, 인도와 같은 노동이 풍부한 나라들이 세계 경제에 편입되고 경쟁이 심화하면서 선진국 제품 가격과 선진국 임금의 상승이 대폭 둔화하였다. 선진국 기업들이 노동이 풍부하고 싼 신흥국으로 생산 거점을 옮기는 오프쇼어링(offshoring), 신흥국에서 선진국으로의 근로자 이민 증가 등이 선진국 임금 상승 둔화와 상승 정체, 나아가 실질임금 하락에 기여하였다. 실제로 생산 거점을 옮기지 않아도 여차하면 옮기겠다는 위협만으로 임금 상승을 억제하는 효과가 일어났다.

둘째, 자본집약적(= 노동절약적) 기술 변화다. 생산 과정에서 1인당 자본 장비가 많아지고 노동절약적 기술이 진보함에 따라 일반적으로 영업잉여가 커진다. 자본재 가격이 임금에 비해 지속적으로 싸지기 때문에 자본집약적 기술 변화가 촉진된다.

셋째, 노동시장과 관련된 제도적 요인이다. 노동조합의 교섭권과 고용 보호 법제가 약화하며, 최저임금제가 느슨해지고 실업수당이 줄어드는 등 변화하는 노사환경에서 제도적 요인이 근로자에게 불리하게 바뀌었다.

넷째, 실업 상태다. 실업이 높을 때에는 시간당 임금과 노동소득분배율이 하향 압력을 받는다.

다섯째, 부문 간 고용 구조의 변화이다. 1980년대 이후 경제 전체로 노동집약적 산업 부문의 고용 비중이 낮아지고 자본집약적 산업 부문의 고용 비중이 높아져 왔다. 자본집약적 산업은 노동집약적 산업보다 노동소득분배율이 낮다.

캐라바부니스-네이먼(Karabarbounis and Neiman, 2012)은 기존의 연구와 달리 자본과 노동의 대체탄력성이 1보다 큰 상황에서 자본재의 (임금에 대비한) 상대 가격이 지속적으로 하락한 점이 세계적인 노동소득분배율 하락 현상을 설명할 수 있다고 주장하였다. 어려운 개념이지만 직관적인 설명력이 있으므로 이를 좀 더 자세히 살펴보자. 자본과 노동의 대체탄력성이란 임금률-자본 수익률 비율(w/r)의 변화율에 대한 자본-노동 비율(K/L)의 변화율을 말한다. 두 요소 가격의 상대적인 변화에 대해 생산 과정에서 두 요소의 사용 비율이 얼마나 변하느냐를 나타내는 개념이다.

$$\text{자본과 노동의 대체탄력성} = \frac{K/L \text{ 변화율}}{w/r \text{ 변화율}} \quad (5\text{-}2)$$

자본과 노동의 대체탄력성이 1보다 크다는 것은 임금률-자본 수익률 비율이 10% 상승하면 자본-노동 비율이 10%보다 더 크게 증가한다는 것이다. 장기적인 경제 발전 과정에서 자본 수익률은 안정적인 데 반하여 임금률은 지속적으로 상승해 왔다. 이에 따라 임금률-자본 수익률 비율도 상승해 왔다. 기업들은 임금률이 비싸지기 때문에 노동절약적 · 자본집약적 생산 방법으로 생산 방식을 전환한다. 최저임금이 오르니까 각종 서비스 산업에서 일손을 줄이고 무인 지불 기계를 도입하는 것이 그 예다. 종전에는 임금률-자본 수익률 비율이 10% 상승하면 자본-노동 비율이 대략 10% 증가하여 노동과 자본의 상대적 분배율은 변하지 않았다. 즉, 자본과 노동의 대체탄력성이 1이어서 기술 진보가 기능적 소득 분배에 영향을 미치지 않았다. 그런데 자본과 노동의 대체탄력성이 1보다 크면 임금률이 자본 수익률에 비해 비싸지는 정도보다 노동을 자본으로 더 많이 대체하기 때문에 노동소득분배율이 작아지는 것이다. 노동절약적 · 자본집약적 기술 진보가 캐라바부니스-네이먼(2012)이 지적하는 것처럼 요소 간 대체탄력성 면에서 구조적 변화를 일으키고, 이것이 앞으로 지속된다면 마르크스가 예언한 부익부 빈익빈 현상이 다시 출현할지도 모른다.

(3) 우리나라 노동소득분배율의 변동 요인

정도의 차이는 있겠지만 위 변동 요인들이 우리나라 노동소득분배율에도 영향을 미쳤을 것으로 보인다. 몇 가지 실증 분석을 소개해 보자. 김정우(2005)는 1970년대 중반 이후 노동소득분배율이 빠르게 증가한 원인으로 산업화의 진전으로 피용자의 비중이 높아지고, 1987년 이후에는 노동조합 조직화로 인해 임금상승 효과가 일어났기 때문이라고 설명하였다. 외환위기 직후 노동소득분배율이 크게 낮아진 이유는 실업의 급증, 노조의 교섭력 약화, 정규직을 대체하는 비정규직의 확대 등 여러 가지 요인들이 복합적으로 작용한 것으로 보인다. 그 후 종전의 상승 추세가 사라진 것은 비정규직의 확대가 지속되는 가운데 세계화, 노동절약적 기술 진보 등 위에서 설명한 노동소득분배율을 낮추는 요인들이 가세했기 때문으로 판단된다.

김유선(2005)은 전체 취업자에서 차지하는 피용자 비중과 노동조합 조직률이 높아지면 노동소득분배율이 개선되고, 경제 성장률과 비정규직 비중이 높아지면 노동소득분배율이 악화한다고 보았다. 1980년대 후반부터 1990년대 후반의 외환위기가 일어나기 전까지 노동소득분배율이 지속적으로 높아진 데에는 노조효과가 적지 않게 작용한 것으로 보인다. 일반적으로 노조 조직률이 높아지면 노동소득분배율이 높아진다. 김배근(2013)은 이론적인 노동소득분배율을 이용한 실증 분석 결과 생산물시장의 독과점도가 높을수록 노동소득분배율이 낮아진다는 것을 보였다. 시장지배력이 높을수록 일반적으로 독과점 이윤 형태의 영업잉여가 커지기 때문이다.

(4) 노동소득분배율과 소득 분배

선진국에서는 노동소득분배율과 소득 분배는 강한 양의 상관관계를 갖는 것으로 나타나고 있다. 피케티(2014)는 여러 나라의 시계열 분석을 통해 자본소득분배율이 높아지는 것과 (개인별) 소득 분배의 불평등이 높아지는 것이 밀접하게 연관된다는 것을 보였다. 이것이 자본소득분배율이 높아지면 소득 분배가 악화한다는 인과관계를 뜻하는 것은 아니다. 그러나 양자 간에 높은 상관관계가 있다는 것을 뜻하기 때문에 인과관계의 가능성도 높아진다. 따라서 학계에서는 "자본소득분배율이 낮아지고 노동소득분배율이 높아지면 소득 분배가 개선된다"라는 명제가 상식이자 통념으로까지 받아들여지고 있다. 선진국에서는 이게 별 문제가 없다. 그러나 우리나라에서 이 명제를 통념으로 받아들이기에는 문제가 있다. 우리나라의 유별난 이중 노동시장의 특성 때문이다. 우리나라는 대기업과 중소기업 간, 정규직과 비정규직 간 임금 격차가 매우 크다. 노동소득분배율이 높아지면 자본소득자로부터 노동소득자로 소득이 이전된다. 일반적으로 자본소득자가 노동소득자보다 고소득자이기 때문에 이 이전은 소득 분배를 개선시킨다. 그러나 우리나라에서는 노동소득으로 흘러온 소득의 대부분이 대기업 정규직에게 돌아가기 때문에 노동소득 분배를 악화시킨다. 현재와 같이 격차가 현격한 이중 노동시장의 상황에서는 후자의 효과가 전자의 효과 못지않게 큰 것으로 보인다.

(5) 최근 우리나라 노동소득분배율은 하락 추세?

부표 5-1과 **그림 5-1**에서는 노동소득분배율이 1996년의 63%선에서 2019년에 65%선으로 상승하였다. 그러나 외환위기 이후 우리나라 노동소득분배율이 하락하는 추세이고 이는 소득 분배를 악화시키는 데 기여했다는 몇몇 연구가 최근에 나왔다. 이에 대해 근래에 노동소득분배율이 하락했다는 것은 자영업 부문에서 고용하는 근로자들을 감안하지 않은 잘못된 추정 결과이며, 이를 바로잡을 경우 노동소득분배율이 안정적이라는 반론도 있다.[2] 노동소득분배율을 제대로 계산하기 위해서는 자영업자의 영업이익을 자본소득과 노동소득으로 나누어야 하는데 나누는 기준이 다양하고 측정하는 방법도 다양하다. 최근 해외에서도 기존의 연구에서 고려하지 않았던 자영업자들의 경제 활동 부문, 교육, 성별 등 개인적 특성에 기초하여 자본소득과 노동소득을 측정하는 것이 올바른 측정이라고 인정하고 있다.[3] 우리나라에 특유하게 자영업 비중이 유례없이 높았고, 그동안 그 높은 비중이 지속적이고 현저하게 하락해 온 추세도 고려되어야 할 것이다. 앞으로 이런 미시적 · 구조적 특성을 감안한 연구가 있어야 노동소득분배율에 관한 확실한 결론을 내릴 수 있다. 그때까지는 '외환위기 이후 노동소득분배율이 지속적으로 하락해 왔다. 이는 계층별 소득 분배를 악화시키는 데에 기여했다'라는 두 명제는 확인되지 않은 가설이다. 실상 첫 번째 명제가 맞다고 판

2. 이러한 논쟁에 대해서는 박정수(2019), 이강국(2019)과 거기에 인용된 문헌들을 참고할 것.
3. 노동소득분배율 통계를 편제해 온 한국은행도 '이론적으로 타당한' 해당 통계 후보군을 편제해야 할 것이다.

명되더라도 두 번째 가설이 맞다고 할 수 없다. 앞에서 설명한 것과 같이 노동소득분배율을 악화시키는 여러 요인들이 있고 이것들이 소득 분배를 악화시키는 기본 요인이기 때문이다. 문재인 정부가 위 두 명제로부터 최저임금을 대폭 올리면 노동소득분배율이 높아져 소득 분배가 개선되고 경제 성장도 촉진된다는 소득주도성장을 추진한 것은 잘못된 접근 방법이었다. 이는 7장에서 더 다룬다.

재산소득의 분배

국민소득에서 피용자보수라 불리는 노동소득을 뺀 나머지를 영업잉여라고 불렀다. 영업잉여는 이자, 임료, 임대료, 이윤 등으로 구성된다. 기업에 자본, 토지, 건물 등 생산요소를 제공한 경제주체들은 기업으로부터 이자, 임료, 임대료를 받는다. 이윤은 사업주와 주주에 대한 배당으로 지급되고, 일부는 자본재의 감가상각과 미래 투자의 재원으로 사내에 유보된다. 주주는 가계 부문, 정부 부문, 기업 부문, 해외투자자 등이다. 가계 부문이 받은 이자와 임료, 임대료, 주주로서 받은 배당이 가구의 재산소득이다(기업의 경영자가 받는 급여는 피용자보수이다). 재산소득의 분배는 노동소득의 분배보다 훨씬 불평등하다.

2016년에 국세청으로부터 받은 배당소득자 자료를 분석한 한 자료[4]에 의하면 2014년에 상위 10%의 배당소득 점유율은 전체의 94.2%, 상위 1%의 배당소득 점유율은 71.7%였다. 국세청 국세 통계에 따르면 2019년에 상위 10%가 배당소득의 93.1%를 차지하여 2014년과 거

4. 더불어민주당 김종민 의원실, "2011~2014년 배당소득자 분석 자료", 2016년 9월.

의 같다. 차상위 10%까지 포함한 상위 20%가 차지하는 배당소득은 97.4%이다. 배당소득의 4.3%밖에 차지하지 못하는 차상위 10%를 중위 계층에 포함시키면 상위 10%, 중위 40%, 하위 50%가 받는 배당소득은 각각 93.1%, 6.7%, 0.2%이다.[5] 이자소득도 배당소득에 버금가게 분배가 나쁘다. 2019년에 상위 10%가 이자소득의 91.0%, 그 다음 10%가 6.6%를 차지하여 상위 20%가 이자소득의 97.6%를 차지하였다. 상위 10%, 중위 40%, 하위 50%가 차지하는 이자소득의 비중은 각각 91.0%, 8.8%, 0.2%이다.[6]

이성재 · 이우진(2016)은 2013년 재정패널 자료를 이용하여 상위 10%, 중위 40%, 하위 50%의 노동소득 점유율이 각각 31.4%, 54.5%, 14.1%인 데 비해 재산소득 점유율은 각각 97.0%, 3.0%, 0%라고 추계하였다. 불평등한 재산소득 분배는 전체 소득 분배를 나쁘게 하고 양극화를 심화시킨다. 그러나 일반적으로 노동소득 분배가 재산소득보다 전체 소득 분배에 훨씬 큰 영향을 미친다. 노동소득의 비중이 압도적으로 크고 재산소득의 비중은 아주 작다. 3장의 **표 3-2**에서 본 것처럼 가구 소득 중에 재산소득이 차지하는 비중은 6%대이다. 비중이 이처럼 적은 데다가 일찍부터 재산소득의 분배가 충분히 나빠 더 나빠질 여지가 별로 없다. 이 때문에 재산소득의 분배가 전체 소득 분배에 미치는 영향은 매우 제한적이다. 기능별 소득 분배와 개인별 소득 분배에 결정적인 영향을 미치는 소득은 재산소득(자산소득)이 아니라 근로소득(노동소득)이다.

---

5. 국세청, http://stats.nts.go.kr > 자료실 > 통계자료실 > 『2020년 국세통계연보』 발간(538개) > 배당소득 분위별 통계
6. 국세청 전게 자료(2020), 이자소득 분위별 통계

2. 이중 노동시장과 임금 격차

우리나라는 노동소득과 자본소득을 살펴보는 전통적인 기능별 소득 분배 못지않게 노동소득을 고용 형태별, 기업 규모별로 살펴보는 것이 중요해졌다. 노동소득의 크기와 분배에 결정적인 영향을 미치는 임금수준이 고용 형태별, 기업 규모별로 지나치게 큰 격차를 보이고 있기 때문이다. 고용 형태별로는 정규직과 비정규직 간에, 기업 규모별로는 대기업과 중소기업 간에 격차가 크다. 경제협력개발기구(OECD, 2013)는 일찍이 2010년대 초에 노동시장의 이중 구조가 한국 경제의 "심각한 문제"라고 지적하였다. 그 후 노동시장의 이중 구조가 더 심화하였다.

정규직과 비정규직 간 처우 격차

통계청의 "경제활동인구조사"에 따르면 2019년 8월 기준 우리나라 임금 근로자는 2,056만 명이고, 이 중 36.4%인 748만 명이 비정규직이다(2020년 8월 기준으로는 임금 근로자가 2,045만 명이고, 그중 비정규직이 743만 명으로 36.3%이다).

통계청은 매달 조사하는 경제활동인구를 바탕으로 매년 8월에 부가조사라는 이름으로 좀더 심층적인 조사를 하고 있다. 2002년부터 실시해 온 부가조사에서 임금 근로자를 정규직과 비정규직으로 분류하고 비정규직은 다시 세 가지 유형으로 나누고 있다. 세 가지 유형이란 ① 고용이 한시적인 한시적 근로자[7], ② 같은 일을 하는 다른 근로자보다

7. 한시적 근로자는 근로계약 기간을 정한 기간제 근로자와 정하지 않은 비기간제 근로자

근로시간이 짧은 시간제 근로자(실제로는 주당 근로시간이 36시간 미만인 근로자), ③ 파견, 용역, 특수 형태, 가정 내, 일일(단기) 근로자 등 다양한 형태의 비전형(非典型) 근로자를 말한다.[8] 유형별 비정규직의 비중은 대략 한시적 근로자가 60%, 시간제 근로자가 40%, 비전형 근로자가 30%이다. 유형별로 중복되는 경우가 있어 합이 100%를 초과한다. 비정규직이 아닌 임금 근로자가 정규직 근로자이다.

통계청이 사용하는 비정규직은 국제적으로 잘 정의된 개념이 아니다. 2002년에 노사정위원회가 합의한 개념이다. 경제협력개발기구(OECD)는 비정규직이라는 말을 쓰지 않고 임시근로자(temporary workers)라는 용어를 쓴다. 임시근로자란 '일의 종료가 객관적으로 정해진 근로자'이다. 통계청이 분류한 세 가지 유형 중 한시적 근로자와 유사한 개념으로 쓰고 있다. 이에 따라 재계에서는 OECD 기준에 맞추어 비정규직을 좁게 정의해야 한다고 주장한다. 노동계에서는 통계청의 정의에 덧붙여 정부가 정규직으로 분류한 일부 임시직과 일용직도 비정규직으로 분류해야 한다고 주장한다.

어쨌든 임금 근로자의 1/3을 점하는 비정규직의 처우가 과도하게

로 나눈다. 비기간제 근로자는 근로계약 기간이 정해지지 않았지만 계약의 반복 갱신으로 계속 일할 수 있는 근로자와 비자발적 사유(계약 만료, 일의 완료, 이전 근무자 복귀, 계절 근무 등)로 계속 근무를 기대할 수 없는 근로자를 포괄한다.

8. 파견 근로자는 A업체에 고용되어 있지만 B업체 사업장에 파견되어 B업체의 지시를 받아 일하는 근로자이다. 용역 근로자는 A업체에 고용된 후 B업체 사업장에 파견되어 A업체의 지시를 받아 일하는 청소직, 경비직 등의 근로자이다. 특수 형태 근로자는 보험설계사, 학습지 교사, 퀵서비스 배달 기사, 골프장 캐디 등과 같이 사업주와 계약을 맺고 일하는 개인 사업자 형태의 근로자이다. 가정 내 근로자는 재택 근무, 가내 하청 등 집에서 일하는 근로자이다. 일일 근로자(혹은 단기 근로자)는 계약 없이 일거리가 생겼을 때만 며칠 또는 몇 주씩 일하는 형태의 근로자이다.

열악하다. 비정규직은 정규직의 68%에 불과한 낮은 시간당 임금을 받고, 교육, 훈련의 기회가 별로 없으며, 고용보험, 건강보험, 국민연금 등 사회보험의 혜택을 받는 기회도 훨씬 적다. 상여금, 시간 외 수당, 유급휴가 등 회사 복지 혜택을 받는 비율도 정규직의 절반에 못 미친다. 직장을 그만둘 때 받는 퇴직금이나 퇴직연금 등의 퇴직급여를 받을 수 있는 비율도 마찬가지로 절반에 못 미친다. 이러한 경제적 · 복지적 처우의 현저한 차이 때문에 정규직 평균 근속 기간이 8년 가까운 94개월인데 반해 비정규직은 2년 반 정도인 29개월에 불과하다.

〈표 5-1〉 **정규직과 비정규직의 차이**(2019년 8월 기준)

구분	정규직	비정규직	전체 평균
평균 근속 기간(개월)	94	29	71
고용보험 가입률(%)	87.2	44.9	70.9
건강보험 가입률(%)	91.5	48.0	75.7
국민연금 가입률(%)	87.5	37.9	69.5
퇴직급여 수혜율(%)	91.7	42.9	74.0
상여금 수혜율(%)	86.4	38.2	68.8
시간외 수당 수혜율(%)	60.9	25.9	48.2
유급휴가 수혜율(%)	80.1	33.0	62.9
노조 가입률(%)	17.6	3.0	12.3
시간당 임금(원)	22,193	15,472	20,573
월 임금(만 원)	361.2	164.3	313.8
월평균 근로시간	165.2	112.1	152.4

자료 : 통계청(2020), "2019년 8월 경제활동인구조사 근로형태별 부가조사 결과", 시간당 및 월 임금과 월 근로시간은 고용노동부(2019), "고용 형태별 근로 실태 조사 보고서".

정규직과 비정규직의 시간당 임금 격차

정규직과 비정규직의 격차는 임금 면에서 극적으로 나타난다. 임금 총액은 시간당 임금(임금률)에 근로시간을 곱한 것이다. 먼저 시간당 임금을 보자.

표 5-1에서 보는 것처럼 2019년에 전체 근로자의 시간당 임금은 20,573원이다. 이 중 정규직은 시간당 22,193원이다. 이에 비해 비정규직은 15,472원으로 정규직의 69.7%이다. 학계의 실증 분석에 의하면 비정규직이 시간당 임금을 정규직의 70%밖에 받지 못하는 것은 비정규직에 대한 차별 처우에 기인하는 것이 아니다. 임금 격차의 대부분은 근로자들의 인적 자본을 비롯한 인적 특성과 사업체의 특성, 근로자가 수행하는 직무 등으로 설명된다(남재량, 2007). 그렇다 하더라도 고용 형태에 따른 임금 격차가 선진국에 비해 유난히 크다. 미국을 비롯한 주요 선진국들은 직무급을 통하여 동일한 직무에 대해 동일한 임금을 지급하고 있다. 고용 형태가 아니라 직무에 따라 임금률이 달라지는 것이다.

정규직과 비정규직의 월 임금 격차

2019년에 정규직의 월 임금은 361만 원이다. 비정규직의 월 임금은 164만 원으로 정규직의 45.5%에 불과하다. 전체 임금 근로자의 36%인 비정규직 근로자 750만 명이 월평균 160만 원대의 임금을 받고 있는 것이다. 월 임금 격차가 시간당 임금 격차보다 훨씬 크다. 이는 월 근로시간도 비정규직이 정규직보다 훨씬 적기 때문이다. 비정규직의 월 근로시간은 112시간이고 정규직의 월 근로시간은 165시간이다. 비정규직은 일하는 시간이 정규직의 67.8%에 불과하다. 비정규직의 시간당 임금이 정규직의 70%인데 근로시간은 70%가 안 되어 월 임금이 정규직의 절반이 안 되는 것이다. 우리나라 같이 정규직(상용직)과 비정규직(임시직)의 임금 격차가 배 이상이나 되는 선진국은 없다.

노동경제학계의 연구에 따르면 정규직과 비정규직 간 월 임금 격차의 대부분을 근로자의 교육 수준, 경력연수(현재의 직종에서 종사한 기간), 근로시간, 사업체 규모, 노조 유무, 노조원 여부 등의 요인으로 설명할 수 있다. 이렇게 여러 요인으로 설명되는 부분을 뺀 임금 격차가 진짜 차별적 임금 격차다. 차별적 임금 격차는 실제 월 임금 격차의 20%를 넘지 않는다(유진성(2017)과 거기에 인용된 문헌 참고). 학계의 연구는 합리적인 통찰을 제공해 준다. 그러나 각 요인들이 얼마나 격차를 설명하는가에 대해 합의된 결론은 없다. 주요 선진국에서도 이런 요인들이 작용할 텐데 상용직과 임시직의 임금 격차가 우리나라보다 훨씬 작다. 근로시간, 특히 초과근로시간, 사업체 규모, 노조 유무, 노조원 여부 등은 서로 영향을 주고받는다. 이 때문에 우리나라의 유난히 큰 임금 격차를 우리나라 특유의 노동시장 환경 및 제도와 관련하여 주목하지 않을 수 없다.

상용직과 임시 · 일용직의 임금 격차

고용노동부가 매월 공표하는 "사업체 노동력 조사 결과"는 근로자를 종사상 지위에 따라 상용직과 임시 · 일용직으로 구분한다. 상용직은 정규직(정해진 고용계약 기간 없이 본인이 원하면 계속 일할 수 있는 임금근로자)에 고용계약 기간이 1년 이상인 기간제 근로자를 더한 것이다.

임시직은 계약 기간이 1개월 이상 1년 미만인 근로자, 일용직은 1개월 미만이거나 일당제 급여를 받는 근로자를 말한다. 고용노동부에 따르면 1인 이상 상용직 근로자를 둔 사업체의 월평균 임금은 전체 근로자 기준으로 2019년에 349만 원(세전 기준)이다. **표 5-2**에서 보는 것처럼 전체 근로자를 상용직과 임시 · 일용직으로 구분해 보면 월 근로시간은 상용직이 170시간인데 임시 · 일용직이 96시간으로 상용직의 56.5%에 불과하다. 상용직 월평균 임금은 370만 원인 데 비해 임시 · 일용직의 월평균 임금은 152만 원으로 상용직 임금의 41.0%에 불과하다. 임시 · 일용직은 근로시간이 적은 데다가 고용계약 기간이 1년 미만이기 때문에 특별급여(상여금, 성과급, 학자금 등으로 지급한 총액) 수혜율도 낮아 상용직 월평균 임금의 41%밖에 안 되는 것이다. 임시 · 일용직은 월 근로시간과 임금의 격차가 고용형태별로 분류하는 비정규직의 경우보다 더 크다(시간당 임금 통계는 **표 5-2**에 별도로 표시하지 않았는데 월 임금을 근로시간으로 나누어 가늠해 볼 수 있다).

〈표 5-2〉 종사상 지위별 월평균 임금 총액과 근로시간

(단위 : 만 원, 시간)

	2015	2016	2017	2018	2019
월 임금	299.1	310.6	320.7	337.6	349.0
상용	310.6	333.1	341.8	359.2	370.2
임시 · 일용	128.1	128.8	135.3	142.8	151.7
월 근로시간	171.5	169.4	166.3	163.9	163.1
상용	178.7	177.1	173.3	171.2	170.3
임시 · 일용	113.7	107.2	104.7	98.6	96.0

자료 : 고용노동부, "2019년 1월 사업체 노동력 조사 결과", 2019. 2., "2020년 1월 사업체 노동력 조사 결과", 2020. 2.

정규직과 비정규직으로 분류하든, 상용직과 임시 · 일용직으로 분류하든 기본적으로 양자 간의 격차는 지나치게 큰 채 비슷한 양상을 보이고 있다. 본서에서는 정규직과 비정규직의 분류에 따라 논의를 전개한다.

대기업과 중소기업의 시간당 임금 격차

시간당 임금은 고용 형태별뿐 아니라 기업 규모별로도 큰 차이를 보인다. 우리나라는 전통적으로 상용 근로자가 300인 이상인 기업을 대기업, 300인 미만인 기업을 중소기업으로 분류해 오고 있다. 대기업에 있는 임금 근로자는 250만 명 내외로 전체 임금 근로자의 12% 안팎을 보이고 있다. 전체 근로자의 88%가량이 중소기업에 속하므로 대부분의 근로자가 중소기업 근로자이다. 2019년에 중소기업에 종사하는 근로자의 시간당 임금은 아래의 **표 5-3**에서 보는 것처럼 18,554원이다. 이는 대기업의 시간당 임금 33,033원의 56.2%에 지나지 않는다. 이 기업 규모별 임금 격차가 앞에서 본 고용 형태별 임금 격차보다 더

〈표 5-3〉 기업 규모별 및 고용 형태별 근로자의 시간당 임금(2019년)

(단위 : 원, %)

구분	300인 미만	5인 미만	5~29인	30~299인	300인 이상	전체 근로자
전체 평균	18,554	14,319	19,281	21,637	33,033	20,573
정규직	19,836	14,980	20,319	22,909	34,769	22,193
비정규직	14,856 (74.9)	13,090 (87.4)	16,147 (79.5)	15,887 (69.4)	22,429 (64.5)	15,472 (69.7)

주 : ( )는 정규직 대비 비정규직의 시간당 임금 비율, 비정규직에서 특수형태근로종사자는 제외. 종업원 규모는 상용 근로자 기준임.

자료 : 고용노동부, "2019년 고용 형태별 근로 실태 조사 보고서", 2020. 4. 20쪽.

크다. 기업 규모별 · 고용 형태별 큰 격차가 교차하여 선진국에서 보기 드물게 심한 이중의 이중 노동시장을 보여주고 있다.

대기업과 중소기업의 월 임금 격차

대기업과 중소기업의 월 임금을 보자. **표 5-4**에서 보는 것과 같이 2019년에 전체 근로자의 월평균 임금은 314만 원이다. 그중 대기업 근로자의 월평균 임금은 537만 원, 중소기업 근로자의 임금은 280만 원이다. 중소기업 근로자는 대기업 근로자의 52%에 불과한 임금을 받는다. 대기업 대비 중소기업의 임금은 2010년대 후반에 미국 77%, 일본 79%, 독일 74%선으로 우리나라보다 20%포인트 이상 높다. 우리나라도 예전에는 대기업과 중소기업의 임금 격차가 요즘처럼 크지 않았다. 1990년대 후반에 중소기업 임금은 대기업 임금의 78%선이어서 오늘날 선진국과 같았다. 20여 년 동안에 이 비율 격차가 20%포인트 이상 커진 것이다.

2019년에 대기업 근로자의 월평균 근로시간은 162시간인 데 비해 중소기업 근로자의 그것은 151시간으로 큰 차이가 없다. 따라서 월 임금 격차는 근로시간 격차보다 시간당 임금 격차를 더 많이 반영하고 있다.

우리나라 노동시장의 현실 : 심한 이중의 이중 시장

이제 지금까지의 논의를 종합하여 고용 형태별과 기업 규모별로 교직된 이중의 이중 노동시장의 현실을 종합적으로 살펴볼 수 있다. **표 5-3**과 **표 5-3-1**에서 보는 것처럼 대기업 비정규직의 시간당 임금은 중소기업 정규직보다 높다. 대기업 정규직 근로자의 시간당 임금을 100으로 볼 때 대기업 비정규직은 64.5이고, 중소기업 정규직은 57.1, 비정규직은 42.7에 불과하다. 시간당 임금 면에서 대기업의 비정규직은 정규직의 65%, 중소기업의 비정규직은 정규직의 75%밖에 못 받는다. 선진국에서는 대개 중소기업의 시간당 임금이 대기업의 80%대이다. 선진국에 비해 우리나라의 기업 규모별 시간당 임금 격차도 지나치게 큰 것을 알 수 있다.

〈표 5-3-1〉 기업 규모별 고용 형태별 근로자의 시간당 임금과 격차(2019년)

기업 규모	고용 형태	시간당 임금	시간당 임금 격차
대기업	정규직	34,769원	100.0
	비정규직	22,429원	64.5
중소기업	정규직	19,836원	57.1
	비정규직	14,856원	42.7
영세기업 (5인 미만)	정규직	14,980원	43.1
	비정규직	13,090원	37.6

주 : 시간당 임금 격차는 대기업 정규직을 100.0으로 놓고 비교한 수치임.
자료 : 고용노동부, "2019년 고용 형태별 근로 실태 조사 보고서", 2020. 4.

〈표 5-4〉 기업 규모별 및 고용 형태별 근로자의 월 임금(2019년)

(단위 : 만 원, %)

구분	300인 미만	5인 미만	5~29인	30~299인	300인 이상	전체 근로자
전체 평균	279.8	194.9	294.6	352.7	536.5	313.5
정규직	327.5	242.1	330.0	387.2	576.8	366.6
비정규직	162.7 (49.7)	116.2 (48.0)	187.5 (56.8)	216.2 (55.8)	315.6 (54.7)	173.4 (47.3)

주 : ( )는 정규직 대비 비정규직의 임금 총액 비율. 전게서에 있는 시간당 임금에 월 근로시간 수를 곱하여 월 임금을 계산했음.
자료 : 전게서

〈표 5-4-1〉 기업 규모별 및 고용 형태별 근로자의 월 임금과 격차(2019년)

(단위 : 만 원, %)

기업 규모	고용 형태	월 임금	월 임금 격차
대기업	정규직	576.8	100.0
	비정규직	315.6	54.7
중소기업	정규직	327.5	56.8
	비정규직	162.7	28.2
영세기업 (5인 미만)	정규직	242.1	42.0
	비정규직	116.2	20.1

자료 : 전게서

시간당 임금은 큰 순서로 대기업 정규직 > 대기업 비정규직 > 중소기업 정규직 > 중소기업 비정규직이다. 그런데 월 임금 총액이 큰 순서는 대기업 정규직 > 중소기업 정규직 > 대기업 비정규직 > 중소기업 비정규직이다. 이는 중소기업 정규직의 근로시간이 대기업 비정규직의 근로시간보다 더 많다는 것을 뜻한다(따로 표를 제시하지 않았지만 실상 중소기업 정규직은 월 165시간을 일하므로 141시간을 일하는 대기업 비정규직보다 근로시간이 꽤 길다).

위 표에서 확인할 수 있는 또 한 가지 사실은 경제 전체로도 비정규직의 월 임금이 정규직의 절반이 안 되는 47% 수준인데 대기업과 중소기업으로 구분해 보아도 각각 비정규직의 월 임금 총액이 정규직의 절반 수준이라는 것이다.[9] 달리 말하면 정규직이면 비정규직에 비해 평균

9. 기업 규모별 고용 형태별 근로자의 월 임금이 명시적으로 나온 "2018년 고용 형태별 근로 실태 조사 보고서"에 따르면 2018년에 대기업 비정규직의 월 임금은 정규직의 월 임금의 50%대 중반이 아니라 40%대 중반인 44.7%이다. 2019년 보고서에는 월 임금 통계가 게재되지 않아 시간당 임금에 월 근로시간을 곱하여 계산하였다. 표

적으로 총소득이 2배가량 차이가 난다. 여기에 기업 규모별 격차가 가중된다. 대기업에 근무하면 중소기업보다 월 임금 총액이 적어도 50% 이상 많다. 이런 이중의 격차 때문에 중소기업의 비정규직은 월 임금이 대기업 정규직의 28%에 불과하다. 대기업 정규직이 중소기업 비정규직의 거의 4배의 임금을 받는 것이다. 중소기업 중 상용 종업원이 5인 미만인 영세기업의 비정규직에 비하면 상용 종업원 300인 이상인 대기업의 정규직은 무려 5배의 소득을 번다.

최근에 통계청은 산업별로 다양한 매출액을 기준으로 대기업과 중소기업을 분류하고 있다. 종전에 상용 근로자가 300인 이상인가 미만인가로 대기업과 중소기업을 나누던 기준에서 연간 매출액이 특정 금액 이상인가 아닌가라는 또 다른 기준으로도 편제하는 것이다. 이런 매출액 기준에 따르면 2019년에 임금 근로자의 월평균 임금은 309만 원인데 대기업 근로자의 월 임금은 515만 원, 중소기업 근로자의 월 임금은 245만 원이다.[10] 새 기준으로도 중소기업의 임금은 대기업 임금의 48%선으로 절반에 미치지 못하는 수준이다.

2010년대 중반에 10인 미만 영세 사업체에서 근무하는 근로자 비중은 독일 29.8%, 프랑스 19.2%, 일본 19.0%(기업체 기준), 미국 10.1%(기업체 기준)인 데 비해 우리나라는 43.9%로 크게 높다(OECD, 2018). 우리나라는 다른 선진국에 비해 영세 사업체에 종사하는 근로자의 비중이 월등 높고 기업 규모 간 임금 격차도 크다. 이 두 가지가 겹쳐 노동소득의 분배를 나쁘게 하는 데에 큰 영향을 미치고 있다.

5-1에서 확인할 수 있는 것처럼 시간당 임금에 월 근로시간을 곱한 것이 월 임금과 완전히 일치하지는 않는다.

10. 통계청, “2019년 임금근로 일자리 소득(보수) 결과”, 2021. 2.

우리나라의 고용 형태별 · 사업체 규모별 현격한 임금 격차는 최근에 들어와 특별한 변동을 보이지 않는다. 그런데 경제 개발 초기 단계에서는 다른 나라 못지않게 격차가 적었다. 외환위기 이후부터 격차가 현저하게 확대되기 시작하였다.

기형 노동시장의 심화와 노동조합

대기업의 임금이 중소기업의 임금보다 높고 정규직의 임금이 비정규직의 임금보다 높은 것은 세계적인 현상이다. 이런 임금 격차에 대해 경제학계는 크게 두 가지 요인을 제시한다. 첫째, 대기업 근로자와 정규직의 인적 자본이 더 우수하여 노동생산성이 높다. 둘째, 대기업 근로자가 중소기업 근로자보다, 정규직이 비정규직보다 1인당 자본 장비가 많고 장비가 우수하기 때문에 노동생산성이 높다. 이 두 가지는 주요 선진국들의 대기업과 중소기업 간 임금 격차가 대략 100 : 80 수준인 현실을 잘 설명하는 것으로 보인다. 그러나 임금 격차가 100 : 50 수준으로 2배나 벌어진 우리나라 현실을 설명하기에는 미흡하다. 위 첫째 요인은 우리나라에서 대기업 근로자와 중소기업 근로자 간, 정규직과 비정규직 간 학력 차이가 크지 않기 때문에 임금 격차의 많은 부분을 설명하기에는 약하다. 둘째인 자본장비도의 차이가 임금 격차에 대해 설명력을 가진다면 다른 나라, 예컨대 일본에서도 마찬가지의 설명력을 가질 것이다. 그런데 노민선(2019)이 지적하는 것처럼 1인당 소득수준은 우리나라가 일본보다 30%나 적은데 대기업 임금수준은 우리나라가 일본보다 23 ~ 55%나 많다. 한일 간 대기업 임금 격차 이유를 둘째 요인으로 설명할 수 없는 것이다. 결국 우리나라에만 유달리 큰 임금 격차가 존재하는 가장 결정적인 요인은 제3의 요인인 노조 효과, 즉 우리나라에 두드러진 전투적 노조의 조직 이기주의 때문이다. 우리나라 대기업(민간 대기업과 공기업 포함)의 노조는 일본 노조 혹은 서구 노조와 달리 생산성과 관계없이 임금 인상을 요구하고, 기업의 초과이윤을 지대추구행위(rent seeking behavior)로 많이 흡수해 왔다.[11]

우리나라 임금노동자의 노동조합 가입 비율은 2010~2016년 기간 중 연평균 10.2%에 머물러 있다가 친노조를 표방하는 문재인 정부의 출현과 더불어 2017년 10.7%, 2018년 11.8%, 2019년 12.5%로 현저히 높아졌다. 2019년에 전체 조합원 수는 253만 명으로 조직 대상 노동자 2,031만 명의 12.5%이다.[12] 12%대의 노조 가입 비율은 유럽의 주요국은 물론 미국, 일본에 비해서는 낮은 수준이다. 그런데 300명 이상의 종업원을 가진 민간 대기업과 공공기관은 노조 가입 비율이 54.8%에 달한다. (공기업을 포함한) 대기업에 종사하는 노동자 2명 중 1명꼴로 조합원이다. 공공기관은 전체 361개 중 70%가량이 노조를 가

---

11. 지대추구행위란 정당한 몫보다 많이 차지하려는 실력 행사나 로비 활동 등을 말한다. 아레이(Arai, 2003)는 기업 이윤과 임금이 양의 상관관계를 가진다고 보고한다. 대기업의 이윤이 중소기업의 이윤보다 으레 크고 성과급과 지대추구의 대상이 되기 쉽다는 것이다. 노조는 독과점 대기업이 시장지배력으로 얻는 큰 이윤을 성과급과 지대추구의 대상으로 쉽게 삼는다. 우리나라도 주요 선진국처럼 노조가 임금 불평등을 완화한다는 일부 실증 분석이 있다. 예컨대 이정우(2010), 이병희(2017)와 거기에 인용된 문헌 참고. 이런 실증 분석의 문제점은 노조와 임금 불평등 간의 인과관계를 제대로 분석하는 틀이 못 된다는 것이다. 대기업 노조원의 임금이 일본과 같은 주요 선진국보다 높고, 중소기업 비노조원과의 임금 격차가 세계에서 가장 큰 사실과 이유를 설명하지 못하고 있다. 이중의 이중 노동시장이 심화하기 전에는 이런 실증 분석이 어느 정도 설득력이 있었다.
12. 조직 대상 노동자란 전체 임금 근로자에서 노조 가입이 금지되는 공무원(5급 이상, 군인, 경찰 등)과 교원(교장, 교감 등)을 제외한 근로자를 말한다.

지고 있다. 전체 노조 조직률을 대기업과 공기업이 떠받치고 있고 중소기업에는 노조가 거의 없다는 얘기다.[13]

노조가 조합원의 이해관계를 대변하는 것은 당연한 일이다. 문제는 기업의 수익이나 국제 경쟁력, 노동생산성과 관계없이 대기업 '강성 노조'가 관철해 온 높은 임금 인상과 후한 근로조건이 노동시장의 이중 구조를 심화시켜 왔다는 점이다. 대기업 노조들이 단체협상을 통해 생산성을 뛰어넘는 빠른 임금 상승을 주도해 왔는데, 고용이 경직되어 있다 보니 대기업들은 그에 따른 수익성 압박을 비정규직의 확대로 대응했고, 그 결과 노동시장의 이중 구조가 심화하였다(조윤제, 2016). 대기업들은 강성 노조에 의한 수익성 압박을 협상력의 열위에 있는 하청 중소기업들의 납품 가격에 대한 압박으로 전가시키고, 이는 중소기업의 생산성 내지 부가가치를 하락시킴으로써 중소기업과 대기업 근로자의 임금 격차를 확대시키는 악순환을 낳았다(김대일, 2007). 대기업 강성 노조와 고용의 경직성은 대기업과 중소기업 간, 정규직과 비정규직 간 임금 격차를 확대하여 노동시장의 이중 구조를 심화시키고, 결과적으로 근로자들 사이의 소득 분배를 악화시키는 역할을 하였다(박종규, 2017). 말하자면 조직 노조와 대기업의 짬짜미로 우리나라 비정규직 문제가 악화하고, 대기업과 중소기업, 정규직과 비정규직의 임금 격차가 지나치게 확대된 것이다. 임금은 높고 성과는 낮은 노조원을 해고하는 것은 매우 어렵다. 이 때문에 대기업은 정규직 고용을 기피하여 '좋은 일자

13. 노동자 300인 이상 고용된 기업은 임금노동자 265만 명 중 145만 명이 노조원(54.8%)인 데 비해 100~299명 기업은 198만 명 중 18만 명(8.9%), 30~99명 기업은 399만 명 중 7만 명(2.2%), 30인 미만 기업은 1,207만 명 중 고작 1.3만 명(0.1%)이 노조원이다. 고용노동부, "2019년 전국 노동조합 조직현황", 2020. 12. 참고.

리'가 줄어든다. 대기업 정규직 노동시장이 경직적일수록 중소기업과 비정규직의 노동시장에 불가피하게 노동 공급이 몰려 이 제2의 노동시장은 더 유연화하고 대기업 정규직과 임금 격차가 더 커진다.[14]

OECD 국가 중에 대체고용을 금지하는 나라는 한국밖에 없다. 노조가 선진국형 노동 보호조항들을 도입할 것을 요구하는 한편으로 대체근로 허용은 극렬하게 반대하는 조직이기주의를 보이고 있는데 정부가 이를 수용하기 때문이다. 우리나라의 파업일 수가 주요국에 비해 훨씬 많은 것도 기업의 정당한 대항권인 대체고용권이 없기 때문이다. 2007~2017년의 10년 동안 임금 근로자 1,000명당 연평균 근로손실일수가 영국은 23.4일, 미국은 6.0일, 일본은 0.3일인 데 반해 우리나라는 무려 42.3일이다.[15] 이래저래 한국의 노사관계는 해외에서 보아도 최악이다. 세계 경제포럼(WEF)은 으레 우리나라의 노사 협력을 OECD에서 제일 바닥권으로 평가한다. 국제기구들이 "노동시장을 유연하게 하라"고 누누이 권고했지만 문재인 정부는 노조 편에 서서 거꾸로 대기업 정규직 노동시장을 한층 경직적으로 만들었다. 2020년에는 실업자와 해고자가 개별 기업의 노조에도 가입할 수 있고, 기업이 노조 전임자 급여를 지급할 수 있게 만들었다. 이에 대해 정부는 국제노동기구(International Labor Organization ; ILO) 핵심 협약 비준을 위해 노동조합법을 전향적으로 고치는 것이라고 설명했다. 그렇다면 다른 OECD 국가들처럼 대체근로도 허용해야 했다. 대체근로를 허용하지 않는 것

---

14. 같은 대기업, 정규직 안에서도 생산직 중심의 노조가 성과와 관계없이 해가 바뀌면 월급이 오르는 연공급(年貢給) 혹은 호봉급을 향유하는 데에 안주하고 있다. 이것이 청년층 근로자와 연구 · 사무직의 반발을 낳고 있다.
15. 한국노동연구원, 『해외 노동 통계』, 2019. 10.

은 그렇지 않아도 적대적 · 경직적인 노조가 기회비용을 치르는 일 없이 얼마든지 강성 투쟁을 벌이도록 조장하는 것과 마찬가지다.

우리나라는 민주공화국이다. 종래에 재벌이 경제는 물론 정치, 사회, 문화, 예술, 체육 등 각 분야에 과도한 영향력을 행사하여 '재벌공화국'으로 불렸다. 이제 재벌공화국 못지않게 '노조공화국'으로도 불리는 것이 하등 이상하지 않게 되었다.[16] 노조가 하청기업 비정규직 채용에 개입하여 이권을 챙기는 사례도 적지 않다. 노조원 자녀의 고용 세습을 요구하는 사례까지 등장하였다. 비상식적이고 불법적인 갑질을 일삼는 경우가 흔하다. 생산 라인은 물론 생산량의 조정도 경영진이 결정하지 못하고 노조의 허락을 받아야 한다. 대기업 노조가 '귀족 노조'라 불리는 이유이다. 일부 강성 노조원들은 합리적인 주고받기식 타협을 추진하는 집행부에 대해 '자본과 정권에 야합'한다고 공격한다. 집행부는 이들을 설득하지 못하고 끌려가는 경우가 흔하다. 근래에 경제사회노동위원회(전 노사정위원회)가 정상적인 사회적 합의 기구로서의 역할을 하지 못하는 이유이다. 재계에서 우리나라의 노사관계가 주요 선진국이나 경쟁국보다 노조 쪽으로 실질적인 힘이 크게 기울어진 상태라고 푸념하는 것이 결코 지나친 말이 아니다. 애덤 스미스가 밝힌 것처럼 자본가 계급의 힘이 노동자 계급의 힘보다 센 세 가지 원천—소유하고 있는 부, 여론에 영향을 미치는 능력, 정부 포획—이 있는데 노동 친화적인 '진보 정권'하에서는 노조에 의한 여론전과 정부 포획이 노골적으로 이루어지고 있다. 문제는 재벌의 대항세력으로 등장한 노조가 12%의

---

16. 윤기설은 『노조공화국』(2020)을 통해 대기업 노조가 이념 · 정치투쟁에 몰두하고, '촛불 청구서'를 내세우며 파업을 일삼고, 법치와 공권력을 우습게 아는 행태가 이어지고 있다고 지적한다.

노조원을 위한 이익단체일 뿐 88% 절대다수 비노조원의 이해관계는 아랑곳하지 않는다는 점이다.

서구 선진국에서는 노조가 노조원뿐 아니라 전체 노동자의 임금과 복지를 제고하고 권익을 보호하는 데 적극적인 역할을 한다. 최근에는 노동운동의 발상지인 영국을 비롯해 독일, 프랑스, 미국, 일본 등은 기술 진보에 따른 산업구조 재편과 치열한 글로벌 경쟁에서 살아남기 위해 노조가 자기 혁신을 주저하지 않는다. 이념·정치 투쟁을 지양하고 생산성 향상 범위 내에서 임금 상승을 받아들이는 등 경영진과 상생 협력에 앞장서고 있다. 이런 유연하고 협조적인 노사관계를 바탕으로 북유럽은 고임금은 낮추고 저임금을 올리는 연대임금제까지 도입해 사회 양극화를 줄이고 있다. 이 때문에 선진국에서는 노동소득분배율의 증가가 소득 분배 개선으로 으레 연결된다. 우리나라는 그런 선순환의 연결고리가 없다.

우리나라 노조가 선진국 노조의 성숙한 노사 협력 문화를 적극 수용하여 이중의 이중 노동시장 구조를 완화하는 데 앞장서지 않으면 좋은 일자리를 늘리고 소득 분배를 눈에 띄게 개선하기는 어렵다. 이 구조적인 문제를 풀기 위해서는 무엇보다 노르딕 국가와 같은 임금 격차를 줄이는 대승적인 연대임금제와 고용의 유연 안정성(flexicurity) 제도를 도입하는 노동 개혁이 있어야 한다. 고용의 유연 안정성이란 기업이 바라는 정규직 노동시장의 유연성과 근로자에게 필요한 촘촘한 사회 보장 제도의 안정성을 결합하는 것이다. 노동 개혁에 정부의 리더십이 중요하다는 것은 두말할 나위가 없다. 서구에서도 노조가 처음부터 자기 계몽적(self-enlightened)이고 대승적이었던 것이 아니다. 현재 우리나라 못지않게 조직이기주의에 함몰되고 과격한 노동운동이 지배적인 때가 있었다. 그러나 과격하고 비타협적인 노동운동이 국민경제를 해친다는 경험과 정치권의 도덕적 설득에 힘입어 노동 개혁을 위한 사회적 대타협의 마당에 나오지 않을 수 없었다. 네덜란드의 바세나르 협약, 스웨덴의 개혁, 독일의 하르츠 개혁, 프랑스의 마크롱 개혁 등 노동 개혁을 통해 경제위기를 극복한 것이 그 사례다.[17] 도덕적 설득이 통용되지 않을 때 영국의 대처리즘은 엄정한 법치와 일관성 있는 노동 정책이 강성 노조를 순치할 수 있고 순치해야 한다는 것을 보여주었다.

노사정 대타협의 추억

우리나라에서도 2010년대 중반에 이런 노동시장의 문제점들을 혁파하려는 노사정 대타협이 있었다. 박근혜 정부 시절이던 2015년 9월 15일에 맺은 '노동시장 구조 개선을 위한 노사정 합의문—사회적 대타협'이 그것이다. 하르츠 개혁이나 바세나르 협약처럼 더 나은 내일을 위해 노사정이 개혁에 뜻을 같이했다. 노동계의 총파업과 경영계의 반발을 뚫고 2년에 걸친 치열한 논의를 통해 5대 항목에 대해 합의를 이끌어냈다. 5대 항목이란 노사정 협력을 통한 청년 고용 활성화, 노동시장 이중 구조 개선, 사회안전망 확충, 3대 현안(통상 임금 제도, 근로시간 단축, 임금 근로시간 피크제)의 해결을 통한 불확실성 제거, 노사정 파트너십 구축이다. 5대 항목 안의 주요 내용은 다음과 같다.

17. 유럽 국가들의 노동 개혁과 사회 협약에 관해서는 노동연구원(2004), 안순권(2006), 윤진호(2009), 윤기설(2020), 김낙회 외(2021)와 거기에 인용된 문헌 등을 참고할 것.

① 최저임금을 단계적으로 인상하고 지역별 · 업종별로 합리적 결정 방안을 마련한다.
② 비정규직 남용을 억제하고 보호를 강화한다.
③ 근로시간을 주 52시간으로 단축하되 기업 규모별로 단계적으로 적용한다.
④ ③의 보완책으로 탄력근로, 재량 근로 등 유연한 근무 체계를 확대한다.
⑤ 원청 기업과 하청 기업 간, 대기업과 중소기업 간 임금과 근로조건 격차를 축소한다.
⑥ 청년 고용을 확대하는 데 노사정과 대학이 각자 역할을 분담하여 합심 노력한다.
⑦ 고용보험, 산재보험 등 사회 보험 제도의 사각지대를 해소한다.
⑧ 근로장려세제, 실업 급여 지급 기간 연장 등을 통해 취약 계층의 소득을 보전한다.
⑨ 보육시설 확충, 휴가 사용 촉진 등으로 일과 가정의 양립을 지원한다.
⑩ 생애주기별 일과 학습 병행 체계를 갖추어 직업 능력 중심 사회를 구축한다.
⑪ 직무 · 숙련 중심으로 임금 체계를 개편하되 노사 자율로 추진한다.
⑫ 경영상 고용 조정 시 고용 안정 노력을 강화하고 고용 조정 절차를 명확하게 한다.

9 · 15 노사정 대타협은 '더 나은 내일을 위한 오늘의 개혁'이란 모

토대로 한국 경제의 재도약을 위한 노동시장의 개혁과 근로자 삶의 질 향상을 위한 구조 개선 등이 총망라된 대타협이었다. 서구에서 노동 개혁을 말할 때 핵심인 노동시장의 유연성과 사회안전망 강화가 집대성되었기 때문이다. 각 항목마다 일반적인 선언에 그치지 않고 구체적 목표와 실천 방안도 제시하였다. 논의가 필요한 경제·사회와 노동 관련 현안 문제들은 합의문을 만든 배려와 타협의 정신으로 더욱 논의해 나가기로 했다. 그런데 문재인 정부는 출범하자마자 노동계가 반발하는 것을 기화로 이 대타협을 폐기해 버렸다. 앞의 ⑪과 ⑫항으로 대변되는 노동시장의 유연성을 철회하고, 노조가 요구하는 최저임금의 대폭 인상, 비정규직의 정규직화, 합리적인 보완책이 없는 근로시간의 급격한 단축 등을 소득주도성장이라는 이름으로 밀어붙였다. 그 결과는 7장에서 설명하는 바와 같이 저성장, 고청년실업, 영세 자영업의 몰락, 비정규직의 증가, 빈약한 일자리 창출, 이중 노동시장의 심화 등 참담한 실패로 나타났다. 코로나19 사태가 일어난 이후 문재인 정부는 새로운 노사정 대타협을 모색했지만 대타협의 핵심인 노동시장의 유연성은 제대로 거론되지도 않고 무산되었다. 9·15 대타협의 합의문이 제대로 추진됐다면 우리 경제와 사회의 시대적 요청인 노동시장 개혁을 이루고 경제구조를 강화하여 성장 잠재력을 확충하는 데 크게 기여했을 것이다. 1998년의 외환위기 때 맺은 노사정 대타협 이후 이루어진 최초이자 최대의 명실상부한 사회적 대타협을 휴지조각으로 만든 것은 문재인 정부의 가장 큰 실책 중 하나이다.

3. 남녀 간 소득 분배

남성이나 여성이나 크게 보아 생산 과정에 같은 노동으로 투입된다. 그러나 보상은 차이가 난다. 지나친 성별 임금 격차는 사회 불평등의 하나로 자주 거론된다. 우리나라의 상황은 어떤가 살펴보자.

성별 소득 분포

성별 소득 분배에 관한 공식 통계는 공표되지 않는다. 대부분의 가구 소득과 개인소득의 대종인 근로소득의 성별 분포에 관한 공식 통계는 꽤 있다. 이 자료들에 입각하여 성별 근로소득 분포를 가늠해보자.

통계청(2021)이 공표한 임금근로 일자리 소득에 따르면 2019년에 남성 월평균 소득은 360만 원인데, 여성은 236만 원으로 남성의 65.6%였다. 평균 근속 기간이 남성은 6년, 여성은 4.4년이어서 이 1.6년의 차이만큼 소득 격차를 낳을 수 있다. 그러나 1.6년의 차이가 성별 소득 격차의 대부분을 설명하지는 못한다.[18]

2019년에 남성 임금 근로자 중위 소득은 283만 원, 여성 임금 근로자 중위 소득은 196만 원이다. 평균 소득/중위 소득 비율은 남자가

18. 같은 자료 통계표 15에 기업 규모 근속 기간별 소득이 나와 있다. 평균 소득이 근속 기간 3년 이상 5년 미만이면 324만 원, 5년 이상 10년 미만이면 403만 원이다. 이로부터 평균 소득이 근속 기간 4년이면 324만 원, 7.5년이면 403만 원이라고 유추할 수 있다. 해당 근속 기간 중 3.5년이 늘어나면 79만 원이 늘어난다는 것이다. 이에 따라 4.4년에서 6년으로 1.6년 늘어나면 36만 원 늘어난다. 이를 추가하여 여성도 남성과 근속 기간이 같다면 여성의 평균 임금은 272만 원이 되는데 그래도 남성 임금의 76%에 지나지 않는다.

1.27, 여자가 1.20으로 큰 차이가 없다. 남자와 여자를 통틀어 볼 때 평균 소득/중위 소득 비율은 1.32이다.

성별 · 연령별 소득을 보면 남자는 평균 소득이 50대 초반에 458만 원으로 최고를 기록하는 반면 여자는 30대 후반에 301만 원으로 최고를 기록한다. 여성이 30대에 경력 단절을 경험하는 비율이 높다는 것을

〈표 5-5〉 2019년 성별 소득 및 평균 연령 · 근속 기간

(단위 : %, 만 원, 세, 년)

구분		계	남자	여자
계		100.0	100.0	100.0
85만 원 미만		14.9	13.0	17.6
85~150만 원 미만		10.2	8.5	12.7
150~250만 원 미만		28.5	21.9	37.8
250~350만 원 미만		16.7	18.1	14.8
350~450만 원 미만		9.8	12.1	6.5
450~550만 원 미만		6.3	8.0	4.0
550~650만 원 미만		4.5	5.7	2.7
650~800만 원 미만		4.3	5.7	2.2
800~1,000만 원 미만		2.5	3.6	0.9
1,000만 원 이상		2.3	3.4	0.7
평균 소득	2019년	**309**	**360**	**236**
	2018년	297	347	225
중위 소득	2019년	**234**	**283**	**196**
	2018년	220	269	180
평균 연령	2019년	44.4	44.8	43.7
평균 근속 기간	2019년	5.3	6.0	4.4

자료 : 통계청, "2019년 임금근로 일자리 소득(보수) 결과", 2021. 2.

시사한다. 세대 간(연령대별) 소득 분포는 가로축을 연령, 세로축을 소득으로 측정할 때 역U자형을 보인다. 최고 소득을 기록하는 연령대만 다를 뿐 역U자형을 보이는 것은 남자나 여자나 마찬가지다. 남녀 연령대별 소득의 차이는 50대가 가장 크다. 50대에 단순 서비스직에 종사하는 여성의 비율이 남성보다 높고, 임원직에 오르는 여성의 비율이 전체 임원의 2%대로 낮은 데에 기인한다.

기업 규모별·성별 소득 분포를 보면 영리기업 중 대기업에 종사하는 남자의 평균 임금이 588만 원인 데 비해 여자의 평균 임금은 354만 원으로 남자 임금의 60.2%에 불과하다. 중소기업의 경우에는 남자 임

〈표 5-6〉 **2019년 성별·연령대별 소득**

(단위 : 만 원)

구분	평균 소득			중위 소득		
	전체	남자	여자	전체	남자	여자
전체	309	360	236	234	283	196
19세 이하	84	90	79	52	57	50
20~24세	168	171	166	179	180	178
25~29세	251	258	244	237	247	226
30~34세	312	329	286	285	304	255
35~39세	356	390	301	317	354	249
40~44세	379	430	299	317	383	223
45~49세	382	453	275	280	380	204
50~54세	375	458	252	250	351	197
55~59세	337	411	222	220	294	182
60~64세	254	304	172	184	210	155
65세 이상	162	216	94	112	165	64

자료 : 통계청, 전게서.

금 274만 원에 비해 여자 임금은 195만 원으로 71.2%이다. 같은 통계청 자료에 성별 근로형태별 통계는 없다. 있었다면 앞에서 본 것과 같은 정규직과 비정규직 간 임금 격차가 남성과 여성 각각에도 나타날 것이다. 이중의 이중 노동시장에 성별 격차가 가중되는 다중 구조의 상황이다.

〈표 5-7〉 2018~2019년 기업 규모별 · 성별 소득

(단위 : 만 원)

구분	평균 소득					중위 소득				
	전체	영리 기업	대기업	중소 기업	비영리 기업	전체	영리 기업	대기업	중소 기업	비영리 기업
2018년										
전체	297	288	501	231	327	220	212	425	188	253
남자	347	331	577	260	424	269	252	504	213	381
여자	225	210	336	181	255	180	176	264	165	196
2019년										
전체	309	303	515	245	327	234	228	438	201	254
남자	360	347	588	274	424	283	269	513	227	370
여자	236	225	354	195	257	196	193	283	183	203

자료 : 통계청, 전게서.

노동시장에서 여성이 남성의 2/3 수준의 임금밖에 받지 못하는 현실을 반영하여 3장의 **표 3-2**에서 본 것처럼 여성이 가구주인 가구 소득은 남성이 가구주인 가구 소득의 절반에도 미치지 못하고 있다.

성별 임금 격차와 유리천장

OECD가 공표하는 남녀 임금 격차(gender wage gap) 통계에 따르면 2018년에 OECD 36개국 평균으로 여성 임금이 남성보다 13% 적은 것으로 나타났다. 여성이 남성보다 임금을 적게 받는 가장 큰 이유는 출산, 육아로 인한 경력 단절 현상이 많고, 고액 임금직이나 고위직에 여성이 절대적으로 적기 때문이다. 여성은 출산을 도맡고 육아를 주로 책임지며 기타 가사에 대한 부담도 남성보다 훨씬 크다. 이 때문에 많은 여성이 비정규직이나 노동시간이 유연한 직종을 택하고 나아가 경력 단절 현상이 생긴다. 상대적으로 생산성이 낮은 유통, 음식, 숙박, 레저 등 생계형 서비스업에 종사하는 여성의 비중이 남성의 비중보다 훨씬 높다. 유형, 무형으로 여성이 승진할 수 있는 한계('유리천장')도 있다.[19]

우리나라 남녀 임금 격차는 위에서 본 것처럼 2019년에 여성 임금이 남성 임금의 65.6%이다. 2018년에는 64.8%였다. 남성 임금이 100이라면 여성 임금은 65 정도이고 임금 격차는 35%포인트라는 것이다. 이 임금 격차는 OECD 회원국 중에 가장 큰 수준이다. 우리 다음으로는 일본의 25%, 미국과 캐나다의 18%, 영국 17%, 독일 16%, 프랑스 10%포인트 등이고, 덴마크 6%, 룩셈부르크 3%포인트는 한 자릿수의 임금 격차를 기록하고 있다. 우리나라 성별 임금 격차가 OECD 평균보다 월등 높은 것은 위에서 설명한 여성이 남성보다 낮은 임금을 받는

19. 눈에 보이진 않지만 깨트리기 어려운 장벽을 뜻하는 유리천장(glass ceiling)은 여성이나 소수자들의 고위직 진출이나 승진을 막는 보이지 않는 장애물을 표현하는 용어다.

일반적 요인들이 우리나라에서 더욱 두드러지게 나타나고 있기 때문이다. 고위 임금직이나 고위직 여성이 너무 적다. 생계형 서비스업에 종사하는 여성의 비중이 압도적으로 높다. 한시적 근로자와 시간제, 비전형 근로자 등 비정규직에 종사하는 여성의 비중도 남성보다 높다. 나아가 유리천장 현상이 심하다.

기업 평가 기관 CEO 스코어가 2017년 3월 조사한 바에 따르면 30대 그룹 중 2017년 인사를 단행한 18개 그룹을 분석한 결과 승진한 임원 가운데 여성은 2.4%에 불과했다. 30대 그룹에서 여성 임원 비중은 2014년 2.1%, 2015년 2.3%, 2016년 2.5%로 미미하게 증가하지만 2%대에 머물러 있었다. 미국 워싱톤에 본부를 둔 비영리조직인 국제여성기업이사협회(Corporate Women Directors International)에 따르면 2017~2018년에 상장기업의 이사회 여성 임원 비율은 세계 평균 22.4%, 아시아 평균 12.4%이다. 우리나라는 2.4%로 아태지역 20개국가 중 가장 낮은 숫자다. 국제여성기업이사협회는 2004년부터 매년 미국 경제 잡지 포춘(Fortune)이 발표하는 세계 200대 기업의 남녀별 이사 구성비를 공표해 오고 있다. 2019년 10월 말 기준으로 여성 이사 비율이 유럽 기업 34.1%, 미국 기업 28.2%, 일본 12.5%, 중국 8.3%, 한국 4.8%이다. 2011년에 노르웨이에서 세계 최초로 법령으로 여성 이사 비율을 40%로 명시하였다. 그 후 많은 나라가 여성 이사 의무 할당제를 시행하였다. 현재 세계적으로 28개국이 할당제를 시행하고 있는데 이 나라들의 평균 여성 이사 비율은 34.8%이다. 여성 이사제를 법제화하고 있는 나라들의 여성 이사 비율은 18.4%이다.

근래에 우리 정부는 고용률을 제고시키는 것을 주요 노동 정책으로 삼고 있다. 고용률을 증대시키는 중심 역할을 하는 비정규직은 여성에 집중된다. 1990년대 이전까지 우리나라 여성들이 임금 근로자로 취업하는 비율이 서구에 비해 크게 낮았다가 2000년대 이후 신규 여성 취업자의 수가 크게 늘기 시작하면서 이미 고위직 · 상위직에 있는 남성들과의 임금 격차가 더욱 크게 나타나게 되었다. 이 현상도 남녀 간 임금 격차에 가세한 것으로 풀이된다. 이는 시간이 흐르면서 성별 임금 격차를 줄이는 요인으로 작용할 것이다. 우리나라가 근무 연한에 따라 급여가 올라가는 연공제를 벗어나지 못하고 있는 것까지 감안한다면 성별 임금 격차는 정규직과 비정규직, 대기업과 중소기업의 임금 격차만큼 심각한 문제가 아니라고 평가할 수 있다. 그렇더라도 주요 기업의 여성 임원 비율이 고작 5%선에 지나지 않는 현실은 정부와 재계의 '적극적 우대 조치'(affirmative action)로 적극 시정해 나가야 할 것이다. 말레이시아는 2011년에 아시아에서 최초로 '대기업 여성 임원 할당제'(30%)를 시행하면서 여성 임원 비율이 2011년의 7.6%에서 2016년에 16.6%까지 높아졌다.

2019년에 자산 2조 원 이상 상장법인의 이사회에 여성 이사를 반드시 1명 이상 포함시키는 내용의 자본시장법 개정안이 통과되었다. 2년여의 유예 기간을 거쳐 2022년 8월부터 실시되는 이 여성 임원 할당제라는 적극적 조치가 유리천장을 깨는 데에 적지 않은 역할을 할 것으로 기대된다(할당제 덕분에 2021년에 여성 임원 비율이 벌써 8% 선으로 높아졌다). 여성들이 경영 활동에 참여하면 조직문화가 수평적으로 바뀌고 다양성이 높아져 기업의 생산성과 효율성 향상에 기여할 수 있다. 여성 이사의 비율이 높을수록 회사의 수익성이 높아지고 준법 행태가 개선된다는 실증 분석도 있다. 개정안은 남성이 지배하는 보수적인 경영 풍토에서 너무 보수적인 첫걸음을 내디뎠는데 전체 상장기업과 공공기관에도 여성 임원 할당제를 시행하는 방향으로 진화해야 할 것이다. 실상 360여 개 공공기관이 영리기업보다 앞서서 여성 이사를 법적으로 의무화하여 민간 부문을 선도했어야 했다.

영국의 시사주간지 이코노미스트(Economist)는 매년 여성의 날(3월 8일)을 맞아 OECD 주요 회원국을 대상으로 성별 간부직 비율과 임금 격차, 교육 · 경제 활동 참여율 등을 종합 평가한 유리천장지수(The glass-ceiling index)를 발표한다. 2013년부터 이 지수의 꼴찌를 차지하고 있는 나라가 한국이다. 우리나라는 2015년부터 양성 평등 기본법이 시행되고 있거니와 구체적인 프로그램과 정책으로 양성 평등 의식을 고취하고 생활화함으로써 남녀 불평등 면의 후진국에서 벗어나야 한다. 여성 인력을 적극 활용하고 여성의 잠재력을 개발하면 우리 사회 전체의 경쟁력이 높아진다는 것은 자명한 명제다. 유리천장을 깨는 일은 저출산 · 고령화 시대를 맞아 여성의 사회 진출과 국가 발전을 위해 더 이상 미룰 수 없는 시급한 과제다. 생산가능인구가 갈수록 줄어드는 상황에서 여성 인력을 생산적으로 활용하는 방안이기도 하다.

4. 지역 간 소득 분배

우리나라는 고도 성장 과정에서 도시와 농촌 간, 수도권과 비수도권 간 발전의 격차가 커졌다. 이런 지역 간 발전의 격차는 지역별 소득 분배의 차이로 나타나게 마련이다. 지역별 소득 분배는 생산 과정에서 수행하는 역할에 따라 분배를 보는 기능별 소득 분배가 아니다. 그러나 우리나라 분배를 다각도로 살펴본다는 차원에서 여기에서 다룬다.

지역별 소득 분포

우리나라의 지역별 소득 분배 통계는 편제되지 않고 있다. 지역별 가구 소득과 1인당 소득 통계는 있다. 지역별 소득 분배 통계가 없는 상황에서 밀라노비치(2010)의 분류 방식을 원용해 볼 수 있다. 밀라노비치는 1인당 소득이 전국 평균값의 125% 이상인 지역을 부유한 지역, 75~125%인 지역을 보통 지역, 75% 이하인 지역을 빈곤한 지역이라고 분류하였다. 이 기준을 먼저 가구 소득에 대해 적용해보자. **표 5-8**은 2019년 시도별 소득 평균 및 중앙값을 보여주고 있다. 표에서 가구 소득이 전국 평균 5,924만 원을 넘는 지역은 세종, 서울, 경기, 울산, 인천, 광주 순으로 6개 시도이다. 그중 가구 소득이 가장 많은 세종시만 전국 평균 가구 소득보다 25.3%가 많아 밀라노비치가 분류한 부유한 지역에 들어간다. 2018년에는 23%가 많아 세종시도 보통 지역이었다. 신행정도시 세종시는 부유한 지역과 보통 지역의 경계선 근방에 있는 셈이다. 나머지 5개 시도는 보통 지역이다. 가구 소득이 가장 낮은 경북의 경우에도 전국 평균 가구 소득의 83%여서 빈곤한 지역이 아니라 보통 지역이다. 이에 따라 수도권이 부유한 지역, 비수도권이 빈곤한 지역이 아니라 전 지역이 보통지역이다. 수도권 가구 소득은 비수도권 가구 소득보다 20% 많다. 수도권의 비대화와 경제력 집중이 심화하고 있다고 흔히 말하는데 가구 소득으로만 보면 심각한 정도는 아니라고 평가할 수 있다. 그러나 소득이 가장 낮은 경북과 비교하면 서울의 가구 소득이 35%, 수도권의 가구 소득이 33%나 높다. 수도권으로 인구 유입이 끊이지 않는 경제적 이유를 짐작할 수 있다.

다음으로 1인당 소득을 살펴보자. 각 지역의 1인당 소득을 측정하

〈표 5-8〉 2019년 시도별 가구 소득 규모

(단위 : 만 원)

	평균[1)]					
	가구 소득	중앙값	근로소득	사업소득	재산소득	이전소득
전국	5,924	4,652	3,791	1,151	417	565
서울	6,575	4,702	4,324	1,104	609	538
부산	5,402	3,979	3,375	1,026	397	604
대구	5,288	4,218	3,201	1,109	382	596
인천	6,075	4,897	3,937	1,112	518*	507
광주	6,030	4,722	4,159	747	401	723
대전	5,714	4,781	3,706	1,103	340	565
울산	6,445	5,040	4,774	800	356	515
세종	7,425	6,571	5,045	1,056	701*	624
경기	6,503	5,381	4,385	1,219	411	488
강원	4,924	4,095	2,802	1,071	392	659
충북	5,275	4,206	3,081	1,276	298	621
충남	5,334	4,017	3,144	1,316	286	588
전북	5,340	4,271	3,123	1,241	336	639
전남	5,290	3,978	2,872	1,485	274	660
경북	4,883	3,775	2,818	1,146	283	636
경남	5,303	4,458	3,284	1,122	282	615
제주	5,531	4,596	3,109	1,506	383	533
수도권	6,483	5,072	4,311	1,162	500	510
비수도권	5,394	4,247	3,298	1,141	339	617

주 : 1) 평균은 일부 가구에 의해 크게 영향을 받을 수 있음.
* 상대표준오차(RSE)가 크거나(25% 이상) 표본 규모가 과소하여 이용 시 유의.

자료 : 통계청, "2020년 가계금융복지조사 결과", 보도 자료, 2020. 12. 36쪽 〈표 5-3〉 전재.

는 지표로는 1인당 지역 내 총생산(Gross Regional Domestic Product ; GRDP), 1인당 지역총소득, 1인당 개인소득이 있다. 1인당 지역총소득

〈표 5-9〉 2019년 우리나라 1인당 지역 내 총생산, 지역총소득, 개인소득

(단위 : 천 원)

시도별	1인당 지역 내 총생산	1인당 지역총소득	1인당 개인소득	1인당 민간 소비
전국	37,208	37,530	20,400	17,962
서울특별시	44,865	49,121	23,440	21,891
부산광역시	27,409	29,388	19,680	18,030
대구광역시	23,744	27,798	19,210	17,850
인천광역시	30,425	32,571	19,332	16,451
광주광역시	27,548	30,964	20,532	18,231
대전광역시	28,364	31,548	20,498	18,025
울산광역시	65,352	54,969	22,550	18,482
세종특별자치시	35,826	36,983	19,789	16,762
경기도	36,133	38,466	20,482	17,399
강원도	32,061	29,392	18,997	16,811
충청북도	42,653	34,484	18,823	15,802
충청남도	52,402	40,953	18,955	16,037
전라북도	28,740	28,260	18,725	16,022
전라남도	43,323	35,532	18,711	16,104
경상북도	40,272	34,873	18,611	16,217
경상남도	33,690	32,140	18,939	16,426
제주특별자치도	30,720	30,834	18,734	16,953

주 : 잠정치.

출처 : 통계청, 국가통계포털(KOSIS), 국민계정 · 지역계정 > 지역계정 > 지역소득 > 2019년 기준 > 시도별 1인당 지역 내 총생산 · 지역총소득 · 개인소득.

이 국민계정의 1인당 국민총소득과, 1인당 개인소득이 국민계정의 1인당 가계총처분가능소득과 대응된다. 따라서 각 지역의 1인당 개인소득을 비교해 보면 된다. 2019년에 전국 평균 1인당 개인소득은 2,040만 원이다. 전국 평균 소득을 넘는 지역은 서울, 울산, 광주, 대전시와 경기도이다. 제일 소득이 많은 서울의 1인당 개인소득이 2,344만 원으로 전국 평균보다 15% 많을 뿐이다. 반면에 제일 소득이 낮은 경북은 1,861만 원으로 평균보다 9% 정도만 낮을 뿐이다.

우리나라 지역 간 소득 격차는 미국의 주 간 소득이나 EU의 국가 간 소득 차이에 비해서는 작은 편이다. 이에 따라 지역 간 소득 분배가 그리 열악하지는 않을 것이라고 조심스레 추론해 볼 수 있다. 빈곤한 사람들이 특정한 시도에 몰려 살고 있지는 않다는 것이다. 이는 사회정책 대상을 지역에 관계없이 개인으로 해야 한다는 것을 뜻한다.

지역사회의 재구성

우리가 소득과 부의 분배에 관심을 가지는 것은 더불어 잘사는 사회를 만들고 삶의 질을 높이기 위해서다. 그런데 더불어 잘사는 사회를 만들고 삶의 질을 높이는 방법은 분배 개선 외에도 여러 방법이 있다. 이에 대해 맺음말에서 논의할 것이다. 그런 논의의 연결선상에서 지역에 기반한 지역공동체의 논의를 해보자.

우리가 살아가는 터전은 지역이다. 우리나라는 대외지향형 성장 전략을 지향해 옴에 따라 세계화에 편승하고 효율적인 자원 배분을 위해 중앙집권적인 체계를 가동시켜 왔다. 이런 세계주의와 국가주의로 지역은 도외시되거나 경시되었다. 지방자치제가 1990년대부터 시행되었지만 실질적인 분권과는 거리가 멀었다. 이제 세계화의 과속과 폐해에 대한 경각심이 높아졌다. 기후 변화, 환경 오염, 경제적 불평등, 금융 위기, 문명의 충돌, 전염병 등이 세계화의 폐해다. 세계화에 적응하면서 세계화의 폐해를 극복하는 노력도 강화해야 할 때이다. 세계화와 전염병 대유행, 정보통신기술의 발달로 종전의 정시에 출퇴근하는 근로환경도 바뀔 전망이다. 빠르게 변화하는 세계에서 많은 지식인들이 세계화의 폐해를 극복하고 삶의 질을 높이는 대안으로 지역공동체를 강조한다. 마이클 샌델(2012)은 지역 공동체가 민주주의를 위기에서 구할 수 있다고 말한다. 뉴욕 타임스 칼럼니스트 프리드먼(Thomas Friedman, 2017)은 세계화 시대를 음미하면서 미국이 지역 공동체 사회로 돌아가야 한다고 주장한다. 모종린(2020)은 우리나라도 생활권 중심의 지역 공동체 복원으로 세계화의 충격을 완화해야 한다고 제안한다. 삶의 터전인 지역이 의미 있는 고용과 복지를 제공해야만 개방경제와 민주주의를 지탱할 수 있다.[20] 이를 위한 지역 개혁 방향은 분권과 도시 재구성이다. 우선 지방 분권을 통해 지역에 고용과 생활 환경 개선을 포함한 지역 문제를 주체적으로 해결할 권한과 자원을 부여해야 한다. 서울시는 2017년부터 주민들이 실질적인 예산권과 정책 결정권, 실행권을 가지는 주민자치회 사업을 점진적으로 시행해 오고 있거니와 이런 주민자치가 전국 시도에서 본격적으로 시행되어야 할 것이다. 다음으로 도시 구조를 주민이 지역과 동네 중심으로 일하고 살 수 있는 생활권으로 재구성하는 것이다. 특히 일터와 삶터가 멀리 떨어져 있어

20. 이하는 모종린, "전염병이 무서울 때 우리는 동네로 돌아온다", 조선일보 2020. 3. 13.을 인용, 참조했다.

생활권 중심의 삶이 어려운 대도시를 재구성하는 일이 시급하다. 앞으로 원격 근무와 재택 근무가 일상화하면 일자리를 생활권으로 분산하는 일이 쉬워질 것이다. 경제적 자원의 분배와 관계없이 '더불어 사는 지역 공동체'가 활성화하면 삶의 질이 높아지는 국민행복이 이루어질 수 있다. 모종린(2020)은 "세계주의와 국가주의의 과잉이 인류를 위협하는 지금, 생활권 중심의 지역 공동체 복원으로 세계, 국가, 지역의 균형을 바로잡는 것 외에는 다른 대안이 보이지 않는다"라고 주장한다.

읽을거리

1. 일본의 기업 규모별 임금 격차

노민선(2019)은 우리나라의 고용노동부가 발간하는 『고용형태별 근로실태조사』와 일본 국세청이 발간하는 『민간급여실태 통계조사』를 바탕으로 1인 이상 민간 사업체에 종사하는 두 나라 근로자의 임금을 비교하였다. 2017년 기준으로 우리나라 근로자의 평균 임금은 290만 원인데 이는 구매력평가환율 기준 일본 근로자의 평균 임금 304만 원의 95%였다. 우리나라에서 종업원이 1~4인인 초영세기업의 경우 종업원이 500명 이상인 대기업의 평균 임금과 비교했을 때 고작 33%로 1/3 수준이었다. 종업원이 5~9인인 기업은 48%, 10~99인 기업은 57%, 100~499인 기업은 70%였다. 일본에서는 종업원이 1~4인인 초영세기업을 500인 이상인 대기업과 비교할 때 평균 임금이 66%

였다. 대기업 임금의 2/3 수준으로서 4/5 수준인 유럽 선진국들에 비해 격차가 꽤 큰 편이지만 우리나라의 1/3 수준에 비하면 매우 양호한 편이다. 5~9인 기업의 평균 임금은 500인 이상 기업의 77%, 10~99인 기업은 84%, 100~499인 기업은 88%였다. 이 정도면 우리나라와 달리 일본은 대기업과 중소기업 간 임금 격차가 심각한 이중 구조라고 말할 수 없다.

〈표 5-10〉 우리나라와 일본의 기업 규모별 평균 임금 비교(2017년)

(**단위** : PPP 기준 천 원, %)

구분	한국		일본		일본 대비	
	평균 임금(A)	500인 이상 대비(C)	평균 임금(B)	500인 이상 대비(D)	평균 임금 (A/B)	비중 차이 (C - D)
1~4인	1,745	32.6	2,270	65.7	76.9	−33.1p
5~9인	2,583	48.3	2,665	77.1	96.9	−28.8p
10~99인	3,061	57.2	2,893	83.8	105.8	−26.6p
100~499인	3,742	70.0	3,034	87.8	123.3	−17.8p
500인 이상	5,347	100.0	3,455	100.0	154.8	−
전체	2,896	54.2	3,044	88.1	95.1	−33.9p

주 : PPP 환율은 2019. 3. 25 기준.

자료 : 『고용형태별 근로실태조사』(고용노동부)와 『민간급여실태 통계조사』(일본 국세청) 재가공. 노민선(2019) 3쪽 〈표 2〉 전재.

우리나라의 기업 규모 간 임금 격차를 둘러싸고 다음 두 가지를 특기할 만하다. 첫째는 우리나라의 종업원 100인 이상 기업의 임금수준이 일본 기업보다 현저히 높다는 사실이다. 우리나라 100~499인 기업의 평균 임금은 일본의 그것보다 23% 높다. 500인 이상 기업의 경우에는 55%나 높다. 특정일 기준의 구매력평가환율을 사용함으로써 편차가 있을 수 있지만 이 심한 임금 격차는 유효할 것으로 보인다. 500

인 이상 대기업의 평균 임금이 일본은 346만 원인 데 비해 우리나라는 535만 원이나 된다. 둘째는 지난 5년을 볼 때 일본은 기업 규모 간 임금 격차가 감소해 온 반면에 우리나라는 확대되어 왔다는 사실이다. 이 두 가지 사실은 우리나라의 기업 규모 간 임금 격차가 지나치게 크고 근래에도 심화해 왔다는 것을 나타낸다. 구매력평가환율 기준으로 우리나라 1인당 GDP는 일본보다 30% 낮다. 그런데 우리나라 임금은 종업원 100인 이상 기업을 비교했을 때 일본보다 23~55%나 높다. OECD에 따르면 우리나라 노동생산성(국내총생산을 총 근로시간으로 나눈 값)은 근래에 완만히 상승해 왔지만 2000년대 후반에 아직 미국의 54%, 일본의 85% 내외에 불과하다. 이처럼 임금은 상대적으로 높고 노동생산성은 낮은 상황은 개방소국인 우리나라의 국제 경쟁력에 심각한 난관이자 장기적으로 지속 가능하지 않을 것이라는 점을 시사한다.

2. 우리나라 수도권은 언제까지 블랙홀일까?

우리나라에서 수도권은 서울특별시, 경기도, 인천광역시를 말한다. 수도권 면적은 대한민국 전체 면적의 11.8%이다. 그런데 전체 인구의 절반이 수도권에서 산다. 행정안전부의 '주민등록인구 현황'에 따르면 2019년 12월에 수도권에 사는 인구는 사상 처음으로 비수도권 인구를 넘어섰다. 수도권의 지역 내 총생산은 국내총생산의 52%선이다. 금융감독원 전자공시에 따르면 매출액 상위 100대 기업 가운데 86개 기업의 본사가 수도권에 있다. 서울에만 70개가 있다.

수도권 인구 비중은 지속적으로 증가해 왔다. 1970년의 28.3%에서 1990년 42.8%, 2010년 49.2%로 가파르게 증가했다. 근래에 수도권 인구가 늘어나는 데에는 경기도 인구가 늘어난 것이 특히 영향을 미쳤다. 경기도 인구는 2010년 1,179만 명에서 2019년 1,324만 명으로 9년간 12.3% 증가했다. 같은 기간 전체 인구 증가율은 2.6%였다. 이처럼 수도권이 지방으로부터 인구를 계속 빨아들이는 블랙홀 역할을 하는 것은 수도권이 그만큼 매력적이라는 걸 시사한다. 앞에서 설명한 것처럼 수도권은 가구 소득이 비수도권보다 21%나 많다. 게다가 각종 문화적 · 사회적 혜택이 많다. 특히 서울 강남의 교육 프리미엄은 압도적이다. 우리나라는 밀라노비치의 기준과는 달리 소득 격차가 25%가 아니라 20%를 넘어서면 부유한 지역이라고 규정해야 할지 모른다.

수도권이 블랙홀의 역할을 하는 것은 당분간 더 계속될 것으로 보인다. 수도권 인구가 늘어나지만 인구 비중이 2010년의 49.2%에서 2019년에 50.0%로 0.8%포인트 늘어나는 데 그친 이유는 정부 청사와 공공기관의 지방 이전이 2010년대 중반에 이어졌기 때문이다. 2017년까지 지방 이전이 거의 마무리되면서 2018년부터 수도권 순유입이 증가하고 있다. 청년층이 지방에서 살 유인이 마땅치 않은 상황에서 수도권 순유입이 순유출로 곧 역전되기는 어려울 전망이다.

명실상부한 지방자치제가 정착되고 지방이 질 좋은 일자리와 함께 좋은 교육, 문화, 예술, 여가, 환경을 누릴 수 있는 인프라가 갖추어져야 수도권의 블랙홀 현상이 약화할 것이다. 우선 지금까지처럼 학생 수가 적다는 이유로 농촌 학교를 문 닫게 하는 대신 도시와 차별화한 교육 과정과 지자체의 적극 지원으로 농촌 학교를 살려야 한다. 창의성과 인성을 길러주고 맞춤형 교육을 하는 데에는 작은 학교와 작은 교실이 오히려 효과적이다. 코로나19 사태 이후 일터와 삶터를 분리할 수 있는 원격 근무 방식이 보급됨에 따라 지방 살리기와 수도권 집중 완화, 일하는 방식 개혁, 디지털화 등을 한꺼번에 추진할 수 있는 좋은 기회가 된다. 이런 상황에서 서울이나 외국의 명문 대학에 갈 수 있게끔 특수목적고와 자율형 사립고를 지방에만 허용하는 '역차별'[21]의 교육 개혁을 실시하면 '시골 가 살자'라는 역탈출도 일어날 수 있다. 문재인 정부가 2019년에 내놓은 교육 제도 개편안은 다양성과 자율성을 북돋는 교육 개혁에 역행할 뿐 아니라 서울 강남으로의 유입 집중과 집값 앙등을 낳는 잘못된 정책이다. 자식 교육열이 유난히 높은 나라에서 강남 명문고의 대체재인 자율형 사립고와 외국어고를 폐지키로 하고 사교육의 영향을 크게 받는 정시 비중을 늘린 것은 학군이 좋은 서울 강남지역으로의 유입과 '대전'(대치동 전세) 사는 수요를 크게 부추길 것이다. 이는 지역 균형발전을 해칠 뿐 아니라 무엇보다 강남 집값과 전셋값을 앙등시켜 일반 국민의 상대적 박탈감을 크게 만든다는 점에서 분배 측면에서도 매우 잘못된 정책이다.

21. 지방에만 허용하고 수도권에 허용하지 않는 것은 위헌 시비를 낳을 수 있다. 그러나 미국에서 유색 인종에 대한 적극적 우대 조치(affirmative action)가 합헌이 된 것처럼 한국판 적극적 우대 조치로 합리화할 수 있을 것이다.

6장

우리나라의 부 분배

1. 우리나라 가구 부의 분포 / 2. 2010년대 우리나라 가구 부의 분배 상황
3. 2010년대 이전의 부 분배 / 4. 부 분배의 정형화된 사실과 우리나라
5. 우리나라의 분배에 대한 종합적인 평가

"인간에게 부의 한계는 없었다." — 솔론

"만족할 줄 아는 사람이 부자다."(知足者富) — 노자

"다른 것에 대해서는 너무 많다는 말을 할 수 있지. 가령 사랑이나 빵, 문화, 말린 과일, 명예, 과자, 용맹함, 무화과, 혹은 야심, 보리빵, 권력, 수프 같은 것들은 그렇지. 그러나 그대는 아무리 많이 가지고 있어도 충분하지 않아. 어떤 사람이 8만 드라크마를 가졌다고 하자. 그는 더 노력해서 10만 드라크마를 채우려고 애쓸 거야. 또 10만 드라크마가 있으면 인간으로 태어나서 25만 드라크마를 갖지 못하면 인생을 산 보람이 없을 거라고 말하게 되겠지."

— 아리스토파네스의 희곡, 『부』에서 크레밀러스가 돈의 신인 플루투스에게 하는 말
(스키델스키 & 스키델스키(2013)에서 재인용)

정부가 재분배 정책을 쓰기 전과 후에 개인소득이 달라지고 따라서 가구 소득도 달라진다. 시장소득 기준과 처분가능소득 기준으로 나누어 소득 분배 상태를 살펴보는 이유이다. 부(자산) 분배의 경우에는 정부가 자산 보유에 세금을 매긴다고 해서 개인과 가구가 보유하는 부가 달라지지 않는다. 물론 엄청나게 높은 세율로 보유세를 부과한다면 현금과 예금을 인출하거나 주식, 채권 등을 팔아 세금을 내게 되어 가구가 보유하는 금융자산이 감소할 것이다. 그러나 이런 경우는 드물고 일반적으로 소득으로 세금을 낸다. 따라서 부 분배에서는 소득 분배와 달리 시장자산과 처분가능자산으로 구분하여 볼 필요가 없다. 균등화소득에 대응하는 균등화자산 개념도 없다. 4인 가족이 4억 원의 자산을 가지고 있다면 1인당 자산 1억 원을 가지고 있는 것이지 소득처럼 1인당 2억 원(혹은 다른 어떤 금액)을 가지고 있는 셈이라고 볼 경제적 논리가 없다. 소득 분배보다 자산 분배가 다루기 쉬운 셈이다. 먼저 가구 자산의 분포부터 살펴보자.

1. 우리나라 가구 부의 분포

2014~2020년 가구 순자산에 관한 개략적인 분포가 **표 6-1**에 나와 있다. 2020년 3월을 중심으로 표를 보자. (순)자산이 가장 적은 최하위 20%(1분위) 가구만 따로 떼어 자산을 평균해 보면 675만 원이다. 이는 전체 가구 자산 중 0.4%에 불과한 규모이다. 6년 전인 2014년보다 자산 보유액이 25%나 감소하고 자산 보유 비중이 0.7%에서 0.4%로 줄어들었다. 3장에서 본 소득 1분위 가구의 연평균 소득 1,155만 원에도 훨씬 못 미치는 금액이다. 이 1분위 가구의 자산 상한 P20

〈표 6-1〉 최근 우리나라 가구의 순자산 분위별 평균, 점유율 및 경계값

(단위 : 만 원, %)

	2014	2015	2016	2017	2018	2019	2020
분위별 평균 금액							
전체	27,488	28,429	29,918	31,572	34,368	35,281	36,287
1분위	904	889	833	950	978	864	675
2분위	7,281	7,628	8,012	8,404	9,069	8,988	8,992
3분위	15,777	16,634	17,888	18,982	20,300	20,283	20,493
4분위	29,266	30,581	32,763	34,832	37,528	37,743	38,773
5분위	84,208	86,404	90,079	94,670	103,956	108,517	112,481
분위별 점유율							
전체	100.0	100.0	100.0	100.0	100.0	100.0	100.0
1분위	0.7	0.6	0.6	0.6	0.6	0.5	0.4
2분위	5.3	5.4	5.4	5.3	5.3	5.1	5.0
3분위	11.5	11.7	12.0	12.0	11.8	11.5	11.3
4분위	21.3	21.5	21.9	22.1	21.8	21.4	21.4
5분위	61.3	60.8	60.2	60.0	60.5	61.5	62.0
분위 경계값							
P10	1,034	1,041	1,061	1,115	1,184	1,070	1,011
P20	3,800	3,901	4,042	4,188	4,536	4,331	4,320
P30	7,235	7,558	7,882	8,200	8,946	8,950	8,884
P40	11,030	11,682	12,442	13,200	14,140	14,065	14,110
P50	15,572	16,484	17,737	18,740	20,040	20,050	20,217
P60	21,213	22,232	24,170	25,438	27,190	27,496	27,780
P70	28,624	29,745	31,921	34,070	36,694	36,914	37,940
P80	39,914	41,893	44,162	47,212	51,012	51,700	53,600
P90	61,615	63,035	67,121	70,787	78,530	81,012	83,372

자료 : 통계청, "가계금융복지조사 결과", 각 연도.

은 4,320만 원이다. 2분위 가구의 평균 자산은 1분위 가구의 10배가 넘는 8,992만 원으로 전체 자산의 5.0%를 차지한다. 2분위 가구의 자산 상한액은 1억 4,110만 원이다. 가구 자산의 중위값(P50)은 2억 217만 원으로 3장에서 나온 평균값(가구 순자산) 3억 6,287만 원의 56%이다. 3장에서 살펴본 가구 소득의 중위값은 4,652만 원으로 가구 평균 소득 5,924만 원의 79%였다. 소득에 비해 자산의 분포가 훨씬 불평등함을 보여주는 배율이다. 상위 20% 가구의 평균 자산은 11억 2,481만 원으로 전체 자산의 62.0%를 차지하고 있다. 이 5분위 가구의 보유 자산 하한액은 5억 3,600만 원이다. 최상위 10% 가구에 들어가려면 8억 3,372만 원의 자산을 가지고 있어야 한다. **표 3-1**에서 다룬 소득 분포와 비교해 볼 때 자산 면에서 1분위와 2분위의 점유율이 훨씬 낮고 5분위의 점유율이 월등 높아 부 분포가 훨씬 불평등하다는 것을 가늠할 수 있다.

가구 부 분포의 특징

표 6-2를 중심으로 가구 자산의 분포와 관련하여 몇 가지 특징적인 현상을 아래와 같이 정리해 볼 수 있다.

① 일반적으로 소득이 많은 고분위 가구일수록 자산도 많다. 2020년 3월 말 기준으로 소득 1분위 가구가 평균 1.2억 원의 자산을 갖고 있는 반면에 5분위 가구는 7.9억 원의 자산을 갖고 있다.

② 가구주 연령대별로는 30세 미만 가구주에서부터 30대, 40대 가구주로 갈수록 자산이 증가하여 50대 가구주 가구가 가장 많은

자산을 보유하고 60세 이상 가구주 가구부터는 감소하기 시작한다. 이는 인생의 초창기와 노년기에 소비가 소득보다 많다는 생애주기가설에 부합한다.

③ 가구주 교육 수준별로는 학력이 높을수록 자산이 많아진다. 학력이 높을수록 소득이 많아지고, 소득이 많을수록 소비 성향이 낮아져 저축이 많기 때문이다.

④ 가구주 종사상 지위별로는 자영업자의 자산이 가장 많고, 상용 근로자, 임시 · 일용 근로자 가구 순이다.

⑤ 가구주 성별로는 남자 가구주 세대의 자산이 여자 가구주 세대의 자산보다 2배나 많다. 남자 가구주의 소득이 여자 가구주 소득보다 2배 이상 많은 데에 주로 기인한다.

⑥ 일반적으로 가구원 수가 많을수록 자산이 많아 가구원 수와 자산 간에 양의 상관관계가 있다.

⑦ 자가 가구가 전세 가구보다 자산이 많다. 자기 집에서 사는 가구가 자가 가구이다. 전세 가구에는 자기 집이 있으면서 전세를 사는 가구도 있지만 자기 집이 없어서 전세로 사는 가구가 대부분이다. 자기 집이 없기 십상인 기타(월세 등) 가구의 자산은 1억원도 안 되고 최근에 계속 줄어들었다.

⑧ 수도권에 사는 가구가 비수도권에 사는 가구보다 자산이 1.6배가량 많다. 이는 수도권의 집값이 비수도권의 집값보다 비싼 데에 주로 기인한다.

〈표 6-2〉 2019~2020년 우리나라 가구 순자산의 분포

(단위 : 만 원, %)

가구 특성		순자산			
		전체 가구			
		평균		중앙값	
		2019년	2020년	2019년	2020년
전 체		35,281	36,287	20,050	20,218
소득 5분위별	1분위	11,535	11,877	4,860	5,005
	2분위	20,045	21,467	11,800	12,114
	3분위	28,811	29,225	18,918	18,448
	4분위	39,053	39,447	27,353	28,203
	5분위	76,950	79,409	52,877	54,451
가구주 연령대별	39세 이하	21,524	22,733	14,114	14,125
	· 29세 이하	7,796	7,241	4,070	3,152
	· 30~39세	23,723	25,385	16,294	16,940
	40~49세	36,278	37,359	23,344	23,302
	50~59세	40,024	40,987	24,160	24,200
	60세 이상	36,804	37,422	18,600	18,970
	· 65세 이상	33,571	34,954	15,550	16,032
가구주 교육 수준별	초졸 이하	15,888	16,359	8,500	8,225
	중졸	23,978	24,682	15,312	16,050
	고졸	29,013	29,477	17,210	17,314
	대졸 이상	51,134	52,808	31,013	32,209
가구주 종사상 지위별	상용 근로자	39,048	40,413	25,328	25,420
	임시 · 일용 근로자	16,103	16,792	8,107	8,460
	자영업자	43,806	44,560	25,820	26,600
	기타(무직 등)	30,014	31,184	11,510	12,450

가구주 성별	남자	40,171	41,454	24,810	25,050
	여자	18,566	19,373	7,890	8,124
가구원 수별	1인	13,967	15,030	5,195	5,500
	2인	35,733	37,364	20,030	20,650
	3인	42,064	42,393	26,356	27,300
	4인	43,741	46,556	30,000	31,501
	5인 이상	46,422	48,114	28,060	27,250
입주 형태별	자가	47,154	48,407	30,525	31,535
	전세	31,510	33,329	16,766	17,025
	기타(월세 등)	8,874	8,768	2,400	2,380
순자산 5분위별	1분위	864	675	1,070	1,015
	2분위	8,988	8,992	8,950	8,890
	3분위	20,283	20,493	20,050	20,218
	4분위	37,743	38,773	36,921	37,942
	5분위	108,517	112,481	81,060	83,510
권역별	수도권	42,694	44,760	23,798	24,840
	비수도권	28,413	28,259	17,660	17,562

자료 : 통계청, "2020년 가계금융복지조사 결과", 〈표 8〉.

2. 2010년대 우리나라 가구 부의 분배 상황

공식 통계 : 부 분배가 매우 양호하다

우리나라 부에 대한 포괄적인 조사를 위해 종전에 통계청이 가계자산조사, 금융감독원이 가계신용조사, 한국은행이 가구패널 조사를 실시해 오던 것을 통합하여 2010년에 제1회 "가계금융조사"를 실시하였다. 2011년에 2차까지 실시된 가계금융조사는 2012년에 "가계금융·복지조사"로 확대 개편되었다. OECD(2013)의 자산조사에 관한 기준에 입각해 통계청이 한국은행, 금융감독원과 함께 국제적으로 비교 가능한 자산 자료로 구축한 가계금융복지조사는 전국을 대표하는 20,000가구를 표본으로 추출하여 횡단 분석과 패널 분석이 가능하도록 하였다. 자산 분배를 국제적으로 비교할 수 있는 공식 통계가 2012년부터 갖추어진 것이다. 이것이 **표 6-3**에 나와 있다.

〈표 6-3〉 우리나라 가구의 순자산 지니계수와 분위별 순자산 점유율

	2012	2013	2014	2015	2016	2017	2018	2019	2020
순자산 지니계수	0.617	0.605	0.594	0.59	0.586	0.584	0.588	0.597	0.602
1분위	−0.4	−0.4	−0.2	−0.2	−0.3	−0.2	−0.2	−0.3	−0.3
2분위	0.7	0.8	0.9	0.8	0.8	0.8	0.8	0.7	0.7
3분위	1.8	1.9	2.0	2.0	2.0	2.0	1.9	1.9	1.8
4분위	3.0	3.2	3.3	3.4	3.4	3.4	3.3	3.2	3.2
5분위	4.4	4.6	4.8	4.9	5.0	5.0	5.0	4.8	4.7
6분위	6.2	6.5	6.7	6.8	7.0	7.0	6.9	6.7	6.6
7분위	8.6	8.9	9.0	9.1	9.3	9.4	9.2	9.0	9.0
8분위	11.8	12.2	12.3	12.4	12.6	12.7	12.6	12.4	12.4
9분위	17.7	17.7	17.9	17.9	18.1	18.2	18.2	18.2	18.3
10분위	46.2	44.7	43.3	42.9	42.1	41.8	42.3	43.3	43.7
상위 1%	13.2	12.7	12.1	11.9	11.4	10.7	10.9	11.4	11.5
상위 0.1%	3.46	3.34	3.18	2.85	2.91	2.52	2.45	2.27	2.47

주 : 매년 3월 기준임. 상위 1%와 0.1% 계층의 점유율은 중앙대 경제학부 석사 과정에 있는 윤용기 군이 추계한 수치임.

자료 : "가계금융복지조사 결과", 2012~2020년 각 연도 보도 자료.

우리나라 가구의 순자산 지니계수는 2020년 3월에 0.602이다(2019년 12월 기준으로 보아도 대략 그 수준일 것이다). 순자산 지니계수는 2012년에 0.617이었는데 그 후 지속적으로 낮아져 2017년에 0.584였다. 그러다가 2018년부터 상승세로 돌아서 2020년에 다시 0.6대로 올라섰다. 우리나라의 소득 지니계수가 0.45를 넘지 않는 데 비해 자산 지니계수는 0.60 내외인 것이다. 그런데 이 0.6 안팎의 순자산 지니계수가 실상 주요 OECD 국가들과 비교하면 매우 양호한 수준이다. OECD 평균은 0.70 내외이다.

부 분배의 국제 비교

국제적인 부 분배에 관한 통계 중 가장 광범위한 나라와 시계열에 관한 통계는 스위스 투자은행 크레딧 스위스(Credit Suisse)에서 찾아볼 수 있다. OECD도 부 분배 통계를 공표하지만 소득 분배 통계만큼 포괄적이지 않고 최근년 자료를 제때 공표하지 않고 있다. 크레딧 스위스는 2000년부터 매년 세계의 거의 모든 나라를 대상으로 가계 순자산 규모와 분배 상태를 추계하고 있다. 가계조사 자료가 있는 나라들은 이 자료를 이용한다. 가계조사 자료가 없는 나라는 해당 지역에 있는 비슷한 나라들을 참조하여 추정한다. 분배 전문 연구자 그룹이 오랫동안 해당 프로젝트를 주관해 와서 나름대로 신뢰를 쌓았다. 추계에 세 가지 특징이 있다. 하나는 각국의 가계조사 자료를 바탕으로 하되 가구 기준으로 추계하지 않고 20세 이상 성인 기준으로 바꾸어 추계한다는 것이다. 다른 하나는 국민대차대조표와 같은 거시 통계가 있는 나라들의 경우에는 이 거시 통계와 가구 조사에서 나온 미시 통계의 정합성에 유의

한다는 점이다. 이는 OECD 부 분배 통계도 마찬가지다. 마지막으로 미국의 출판 및 미디어 그룹 포브스(Forbes)가 매년 발표하는 국가별 억만장자의 부를 포함하여 추계한다는 점이다. 극소수 억만장자는 주요국의 가계조사 표본에서 으레 빠지고 최부유층의 무응답, 과소 보고 등의 문제가 크다고 보아 이를 완화하기 위하여 포브스가 발표하는 자료로 보완하는 것이다. 마지막 특징 때문에 크레딧 스위스의 통계는 주요국 정부가 발표하는 자기 나라 부 분배 상황이나 OECD 분배 통계보다 더 불평등하게 나오는 경향이 있다. 부의 가구 분배가 아닌 성인 기준 개인 분배를 다루지만 지니계수와 관련해서는 양자가 질적으로 다른 차이를 보이지 않는 것으로 알려졌다. 크레딧 스위스의 통계는 나름대로 합리적이고 일관된 방법으로 추계함으로써 부의 국제 비교에 널리 활용되고 있다.

표 6-4는 크레딧 스위스에 나오는 2019년 OECD 회원국과 세계 평균의 자산 분배 지표를 우리나라의 그것과 대비하고 있다. OECD 국가들의 평균 (순)자산 지니계수는 0.727이다. 우리나라는 **표 6-3**에서 본 것처럼 0.602로 매우 양호하다. 실상 OECD 30개 회원국 중 지니계수 0.602는 벨기에와 더불어 가장 낮은 값이다. OECD 회원국 중에서 자산 분배가 가장 양호한 것이다. 선진국뿐 아니라 대다수 신흥국까지 포괄하는 세계의 분배와는 비교할 필요도 없다. 세계의 자산 지니계수는 무려 0.885이다. 빈국에는 순자산이 마이너스이거나 0인 사람이 많고 자산이 있어도 보잘것없는 사람들이 태반이다. 부국에는 빌 게이츠, 워런 버핏, 손정의 등 천문학적인 부를 가지고 있는 부호들이 있다. 국제구호기구 옥스팜(Oxfarm)의 보고서에 따르면 2015년에는 세계 부호 62명의 부가 지구촌 인구 절반인 36억 명의 부와 같고, 2016년에는 고

작 8명의 부가 전 세계 36억 명의 부와 같다. 이런 빈국과 부국을 합쳐 놓은 세계는 어떤 특정 국가보다 부의 편차가 훨씬 커서 불평등도 훨씬 크게 나타나는 것이다.

우리나라는 **표 6-4**에 있는 지니계수는 말할 것도 없고 다른 모든 분배지표에서도 OECD 평균보다 훨씬 양호하다. 우리나라 부 분배의 공식 통계에 따르면 2010년대에 자산 지니계수와 상위 10%의 자산 점유율은 OECD 평균에 비해 매우 양호하다. 앞의 **표 6-3**에서 보는 것과 같이 2010년대 초중반에 분배가 개선되다가 후반에 악화 방향으로 바뀌었지만 2010년대 전체로는 약간의 개선세 혹은 안정세를 보였다. 표에서 상위 10%의 자산 점유율이 하위 40%의 자산 점유율보다 몇 배나 많은가를 나타내는 팔마비율이 2012~2014년의 8.1배에서 2018~2020년의 7.8배로 하락한 것을 쉽게 확인할 수 있다. 5분위배율과 10분위배율도 기간 중 하락하였다. 2010년대에 자산 분배 면에서

〈표 6-4〉 우리나라 2018~2019년 부 분배의 국제 비교

(단위 : %)

	한국(2020)	한국(2019)	OECD 평균(2019)	세계 평균(2019)
5분위배율	166.6	125.6	371.0	−228.3
10분위배율	−145.7	−144.3	−297.0	−163.4
10분위분배율	0.09	0.09	0.04	0.002
상위 10% 집중률	43.7	43.3	59.4	81.7
상위 20% 집중률	62.0	61.5	74.2	91.3
팔마비율	8.1	7.9	20.5	408.5
지니계수	0.602	0.597	0.727	0.885

자료 : 한국 통계는 가계금융복지조사, OECD와 세계 평균은 Credit Suisse, Global Wealth Databook 2019. OECD 평균은 부 분배의 통계가 없는 에스토니아, 라트비아, 리투아니아, 슬로바니아, 룩셈부르크, 아이슬란드, 콜롬비아, 코스타리카를 뺀 OECD 30개국을 대상으로 필자가 계산한 것임.

도 소득과 마찬가지로 부익부 빈익빈이 심화하지 않고 완화한 것이다.

국내 학계의 연구 : 우리나라 부 분배는 OECD 평균 수준이다

전병유(2018)와 김낙년(2019)은 가계금융복지조사가 경제 전체로 가계 부문이 가지고 있는 금융자산을 지나치게 적게 포착하고 있으며 이를 보정할 경우 자산 보유의 집중도가 훨씬 커진다고 주장한다. 3장에서 다룬 것과 같이 한국은행은 국민계정 체계의 일환으로 국민대차대조표를 작성한다. 여기에 우리나라 가계 및 비영리단체 부문이 보유하는 순금융자산과 실물자산(비금융자산)의 총액이 나온다. 2019년에 9,313조 원이었다. 한편 가계금융복지조사에서 추정되는 가구 자산은 7,360조 원이었다. 따라서 나머지 1,953조 원은 비영리단체와 비법인기업의 자산으로 치부되었다. 전병유와 김낙년이 보이는 것은 가구가 보유하는 금융자산이 과소 포착되어 순자산 7,360조 원은 과소 추계된 값이라는 것이다. 자산 보유 계층별로도 금융자산이 파악되는 비율이 중산층이 가장 높고 최부유층이 가장 낮았다. 나아가 가계금융복지조사는 국민연금, 공무원연금, 군인연금, 사학연금 등의 공적 연금을 조사하지 않는다.

김낙년(2019)은 과소 포착된 것을 보정하고 공적 연금을 포함하여 부 집중도를 계산하였다. 그 결과 2017년에 20세 이상 성인 기준으로 부유층 10%, 1%, 0.1%가 보유하는 자산 비중은 각각 61.5%, 23.6%, 11.0%였다. 이런 부의 집중도는 OECD 회원국 중 가장 분배 상태가 나쁜 국가군에 근접하는 수준이다. 가계금융복지조사의 원 자료에서 계산되는 부유층 10%, 1%, 0.1%의 자산 비중은 65.8%, 18.5%, 4.4%였다. 부유층 10%의 자산 보유 비중이 낮아진 것은 공적 연금을 포함시켰기 때문이다. 중산층까지 실질적인 혜택을 보는 공적 연금을 자산화하면 자산 분배의 불평등이 완화한다는 것을 나타낸다. 최부유층 0.1%의 자산 보유 비중이 4.4%에서 11.0%로 크게 높아진 것은 원 자료에서 최부유층의 자산 포착 비중이 매우 낮다는 것을 시사한다.

어느 쪽이 맞는가 : 공식 분배 통계보다 더 나쁜 분배 상태?

우리나라 공식 분배 통계에 따르면 2017년에 상위 10%가 자산의 42%를 보유하고 있다. 2010년대에는 내내 50% 미만을 보유하고 있다. 한편 김낙년(2019)에 따르면 같은 해에 상위 10%가 자산의 62~66%를 보유하고 있다. 일찍이 크레딧 스위스(2015)는 상위 10%의 부 집중도가 얼마나 큰가에 따라 세계 주요국을 네 그룹으로 분류한 바 있다. 상위 10% 계층의 자산 점유율이 70% 이상인 나라는 부 분배의 불평등도가 매우 높은 나라, 60% 이상 70% 미만은 불평등도가 높은 나라, 50% 이상 60% 미만은 불평등도가 중간인 나라, 50% 미만은 불평등도가 낮은 나라라는 것이다. 이 분류에 의하면 통계청이 제시하는 통계는 부 분배의 불평등도가 낮은 나라, 학계의 추정치는 부 분배의 불평등도가 높은 나라인 셈이다. 어느 쪽이 맞을까?

통계청이 제시하는 부 분배는 가구 부 분배다. 반면에 학계와 크레딧 스위스가 제시하는 부 분배는 20세 이상 성인을 대상으로 한 개인 분배다. 많은 20~30대가 개인 단위로는 자산이 없지만 그가 속한 가구 단위로 볼 때는 자산이 있다. 이 때문에 상위 10% 가구가 보유하는 순자산 점유율과 상위 10%의 성인이 보유하는 순자산 점유율이 다르게 마련이다. 얼마나 다를 수 있는가에 대해 크레딧 스위스의 분배 지표를 하나의 지침으로 삼을 수 있다. 한국 분배 지표를 작성할 때 가계금융복지조사 자료도 참고하는 크레딧 스위스가 2019년 한국의 상위 10% 개인의 자산 점유율이 56.5%라고 보고하고 있다. 통계청이 공표한 상위 10% 가구의 자산 점유율은 **표 6-3**에서 본 것처럼 43.3%다. 이에 따라 상위 10% 가구의 자산 점유율 43%가 상위 10% 성인의 자산 점유율 56%와 대응한다고 해석할 수 있다. 김낙년(2018)의 62~66%와는 아직 차이가 제법 크다. 이 차이는 학계가 주장하는 것과 같이 가계금융복지조사가 가계 금융자산을 과소 포착하는 데에 기인한다고 해석해볼 수 있다. 2017년에 소득과세 자료를 이용하는 가계금융복지조사의 분배 추계 개편으로 소득 분배 추계는 서구 선진국 수준으로 향상되었다. 그러나 자산 분배는 추계 개편작업이 이루어지지 않았다. 자산 분배 추계에 재산과세의 행정 자료를 통한 보정작업이 없었다. 앞으로 자산 분배 추계에 소득 분배 추계에서와 같은 본격적인 보정작업이 있어야 할 것이다.

크레딧 스위스는 2019년 한국의 순자산 지니계수가 0.606이라고 보고하는데 이는 통계청의 공식 통계 0.597과 거의 같으면서 약간 크다. 약간 큰 몫은 포브스의 억만장자 자료를 이용한 데 따른 것으로 볼 수 있다. 요약건대 개인의 자산 분배는 가구의 자산 분배와 비교할 때 상위 계층의 집중도 면에서 훨씬 크게 나오지만 자산 지니계수 면에서는 양자가 같이 나온다는 것이 충분히 가능하다. 이렇게 본다면 정부와 학계의 자산 분배 통계가 전혀 다른 두 나라 이야기를 하는 것 같지만 실상 한 나라 이야기이다. 자산 지니계수 0.6 안팎은 OECD 국가 중에서 가장 양호한 국가군에 속한다.

3. 2010년대 이전의 부 분배

2012년 이전의 자산 분배에 관한 정부의 공식 통계는 없다.[1] 학계와 연구기관의 산발적인 연구가 있을 따름이다. 20세기 후반에 우리나라 자산 분배에 관한 실증적인 연구는 희소한 가운데 세 가지 자료가 자주 인용되었다. 권순원 외(1992), 토지공개념연구위원회(1989), 현진권(1996)이 그것이다. 권순원 외의 추계 결과는 국제적으로 널리 알려지고, 나머지 두 자료는 국내에서 주목을 받았다.

권순원 외(1992)에 따르면 1988년의 총자산 지니계수는 0.579였다. 권순원 외(1992)는 가계금융복지조사처럼 표본 가구 설문조사를 바탕으로 하고 있다. 부의 설문조사는 일반적으로 부유층의 누락(무응답)과 과소보고 문제가 소득에 관한 설문조사보다 더 심한 것으로 알려져 있다. 여러 선진국에서 이 문제를 완화하기 위해 부유층의 표본을 인구에 대비한 수보다 과대표집하고 재산세 자료로 검증, 조정한다. 이런 두 보완 방법을 사용하지 않았기 때문에 권순원 외(1992)는 신빙성이 높다고 할 수 없다. 그럼에도 불구하고 국책연구기관인 한국개발연구원의 프로젝트로서 당시에 우리나라 부의 분배를 설문조사에 입각하여 수행한 최초의 연구였기 때문에 국제적으로 많이 인용되었다.

데이비스-쇼록스(Davies and Shorrocks, 2000)는 1980년대 중반 여러 나라의 가계자산 집중도를 개관하고 있는데, 자산 불평등이 낮은 국가로는 호주, 한국, 아일랜드, 일본, 스웨덴 등을 들었다. 이들의 지니

1. 전술한 가계금융조사에 의한 2010년과 2011년의 공식 통계는 있다. 이에 따르면 순자산 지니계수가 2010년에 0.628, 2011년에는 0.619로 2012년의 0.617보다 약간 크다.

계수는 0.5~0.6 수준에 머무르고 있고 상위 1% 가계의 자산 점유율은 대략 20% 정도이다. 그 다음으로 캐나다, 덴마크, 프랑스, 독일 등은 상위 1%가 자산의 약 26% 정도를 가지고 있다. 한편 미국의 지니계수는 0.8 수준으로 자산 불평등이 가장 높은 나라인데, 상위 1%의 자산 점유율은 30%를 넘는다. 우리나라가 국제적으로 양호한 자산 분배국으로 분류된 것은 권순원 외(1992)에 힘입은 것이다.

토지공개념연구위원회(1989)는 정부의 지적(地籍) 전산 자료를, 현진권(1996)은 종합토지세 대상 토지에 대한 포본추출 자료를 이용하여 토지 보유의 집중도를 추계했기 때문에 신빙성이 높은 것으로 판단된다. 토지공개념연구위원회(1989)는 토지 면적과 개인(토지 보유자) 기준으로 상위 5% 계층이 전체 사유지의 65.2%, 상위 10% 계층이 76.9%를 보유하고 있고, 가구가 아닌 개인 기준으로 토지 지니계수가 0.849에 이른다고 추계하였다. 현진권(1996)에 의하면 1993년에 지가(地價) 기준으로 최상위 1% 계층이 전체 토지가액의 27.9%, 5% 계층이 50.6%, 10% 계층이 63.4%를 보유하고 있고, 하위 1/3 계층이 땅을 전혀 가지고 있지 않다. 토지공개념위원회가 추계한 면적 기준보다 땅 소유의 집중도가 덜 심하지만 하위 1/3 계층이 전체 소득의 15%가량을 차지하는 소득 분배에 비하면 당시에 가계자산의 대종을 차지하는 토지의 분배가 매우 불평등한 것으로 나타난 것이다.

2000년대에 들어와 대우경제연구소의 대우패널 자료, 한국노동연구원의 한국노동패널, 한국조세연구원의 재정패널 등을 이용한 학계의 연구가 나왔다. 이 연구 자료들을 통해 자산 분배의 추이를 보면 외환위기 이후 1998~2005년 기간 중에는 불평등이 증가하다가 2000년대 후반부터 완화하는 것으로 나타난다. 예컨대 남상호(2015)

는 노동패널조사를 이용하여 1998~2012년을 분석한 결과 기간 중 자산 지니계수는 등락을 보이는 가운데 2007년부터 하락세를 보인다. 2010, 2011, 2012년의 자산 지니계수는 각각 0.640, 0.625, 0.621이었다. 이는 앞에서 가계금융조사와 가계금융복지조사가 제시한 0.628, 0.619, 0.617과 거의 같은 추계치이다. 2000년대에는 자산 지니계수가 0.645~0.690 사이에서 등락을 보였다. 2006년의 자산 지니계수가 0.684이고 상위 10% 계층의 자산 점유율은 46.2%라고 보고하였다.

1980년대와 1990년대에 확인한 토지 소유의 심각한 편중이 2000년대에 들어와 현저하게 개선되었다는 증거는 없다. 토지자산과 주택이 가계 자산에서 차지하는 비중은 3/4 내외로 여전히 압도적이다. 이를 감안하면 가계금융복지조사가 제시하는 2010년대 중후반의 순자산 지니계수 0.6은 현실의 자산 분배 실상보다 양호하게 채색한 것일 수 있다. 금융자산과 실물자산의 분포를 나타내는 지니계수가 공표되지 않기 때문에 자세한 부의 분배에 관한 실상을 알 수 없다. 가구 자산에 공적연금의 자산화된 가치가 포함되지 않았고 고소득층의 금융자산은 금융소득 못지않게 과소 보고된다는 점을 감안하면 통계청의 순자산 지니계수는 실제 자산 분배보다 양호하게 산출된 값이라고 볼 수도 있다. 추계가 실제보다 분배를 양호하게 보이게 하는 편의(bias)가 있다 하더라도 같은 추계 방법을 사용하면 분배의 추이 자체를 왜곡시키지는 않는 것으로 알려져 있다. 따라서 2010년대에 우리나라 부의 분배가 개선되다가 후반에 악화하고, 전반적으로는 미약한 개선 내지 안정세를 보였다고 말할 수 있다.

4. 부 분배의 정형화된 사실과 우리나라

데이비스-쇼록스(2000)는 기존의 부 분배 연구를 바탕으로 '자산 분배의 정형화된 사실(stylized facts of wealth distribution)'을 다음과 같이 다섯 가지로 정리하였다.

첫째, 소비지출, 총소득, 근로소득 분배와 비교해 볼 때 부 분배는 이들보다 더 불평등하다. 선진국의 처분가능소득 기준 지니계수는 0.5를 넘는 경우가 드물지만, 자산 지니계수는 0.5 ~ 0.9까지 훨씬 크게 나타나고 있다. 상위 1%의 가구 또는 개인의 소득 점유율이 10%를 넘는 경우가 드물지만 상위 1%의 자산 점유율은 15 ~ 35%에 이르고 있다.

둘째, 금융자산 분배는 실물자산보다 더 불평등하다.

셋째, 상속받은 자산의 분배는 다른 자산보다 더 불평등하다.

넷째, 거의 모든 연령층에서 매우 많은 자산을 보유하고 있는 가구나 개인이 있다.

다섯째, 20세기에 자산 분배의 불평등은 대체로 완화되는 추세를 보였다.

선진국뿐 아니라 우리나라도 이런 정형화된 사실과 대체로 부합한다. 첫째는 앞에서 살펴보았다. 둘째는 다음에서 따로 설명한다. 셋째는 일반적으로 예상할 수 있는 사실이다. 오늘날에는 장자에게 재산을 몰아주는 장자상속제가 없어졌는데 이는 장자상속제가 있었던 옛날에 비해 부의 불평등이 낮아지는 요인으로 작용할 것이다. 그러나 가진 자와 못 가진 자 사이에 상속 자산 규모의 격차가 커지는 것은 상속에 따른 불평등을 확대시키고, 자본주의가 지속됨에 따라 이 요인은 갈수록 커질 것이다. 넷째도 일반적으로 관찰할 수 있는 사실이다. 상속, 증여

등으로 인해 거의 모든 연령층에서 매우 많은 자산을 보유하는 가구나 개인이 있다. 또한 "모든 소득 분위 구간에서 매우 많은 자산을 보유하는 가구와 매우 적은 자산을 보유하는 가구가 있다"라는 명제도 성립한다. 2020년 3월에 소득 1분위(하위 20%) 가구 중에서 순자산도 1분위인 가구의 비율이 47%인 반면 순자산은 4분위나 5분위에 속한 가구의 비율이 12%였다. 소득 5분위 가구 중에서 순자산 1분위나 2분위에 속한 가구의 비율은 8%였다.[2] "모든 자산 분위 구간에서 매우 많은 소득을 버는 가구와 매우 적은 소득을 버는 가구가 있다"라는 명제도 물론 성립한다.

실물자산 분배와 금융자산 분배

통계청은 순자산 지니계수만을 공표하고 (순)실물자산 지니계수와 (순)금융자산 지니계수로 나누어 공표하지 않는다. 전병유(2018)는 2014년 가계금융복지조사 자료를 이용하여 전반적으로 금융자산 분배가 실물자산 분배보다 불평등함을 보였다. 2014년에 순자산 지니계수는 0.594이다. 그중 금융자산 지니계수는 저축 0.758, 보험 0.657, 주식·채권 0.972, 기타 금융자산 0.923, 전월세 보증금 0.858이었다. 주식·채권이 가장 불평등하게 분배되어 있고, 보험자산의 분배 상태가 가장 양호하다. 보험자산의 분배가 양호하다고 하지만 0.45를 넘지 않는 소득 지니계수보다 훨씬 값이 크다. 실물자산 지니계수는 거주주택 0.675, 거주 주택 이외 부동산 0.867, 기타 실물자산 0.760이었

2. 통계청·금융감독원·한국은행, "2020년 가계금융복지조사 결과" 보도 자료, 31쪽.

다. 실물자산 중에는 '거주 주택 이외 부동산'의 분배가 가장 불평등한 것으로 나타났는데 토지와 빌딩 등의 분배가 매우 불평등한 데에 기인할 것이다.

금융자산의 분배가 실물자산보다 불평등하지만 금융자산이 전체 순자산에서 차지하는 비중은 1/4에 지나지 않는다. 따라서 순자산의 분배 불평등에 기여하는 정도는 실물자산이 훨씬 높은 것으로 나타난다. 1980년대부터 인식된 토지 분배의 불평등이 자산 분배 불평등의 주요 부분이라 하겠다.

5. 우리나라의 분배에 대한 종합적인 평가

지금까지의 논의를 바탕으로 우리나라의 분배에 관해 종합적인 결론을 내려 보자. 4장에서 우리나라 소득 분배가 시장소득 기준으로 OECD 평균보다 훨씬 양호하지만 처분가능소득 기준으로는 평균보다 상당히 나쁘다는 것을 보았다. 피부에 와 닿는 소득 분배는 처분가능소득 기준으로 평가되기 때문에 소득 분배가 상당히 불평등하다는 것을 알 수 있다. 그러나 1997년 외환위기 이후 2010년경까지 전반적으로 악화 추세를 보였던 소득 분배가 그 후(2010년대)에 미약하게나마 개선 내지 안정세를 보였다. 부 분배는 OECD 평균에 비해 매우 양호하다. 게다가 비록 2010년대 말에 분배 악화를 보이고 있지만 2010년대 전반적으로 볼 때 안정세를 보였다. OECD 평균과 비교해 볼 때 소득 분배는 상당히 불평등하고 자산 분배는 매우 양호한 우리나라의 현실을 어떻게 평가해야 할까? 먼저 문재인 정부처럼 "한국은 발전된 나라들

가운데 경제적 불평등의 정도가 가장 심한 나라가 됐다"[3]라고 인식하는 것은 너무 치우친 인식이라 하겠다. 경제적 불평등이란 소득 분배의 불평등뿐 아니라 자산 분배의 불평등도 당연히 포함되는데 자산 분배는 매우 양호한 편이기 때문이다. 동시에 자산 분배가 국제적으로 매우 양호하다는 것만으로 위안을 삼을 수 없다. 자산 분배보다 소득 분배가 훨씬 중요하기 때문이다.

소득 분배와 자산 분배는 일반적인 통념과 달리 반드시 양(+)의 상관관계를 가지는 것은 아니다. 꼭 소득 분배가 좋은 나라가 부 분배도 좋고, 소득 분배가 나쁜 나라가 부 분배도 나쁜 것은 아니다. 미국은 소득 분배와 부 분배 둘 다 나쁜 대표적인 나라다. 크레딧 스위스(2019)에 따르면 2019년에 자산 지니계수 기준으로 네덜란드가 0.902를 기록하여 OECD 회원국 중 부 분배가 가장 나빴다. 스웨덴도 0.867로 미국의 0.852보다 나빴다. 반면에 처분가능소득 기준 지니계수는 2010년대 후반에 네덜란드가 0.285, 스웨덴이 0.275 내외로 소득 분배가 가장 양호한 국가군에 속한다. 스웨덴과 네델란드는 흔히 분배 모범국으로 알려져 있다. 이는 소득 분배가 부 분배보다 훨씬 중요하다는 것을 뜻한다. 우리나라가 부 분배 면에서 매우 양호한 편이라는 이유를 대단한 위안으로 삼을 수 없는 것이다. 시장경제의 역사가 긴 서구 선진국에서 부 분배는 많이 불평등할 수 있다. 그러나 소득 분배가 평등하면 부 분배의 불평등은 별 문제가 되지 않는다. 다른 말로 시장경제의 역사가 일천한 우리나라가 부 분배 면에서 상대적으로 양호하다는 것은

3. 2018년 11월 1일 대통령의 '2019년도 예산안 국회 시정연설'(우리는 함께 잘살아야 합니다. 함께 잘살 수 있습니다)에서 인용.

의당 그럴 수도 있는 일로서 대단한 일이 아니다. 특히 건국 직후 토지 개혁과 한국전쟁으로 인해 다른 대부분의 제3세계 국가들보다 부 분배가 더 평등한 상태에서 출발한 것도 양호한 부 분배에 기여하였다. 소득 불평등이 빈곤과 교육 불평등을 세습하는 경향이 벌써 두드러지게 나타난다는 것이 문제다.

통계청(2016)은 2011~2014년에 걸쳐 가구의 동태적 변화를 분석하였다. 소득 규모 순으로 가구를 20%씩 5개로 나눌 때 2011년의 소득분위가 2014년에 유지된 비율은 55%, 상승이나 하락을 경험한 비율은 45%였다. 상대적 빈곤율을 기준으로 기간 중 빈곤함에서 빈곤하지 않음으로 이동한 비율은 38.1%, 빈곤하지 않음에서 빈곤함으로 이동한 비율은 8.4%였다. 사회적 이동성과 계층 사다리를 오를 기회의 평등이 어느 정도 작동하고 있다. 문제는 4년 동안 내내 빈곤한 가구가 8.1%라는 점이다. 대략 하위 10%에게는 빈곤 탈출의 기회가 사라진 셈이다. 하위 10%에게도 계층 사다리를 오를 수 있도록 하는 것이 중요하다.

저성장의 분배 불평등에 대한 함의

우리나라가 처한 저성장 시대가 분배 불평등에 또 다른 문제점을 던져주고 있다. 우리나라는 1960~1996년 기간 중에 연평균 8.0%의 고도성장을 기록하여 한강의 기적이라 불렸다. 이런 고도성장기에는 소득이 빠른 속도로 늘어나고 저축할 여력도 크기 때문에 부모로부터 변변한 자산을 물려받지 않아도 당대에 큰 부를 축적하는 것이 가능했다. 1996~2010년 기간 중 경제 성장률이 연평균 4.0%로 내려앉은 한국 경제는 그 후 다시 2% 안팎의 저성장기로 착륙했다. 낮은 한 자릿수로 성장하는 저성장기에는 당대에 부를 모으는 것이 어려워지고, 과거에 축적된 부와 그로부터 얻는 수익이 점점 더 중요해진다. 이를 피케티(2014)는 세습자본주의, 신세습사회라 불렀다. 부를 축적하는 데에는 자기가 번 소득을 저축하거나 증여, 상속과 같은 부의 이전을 받는 두 가지 경로가 있다. 저성장기에 들어 온 우리나라에서 후자의 비중이 높아지고 있고 그러한 경향이 앞으로 더욱 가속될 전망이다. 저성장기에 부와 가난의 대물림이 갈수록 심화하는 경향이 나타난다는 것이다.

우리나라는 불평등의 사회적 용인도가 낮은 나라다. 예전보다 불평등이 커졌고 OECD 평균보다 소득 불평등이 크기 때문에 분배 개선 정책을 써야 한다. 코로나19 사태를 겪은 2020년대 초에는 소득 분배가 악화하고 부익부 빈익빈이 심화하기 십상이기 때문에 더욱 분배에 신경을 써야 한다. 그와 동시에 분배 개선에 너무 집착하는 정책 편향이 분배를 오히려 악화시킬 수 있다는 역설에 유의해야 한다. 분배는 수많은 요인들이 상호 작용하여 이루어지는 현상이고, 그 개선에는 다차원적이고 균형 있는 접근을 필요로 한다. 지나침은 모자람만 못한 것이 분배 정책의 역설이다. 우리 조상의 지혜대로 실사구시와 중용의 자세가 필요하다. 이에 대해 7장과 8장에서 논의한다.

읽을거리

1. 세계의 부 규모와 분포

크레딧 스위스에 의하면 2019년 중반에 세계 전체의 순자산은 361조(미국) 달러이다. 이는 2019년 세계 GDP 88조 달러의 4.1배 수준이다. 세계의 순자산 361조 달러는 전 세계 성인 50.9억 명으로 나눈다면 1인당 70,849 달러에 달하는 금액이다. 그런데 집중도를 보면 상위 10% 성인이 세계 전 자산의 82%를 소유하고 있다. 상위 5% 성인은 70%, 최상위 1%의 성인은 45%의 자산을 가지고 있다. 반면에 성인의 절반인 하위 50%는 고작 전체 자산의 1%만을 가지고 있다. 세계의 자산 지니계수는 0.885이다. 이런 극단적인 불평등은 세계 어느 단일 국가보다 심하다. 다행인 것은 2000년대에 비해 불평등이 상당히 완화되었다는 점이다. 2000년에 세계의 자산 지니계수는 0.919였다. 초부유층 1%, 5%, 10%가 세계 전체 순자산의 47%, 76%, 89%를 차지하고 있었다.

크레딧 스위스(Credit Suisse, 2020)가 2019년 중반 기준으로 세계 성인 1인당 부를 10분위로 구분한 경계값은 다음과 같다.

1분위 135달러 미만
2분위 135달러 이상 ~ 949달러 미만(이상, 미만이 이하 같음)
3분위 949 ~ 2,005
4분위 2,005 ~ 3,852
5분위 3,852 ~ 7,087

6분위	7,087 ~ 11,791
7분위	11,791 ~ 20,846
8분위	20,846 ~ 42,110
9분위	42,110 ~ 109,432
10분위	109,432달러 이상

자료 : Credit Suisse(2020), *World Wealth Report* 2019, Table 3-4.

위 분위 구분에 따르면 순자산이 7,087달러(약 850만 원)만 있어도 세계의 인구 절반보다 부유하다. 성인 1인당 평균 자산 70,849달러는 자산 중앙값 7,087달러에 비해 10배나 많다.

크레딧 스위스(2019)에 따르면 2019년 우리나라 순자산은 7.3조 달러로 세계 전체의 2.0%를 차지한다. 우리나라 성인 1인당 순자산은 17.5만 달러이다. 우리나라 평균인 17.5만 달러의 부를 가지고 있는 사람은 세계 상위 10% 안에 넉넉히 들어간다. 우리나라 성인 인구를 부자 순으로 나란히 세웠을 때 한가운데 있는 사람의 중위 자산은 72,000달러였다. 이 중위 자산 정도를 가지고 있는 사람도 세계 상위 20% 안에 넉넉히 들어간다. 우리나라는 국내총생산 면에서 세계 10~12위의 경제대국이다. 이런 국력에 힘입어 우리나라 사람은 세계 시민의 관점에서 볼 때 많이 벌고 많이 저축하고 이 저축이 쌓여 평균적으로 부유층에 속하는 셈이다. 우리나라도 20세 이상 성인으로 기준을 맞추면 가계금융복지조사에 나오는 1인당 (순)자산 1.3억 원은 성인 1인당 13.5만 달러다.[4] 크레딧 스위스가 우리나라 통계청보다 성인 1인당 4만 달

4. 2019년 가계금융복지조사에서 가구 순자산은 3억 5,281만 원이고 가구원 수는 2.71명

러 더 많게 자산을 추계한 것이다. 이는 본문에서 설명한 것처럼 각국의 가계조사에서 초부유층의 자산 조사가 왜곡되고 과소 보고되게 마련이라는 현실을 감안하여 크레딧 스위스가 포브스에 나오는 각국의 억만장자 자료를 이용하여 부유층 자산분포를 수정했기 때문이다. 우리나라에서 100만 달러 이상의 순자산을 가지고 있는 사람은 74.1만 명으로 전 세계 백만장자 4,110.5만 명의 1.6%를 차지하였다. 그중 1억~5억 달러의 자산을 가지고 있는 우리나라 사람은 908명, 5억 달러 이상의 자산을 가지고 있는 사람은 74명이다. 세계 전체로는 각각 51,086명, 4,834명이었다.

2. 우리나라에서 최상위 10%, 1%, 0.1% 부유층에 들어가려면 자산이 얼마나 있어야 하나?

2020년 3월 기준 부유층 가구 10%, 5%, 1%, 0.1%에 들어가려면 어느 정도의 (순)자산을 가지고 있어야 할까? 상위 10% 부유층 가구에 들어가려면 **표 6-1**에서 본 것처럼 최소한 P90 = 8.3억 원의 자산이 있어야 한다. 그들이 보유하는 자산은 **표 6-3**에서 본 것처럼 전체 자산의 43.7%를 차지하고 있다. 최상위 5%, 1%, 0.1% 가구의 자산에 대한 공식 통계는 공표되지 않고 있다. 통계청의 2020년 가계금융복지조사 원자료를 바탕으로 추계한 바에 따르면 상위 10% 가구의 평균 자산은 대략 16억 원이다. 최상위 1% 가구에 들어가기 위해서는

이다. 가구원 1인당 순자산이 1억 3,000만 원이다. 총인구 5,000만 명 중에 성인인구 비중은 83%이다. 따라서 성인 1인당 순자산은 1.3억/0.83 = 1억 5,700만 원이다. 이를 2019년 시장환율 1,166원으로 나누면 대략 135,000달러다.

적어도 26억 원의 자산이 있어야 한다. 최상위 1% 가구가 전체 자산의 11.5%를 보유하고 있고 가구당 평균 자산은 42억 원이다. 최상위 0.1% 가구에 들어가려면 적어도 73억 원이 넘는 자산을 가져야 한다. 이 부호 가구는 전체 자산의 2.5%를 차지하고 있고, 가구당 평균 자산은 89억 원이다.

〈표 6-5〉 우리나라 부유층 가구의 순자산 보유(2020년 3월 기준)

(단위 : 억 원, %)

	자산 점유율	평균 자산	자산 경계값
상위 10%	43.7%	15.9억 원	8.3억 원
상위 5%	30.1	21.8	12.0
상위 1%	11.5	41.8	26.0
상위 0.1%	2.4	88.8	73.1

주 : 상위 5%와 1%, 0.1%는 중앙대 경제학부 석사 과정에 있는 윤용기 군이 추계한 것임.
자료 : "2020년 가계금융복지조사"

김낙년(2019)은 상속세, 재산세, 종합부동산세 등 국세청의 세금 자료를 토대로 성인(20세 이상) 인구에 대해 2017년도 부 분포를 추정하였다. 그에 따르면 성인 인구 4,280만 명의 평균 자산은 1.5억 원이다. 성인 인구 중 상위 10%의 평균 자산은 9.7억 원, 상위 1%에 속하는 43만 명의 평균 자산은 27.4억 원이다. 최상위 0.1%인 4만 3,000명의 평균 자산은 64.2억 원이었다.

part three

우리나라의 바람직한 분배 정책

제7장 분배 정책 서설/ **제8장** 바람직한 분배 정책

분배 정책 서설

7장

1. 세계적인 소득 분배 악화의 원인

2. 우리나라 소득 분배에 영향을 미치는 요인

3. 우리나라 부 분배에 영향을 미치는 요인 / 4. 분배와 관련된 여러 논쟁

"(위정자는) 백성이 부족한 것을 근심하지 말고 고르지 못함을 근심해야 하고, 백성이 가난한 것을 걱정하지 말고 편안하지 못한 것을 걱정해야 한다(不患寡而患不均 不患貧而患不安)"

— **공자**(논어 계씨편)

"군주가 나라를 망치는 건 악의가 아니라 물정 모르는 의욕만 넘치는 열정과 선의에 기인하는 경우가 많다."

— **한비자**

"인간사에서 완벽한 해법은 실용적으로나 원칙적으로 불가능하다. 작심하고 완벽한 해법을 시도하면 그 결과는 고통 · 환멸 · 실패일 가능성이 크다."

— **아이자이어 벌린**(『인간성이라는 굽은 목재 : 지성사의 여러 장』)

지금까지 본 것처럼 우리나라 소득 분배는 시장소득 기준으로 매우 양호하지만 처분가능소득 기준으로 볼 때 상당히 좋지 않다. 부 분배는 상당히 양호하지만 최근에 악화하고 있다. 이러한 상황에서 어떤 분배 정책을 써야 할까? 정책을 논하기 위해서는 먼저 분배를 악화시킨 요인들을 제대로 이해해야 한다. 분배를 개선하기 위한 정책과 관련하여 다양한 견해와 이를 둘러싼 논쟁이 있는데 이에 대해서도 올바로 이해할 필요가 있다. 이 장에서는 분배를 결정하는 요인과 분배와 관련된 다양한 논란을 정리해 보기로 한다.

1. 세계적인 소득 분배 악화의 원인

세계적으로 소득 분배 양상은 다양하다. 그러나 대체적으로 1980년대부터 소득 분배가 지속적으로 악화해 오다가 2010년대에 뚜렷한 악화도, 개선도 아닌 정체 상태에 있는 것으로 나타난다(알바레도 외, 2018). 세계적으로 소득 분배가 1980년대부터 악화한 주요인은 크게 세계화, 기술 발전, 정부 정책을 들 수 있다.

세계화

1980년대부터 두드러지기 시작한 세계화는 1990년대에 본격적으로 진행되면서 종전보다 노동과 자본의 국제적 이동이 활발하게 이루어졌다. 무엇보다 중국, 인도, 러시아, 동구권 등이 대외 개방을 통해 비숙련 노동자 중심으로 글로벌 시장경제 체제에 대거 편입되었다. 이에 따라 외국인 노동자의 유입이 대폭 늘어나면서 선진국 비숙련 노동자의 임금은 하방 신축적이 되었다. 숙련 노동자와 전문직 종사자에 대한 수요가 세계화되어 이들의 임금은 상방 신축적이 되었다. 싼 임금을 찾아 선진국 기업의 해외직접투자가 많아지면서 선진국의 '고용 없는 성장'과 임금 상승 정체에 기여하였다. 인도와 같은 신흥국과 중국, 러시아, 동유럽 나라 등의 체제 전환국은 글로벌 시장경제에 편입된 부문과 전통 부문 간 성장의 격차로 임금 격차가 커져 소득 분배가 악화하였다.

기술 발전

4장에서 설명한 바와 같이 경제가 발전함에 따라 임금률-자본 수익률 비율이 지속적으로 상승하는 경향을 보인다. 이에 따라 선진국에서 노동절약적 기술 진보가 꾸준히 일어나고 있다. 표준화된 업무를 대체하는 기술도 꾸준히 발전하여 선진국에서 비숙련 노동에 대한 수요가 줄어드는 추세이다. 1990년대부터 눈부시게 발전한 정보통신기술은 숙련편향적(skill-biased) 기술 변화를 일으켜 비숙련 노동은 물론이고 중간 숙련 노동의 수요까지 감소시키는 대신 고급기술직 수요를 증가시키고 있다. 이런 다층적인 기술 발전에 따라 비숙련 노동자와 고숙련 노동자 간의 임금 격차가 확대되었다.

정부 정책

정부의 복지 지출과 조세에 관련된 정책이 소득 분배에 영향을 미친다. 1980년대에 미국의 레이건 정부와 영국의 대처 정부가 실시한 복지 지출 삭감과 감세 등 이른바 신자유주의 정책은 소득 분배에 악영향을 미친 것으로 평가된다. 1960년대에 미국 기업의 경영진이 받는 보수는 일반 근로자들이 받는 임금의 20배 정도였는데 2010년대에는 250배로 폭증했다. 피케티(2014)는 경영진의 보수와 관련된 왜곡된 기업의 지배 구조는 정부의 감세 정책에 기인한다고 지적한다. 미국에서 개인소득세의 최고 한계세율은 1970년대까지 90%에 이르렀다. 이것이 1980년대에 40%대까지 낮아졌다. 한계세율이 크게 낮아져 세후 소득이 눈에 띄게 늘어남에 따라 경영진이 자기 봉급 인상에 본격적으로 관심을 갖게 되었다는 것이다.

우리나라 정부는 2010년대 후반에 일련의 소득주도성장 정책과 부동산 정책을 폈다. 이 정책들은 한비자의 말대로 "물정 모르는 의욕만 넘치는 열정과 선의에" 기초하는 것으로서 경제 성장과 분배에 심대한 악영향을 미친 것으로 평가된다. 이는 아래의 4절과 8장에서 자세히 설명한다.

TOP

위 세 요인은 흔히 TOP(Technology, Openness, Policy)라 부른다. 소득 분배에 영향을 미치는 요인들은 무수히 많다. 그러나 세계적인 소득 분배에 가장 큰 영향을 미치는 요인은 이 세 가지이다. 기술 발전과 세계화는 으레 소득 분배를 악화시키는 방향으로 작용한다. 정부 정책은 소득 분배를 악화시키기도 하고 개선시키기도 하는 지렛대이다. 2010년대에 선진국에서 소득 분배가 정체 상태인 것은 2008년의 세계적인 금융위기 이후 세계화 추세가 둔화하고, 각국 정부도 그동안 많이 악화한 소득 분배를 개선하려는 방향으로 정책적 노력을 기울인 데에 기인한다.

2. 우리나라 소득 분배에 영향을 미치는 요인

우리나라 소득 분배에도 TOP이 기조적으로 영향을 미친다. 일찍이 사호타(Sahota, 1978)는 계층별 소득 분배에 영향을 미치는 요인을 개인의 능력, 개인 선택(선호), 인적 자본, 상속, 행운과 불운 등의 우연성, 교육 불평등, 생애 단계, 공적 소득 재분배 등 8가지로 집대성했다. 이 8가지 요인이 우리나라 소득 분배에 영향을 미친다(각각의 요인이 얼마나 영향을 미치는지는 잘 모른다). 이런 요인들 외에도 우리나라 소득 분배에 영향을 미치는 요인들은 다양하다. 그중 몇 가지만 들면 인구 및 가족 구조의 변화, 노동시장의 이중 구조, 기업 지배 구조의 변화, 가구의 노동 공급 변화, 불공정한 정치 · 사회 풍토 등을 들 수 있다.

인구 및 가족 구조의 변화

고령화로 인해 노인 가구(고령자 가구, 가구주 연령이 65세 이상인 가구)가 늘어나고 있다. 은퇴와 더불어 대다수의 노인들이 저소득층으로 편입되기 때문에 고령화는 빈곤 문제와 소득 분배를 악화시킨다. 게다가 전통적인 가족 관계가 빠르게 붕괴되어 자식들로부터 봉양을 받지 못하는 노인이 급증하고 있다. 2019년에 노인 가구가 전체 가구의 22%를 차지하고 있는데 노인 가구의 47%가 빈곤 가구이다.[1] 1인 가

1. 통계청, 『2019 고령자 통계』, 2019. 9.

구와 한부모 가구도 늘어나고 있다. 1인 가구는 2015년에 520만 가구, 전체 가구의 27.2%로 2인 가구보다 많아져 주된 가구 형태가 되었다. 2019년에 전체 가구의 30.2%로 30%를 넘었다. 일반적으로 소득이 적은 가구의 비중이 높은 노인 가구, 1인 가구, 한부모 가구 등이 늘어나면 소득 분배가 악화한다.[2] 우리나라는 인구 및 가족 구조가 선진국보다 훨씬 빠르게 변하고 있다.

노동시장의 이중 구조

5장에서 대기업 근로자와 중소기업 근로자, 정규직과 비정규직의 임금 격차를 살펴보았다. OECD 평균을 훨씬 뛰어넘는 임금 격차는 노동생산성으로 설명할 수 없을 정도로 크다. 게다가 대기업의 정규직은 고용 조정이 지나치게 경직적인 반면에 나머지 근로자들은 지나치게 유연한 면에서도 이중적인 노동시장 구조이다. OECD(2015)는 정규직과 비정규직의 격차가 성장을 저해하고 소득 불평등을 야기하며 여성의 경제 활동 참여를 감소시킨다고 지적한다. 성별 · 학력별 임금 격차도 주요 선진국에 비해 높다. 고용 유연성이 없는 정규직 시장은 좋은 일자리 창출을 저해하고 있다. 이런 노동시장의 이중 구조가 갈수록 노동소득 불평등을 심화시키고 있다. 이론적으로 보면 '비정규직'은 노동시장의 변화에 유연하게 대처할 수 있게 해 주기 때문에 오히려 더 높은 임금을 주어야 타당하다.

---

2. 이에 관한 실증 분석은 성명재 · 박기백(2009), 강신욱(2014), 이병희(2014), 박종규(2017)와 이들이 인용하는 문헌을 참고할 것.

기업 지배 구조의 변화

기업에 미국식 주주자본주의 문화가 도입되어 대기업집단을 중심으로 연봉제와 성과급이 확산되었다. 최고 경영자를 포함한 미국 기업 경영진의 보수는 이사회에서 결정되는데 경영진이 이사들을 선출하는 데에 중요한 영향을 미친다. 따라서 미국 기업의 경영진과 이사들은 사실상 한 팀이어서 성과와 관계없이 자기 밥그릇을 유리하게 챙길 수 있는 지배 구조를 갖고 있다. 애플의 스티브 잡스가 시장에 가져온 혁신을 생각해 본다면 일반 근로자들의 임금보다 250배가 아니라 500배를 받아 마땅한 경영자도 있다(베이커, 2016). 그러나 대다수의 경영자들은 스티브 잡스가 아니다. 경영진의 보수가 일반 근로자 임금보다 훨씬 많은 것은 경영자 시장의 수요와 공급에 의해 결정되는 것이라고 경영학계에서는 설명해 왔지만 이는 왜곡된 기업의 지배 구조를 감싸는 잘못된 논리이다. 우리나라도 미국과 마찬가지로 경영진의 보수가 경영자 시장의 수요와 공급에 의해 결정된다고 말할 수 없는 상황이다.

가계의 노동 공급 변화

가계는 소득의 공유와 가구별 노동 공급을 통해 소득 불평등을 감소시키는 역할을 한다. 그러나 이병희(2014)는 2000년대 들어 가구주의 노동소득이 중상위권인 가구에서 배우자 취업률이 증가하고, 부부의 노동소득 간 양(+)의 상관관계가 커짐에 따라 가구의 노동소득 불평등 감소 효과가 종전보다 약화하고 있다는 것을 보였다. 고학력 전문직이 같은 부류의 배우자를 선호하는 동류혼 행태가 커질수록 소득 분배가 악화한다.

불공정한 정치 · 사회 풍토

주지하는 바와 같이 우리나라는 1960년대부터 제조업 위주의 불균형 성장 전략을 채택하였다. 경제 개발 초기에는 불가피한 선택이었다. 자본 축적이 적어 모든 산업 분야, 모든 기업에 재원을 골고루 분배할 수 없기 때문이다. 불균형 성장 전략을 추진하는 데에는 정부가 사업 인허가와 재원 분배에 직접 개입하게 마련이다. 이런 관치경제에 후진적인 정치 풍토가 가세하여 정실자본주의(crony capitalism)가 생긴다. 정실자본주의란 혈연, 지연, 학연 등의 연고로 정치와 경제가 밀착되어 이런 연고가 없는 자들을 배제하는 불공정한 시장경제를 말한다. 정부가 한정된 사업권과 재원을 공정한 경쟁이 아닌 연고로 배분하고, 수혜자들은 비자금, 뇌물 등의 반대급부를 제공하는 부정 · 부패의 악순환이 이어졌다. 최대 수혜자는 재벌이다. 정권과 재벌의 이런 공생관계를 정경유착이라 불렀다. 부정 부패의 규모는 고도성장에 비례하여 커졌다. 재벌은 1970년대부터 고도성장의 견인차 역할을 수행하면서 막강한 경제력을 바탕으로 정치, 경제, 사회, 문화, 언론, 사법, 학술 등 거의 모든 분야에 영향력을 키워 왔다. 관치경제와 정경유착, '재벌공화국'의 풍토에서 우리나라의 기득권층은 유난히 권력과 명예와 부, 세 가지를 모두 누리려는 집착을 보여 왔다.[3] 정계, 관계, 법조계, 경제계 등에서

3. 1998년 한 탈주범이 인질극을 벌이다 "돈 없고 권력 없이는 못 사는 게 이 사회다"라고 말해 '유전무죄', '무전유죄', '유권무죄'라는 말이 회자되었다. 우리 사회 상황을 대변하는 사건이었다.

의 전관 예우는 견고하다. 근래에는 많이 개선되었지만 특혜나 담합으로 공공사업권을 따내고, 최근의 LH 사태에서 드러난 것처럼 공공 개발 정보를 빼내 지대를 추구하는 부정 · 부패 구조는 여전하다. 시장에서 이루어지는 각종 불공정거래행위도 뿌리 깊다. 유전무죄, 무전유죄가 통용되고 유권무죄가 유전무죄와 같이 쓰이는 후진적인 사회 풍토이다. 겉으로는 어느 선진국 못지않은 시장경제이지만 법치와 공정한 경쟁이 아직 내재화하지 않은 '정글 자본주의' 양상이다. 이런 불공정한 사회 풍토가 기득권층으로의 소득 집중도를 높이고 일반 국민의 체감 분배를 악화시키는 데에 기여하였다.

2010년대 소득 분배가 개선된 이유

지금까지 살펴본 소득 분배에 영향을 미치는 요인들은 거의 모두 소득 분배를 추세적으로 악화시키는 것들이다. 소득 분배 악화는 자본주의의 진행 과정에서 일어나는 필연적인 현상이라는 피케티의 전망을 연상시킨다. 그렇다면 2010년대에 우리나라의 소득 분배가 미약하게나마 개선된 이유는 무엇일까? 처분가능소득 기준으로 소득 분배가 개선된 것은 정부의 각종 사회 복지 지출이 꾸준히 증가한 데에 크게 기인할 것이다. 시장소득 기준으로 소득 분배가 개선 또는 안정세를 보인 것은 만족스럽게 설명하기 어렵다. 두 가지 유력한 이유를 들 수 있다. 첫째, 2010년대에는 1990년대 후반의 외환위기, 2000년대 후반의 세계적인 금융위기와 같은 경제위기가 일어나지 않고 거시적인 경제 환경이 안정적이었다는 점이다. 기간 중 물가가 안정되고 금리와 실업이 낮은 수준에서 유지되었다. 경제 성장이 낮아졌지만 대체로 실질임금은 상승하였다. 최저임금은 경제 성장률보다 높은 비율로 상승하였다. 특히 이명박 정부(2008~2012)와 박근혜 정부(2013~2016) 시절에 주택 가격과 임대료가 안정된 것이 분배가 악화하지 않은 데에 크게 기여한 것으로 평가된다. 둘째, 전병유(2016)가 지목한 것과 같이 과거부터 지속적인 최저임금 상승이 누적되고 제조업의 중간 일자리가 늘어났다. 소득 분배를 개선시키는 위 두 요인들이 추세적으로 분배를 악화시키는 요인들을 압도할 만큼 과연 컸는가, 다른 더 중요한 요인이 있었던 것은 아닌가에 대해서는 아직 확실하게 말할 수 없다.

2020년에 코로나19가 일으킨 경제위기는 1990년대의 외환위기, 2000년대의 국제금융위기에 버금가는 위기로 2010년대와는 질적으로 다른 거시경제 환경에 맞닥뜨리게 하고 있다. 다가오는 AI 시대에 공장 자동화가 더욱 진전되면서 일자리 창출이 갈수록 저조해질 전망도 커지고 있다. 나중에 드러날 2020년대의 분배 상황은 2010년대의 분배 상황을 긴 역사적 시계(視界)에서 더 잘 이해하는 데 도움을 줄 것이다.

3. 우리나라 부 분배에 영향을 미치는 요인

소득과 부는 상당히 밀접한 양(+)의 상관관계를 가진다. 따라서 위에서 살펴본 소득 분배에 영향을 미치는 요인들은 부 분배에도 어느 정도 영향을 미칠 것이다. 우리나라에서는 땅과 집 같은 부동산의 가격 변동이 부 분배에 중요한 영향을 미친다. 부동산 가격이 상승하면 부동산을 가진 사람들과 가지지 못한 사람들 간의 자산 격차가 커져 자산 분배가 악화한다. 특히 선진국과 달리 가구가 가지는 대부분의 자산이 부동산이기 때문에 부동산 가격의 상승이 자산 분배에 미치는 악영향이 선진국보다 훨씬 크다. 3장에서 본 것처럼 가구 자산의 76%가 땅과 집, 비주거용 건물 등을 포괄하는 부동산이다.

소득과 부의 분배에 수많은 요인들이 영향을 미친다. 그중에 어떤 요인이 가장 중요하고 각 요인이 어느 정도로 분배에 영향을 미치는지에 대한 포괄적 연구와 학계의 합의는 아직 없다. 스티글리츠(2012)는 경제적 불평등(소득과 부 분배의 불평등)이 정치적 · 사회적 불평등을 악화시키고, 그것이 다시 경제적 불평등을 악화시키는 악순환의 고리를 만들어 낸다고 지적하였다. 우리나라는 경제적 불평등이 대기업과 중소기업, 정규직과 비정규직, 수도권과 지방 간의 지나친 불균형과 맞물려 악순환의 고리가 형성되어 있다. 피케티(2014)가 강조하는 것처럼 경제적 불평등은 경제적 요인에 의해서만 결정되는 것이 아니다. 정치적 · 경제적 · 사회적 요인들과 정책이 결합되어 일어나는 현상이다.

4. 분배와 관련된 여러 논쟁

선성장 후분배 vs. 형평 있는 성장

우리나라는 다른 어느 나라보다 선성장 후분배 논리가 지배해 온 나라다. 1960년대 초부터 경제 개발 계획을 수립하여 수출과 대기업이 주도하는 불균형 성장 전략을 추구하여 왔다. 불균형 성장 전략은 선성장 후분배 논리에 의해 합리화되었다. 빈곤의 악순환에서 하루 속히 벗어나기 위해서는 파이를 가급적 빨리 키우는 성장이 절대적으로 중요하다. 성장하기 위해서는 작은 내수시장과 낮은 투자라는 애로를 타개하는 것이 핵심이다. 작은 내수시장은 거국적인 수출 촉진을 통해, 낮은 투자는 국내의 한정된 재원을 소수 제조업과 대기업에 집중 지원하고 외국 돈까지 차입하여 돌파한다. 이 대외지향형 불균형 성장 전략이 양호한 세계 경제환경과 결부되어 역동적인 시너지 효과를 발휘하였다. 그 결과 한국 경제는 1960~1996년의 3반 세기여에 걸쳐 연평균 8.0%의 고도성장을 이룩하여 한강의 기적이라 불리게 되었다. 이 고도성장으로 우리나라는 단군 이래 처음으로 절대적 빈곤의 멍에에서 벗어났다.

1997년의 외환위기 이후 종전의 성장 패러다임은 한계에 부딪쳤다. 성장이 3~4%대를 거쳐 2%대까지 내려앉고 소득과 부의 분배가 악화하며, 상대적 빈곤이 현저하게 높아졌다. 제조업과 수출에 특화한 불균형 성장이 절대적 빈곤은 해결했지만 이제 상대적 빈곤으로 표현되는 분배는 해결해 주지 못한다. 우선 파이를 키우면 나중에 분배를 잘 할 수 있는 여력이 커진다는 선성장 후분배 논리는 현재의 저성장 체제 하에서 설득력이 떨어진다. 분배가 성장을 잘할 수 있는 여력을 키운다는 연구도 있다. 형평 있는 성장(growth with equity)에 주목해야 하는 이유이다.

경제학계에서는 분배가 성장에 미치는 영향에 대해 긍정적인 연구 결과와 부정적인 연구 결과가 혼재되어 있다. 분배가 개선되면 저소득층의 소비 능력이 높아져 유효수요가 창출되며, 인적 자본 투자와 여성의 경제 활동 참여가 확대되고 사회 갈등이 감소하여 성장에 긍정적인 영향을 미친다. 한편, 분배는 사회간접자본과 연구 · 개발의 투자 재원을 줄여 성장 잠재력을 저하시키고 세금의 비효율성, 투자와 근로 의욕의 감소 등을 통해 성장에 부정적인 영향을 미친다.

2008년의 세계적인 금융위기 이후 경제 대침체가 오래 지속되자

소득 불평등이 성장을 저해한다는 연구들이 더 많이 주목을 받게 되었다. IMF(2015)는 159개 선진국 및 신흥국의 1980 ~ 2012년 데이터 분석을 통해 소득 불평등이 심화하면 경제 성장이 낮아진다는 것을 보였다. 하위 20% 계층의 소득 점유율이 1%포인트 상승하면 경제 성장률이 향후 5년간 0.38%포인트 높아지는 반면, 상위 20% 계층의 소득 점유율이 1%포인트 상승하면 경제 성장률이 0.08%포인트 작아진다는 것이다. 이 국가 간 실증 분석 결과가 특정 국가 내에서도 성립한다는 보장은 없다. 그러나 전 세계 159개국을 통틀어 볼 때 소득 분배가 개선되면 경제 성장률이 높아진다는 인과관계는 개별 국가 안에서도 성립할 것이라는 개연성을 높인다. 소득 불평등이 감소하면 저소득층의 신용 제약과 정치적 불안정성이 완화되어 성장의 지속 가능성을 높이기도 한다.

포용적 성장과 소득주도성장 1

2008년의 금융위기 이후 세계적인 경제 대침체가 오래 지속되는 가운데, 국민의 복지와 삶의 질 향상을 위해 국가가 적극 개입하는 북유럽과 독일이 상대적으로 양호한 성과를 보였다. 이에 따라 자유시장경제를 옹호해 온 국제기구들도 최근에 독일, 프랑스의 사회적 시장경제를 부분적으로 수용하면서 '포용적 성장(inclusive growth)'을 제안하고 있다. 경제협력개발기구(OECD)에 따르면, 포용적 성장이란 "모든 사람을 위한 기회를 창출하고 성장의 과실이 모든 가계에 공정하게 분배되는 경제 성장"을 뜻한다. 1980년대 이후 서구 주요국에서 경제는 성장하고 있는데, 적지 않은 사람들이 실업 상태에서 벗어나지 못하고,

많은 가계의 실질소득이 늘어나지 않는 현실을 경험하면서 포용적 성장이라는 개념이 등장하였다. 경제가 성장하고 고소득층의 소득은 현저히 늘어나는데 많은 가계의 소득이 늘어나지 않는다면 공정하다고 할 수 없다. 모든 가계가 경제 성장에 발맞추어 실질소득이 증가하는 것이 공정하게 분배되는 성장이다. 성장에 기여한 모든 사람의 소득이 늘어나는 것은 당연하다. 성장에 기여하지 못한 일부 사람의 소득도 성장에 의해 확충되는 사회안전망의 재원으로 늘릴 수 있다. 국제기구들이 성장을 공정한 분배와 명시적으로 결부시킨 적은 일찍이 없었다. 예전에는 밀물이 모든 배를 들어 올리듯이 경제 성장은 모든 사람들의 소득을 증가시킨다는 전제하에 성장을 논할 뿐 분배에 관한 고려가 없었던 것이다. 포용적 성장을 위한 정책으로는 누구나 공정한 경기에 참여하고 자유롭게 경쟁할 수 있도록 보장하는 규제 개혁, 창의력을 북돋는 교육 개혁, 사회적 약자에 자금을 지원하는 미소 금융(micro credit), 시장에서 패배하거나 소외된 이들을 도와주는 사회안전망의 확충 등을 들었다. 우리나라의 경우 중소기업과 내수를 돌보는 균형 성장, 공정거래 질서와 엄정한 법치의 확립, 많은 젊은이들이 일자리를 얻지 못하는 대규모 청년실업 문제를 해결하는 고용 친화적인 성장 등이 포용적 성장의 정책으로 추가될 수 있을 것이다.

우리나라는 공정한 분배라는 차원 외에 기존 성장 패러다임의 한계 때문에도 일찍이 포용적 성장을 추구해야 했다. 재벌이 주도하는, 재벌에 의한 성장은 진즉 한계를 드러냈다. 이는 이명박 정부와 박근혜 정부가 감세와 규제완화 등 '기업하기 좋은 나라' 정책을 적극 펼쳤지만 투자 증가와 경제 활성화의 효과가 미미했던 데에서 드러났다. 나라의 근간인 중소기업이 발전하고 내수가 견실해야 성장 잠재력을 발현하는 지속 가능한 성장이 이루어질 수 있다.

문재인 정부는 포용적 성장과 같은 맥락에서 '소득주도성장'을 주창하였다. '고용 없는 성장'을 지양하고 '사람이 먼저'인 경제를 만들기 위해 '좋은 일자리 창출'을 최우선적인 정책 목표로 삼았다. 역대 정부를 실질적으로 지배해 온 성장우선주의 패러다임에서 벗어나겠다는 의지를 표명한 그럴듯한 목표였다. 문제는 구체적인 정책 수단이다. 정책 수단을 잘못 쓴 결과 정부가 강조한 좋은 일자리 창출은 이전 정부보다 훨씬 적고, 코로나19 사태 이전에도 자영업자 대거 도산, 사상 최고의 청년실업률 등의 참담한 부작용을 낳았다.

소득주도성장의 대표적인 정책 수단은 최저임금의 대폭 인상, 비정규직의 정규직화, 노동시간의 단축, 이 세 가지이다. 비정규직의 정규직화와 노동시간의 단축에 대해서는 다음 항에서 다룬다. 여기서는 문재인 정부가 가장 큰 주안점을 둔 최저임금의 대폭 인상에 대해 먼저 다룬다. 최저임금을 올려야 할 이유는 많다. 크게 세 가지로 정리할 수 있다. 첫째, 소득 분배를 개선하는 유력한 정책이라는 점이다. 둘째, 노동계가 주장하는 바와 같이 비정규직 노조가 없다시피 한 우리나라 현실에서 저임금 문제를 해결해 나갈 강력한 방법이라는 점이다. 셋째, 저소득층 소비가 늘어나 내수시장 활성화에 긍정적인 효과를 낳는다는 점이다.

첫째와 관련해서는 좀 더 자세한 설명을 필요로 한다. 경제학원론에서는 으레 최저임금을 올리면 실업이 늘어난다고 가르친다. 최저임금의 혜택을 받는 근로자들의 소득은 증가하지만 늘어난 최저임금으로 실업자가 된 비숙련 근로자들의 소득은 줄어든다. 따라서 전체적으로 소득 분배가 개선되는지 악화하는지 사전에 예단할 수 없는 것으로 보인다. 그러나 최저임금을 올리면 실업이 늘어난다는 경제학원론의 가르침은 엄밀하게 말하면 노동시장이 경쟁시장이라는 전제하에서 성립한다. 현실 노동시장은 기업과 노동자 모두 임금 결정력이 없는 경쟁시장이라기보다 기업이 임금 결정력을 가지고 있는 수요독점적 시장이다. 노동시장이 수요독점적 시장이라면 임금을 올려도 크게 올리지 않는 한 실업이 늘어나지 않는 것으로 노동경제학은 가르치고 있다. 따라서 최저임금을 올리면 소득 분배가 개선된다고 말할 수 있다. 문제는 최저임금을 지속적으로 대폭 올릴 때 위 세 가지 긍정적인 효과가 사라지고 반대의 역효과가 커진다는 점이다. 안국신(2019)은 이런 최저임금 대폭 인상의 야누스적 양면을 경제학원론의 틀에서 간명하게 분석하였다. 소득주도성장 이론이 경제학원론에 나오는 총수요·총공급 이론의 수요 측면만 바라본 반쪽짜리 이론이라는 것이다. 이를 살펴보자.

소득주도성장에 따르면 저임금 근로자의 최저임금이 오르면 **표 7-1**처럼 선순환이 일어나 경제가 계속 성장할 수 있다. 최저임금을 대폭 올리면 선순환 효과는 더 커진다. 저소득층의 소득과 노동소득분배율을 높여 소득 분배를 개선하고 성장을 촉진하는 측면도 있으며, 사람이 먼저라는 국정 이념에도 맞는다.

〈표 7-1〉 **최저임금 인상의 긍정적인 효과 1**

최저임금 상승 → 가계소득 증가 → 소비 증가(총수요 증가) → 생산 증가 → 투자 증가, 고용 증가 → 가계소득 증가 → 소비 증가(총수요 증가) → ……

〈표 7-2〉 **최저임금 인상의 긍정적인 효과 2**

최저임금 상승 → 노동소득분배율 상승 → 소비 증가(총수요 증가) → 생산 증가 → 투자 증가, 고용 증가 → …… → 경제 성장 촉진

이런 선순환은 경제학원론에서 케인스의 유효수요이론과 승수효과로 불리고 있다. 교과서에서는 연쇄 과정의 첫 단계를 으레 정부지출의 증가나 세금 감면 같은 확대 재정 정책으로 시작한다. 이 그럴듯한 논리에 무슨 오류가 있어서 소득주도성장이 작동하지 않은 걸까? 경제학원론에 나오는 수요 · 공급의 이론을 제대로 이해하지 못했기 때문이다. 최저임금의 상승은 **표 7-1**과 같은 소득효과가 있는 한편으로 기업의 비용을 늘려 고용을 줄이는 효과가 있다.

〈표 7-3〉 최저임금 인상의 부정적인 효과

최저임금 상승 → (실질)임금 상승 → 노동 수요량 감소 → 고용 감소 → 생산 감소 → 가계소득 감소 → 소비 감소 → 생산 감소 → …

이 생산비용 증가, 고용 감소, 생산(공급) 감소 효과는 최저임금을 대폭 올릴수록 커진다. 소득주도성장이 고용 참사를 일으킨 이유다. 최저임금을 2년 연속 대폭 올리자 많은 영세 자영업자가 사업을 접거나 고용을 줄여 적지 않은 일용근로자와 아르바이트생이 일자리를 구할 수 없었다. 그렇다고 정규직 고용이 늘어난 것도 아니다. 한 해 취업자 증가 폭이 종전에 20~30만 명이던 것이 2019년에 10만 명에도 못 미치고, 청년세대의 확장 실업률이 역대 최고인 25%대를 기록한 배경이다.[4] 고용이 위축되기 때문에 **표 7-2**처럼 노동소득분배율이 상승하고

4. 급격한 최저임금 인상의 충격을 줄이기 위해 정부는 2018년부터 일찍이 없던 '일자리 안정자금'을 만들어 집행하였다. 최저임금이 올랐어도 고용을 유지하는 소상공인과 영세 사업자에게 임금 인상분의 일부를 지원해 주는 제도이다. 가격 기능을 왜곡하는 무리한 최저임금 인상의 폐해를 재정 지원으로 완화코자 한 것이다. 2018~2021년 4년간 일자리 안정 사업에 투입된 돈은 10조 원에 육박한다. 이런 땜질식 현금 지원이 없었으면 고용 감소와 실업 증가의 폐해는 훨씬 컸을 것이다.

소득 분배가 개선되기를 기대하기도 어렵다. 미국의 트루먼 대통령은 외팔이 경제학자를 원했지만, 수요와 공급 양 측면을 이해하지 못하는 외팔이 관변 경제학자들과 정치권이 큰일을 저지를 수 있다는 것을 보여주는 사례다.[5] 케인스가 처방하는 확대 재정 정책에는 직접적인 비용 증가, 공급 감소 효과가 없다.

소득주도성장은 노동경제학자들이 주장한 임금주도성장을 차용하여 지은 토종 용어다. '고용 없는 성장'을 깨기 위해 임금과 소득이 먼저 늘어나면 고용과 성장이 늘어난다는 토착적인 논리를 제시하였다. "성장의 결과 일자리가 생기는 것이 아니라 일자리를 늘려 성장을 이루는 경제 패러다임의 대전환이 필요하다"[6]라는 거창한 담론과 의욕을 보였다. 그러나 최저임금을 대폭 올리자 일자리가 크게 줄어들었다. 소득주도성장은 말이 마차를 끄는 것이 아니라 마차가 말을 끌겠다는 논리였던 것이다. 반면에 대기업 종사자의 임금은 올라 노동소득 분배가 악화하였다. 지나친 의욕이나 정치 이념이 앞서 경제학원론에 나오는 기초적인 경제 논리를 도외시함으로써 정부가 전혀 예상하지 못한 엉뚱하고 참담한 결과를 빚어낸 것이다.

문재인 정부는 2017년 5월 출범하자마자 2020년까지 최저임금을 시급 1만 원으로 올린다는 대통령 선거 공약을 다시 확인하였다. 2017년의 최저임금은 6,470원이었다. 해마다 15 ~ 16%씩 올려야 2020년

5. 트루먼 대통령은 경제학자들이 정책을 놓고 지지(혹은 반대)하는 논리를 자세히 개진한 후에 "그러나 다른 한편으로는(But, on the other hand)"이라는 말을 으레 하는 것에 짜증이 나서 '외팔이(one hand)' 경제학자는 없느냐고 물었다고 한다. 비용과 편익을 냉정하게 살펴보아야 하는 경제학자에게 외팔이는 없어야 한다.

6. 2017년 6월 12일 대통령의 국회 시정 연설.

에 1만 원을 달성할 수 있다. 2018년의 최저임금은 2017년보다 16.4% 올려 7,530원으로, 2019년에는 10.9% 올린 8,350원으로 결정하였다. 과거에 최저임금을 연속적으로 두 자릿수씩 올린 적이 없기 때문에 이는 파격적인 인상률이었다.

〈표 7-4〉 최근 우리나라 최저임금의 추이

(단위 : 원, %)

연도	시간급	일급 (8시간 기준)	월급 (209시간 기준)	인상률
2014	5,210	41,680	1,088,890	7.2
2015	5,580	44,640	1,166,220	7.1
2016	6,030	48,240	1,260,270	8.1
2017	6,470	51,760	1,352,230	7.3
2018	7,530	60,240	1,573,770	16.4
2019	8,350	66,800	1,745,150	10.9
2020	8,590	68,720	1,795,310	2.9
2021	8,720	69,760	1,822,480	1.5
2022	9,160	73,280	1,914,440	5.1

자료 : 최저임금위원회

최저임금을 대폭 올릴수록 실업이 늘어나는 부작용이 생기기 때문에 소득 분배 개선 효과는 약해진다. 1988년에 도입된 최저임금은 전반적으로 소비자물가 상승률 이상으로 인상되어 왔다. 이명박 정부, 박근혜 정부 때에도 최저임금은 각각 연평균 5.2%, 7.4% 상승하였다. 기간 중 소비자물가는 각각 연평균 3.3%, 1.1% 상승에 그쳐 실질임금이 현저히 상승해 왔다. 이런 상황에서 문재인 정부 처음 2년간 최저임금을 두 자릿수로 올려 총 29.1%나 올린 것은 중소영세기업에 큰 타격을 주었다. 직전 3년을 포함하여 5년간(2015~2019) 60.3%나 올라 타격이 더욱 컸다. 한국경영자총연합(경총)에 따르면 2019년에 최저임금보다 낮은 임금을 받은 근로자는 339만 명으로 전체 임금 근로자의 16%를 차지한다. 이 근로자들을 고용하는 기업주는 법을 지키지 않은 범법자인 셈이다. 기업 규모별로 볼 때 최저임금 미만 근로자의 98%가 중소영세기업에 고용된 근로자이다. 5인 미만 사업장 근로자의 37%가 최저임금을 받지 못했다. 급격한 최저임금의 인상으로 최저임금의 혜택을 받지 못하는 근로자들이 급격히 늘고, 많은 중소영세기업을 한계기업으로 내몰아 폐업과 실업이 늘어나게 되었다. 고용 형태별로 보자. 5장에서 2019년에 비정규직 임금 근로자는 전체 임금 근로자의 36%인 750만 명이고, 이들이 받는 임금이 월평균 164만 원이라고 하였다. 최저임금으로 월 175만 원을 주어야 한다는 것은 비정규직의 월평균 임금보다 11만 원을 더 주어야 한다는 말이다. 이 정도면 최저임금이 터무니없이 높은 것은 아니지 않느냐고 생각할 수 있다. 그러나 전체 임금 근로자의 16%가 최저임금을 못 받은 것을 보면 현실 노동시장은 정부의 기대와 달리 최저임금 충격에 매우 취약한 것을 알 수 있다.

최저임금을 국제적으로 비교할 때 흔히 두 가지 기준이 사용된다. 하나는 전체 임금노동자의 중위 임금에 비하여 어느 정도인가를 보는 것이다. 통계가 이용 가능한 OECD 28개 국가들의 2019년 평균 최저임금은 중위 임금의 55%선이다(경총, 2019). 우리나라는 최저임금이 2015년에 중위 임금의 45%였는데 2019년에는 63%대로 OECD 평균보다 훨씬 높아졌다. 터키, 칠레, 리투아니아, 포르투갈, 뉴질랜드에 이어 여섯 번째로 높은 수준이다. 글로벌 시장에서 우리의 주요 경쟁국인 미국(32%), 일본(42%), 독일(47%)에 비해 지나치게 높다는 뜻이기도

하다. 다른 하나는 최저임금이 1인당 소득에 비해 어느 정도인가를 가늠하는 것이다. 1인당 국민총소득 대비 최저임금은 우리나라가 OECD 국가 중 뉴질랜드, 프랑스, 호주에 이어 네 번째로 높다. 주요 경쟁국에 비해 둘째 기준으로도 높은 것이다. 미국 연방정부가 정한 최저임금은 (바이든 정부가 들어서면서 대폭 인상할 계획이지만) 2009년 이후 11년 동안 시간당 7.25달러로 불변이었다. 일본 도쿄의 최저임금은 932엔이다. 우리나라보다 1인당 국민총소득이 거의 2배나 되는 미국, 20% 이상 많은 일본에서도 지금까지 시간당 최저임금이(경제위기로 원화 환율이 요동친 때를 빼고는) 우리 돈으로 1만 원을 넘은 적이 없다. 우리나라의 경제력과 국민소득 수준을 다른 나라들과 비교해 볼 때 시간당 최저임금 8,000원대도 당분간은 지나치게 높은 수준이다.

영세 자영업계는 실제 고용주들이 지급하는 최저임금이 2019년부터 1만 원을 넘었다고 지적한다. 최저임금의 시간급과 일급 계산에 주휴수당이 빠져 있기 때문이다. 주휴수당이란 주 15시간 이상 근무한 노동자에게 주말에 출근을 안 해도 하루 일한 것으로 간주하고 주는 수당이다. 대개 월요일부터 금요일까지 5일을 일하면 토요일도 출근한 것으로 보고 하루 일당을 준다. 2019년에 최저임금은 8,350원이었지만 주휴수당으로 8시간 시급을 추가로 줘야 하기 때문에 주 40시간 일하면 48시간 일한 것과 마찬가지로 400,800원을 지급해야 했다.[7] 주 40

---

7. 최저임금위원회가 제시하는 최저임금 월급은 209시간 기준으로 유휴수당을 반영하는 노동시간이 포함되어 있다. 주 40시간 일하면 유휴수당 때문에 주 48시간 일한 셈이다. 이는 하루에 48/7시간, 1년에 (48/7) × 365시간, 한 달에 (48/7) × 365/12 = 209시간꼴이다. 실제 월 노동시간은 (40/7) × 365/12 = 174시간이다. 주휴수당 적용으로 월 35시간이 추가된 것이다. 사업주가 부담하는 퇴직금과 4대 보험료까지 감안하면 시간당 노동비용은 추가로 1,500원 이상 높아진다.

시간 일하는데 400,800원을 지급해야 하니 실제 시급이 10,020원이라는 것이다. 이런 임금 부담을 덜기 위해 편의점에서는 '쪼개기 고용'이 성행한다. 알바생이 월요일과 화요일엔 한 편의점에서, 수요일과 목요일엔 다른 편의점에서 각각 주 15시간 미만씩 일하는 식이다. 주휴수당은 주요 선진국에서 찾아볼 수 없는 우리나라 특유의 제도이다. 주휴수당을 포함한 2019년 시간당 10,020원의 최저임금은 1인당 국민총소득 대비로 OECD 1위다. 앞으로 최저임금은 낮은 한 자릿수로 올리거나 동결하고, 여섯 명 중에 한 명꼴로 최저임금의 혜택을 보지 못하는 근로자들이 없도록 해야 한다.

학계에서 주장하는 바와 같이 생활비가 비싼 대도시와 싼 농촌에 똑같은 최저임금을 획일적으로 부과하는 것은 합리적이지 않다. 미국, 일본 등 선진국처럼 지역별로 소득, 물가 차이 등을 반영해 최저임금을 차등화하는 것이 바람직한 방향이다. 우리나라는 으레 가장 물가가 비싼 서울 등 수도권의 생계비에 맞춰 최저임금이 결정되기 때문에 다른 지역에서 보면 상대적으로 높게 책정되는 측면이 있다. 특히 소득과 물가 수준이 낮은 지방 영세소기업이 체감하는 인건비 부담은 크다.

1959년에 최저임금 제도를 도입한 일본은 지역별은 물론 산업별로도 최저임금을 따로 설정한다. 지역별 최저임금은 광역 자치단체에 해당하는 47개 도도부현(都道府縣)에 구성된 지방최저임금심의위원회가 해당 지역 노동자의 생계비, 유사 직종 근로자의 임금, 고용주의 지급 능력 등을 종합적으로 고려하여 매년 정한다. 후생노동성 통계에 따르면 2019년에 도쿄도가 시간당 1,013엔으로 가장 높고, 돗토리현, 아키타현 등이 792엔으로 가장 낮다.

미국도 지역별로 시간당 최저임금이 크게 다르다. 연방정부가 텝을 받는 근로자는 2.13달러, 팁이 없으면 7.25달러로 가이드라인을 제시하지만 주별 경제상황에 따라 달라진다. 글로벌 기업들이 밀집해 있고 인구 유입이 많은 뉴욕, 워싱턴, 매사추세츠주에서는 최저임금이 11달러이지만, 대기업이 없고 인구가 감소하는 조지아주, 와이오밍주는 5.15달러로 절반 수준이다.

지역별 최저임금 차등화는 우리나라 각 시도의 지자체 입장에서는 인력 유출 등의 이유 때문에 민감한 문제다. 도입하더라도 일부 지역에 시범적으로 도입한 뒤 그 결과를 보고 확산 여부를 논의해야 할 것으로 보인다. 국토가 협소한 우리나라에서 지역별 최저임금 차등화 문제에 신중하게 접근할 필요가 있다면 최저임금을 일률적으로 급격하게 인상하는 것은 더욱 신중하게 접근해야 할 사안이다. 산업별로 생산성과 수익성이 큰 편차를 보이는 만큼 우리나라도 일본처럼 산업별로 최저임금을 따로 설정하는 것도 필요하다.

정부는 최저임금 대폭 인상의 부작용이 커지자 2020년까지 최저임금을 시급 1만 원으로 올린다는 공약을 포기하고 2020년에 전년 대비 5% 오른 8,590원, 2021년에는 역대 최저 인상률인 1.5% 오른 8,720원으로 정하였다. 최저임금의 대폭 상승이 성장을 견인한다는 소득주도성장이 경제학원론의 가르침대로 현실 경제에서는 허구적이라는 것을 정부가 뒤늦게나마 자인한 셈이다. 2022년의 최저임금은 2021년보다 5.1% 오른 9,160원이다. 이로써 문재인 정부 5년간 최저임금의 연평균 상승률은 7.4%로 박근혜 정부 때의 7.4%와 같다. 처음 2년에 이전 정부들처럼 최저임금을 한 자릿수로 올렸다면 우리가 겪은 고용 한파와 경제 충격은 피할 수 있었을 것이다. 일본 정부는 '전국 평균 최저임금 1,000엔'을 목표로 2017~2019년 기간 중 매년 3%씩 인상했는데 이것이 사상 최대폭의 최저임금 인상이었다. 경제이론과 정책이 잘못된 신념과 비현실적인 의욕을 합리화하는 들러리가 될 때 경제가 얼마나 왜곡 · 침체될 수 있는가를 보여주는 사례다. 경제 정책은 현실과 이론에 맞게 정교하게 설계되고 같은 정책이라도 완급을 잘 조절해야 한다.

포용적 성장과 소득주도성장 2

최저임금의 대폭 상승 다음으로 소득주도성장이 중시했던 두 가지 핵심적인 요소를 살펴보자. 비정규직의 정규직화와 근로시간 단축이 두 핵심 요소다.

앞의 5장에서 본 것처럼 우리나라 비정규직의 처우와 임금은 매우 열악하다. 정규직과 비정규직의 지나치게 큰 격차를 줄이는 것은 우리 경제에 주요한 과제다. 소득주도성장은 양자 간의 큰 격차를 줄이는 대신 비정규직을 없앰으로써 비정규직 문제를 근본적으로 해결할 수 있으리라는 의욕을 보였다. 공공 부문의 비정규직 제로(0)화를 이루어 민간 부문도 따라오게 한다는 것이다. 아무리 대선 공약이라고 해도 이는 현실을 외면하는 허황한 의욕이다. 공공 부문과 민간 부문을 통틀어 우리나라 비정규직 근로자는 그 절반이 근로시간과 근로조건의 융통성 때문에 자발적으로 비정규직을 선택한 사람들이다. 이들이 원하는 것은 정규직화가 아니라 시간당 임금과 처우의 개선이다. 나머지 절반의 비정규직은 정규직화를 원하지만 이는 현재의 경직적인 정규직 노동시장에서 기업이 감당할 수 있는 능력 밖에 있다. 5장에서 다룬 바와 같이 우리나라 경제력에 비추어 과도하게 높은 정규직의 임금 때문에 2000년대에 들어와 비정규직이 급증한 것을 상기해야 한다. 비정규직 제로를 지향한 문재인 정부에서 비정규직이 오히려 급증한 것은 웃픈 아이러니다. 기업이 정부의 노동존중 정책으로 정규직의 해고가 더욱 어려워지면서 필요 인력을 비정규직으로 충원한 것이다.

게다가 경제는 갈수록 서비스 부문의 비중이 커지고, 기간제와 시간제를 비롯한 비정규직(OECD 용어로는 임시근로자)의 비중도 커지는 긱 경제가 되어 가고 있다. 긱 경제(gig economy)란 필요에 따라 임시로 계약해 일을 맡기는 고용 형태가 일반화하는 경제를 말한다. 1920년대에 미국 재즈 공연장에서 필요에 따라 즉석으로 섭외하는 연주자나 그런 연주를 긱이라고 부른 데에서 기인한 말이다. 기업이 정규직을 채용하는 대신 필요할 때마다 필요한 사람과 임시로 계약을 맺고 고용하는 형태이다. 코로나 이후 급격히 늘어나 뉴 노멀(new normal, 새로운 정상)로 자리 잡기 시작한 재택 근무도 장기에 비정규직의 비중을 늘리고 긱 경제를 촉진할 것으로 보인다. 비대면 업무와 그 평가 기술이 발전하면서 정시 출퇴근을 전제로 하는 정규직의 필요성이 갈수록 줄어들 것이기 때문이다. 이래저래 비정규직이 없는 나라는 없다. 물론 비정규직을 제로로 만들라고 권장하는 다른 어떤 나라도, 어떤 국제기구도 없다.

비정규직의 정규직화를 추구하는 소득주도성장은 '사람이 먼저다'라는 고상한 명분에 사로잡혀 정부가 해야 할 일은 하지 않고 하지 않아야 할 일을 한 전형적인 사례다. 잘못된 정책 때문에 공정성 문제까지 불거졌다. 2020년에 "공기업에 들어가려고 스펙 쌓고 공부하는 취업 준비생들은 뭐냐, 노력하는 이들의 자리를 뺏는 게 공정이고 평등이냐"라는 청와대 청원 게시판의 글이 청년층의 공감을 불러일으켰다. 청년 취업이 어려운 상황에서 기존 비정규직의 정규직 전환은 신규 채용을 줄여 가뜩이나 어려운 청년 취업을 더 어렵게 만든다. 정규직 전환을 이용해 공공기관에서 '고용 세습'(임직원과 4촌 이내 친인척 관계로 확인된 사람들이 적지 않게 정규직으로 전환)이 일어나 논란이 되기도 했다. 한마디로 비정규직의 정규직화는 경제 논리에 맞지 않고 시대착오적이며, 불공정한 정책이다. 긱 경제와 스마트 워크(smart work) 시대에 정부가 해야 할 일은 노조와 기업을 설득하여 정규직의 임금 상승을 자제케 하고, 다양한 고용 형태를 선택하되 비정규직의 임금을 현실화하도록 하는 것이다. 흑묘백묘론처럼 정규직이든 비정규직이든 가릴 것 없이 일자리가 늘어나게 하고, 정규직과의 격차를 줄여 비정규직이 괜찮은 일자리가 되도록 만드는 것이 정부의 역할이다. 일부 지식인과 인문학자들은 비정규직의 정규직화를 '가장 어려운 처지에 있는 사람의 이익을 극대화하는 게 공정하다'라는 롤스의 최소극대화 원칙에 부합하는 합당한 정책이라고 말한다.[8] 그러나 가장 어려운 처지에 있는 사람은 일자리가 있는 비정규직이 아니다. 일자리가 없고 일자리를 찾는 실업자와 취업 준비생이다.

역대 정부는 2003년에 도입된 법정 근로 주 40시간제를 무색케 하는 주 68시간 근로를 허용해 왔다. 평일 연장 근로 12시간을 더한 주 52시간에다가 노동부 유권해석으로 휴일에 16시간을 더 일할 수 있게 해 온 것이 주 68시간 근로이다. 기업 입장에선 사람을 새로 뽑는 것보다 기존 숙련 인력에게 연장 근로를 시키는 게 빈번한 인력 교체에서 오는 비효율을 방지해 비용이 적게 든다. 근로자 측은 초과근로수당으로 더 많은 임금을 받을 수 있다. 이런 누이 좋고 매부 좋은 결과가 대

8. 예컨대 양선희(2020) 참고.

기업과 노조의 짬짜미에 의해 지속되었다. 그 결과 OECD 국가 중 멕시코, 칠레와 함께 노동시간이 가장 긴 나라 그룹에 들어 있다. 자유시장경제라는 점에서 우리나라를 이끌어 온 미국과 일본도 2018년에 연 근로시간이 각각 1,790시간, 1,719시간에 불과한데 우리나라는 1,900시간대이다. 문재인 정부는 노동부 유권해석을 철회하여 주 최대 근로시간을 52시간으로 제한하는 '주 52시간 근로제'를 2018년부터 기업 규모별로 단계적으로 시행하였다.

주 52시간 근로제는 과중한 근로시간으로 '저녁이 있는 삶'을 갖지 못하는 정규직의 각박한 생활을 완화하고, 갈수록 심각해지는 청년 실업 문제를 해결하는 데에 도움이 되는 정책이다. 소득주도성장의 세 정책 중 유일하게 바람직한 정책이다. 그런데 이 제도를 너무 경직적으로 운용하는 게 문제다. 벤처기업, IT 기업, 스타트업(신생 창업기업), 대규모 물량을 수주받은 기업 사례 등에서 드러나는 것처럼 주나 월 단위로 소정 근로시간을 강제하는 것은 기업 경영에 심대한 지장을 줄 수 있다. 급할 때 집중하고 한가할 때 휴가를 즐길 수 있는 선진국에서 보편화한 탄력근로제, 유연근로제를 우리도 융통성 있게 활용해야 한다. 2020년 12월에야 탄력근로제 적용 기간을 3개월에서 6개월로 연장했거니와 직종에 따라 그 이상의 적용 기간 확대도 필요할 것이다. 탄력근로제를 연간으로 적용하는 선진국도 적지 않다. 미국은 임원직, 관리행정직, 전문직, 컴퓨터 업무 및 외부 판매업 종사자에게 법정 근로시간을 예외로 해 주는데 이를 본받을 필요도 있다. 특히 스타트업의 고임금 개발자가 자발적으로 52시간 넘게 일해도 위법이라는 것은 너무 경직적이고 비합리적인 규제이다.

소득주도성장을 추구하는 정책은 성장 정책이 아니라 복지 정책이고 경기부양 정책이다.[9] 성장의 근본 동력인 혁신과 각종 생산요소에 대한 고려가 없기 때문에 성장 정책이 아니다. 정부는 혁신 성장을 별도로 내세웠지만 소득주도성장에 가려져 추진 동력이 없었다. 경제학원론에도 안 맞는 토종 용어인 '소득주도성장'과 이를 위한 정책보다는 포용적 성장을 추구하는 것이 옳았다. 장기에 1인당 소득을 지속적으로 증가시키는 것은 기술 진보이다. 기술 진보를 낳는 혁신이 주도하는 성장이 포용적 성장과 함께 이루어져야 한다.

고용 창출 주체 논쟁 : 민간기업 vs. 공공 부문, 사회적 기업, 협동조합, 창업

성장이 지속적인 복지의 원천이지만 앞에서 논한 바와 같이 저성장 시대로 들어온 우리나라에서 성장을 제고시키는 데에는 한계가 있다. 이제 주어진 성장에서도 고용을 최대로 늘릴 수 있는 방법을 돌아보아야 한다. "고용이 최선의 복지"라는 말은 갈수록 유효하고 중요한 명제이기 때문이다. 고용을 늘리는 유력한 방법은 지금까지 경제 성장을 이끌어온 민간영리기업이 고용을 늘리는 것이 최선이다. 그러나 잠재성장률이 고작해야 2%대로 내려앉은 만큼 기존 민간기업의 고용 창출만으로는 실업 문제를 해결할 수 없다. 정부도 나서고 사회적 기업과 협동조합 설립, 창업 등 다양하고 전면적인 고용 창출 노력이 있어야 한다.

먼저 공공 부문의 일자리 창출에 관하여 살펴보자. 정부가 적극 나

9. 경제학원론의 관점에서 소득주도성장의 문제점을 비판한 보다 자세한 논의는 안국신 (2019)을 참고할 것.

서서 치안, 소방, 보건, 복지, 안전 등의 분야에서 공공 일자리를 늘려야 한다. 이에 대해서는 재계와 학계 일각에서 부정적으로 보는 견해가 많다. 공공 부문 일자리는 '돈을 벌어 세금을 내는 일자리가 아니고 기본적으로 돈을 쓰는 일자리인 데다가 국민 혈세가 들어가는' 만큼 비효율적이고 지속 가능하지 않다는 것이다. 타당한 비판이다. 그러나 우리나라는 공공 부문 일자리가 전체 고용에서 차지하는 비중이 OECD 국가 중에 가장 낮은 나라에 속한다. 2017년에 일반정부 고용 비중이 7.7%로 OECD 32개국 중 31위다(가장 낮은 나라는 일본으로 5.9%다). 복지 후진국이라 불리는 미국도 15.2%, 영국은 16.0%이고 OECD 평균은 17.7%였다(OECD, 2019)[10]. 민생을 돌보고 삶의 질을 높이는 부문을 중심으로 공공 부문 일자리 비중을 더 높여 나갈 여지가 많다고 하겠다. 문재인 정부가 공공 일자리를 대폭 늘린 것은 올바른 방향이라고 평가할 수 있다.

다음으로 사회적 경제 분야의 조직을 지원하여 활성화할 필요가 있다. 사회적 경제란 이윤보다 일자리 창출, 복지 · 문화 · 예술 · 지역 발전 등의 공익을 우선적으로 추구하는 조직들의 경제 활동을 말한다. 사회적 경제를 추구하는 조직으로는 노인 · 장애인 등 취약 계층을 직원으로 고용하는 사회적 기업, 지역민들의 재화와 서비스를 공동으로 생산 · 구매 · 판매하는 협동조합 등이 있다. 이런 조직은 시장을 통한 사

10. 우리나라는 '일자리(filled job for employee)' 통계인 반면 대다수 OECD 국가는 '고용(employment)' 통계라는 차이가 있다. 일자리 통계가 고용 통계보다 낮게 집계된다. 예컨대 한 달 중 1주일만 일한 사람에 대해 '고용' 통계는 1명으로 계산하지만 '일자리' 통계는 0.25명으로 계산한다. 이런 차이를 감안해도 우리나라 공공 부문 고용 비중이 OECD 평균에 비해 지나치게 낮다는 명제는 여전히 유효한 것으로 평가된다.

적 이익보다 공동체 구성원들의 복지와 지역사회 기여를 더 중시하기 때문에 여성의 '일과 가정의 양립'과 사회적 약자에 유리한 환경을 제공한다. 2019년에 우리나라의 여성 고용률은 51.6%로 OECD 회원국 가운데 최하위 수준이다.[11] 고용률은 15세 이상 인구 중 취업자가 차지하는 비율을 말한다. 남성 고용률은 70.7%였다.[12] 사회적 기업은 결혼, 임신, 출산, 육아 등에 따른 경력 단절 때문에 고용률이 현저하게 낮은 여성에게 융통성 있는 고용 기회를 마련해 줄 수 있다.

일하는 사람들의 협동조합은 집단적 자기 고용이다. 노동 환경과 조건을 함께 결정하고 노동의 대가도 공평하게 배분한다. 협동조합은 태생적으로 평등을 핵심가치로 삼는다. 여성에게 유리한 일터가 만들어질 수 있는 토양도 이런 가치에서 나온다. 2015년 세계 협동조합의 날 슬로건은 '협동조합을 선택하고, 평등을 선택하자'(Choose co-operative. Choose equality!)였다. 사회적 기업은 이윤을 앞세우는 민간기업보다 공동체의 이익과 지역사회에 더 기여한다. 협동조합과 사회적 기업 등 사회적 경제 분야의 조직은 민주적 운영과 지역밀착형 관계 등을 바탕으로 여성의 성장과 발전을 더 쉽게 구현할 수 있다(경기도 가족여성연구원, 2015).

적지 않은 사회적 경제 분야의 조직이 이윤을 내지 못하고 돈만 들어가서 장기적으로 지속 가능하지 않다는 비판이 있다. 이 비판을 수

---

11. 2010년대에 여성 고용률은 2010년의 47.9%에서 2015년에 50.1%, 2018년에 50.9%, 2019년에 51.6%로 서서히 높아졌다. 통계청 · 여성가족부, "2020 통계로 보는 여성의 삶", 2020. 9. 참고.
12. 고용률을 15세 이상 64세 이하 인구 중 취업자가 차지하는 비중으로 정의하기도 한다. 이 경우 여성 고용률은 2019년에 57.8%로 OECD 37개 회원국 중 31위였다. 남성 고용률은 75.7%였다.

용하면서 다음과 같은 두 가지 논리를 제시할 수 있다. 첫째, 자유시장 경제를 지향하는 미국과 일본에서도 사회적 경제 분야의 조직이 차지하는 비중은 우리나라보다 높다. 다양한 기업 형태의 생태계가 존재하는 것이 국민 복지와 지역사회의 발전을 위해 바람직하다. 정부는 우리나라가 적어도 미국이나 일본과 같은 비중에 이를 때까지 사회적 분야의 조직을 '유치 산업'(infant industry)으로 보고 지원해 줄 필요가 있다. 둘째, 정상이윤을 낼 수 있는 협동조합과 사회적 기업에 대해서는 일정 기간 동안만 지원하고 이후에는 지원하지 않는 '지원 일몰' 제도를 활용하여 도덕적 해이를 낮추고 지속 가능성을 높일 수 있다.

창업은 고용과 부가가치를 창출하고 경제 활력을 높인다. 위험을 감수하는 기업가 정신에 입각한 창업을 적극 지원해야 한다. 실패에 너그럽고 도전을 북돋는 창업 환경이 조성되어야 한다.

결론적으로 고용 창출이 대명제이고 저성장이 고착된 시대에 고용 주체를 민간기업에만 한정시킬 수는 없다. 정부가 공공 부문 일자리를 확충하고, 개인들이 창업과 사회적 경제 분야의 조직을 활성화하는 거국적 노력이 필요하다. 민간기업의 고용 창출을 지원하는 기업 친화형 고용촉진 전략은 규제 완화와 노동시장의 유연 안정성에서 찾아야 한다. 이는 다음 장에서 살펴보기로 한다.

보편적 복지 vs. 선별적 복지

우리나라는 그동안 경제력에 비추어 볼 때 복지가 너무 후진적이었던 것에 대한 반작용으로 근래에 복지 수요가 분출했다. 분출하는 복지 수요를 복지에 대한 원칙과 철학으로 걸러내는 진지한 논의도 없이

2010년부터 정치권은 무상 보육, 무상 의료, 무상 급식, 반값 대학등록금 등 무상 시리즈를 경쟁적으로 도입하였다. 이 과정에서 비합리적 · 비효율적인 복지가 자리 잡았다. 방만한 복지와 그 지속 가능성에 대한 의구심은 어려운 사람, 꼭 필요한 사람만 돕는 선별적 복지(selectivism)가 아니라 모든 사람이 혜택을 받게 하는 보편적 복지(universalism)를 추구한 데에서 비롯되었다.

선별적 복지는 소득과 재산 조사(means test)를 통해 복지 수요자를 선정하여 지원하는 것이다. 보편적 복지는 소득과 재산 조사를 하지 않고 특정 복지급여를 평등하게 제공하는 것이다. 우리나라는 선별적 복지를 근간으로 하는 나라이다. 건강보험, 국민연금, 고용보험 등의 사회보험이 선별적 복지의 예이다. 건강 보험 제도에서 보험급여는 보험료에 대한 '반대 급여'이며, 보험료는 소득과 재산액에 비례해 부담하기 때문에 소득과 재산 조사가 이루어진다. 보험료를 부담할 수 없는 저소득층은 국민기초생활보장법에 따라 의료보장(의료급여)을 받는다. 법에 따라 받을 자격이 있는지는 소득과 재산 조사를 거쳐 결정한다. 스웨덴이나 영국의 건강보험(의료보험)은 보편적 복지의 예이다. 소득이나 재산 조사 없이, 보험료 부담도 없이, 조세를 재원으로 모든 국민에게 의료 보장을 해 주기 때문이다. 당연히 보편적 복지는 선별적 복지에 비해 이론적으로 복지 혜택이 크고 세금 부담도 많은 고부담-고복지의 틀에 맞는 복지 개념이다.

우리나라는 4장의 **표 4-5**에서 보는 것처럼 2010년대 후반에 조세부담률이 20%이고, 국민 부담률이 26%대이다. 조세 부담률이란 국내총생산(GDP)에 대한 조세 수입의 비중을 말한다. 국민 부담률은 조세와 사회부담금의 합이 국내총생산에서 차지하는 비중을 말한다. OECD

평균은 조세 부담률이 25%, 국민 부담률이 34%이다. OECD 평균을 중부담-중복지라 할 때 우리나라는 저부담-저복지의 틀에 끼어 있다. 우리나라 저복지의 결정적인 증거로 흔히 낮은 (공공)사회 복지 지출 비중을 든다. 이 비중이 OECD 평균은 20%인데 우리나라는 고작 12%이다. 그러나 그동안 각종 복지가 방만하게 도입된 결과 현 복지제도가 그대로 유지되더라도 유례없이 빠른 저출산 · 고령화와 맞물려 사회 복지 지출 비중이 머지않아 OECD 평균 수준에 이를 것으로 전망된다. 취약한 사회 계층을 부조하는 사회안전망을 지금보다 훨씬 촘촘하게 짜야 하는데 그러기 전에 중부담이 되어버려 이래저래 조세 부담률과 국민 부담률이 크게 올라가게 된다는 것이다. 북구 못지않게 후한 무상보육과 무상급식 등의 보편적 복지를 개혁해야 하는 이유다.

우리나라는 2010년대에 여러 차례의 조정을 통해 만 0~5세의 모든 어린이에게 가구 소득과 재산에 관계없이 무상으로 보육과 교육을 제공하는 보편 보육 체계를 완성하였다. 더 나아가 2019년 9월부터 만 7세 미만의 모든 어린이에게 월 10만 원의 아동수당을 지급하기 시작하였다. 보육은 보편 보육의 철학이 바람직하다고도 할 수 있지만, 우리나라의 빈곤율이 OECD보다 훨씬 높은 상황에서 복지 선진국을 본떠 아동수당을 모든 어린이에게 주는 것은 바람직하다고 할 수 없다. 더욱이 저소득 가구의 자녀 양육 부담을 덜어주기 위해 18세 미만 자녀에게 연 최대 70만 원을 지급하는 자녀장려금이 있는 상황에서 어린이에게 별도로 현금을 살포하는 것은 비효율적인 현금 복지이자 대표적인 옥상옥이라 하지 않을 수 없다. 자녀장려금을 올리든지 취약 계층과 저소득층의 어린이에게 국한하여 지급하는 것이 바람직하다. 무상급식도 부모의 소득 수준과 관계없이 공짜로 모든 학생들에게 점심을 주는 선진국은 찾아보기 어렵다. 대학에 반값 등록금을 강요하는 선진국은 없다. 소득이 하위 70%인 노인에게 무상으로 주는 기초'연금'도 2014년에 도입할 때 월 10만 원이었는데 2021년 현재 30만 원이다. 선별적 복지의 외양을 보이지만 노인빈곤율이 40%대인 현실을 고려한다면 하위 50%인 노인에게 집중하여 지원해야 했다. 최근 사회 복지 지출이 급증했지만 이런 종류의 무차별 선심성 복지 지출이 많기 때문에 우리나라의 상대적 빈곤율은 OECD 평균인 11%대보다 훨씬 높은 16~17%대에서 내려가지 않고 있다. 꼭 필요한 사람부터 우선적으로 지원해야 하는 복지의 기본 원칙이 허물어진 보편적 복지의 역설이다.

선별적 복지의 문제점으로 흔히 두 가지가 거론된다. 하나는 선별적 복지의 수혜자와 비수혜자를 구분하는 데 비용이 든다는 것이다. 다른 하나는 수혜자가 구분되어 혜택을 받는 데 따라 열등감, 수치심 등을 느끼는 낙인효과가 있다는 것이다. 첫 번째 문제점은 정부의 복지행정 체계와 정보력을 동원하여 선별적 복지에 따른 행정비용을 충분히 낮춤으로써 해결할 수 있다. 근래에 빅데이터와 AI 등 정보 축적 처리 기술이 비약적으로 발전하면서 행정비용을 획기적으로 낮출 수 있게 되었다. 정부는 실시간 소득을 파악하는 인프라도 곧 갖출 계획을 세워 놓고 있다. 두 번째 문제점은 선진국의 경험을 본받아 얼마든지 해소할 수 있다.

많이 인용되는 영국의 사회정책학자 티트머스(Richard Titmuss)의 말이 우리나라에서 끊이지 않는 보편적 복지와 선별적 복지의 논쟁에 대해 유용한 시사점을 준다. "보편주의 원리 위에 선별주의가 결합되는 복지 방식이 더 큰 사회적 위험에 노출된 사람에게 더 많은 자원을 배분한다는 점에서 더 공평하고 의미 있는 분배의 원리다."

선별적 복지는 보편적 복지보다 재정지출을 효율화하고 소득 분배를 개선하는 데에 직접적이고 유력한 수단이다. 현금을 살포하는 선심성 복지 정책의 대상을 저소득층에 국한할 때 롤스의 최소극대화 원칙에도 맞고 분배 개선에도 기여한다. 실학의 태두인 다산 정약용도 일찍이 복지 제도에서 자립과 자조(self-help)를 가장 중요하게 생각했다. 그는 국가에게는 백성의 삶을 책임져 주어야 하는 의무가 있지만 스스로의 근로 능력, 부양해 주는 가족 또는 재산이 있는 경우는 예외라고 생각했다. 보편적 복지가 아니라 선별적 복지, 생산적 복지를 일찍이 다산이 주장한 것이다(조성한, 2010). 다산이 일찍이 통찰한 선별적 복지를 이른바 '진보 진영'과 '진보 정권'이 수용하는 것이 장기에 지속 가능한 중부담-중복지를 가능케 하는 유력한 길이다.

부자 증세 vs. 보편 증세

유례없는 저출산 · 고령화 시대에 앞으로 계속 늘어나게 마련인 복지비용을 감당하면서 사회안전망을 촘촘하게 갖추기 위해서는 재정 수입이 늘어나야 한다. 재정 수입을 늘리는 데에는 세 가지 방법이 있다. 정부가 보유하는 재산을 매각하는 것, 국채를 발행하여 빚을 얻는 것, 세금을 더 걷는 증세가 그것이다. 국유자산 매각은 1회적인 재정 수입 증대를 가져올 뿐이어서 정상적이고 지속적인 수입 증대 방안이 아니다. 국채는 단기적인 방안이지 장기적인 방안이 아니다. 국채 누적은 국가 채무를 늘려 나라의 신용등급과 신인도에 부정적인 영향을 미친다. 국채는 본질적으로 미래의 세금이다. 결국 장기적 · 근본적인 방안은 증세다. 다행히 우리나라 조세 부담률은 20%대로 OECD 평균 25%

대에 비해 훨씬 낮다. OECD 평균에 비해 조세 부담률이 훨씬 낮다는 것은 우리 경제력에 비해 세금 부담이 너무 낮다는 것을 뜻한다. 낮은 복지는 낮은 세금 부담에서 비롯된다. 세금 부담을 OECD 평균 수준으로 높여나가야 한다. 박근혜 정부는 '줄푸세'(세금과 정부 규모를 '줄'이고, 불필요한 규제를 '풀'고, 법 질서를 '세'우자)라는 정책 기조를 제시했는데 세금과 정부 규모를 줄이자는 정책 기조는 시대착오적인 것이었다. 정부지출 구조를 조정하고 복지 전달 체계를 효율화한다는 전제하에 당분간 세금과 정부 규모를 늘려 나가야 한다.

우리나라 세금 중에 가장 큰 비중을 차지하고 있는 세 가지 세금이 소득세, 법인세, 부가가치세이다. 이 세 세금은 국세청 세수에서 차지하는 비중이 2019년에 82%대이다. 증세를 하기 위해서는 다른 세금과 더불어 이 세 가지 세금 중 적어도 한 가지 이상을 손댈 수밖에 없다. 이것과 관련하여 소득세 최고 세율을 올리고 법인세율도 올려야 한다는 주장이 '부자 증세'라는 이름으로 제기되어 왔다. 이 주장에 반대하는 목소리도 만만치 않다.

부자 증세 1 : 소득세 최고 세율 인상

우리나라 소득세(근로소득뿐 아니라 사업 · 이자 · 배당 · 연금 · 기타 소득이 포함된 종합소득에 부과하는 세금)는 다른 나라와 마찬가지로 소득 구간을 몇 개로 나누어 누진적인 세율로 과세한다. 가장 높은 소득 구간에 부과하는 최고 세율은 근래에 자주 바뀌었다(소득 구간도 자주 바뀌었다). 2012년부터 종전의 35%에서 38%로 오른 최고 세율은 2017년에 40%, 2018년에 42%로 상향 조정되었다. 2021년부터는 10억 원 이상 소득에 대해 45%의 최고 세율을 부과한다.[13] OECD 평균 최고 세율은 36%선이다(국회예산정책처, 2020). 최고 세율이 45%이면 OECD 국가 가운데 일본, 영국, 독일, 프랑스와 함께 소득세 최고 세율이 가장 높은 나라 군에 속한다. 최고 세율이 38%인 때부터 소득세의 최고 세율을 높이고 소득 구간을 더 세분화하자는 논의가 제기되어 온 것이 부자 증세의 주요 내용이다.

이 명제에 대해 기득권층과 학계 일각에서는 반대 입장을 보여 왔다. 주로 제시되는 반대 이유는 크게 세 가지이다. 첫째, 효율성을 해친다. 개인의 노력으로 합법적으로 많은 소득을 올린 사람에게 지나친 세금을 거두면 더 열심히 일하고 투자해서 더 많은 소득을 올리겠다는 유인이 사라진다는 것이다. 근로 의욕과 투자 의욕이 줄어들면 경제는 성장 동력을 잃기 쉽다. 둘째, 조세 형평에 어긋난다. 40%에 달하는 근로자들이 세금을 한 푼도 안 내는데 지금도 높은 세금을 부담하고 있는 고소득층에 대해 세금을 더 걷는 것은 형평성에 어긋난다는 것이다. 많든 적든 가급적 많은 사람이 능력에 맞게 세금을 내는 응능 원칙이 조세 정의다. 셋째, 부자 증세가 고소득층의 지갑을 닫아 소비를 위축시키고 경기를 침체시킨다. 이 세 논리를 마지막부터 위로 살펴보자.

셋째 논거는 전형적인 낙수효과 이론인데 취약한 논리라는 것을 지적할 수 있다. 부자 증세가 부유층의 소비를 위축시킨다는 말은 맞

13. 2021년 현재 소득세율은 8개 과표 구간에 6%에서 45%에 이르는 누진세율이다. 과세표준(과표, 총수입에서 총비용을 뺀 금액)이 0~1,200만 원에 6%, 1,200~4,600만 원에 15%, 4,600~8,800만 원에 24%, 8,800만 원~1.5억 원에 35%, 1.5~3억 원에 38%, 3~5억 원 40%, 5~10억 원 42%, 10억 원 초과분에 45%의 세율이 부과되는 구조다.

다. 그러나 그 세수가 저소득층의 복지 재원으로 지출되면 저소득층의 소비가 증가하는 효과가 더 크다. 저소득층의 한계소비성향이 고소득층의 한계소비성향보다 크기 때문이다.[14] 2010년대까지 우리나라 고소득층의 소비는 해외에서 증가하고 국내에서는 위축하는 추세를 보여 왔다. 그 이유는 국내에서 마음대로 소비할 수 없는 사회적인 분위기에 크게 기인한다. 세금만 제대로 내고 나면 국내에서도 남의 눈치 안 보고 마음껏 소비할 수 있어야 한다. 그게 정상적인 시장경제의 모습이다.

현재의 소득세 구조가 조세 정의에 어긋난다는 위 둘째 논거는 부분적으로 타당하다. 우리나라 근로소득세는 각종 비과세 감면 조항이 OECD 선진국들보다 지나치게 많은 것으로 알려져 있다. 자영업자들도 1/3이 세금을 안 낸다. 따라서 지나치게 많은 소득 공제를 줄이고 자영업자의 소득 파악률을 높여 세원을 넓히면서 소득세의 최고 세율을 더 높이는 방향으로 소득세를 개혁해야 한다. 다른 한편으로 우리나라 소득세 세수는 2011년에 GDP 대비 3.5%여서 OECD 선진국 평균 7.7%의 절반에도 미치지 못했다. 2018년에 5.2%까지 높아졌지만 OECD 선진국 평균 8.3%에 비해 63%밖에 안 된다(국회예산정책처, 2020). 소득 분배가 꽤 나쁘고 조세의 재분배효과가 가장 낮은 우리나라가 소득세 최고 세율을 서구 선진국보다 더 높게 설정하지 않는 것이

14. 소득이 증가할 때 소비가 증가하는 정도를 한계소비성향이라 한다. 한계소비성향이 0.8이면 소득이 100만 원 늘어날 때 소비가 80만 원 늘어난다. 일반적으로 소득이 높을수록 한계소비성향이 낮아지고 소득이 낮을수록 한계소비성향이 높아진다. 소득 하위 10% 계층은 으레 버는 대로 다 쓰고도 모자라서 한계소비성향이 1보다 크다. 상위 20% 계층은 한계소비성향이 0.7대이다.

야말로 조세 정의에 어긋날 뿐 아니라 계층 갈등과 분배 불평등을 방임하는 것이라 할 수 있다. 소득세의 최고 세율을 높이는 것을 계층 갈등을 조장한다며 반대하는 것은 단견이다. 소득공제와 세액공제가 많은 방만한 세제 특례 때문에 상위 계층이 실제로 부담하는 실효세율은 아래에서 설명하는 것처럼 낮다.

증세가 효율성을 해친다는 첫째 논리는 원칙적으로 옳다. 문제는 그 크기다. 우리나라 고소득층은 저소득층보다 기본적인 소득공제를 더 많이 받고 다른 선진국들 고소득층에 비해 소득 대비 세 부담이 작다. 정세은(2016)에 따르면 한 나라 1인당 소득의 2.5배를 받는 고소득층의 실효세율을 비교하면 1인 가구는 OECD 평균이 22.4%인데 우리는 13%에 불과하다. 4인 가구도 OECD 평균이 19.8%인데 우리는 11.4%다. 현 상황에서 공평한 증세란 고소득층에 대한 증세일 수밖에 없는 이유다. 이렇게 실질부담이 선진국과 비교해 현저히 낮은데도 불구하고 과도한 세 부담을 지고 있다는 고소득층의 불만을 대변하는 학계 일부와 보수 언론은 양치기 소년의 거짓 비명을 연상시킨다. 형평과 효율 사이에서 적절한 중용을 취하는 것이 중요하다.

미국의 최고 소득세율은 1950년대부터 1970년대까지 80% 이상이었으나 높은 경제 성장률을 기록했다. 피케티가 지적하는 바와 같이 1980년대에 미국의 최고 소득세율이 대폭 인하됨에 따라 경영자와 일반 근로자 간의 임금 격차가 급격히 확대되고 소득 불평등이 악화한 것이다. 우리나라도 최상위 1% 소득계층에 속하는 대기업 최고경영자와 재벌 총수의 한계소득세율을 대폭 올린다고 해서 그들의 근로 의욕이나 경영 유인이 크게 줄어든다고 걱정할 필요는 없다. 실상 장기적인 시계와 비전을 가지고 기업을 경영하는 대신 단기적인 성과에 연연하는 근로 의욕과 경영 유인은 크게 줄어드는 것이 바람직하다. 소득세 최고 세율이 현재 40%인 미국도 1990년대 초까지 60%였다. 영국의 앳킨슨(2015)은 최고 세율을 60%까지 높여야 한다고 주장한다. 사회 연대와 사회 통합이라는 관점에서 소득이 50억 원, 100억 원인 초고소득자의 최고 세율은 앳킨슨이 주장하는 것처럼 60%선으로 높여도 된다. 응능 원칙과 '넓은 세원, 낮은 세율'이라는 조세의 일반 원칙을 충족시키고 고소득층만 세 부담을 진다는 논란을 잠재우기 위해 소득세를 한 푼도 안 내는 근로자를 적어도 OECD 평균인 30%대 초로 낮추는 것이 필요하다. 그 대신 촘촘한 사회안전망이라는 보완조치가 필요하다. 한편 세금을 많이 내는 고소득층, 부유층을 애국자로 존중하고, 그들의 사치 소비, 호화 소비도 해외가 아니라 국내에서 이루어진다면 우리 경제를 활성화하는 애국행위라고 보는 인식의 전환이 있어야 한다.

부자 증세 2 : 법인세율 인상

2021년 현재 우리나라의 법인세율은 과표 2억 원 이하에 10%, 2억~200억 원에 20%, 200~3,000억 원에 22%, 3,000억 원 초과분에 25%이다. 2010년대에 최고 세율이 내내 22%였다가 2019년에 25%로 올랐다. 최고 세율 25%는 OECD 평균 22%보다 높고 OECD 38개국 중 여덟 번째로 높은 수준이다. 그렇더라도 증세가 불가피한 우리나라 현실에서 법인세율은 앞으로 올려야 한다. 종전의 최고 세율 22%로 법인세율을 인하해야 한다고 주장하는 재계와 학계 일부는 펄쩍 뛰며 반대할 것이다. 주요 반대 논리는

① 법인세율을 인상하면 기업의 투자가 감소하여 경기가 위축된다
② 세율을 인상해도 세수가 늘어난다는 보장이 없다
③ 국제 조세 경쟁의 추세에 역행하는 것으로 외자 유입이 줄어들고 자본이 해외로 빠져나간다

이다.

법인세율을 인상하면 투자가 감소하여 경기가 위축된다는 말은 맞다. 그러나 세율 인상의 투자 감소 효과는 미미하다. 투자 감소 효과가 미미하기 때문에 경기 위축 효과도 미미하다. 기업투자는 기본적으로 기업가의 동물적 직감과 투자비용에 크게 의존한다. 장기적으로 수익성이 있다고 판단하고 투자비용을 조달할 수 있으면 투자한다. 법인세율을 올리면 플러스의 수익이 마이너스의 수익으로 바뀌는 것이 아니라 수익성을 낮출 뿐이기 때문에 이것이 투자 감소로 연결되는 것이 아니다. 이명박 정부 때 법인세율을 세 차례나 낮추어 주었지만 기대했던 대기업들의 투자는 늘어나지 않고 유보이윤만 늘어난 것도 이 때문이다.

세율을 인상해도 세수가 늘어난다는 보장이 없다는 말은 틀린 말이다. 법인세율을 높이면 당장에 법인세수가 증가한다. 이것이 직접적(1차) 효과이다. 다른 한편

법인세율 인상 → 투자 감소 → 생산과 소득 감소, 고용 감소 → 세수 감소

라는 간접적(2차) 효과가 차츰 나타난다. 간접적 효과 때문에 직접적 효

과가 시간이 흐름에 따라 줄어들 수 있지만 간접적 효과가 직접적 효과를 능가하지는 못한다. 이는 공급측 경제학(supply side economics)에서 얻은 교훈이다. 1980년대에 "세율을 인하하면 세수가 증가한다"라는 이론이 미국에서 등장하였는데 이를 공급측 경제학이라 부른다. 공급측 경제학은

소득세율 인하 → 소득세수 감소 (1차 효과)

소득세율 인하 → 처분가능소득 증가 → 소비 증가 → 생산과 소득 증가, 고용 증가 → 소득세수 증가 (2차 효과)

의 상충하는 두 효과가 있는데 2차 효과가 1차 효과를 능가한다는 것이다. 이는 기존의 세율이 지나치게 높을 때를 빼고는 틀린 이론으로 밝혀졌다. 엉터리 이론인 공급측 경제학에서 얻은 교훈대로 세율을 인상하면 세수가 증가한다는 명제를 받아들여야 한다. 특히 법인세율 인상의 투자 감소 효과가 미미한 우리나라 현실에서는 더 말할 나위가 없다.

법인세율의 인상이 경쟁적으로 법인세율을 낮추는 국제 조세 경쟁의 흐름을 역류한다는 말은 맞다. 그러나 우리나라 기업과 외국인투자 기업들은 우리나라에서 기업하기 어려운 가장 큰 요인으로 으레 노동시장의 경직성과 강성 노조, 일관성 없는 정부 규제, 높은 땅값과 임금 등의 요소비용 등을 든다. 이런 기업 경영의 핵심 애로요인들을 혁파하는 경제 개혁이 우리 경제의 성장 잠재력을 확충하고 기업의 글로벌 경쟁력을 높이는 기본 요소이다. 우리나라의 우수한 인적 자원은 높은 요소비용과 약간의 높은 법인세율을 상쇄할 수 있는 요인이다. 법인세는

조세회피천국(tax haven) 같은 특수한 경우를 빼고는 부차적 중요성을 가질 뿐이다. 박근혜 정부는 투자, 임금 인상, 배당 등에 쓰지 않는 법인이윤에 과세하는 기업소득 환류세제를 만들었다. 이는 비효율적인 투자를 강요하고 대기업 정규직 임금 상승과 고소득층 배당 증가로 소득 분배를 악화시켰다. 법인세율을 올려 세금을 더 걷어 복지에 쓰는 것이 소득 분배 면에서 바람직한 정책방향이다.

경제이론으로 볼 때 법인세 인상은 기업의 이윤을 극대로 하는 생산량에 영향을 미치지 않는다. 법인세 인상은 이윤의 크기를 줄일 뿐 손실로 돌리는 것이 아니어서 투자를 할 것이냐 말 것이냐는 결정에도 영향을 미치지 않는다.[15] 이 점에서 근로유인을 해치는 소득세 인상이나 사회후생과 소득 분배를 해치는 소비세 인상보다 낫다. 자원배분을 덜 왜곡시킨다는 점에서는 재산세도 법인세와 마찬가지다. 소득 분배를 개선하고 양극화를 완화한다는 차원에서 재산세도 법인세와 더불어 필요한 증세 메뉴이다. 법인세와 재산세를 인상하는 '부자 증세'는 경제학적으로 뒷받침되는 바람직한 증세 방안이다.

부자 증세 3 : 상속세 개편

우리나라 상속세는 최고 세율이 50%다. OECD 국가 중 일본(55%)

---

15. 다른 나라보다 이윤을 줄이기 때문에 해당국에 대한 다국적기업의 투자를 감소시키는 효과는 있다. 근래에 OECD 주요 20국이 주도하여 다국적기업을 유치하기 위해 서로 법인세율 인하 경쟁을 벌이는 것을 지양하고, 15%의 글로벌 최저 법인세율을 설정하기로 한 것은 바람직한 흐름이다. 미국은 2017년 트럼프 행정부 시절 법인세 최고 세율을 35%에서 21%로 대폭 인하했는데 2021년에 출범한 바이든 행정부는 28%로 단계적으로 인상할 계획이다.

다음으로 높다. 대기업과 중견기업의 지분을 상속하는 경우엔 할증세율이 적용되어 60%로 OECD 국가 중 가장 높은 수준이다. OECD 평균 최고 세율은 25%선이다(상속세가 없는 13개국은 제외). OECD 평균의 2배를 넘는다는 점에서 지나치게 높은 세율이라고 평가할 수 있다. 상속세가 아예 없는 OECD 국가도 꽤 있다. 캐나다는 세계 최초로 1972년에 상속세와 증여세를 없애고 자본이득세로 전환했다. 상속 재산에 대한 자본이득세는 상속받아 가업을 운영할 경우 과세하지 않고 상속받은 재산을 처분해 소득이 실현되는 시점에 과세하는 것이다. 호주와 스웨덴도 상속세와 증여세를 없애고 자본이득세로 대체했다. OECD 국가는 아니지만 홍콩과 싱가포르에서도 상속세를 전혀 내지 않는다.

소득세가 근로 의욕을 떨어뜨릴 수 있다는 비판을 받는 것과 대조적으로 상속세제(상속세와 증여세)는 이러한 비효율성 문제에서 자유롭다. 상속세의 최대 약점은 중복 과세라는 점이다. 쓰지 않고 저축한 소득이 쌓여 재산이 형성된다. 살면서 소득세를 내고 재산세도 냈는데 사망 시점에 쌓인 재산에 대해 또 세금을 내는 것은 이중 과세라는 것이다. 상속세율이 지나치게 높으면 저축과 상속 동기가 약해져 장기적으로 그 사회의 자본 축적에 부정적인 영향을 미친다. 여러 선진국의 상속세율이 그다지 높지 않고 상속세제를 바꾸거나 아예 없애는 이유이다.

다른 한편으로 상속세를 강화해야 할 논리가 우리나라에 있다. 첫째, 재산이 상속되면서 빈부가 대물림되면 양극화가 심화하고 사회의 역동성이 떨어진다. 자산 격차가 심하면 이자, 배당, 월세, 임대료 등 자산으로부터 생기는 소득의 격차도 커진다. 흙수저 · 금수저 논란에서 보듯이 일반 국민이 느끼는 사회 양극화는 크다. 둘째, 우리나라가 선진국 경제보다 더 스톡(stock)화한 경제라는 점이다. 생산 수준에 비해 자본 스톡이 많다는 말이다. 우리나라의 국내총생산 대비 국부의 비율은 3장에서 본 것처럼 8~9 내외이다. OECD 선진국의 평균인 6.0 내외와 비교하여 매우 높은 편이다. 저축이 쌓여 국부가 된다. 국부가 상대적으로 많기 때문에 상속세율을 강화하여 장기에 자본 축적이 위축되는 효과가 나타나더라도 걱정할 필요가 없다.

적지 않은 나라들이 상속해 주는 사람이 부를 축적하는 단계에서 이미 세금을 냈기 때문에 사후 다시 과세할 경우 이중 과세라는 이유로 상속세율을 소득세율보다 높지 않게 유지하고 있는 것은 참고할 필요가 있다. 미국과 프랑스는 형평성 차원에서 상속세율을 소득세율과 같게 매기고 있다. 영국과 독일은 상속세율이 소득세율보다 낮다. 상속세율이 소득세율보다 높은 나라는 우리나라, 일본, 헝가리뿐이다. 그중에서도 상속세율과 소득세율의 격차가 가장 큰 나라는 우리나라이다. 상속세율이 OECD 평균의 2배인 상태에서 상속세를 더 강화하는 것은 이론적으로 맞지 않고, 국제표준에서도 더 멀리 벗어난다. 상속세가 전체 국세 수입에서 차지하는 비중은 3.0% 내외로 미미하다(2019년에 상속세(3.2조 원)와 증여세(5.2조 원)를 합한 금액은 국세청 세수의 2.9%이다[16]). 갈수록 금수저 · 흙수저 논란이 일반 국민에게 설득력 있게 다가가는 신세습사회의 특성을 보이고 있지만 6장에서 본 것처럼 우리나라의 자산 분배는 서구 선진국보다 훨씬 양호하다. 우리 경제가 선진국보다 더 스톡화한 상태라는 것도 집과 땅 같은 (비금융)비생산자산의 비중이 크기 때문이지 생산시설이나 지식재산권 등의 생산자산이 상대적으

16. http://stats.nts.go.kr > 2020년 국세통계연보 발간(538개) > 2-1-1 예산 및 세수 실적 참고.

로 풍족한 것은 아니다. 한 해 상속을 받는 사람 중에 상속세를 내는 사람은 2%대에 불과해 상위 2 ~ 3% 계층에만 해당하는 문제라는 측면도 있다.

앞의 논의를 바탕으로, 그리고 그동안 많은 논의가 있어 온 것처럼, 다음과 같이 상속세제를 개편하는 정책이 바람직한 것으로 보인다. 첫째, 소득세의 최고 세율 인상을 포함한 평균 세율을 인상하면서 상속세율을 낮추어 소득세 평균 세율과 상속세율을 근접시켜야 한다. 둘째, 상속세 과세 방식을 바꿔야 한다. 우리나라는 상속 재산 총액에 대하여 과세하는 유산세 방식을 취하고 있다. 유산을 주는 사람 기준으로 과세하는 것이다. 이를 상속 재산의 분배 후 상속인별로 유산받은 분할 재산에 대해 과세하는 유산취득세 방식으로 전환해야 한다. 유산을 받는 사람 기준으로 과세하는 것이 유산취득세 방식이다. OECD 국가 중 미국, 영국, 터키, 우리나라를 뺀 대다수 국가가 유산취득세 방식을 택하고 있다. 유산취득세 방식은 재산을 많이 물려받는 상속인일수록 세금을 더 많이 내기 때문에 조세정의에 더 부합한다. 또한 상속세 부담이 줄어드는 효과도 발휘한다. 예컨대 20억 원을 가족 4명에게 균등 상속할 경우 유산세 방식이라면 과세표준이 20억 원이 되지만 유산취득세 방식이면 각각 5억 원씩이 된다. 우리나라의 상속세율은 과표 5억 원 이하는 20%, 30억 원 이하는 40%이다. 셋째, 가업과 관련하여 일부 선진국처럼 상속세를 자본이득세로 대체하는 것이다. 물려받는 회사 가치의 50%(혹은 60%)를 상속세로 내는 건 가업을 승계하는 데에 큰 장애가 되고 기업의 존립을 어렵게 한다. 자본이득세로 대체하면 상속 재산을 처분할 때까지 과세가 유예되므로 특혜를 준다는 비판이 있을 수 있다. 그러나 가업 승계가 원활해지면 고용을 유지, 창출하고 소득세(법인세)를 납부하여 나라에 더 크게 기여할 수 있다. 상속세 할증과 까다로운 가업 승계 요건은 적어도 일본 수준으로 완화하는 것이 필요하다.[17]

부자 증세 4 : 부동산 보유 과세 강화와 거래 과세 완화

문재인 정부가 들어선 이후 부동산 가격이 급등하자 투기를 막고 불로소득을 환수한다는 명분으로 부동산 보유 과세(재산세와 종합부동산세)와 거래 과세(양도소득세와 취득세)가 대폭 강화되었다. 종전에 부동산 관련 세 부담이 너무 낮았다면 이제 우리 경제력에 비해 너무 높아졌다. 합리적인 재조정이 있어야 한다. 부동산의 보유세는 높이고 거래세는 낮추는 것이 전통적인 경제 논리이자 일반적인 상식이다. 문재인 정부는 이를 거슬러 부동산시장을 혼란에 빠트렸다. 이에 관하여는 다음 장에서 별도로 설명한다.

기본소득제 vs. 사회취약층 지원 우선

세계적으로 관심과 논쟁의 대상이 되고 있는 기본소득제가 최근에 우리나라에서도 각광을 받고 있다. 기본소득제는 '소득과 재산, 근로 여부에 관계없이 모든 사람에게 동일한 금액을 정기적으로 지급하는 제

17. 일본의 상속세율이 OECD 국가 중 최고 수준인 55%임에도 대를 이은 수많은 가업이 있다는 것은 연구의 대상이다. 우리나라에서 찾기 어려운 장인정신, 우리나라에도 중소 · 중견기업을 위해 있는 가업상속공제 제도가 우리나라보다 융통성 있게 운용되는 점, 대를 잇는 가업에 대해 지방정부가 여러모로 지원해 주는 점, 지역 금융기관과 기업이 장기적인 거래를 통해 신뢰하고 상부상조하는 관계형 금융(relationship banking)이 잘 이루어지고 있다는 점 등이 주요인인 것으로 보인다.

도'다. 이 정의에서 알 수 있듯이 기본소득제는

1. 가구가 아니라 개인 단위로 균등하게 지급하고
2. 다른 소득이 있든 없든, 재산이 많든 적든 상관없이 정기적으로 지급하며
3. 근로 여부와 의사를 묻지 않고 지급하고
4. 생계 보장과 사회 참여를 가능케 할 정도로 충분한 소득을 현금으로 지급하는 것을 지향한다.

기본소득제는 17세기 영국 철학자 토머스 홉스의 '시민 소득'이 출발점으로 1970~1980년대 서구의 사회운동으로 확대됐다. 빈곤층에만 지원하는 선별적 복지와는 다른 보편적 복지의 형태이다. 미국 알래스카주가 1976년부터 석유 판매 수입으로 기금을 모아 6개월 이상 거주한 주민에게 배당금 형태로 지급해 오고 있는 것이 대표적인 기본소득제다. 국가 차원에서는 핀란드가 2017년에 기본소득제를 시범 실시함으로써 효시가 되었다. 캐나다와 네덜란드에서는 기본소득제를 준비하고 있다. 우리나라에서는 기본소득 청년당이 2019년에 창당되기도 했다.

기본소득제를 찬성하는 논리는 다음의 다섯 가지이다.

① 누구든지 최소한의 소득을 갖게 됨으로써 사회적 양극화를 완화한다.
② 삶에 여유가 생겨 국민 각자가 원하는 일과 창의적인 활동에 적극 나설 수 있다.

③ 자동화와 인공지능으로 사람의 설 자리가 좁아지고 있는 것에 대한 유력한 대처 방안이 될 수 있다.

④ 기존의 여러 복지 제도를 기본소득으로 대체해 현금을 지급하면 한편으로 복지에 따르는 행정적 비용을 줄이고 낙인효과를 없애며, 다른 한편으로 개인의 지출에서 선택 범위를 넓혀준다.

⑤ 모든 국민에게 기본소득을 주기 때문에 기업 입장에서는 시장임금을 최대한 낮출 수 있다.

기본소득제를 반대하는 논리는 다음의 다섯 가지이다.

① 사회 보장의 원리와 맞지 않는 제도이다.

② 비용이 너무 많이 들어간다. 따라서 세금도 너무 많이 들어가게 마련이다.

③ 기본소득제에 투입되는 막대한 재원 때문에 다른 공공 서비스가 위축된다.

④ 근로 의욕이 낮아지고 도덕적 해이가 생긴다.

⑤ 빈곤층이나 백만장자나 똑같이 주는 것은 공정하지 않고 빈곤율을 증가시킬 수 있다.

기본소득제의 다섯 가지 장점은 일견 매우 매력적이다. 가장 큰 문제는 사회 보장의 원리와 맞지 않는 제도이고, 각자에게 푼돈이 아닌 넉넉한 기본소득을 지급하는 데에는 천문학적인 비용이 들어간다는 점이다. 현재의 복지 제도는 기본적으로 위험에 빠졌을 때 보상을 해 주도록 설계되어 있다. 평소에 각종 사회보험료를 납부하다가 아플 때(건강보험), 은퇴했을 때(국민연금), 실직할 때(고용보험), 산업재해를 당했을 때(산업재해보험) 현금이나 서비스로 복지급여를 받는다. 장애를 얻었거나, 빈곤선 이하밖에 못 벌 때도 보호를 받는다. 정부는 국민이 이런 각종 사회적 위험에 처하지 않으면 도와주지 않는다. 이는 자동차 보험료를 꼬박꼬박 냈어도 자동차 사고가 안 나면 보험금을 못 받는 것과 같은 이치이다. 그런데 기본소득은 위험 발생이나 복지의 필요 여부를 따지지 않는다. 동일한 액수를 모든 사람에게 아무 조건 없이 정기적으로 준다. 위험에 빠졌다고 해서, 사고가 크게 났다고 해서 더 주는 경우도 없다. 이런 획일적으로 완전 평등한 분배가 공정한 사회 복지 정책이라고 할 수 없다. 정부가 억만장자와 빈궁한 사람에게 똑같은 돈을 주는 것은 필요하지도 않고 공정하지도 않다. 소득이나 부에 관계없이 일률적으로 똑같은 돈을 준다는 기본소득제는 "다른 것을 같게 대우하는 것은 같은 것을 다르게 대우하는 것만큼이나 정의롭지 못하다"라는 아리스토텔레스의 말처럼 정의롭지 못하다. 처지가 어려운 사람한테 지원을 집중해 주는 것이 공정한 정책이다. 기본소득제를 실시하면 보육의 질을 높이고, 청년들 일자리를 창출하고, 노인 빈곤을 없애고, 장애인 수당을 현실화하며 의료 보장성을 강화하는 일 등 소중한 사회 복지 서비스가 위축되게 마련이다. 이런 모든 복지 제도를 기본소득제로 완전 대체하는 것은 공정성 문제와 엄청난 비용 소요 때문에 실현 가능하지 않다. 우리나라에서 1인당 월 30만 원씩 기본소득을 지급한다면 5,000만 명 기준으로 매년 180조 원이 필요하다. 2020년 중앙정부 예산이 530조 원대이고, 사회 복지 지출이 170조 원대인 것을 감안하면 엄청난 규모다. 전체 사회 복지 지출과 맞먹는 규모다. 이렇게 대규모의 예산이 소요되지만 월 30만 원은 개인의 삶에 여유를 주는 소득 수준과 거리가 멀다.

이론적으로 기본소득제를 찬성하는 가장 강력한 논리는 셋째이다. 자동화와 인공지능으로 사람의 설 자리가 좁아지고 있는 것에 대한 유력한 대처 방안이 될 수 있다는 것이다. 장기적으로 로봇과 인공지능이 절대 다수 근로자의 노동을 대체해 버린다면 이들에게 기본소득을 지급해야 할 필요성이 생긴다. 그러나 인공지능에 의한 거의 완전한 노동 대체는 다음 항에서 논의하는 것처럼 최소한 50년이 걸릴 것으로 전망된다. 그런 일이 일어나는 시기에 걱정하면 된다.

기본소득제는 고부담-고복지 국가에서나 실현 가능한 제도이다. 우리나라와 같은 저부담-저복지 체제에서 중부담-중복지 체제로 가는 데에도 힘든 상황에서 본래의 의미 그대로의 기본소득제는 실현 가능하지 않다. 고소득층에게 저소득층과 똑같이 주되 부자 증세로 세금을 더 거두면 된다고 생각할지 모른다. 앞에서 설명한 것처럼 이 경우에는 고소득층에 왜 기본소득을 주어야 하는가라는 근본적인 문제에 부딪친다. 기본소득은 누구나 최소한의 인간다운 생활을 할 수 있게 하기 위해 주겠다는 것인데 최소한의 인간다운 생활에 대한 걱정은 눈곱만큼도 없는 고소득층과 부유층이 세금으로 곧 뺏길 '하찮은' 소득을 받아야 할 이유가 없다. 소득과 부의 격차가 큰 우리 사회에서 정부로부터 누구나 똑같은 소득을 받는다고 해서 공평한 것도, 사회적 연대의식이 높아지는 것도 아니다. 저소득층만 지원하는 복지 제도가 낙인효과를 낳는다는 문제점은 합리적으로 해결할 수 있는 방법이 많다.

핀란드는 2017년 1월에 국가 차원에서 최초로 기본소득제를 시범 도입하였다. 실업수당을 받는 장기 실업자 중에 무작위로 2,000명(전체 실업자의 1%)을 선발하여 기본소득 월 560유로(약 73만 원)를 지급하는 방식이었다. 그러나 시행 2년 만에 기본소득제를 중단하였다. 중단한 이유는 국민 여론이 좋지 않은 데다가 기본소득이 노동 의욕을 높인다는 증거를 확인하지 못했기 때문이다. 핀란드 사회보험청의 연구진이 2019년에 내놓은 보고서에 따르면 기본소득 수급자의 2017년 연간 평균 근로시간은 49.64일이었다. 나머지 실업자 대조군의 49.25일과 비슷했다.[18] '자기가 원하는 일'에 적극 나설 수 있다는 기본소득제의 장점도, 근로 의욕이 낮아진다는 기본소득제의 단점도 뒷받침하지 않는 실증 분석 결과다. 기본소득제가 지속되었다면 미미한 근로시간 차이가 기본소득제에 유리하게 벌어졌을 수 있다. 반대로 전후 서구 선진국에서 경험한 근로 의욕의 저하와 도덕적 해이 등 '복지병'을 다시 확인했을 수도 있다. 이 경우에는 사회적 양극화를 완화한다는 기본소득제의 장점도 사라진다. 어느 쪽인지 가리기 위해서는 적지 않은 시간이 필요하다. 핀란드 정부는 설사 기본소득제에 긍정적인 결과를 얻더라도 좋지 않은 국민 여론을 추스르며 다른 모든 복지 제도를 기본소득제로 대체하는 것은 바람직하지 않다는 결론을 내린 것으로 보인다.

우리나라에서도 선진국을 따라 기본소득제를 도입해야 한다는 논의가 최근에 일어나고 있다. 엄청난 비용이 들어가는 데에 비추어 최소 생계비보다 훨씬 적은 소득을 지급하는 것을 제안하거나 '한국형 기본소득제'를 주장한다. 전자는 성남시를 비롯한 일부 도시에서 청년 배당 정책이나 고용지원금 형태로 시범 시행 중이다. 월 30만 원대의 기본소득으로 최저생계비에 크게 못 미치는 수준이다. 후자는 전 국민을 대상으로 하는 기본소득제와 달리 아동수당, 청년수당, 노인수당, 실업 부

18. "사우나보다 뜨거운 핀란드 기본소득 실험 2년 만에 중단", 조선일보 2020. 2. 24.에서 인용.

조 등 생애 주기별로 기본소득을 지급하는 방식이다. 그러나 이런 류의 '기본소득제'는 기본소득제라기보다 선별적 복지 체계 내에서의 공적 부조의 확충이다. 복지국가의 공적 부조 제도를 기본소득제라 부르는 것은 언어의 오용이다. 2020년 코로나 사태를 맞아 정치권에서 제기된 '재난기본소득'이라는 용어도 마찬가지다. 국민 1인당 60만~100만 원의 현금을 1회성으로 준다는 것은 가진 자에게는 푼돈이고 생계 위기에 처한 취약 계층에게는 실질적인 도움이 되지 않는 미봉책이다. 생계 위기에 처한 사회적 취약 계층에게 지원을 집중하고 재난기본소득이 아니라 '재난구조소득', '재난지원소득'이라 불러야 옳았다.

AI 시대 로봇 투자 및 로봇세 과세 문제

2016년에 온라인 상거래 업체 아마존이 기다릴 일도, 계산할 필요도 없는 무인 식료품 매장인 '아마존 고'를 열었다. 매장에서 물건을 들고 나오면 스마트폰 앱이 자동 인식해 계산까지 해 주는 시스템이다. 우리나라에서도 2017년부터 편의점과 유통업계 등이 무인 서비스 상용화를 선보이고 있다. 패스트푸드와 요식업을 중심으로 무인 주문 시스템이 급격히 확산되고 있다. 로봇이 고객의 선호에 맞추어 커피를 만들어 주는 로봇 카페도 속속 들어서고 있다. 영국의 한 기업은 자율 주행 트랙터를 선보였다. 혼자 밭 갈고 씨 뿌리고 수확하는 농기계다. 몇 년 안에 자율 주행 자동차의 도로 주행이 가시화할 전망이다. 무인화 혁명은 제조업도 예외가 아니다. 아디다스는 독일 바이에른주에 스마트 공장을 설립했다. 이곳에서 만드는 운동화는 모두 로봇이 생산한다. 기계 자체가 생산의 주체인 것이다. 애플 아이폰 제조사로 유명한 대만

계 폭스콘도 스마트 공장 체제로의 전환을 선언했다. 오늘날 인공지능(artificial intelligence ; AI)을 탑재한 로봇은 위험하고 궂은 일을 하는 산업 현장을 비롯해 개인 비서, 신약 조제와 개발, 투자 컨설팅, 재판 판례 조사 등 각 분야에서 다양하게 활용되고 있다. 인지와 감성을 다루는 영역으로도 진출하고 있다. 혼자 사는 사람에게 말을 걸어주고 심지어 사랑까지 나눌 줄 알며 알츠하이머를 앓는 노인의 마음을 어루만지는 등의 역할을 할 수 있는 사교 로봇(social robot)도 나타났다. AI가 창작한 예술 작품도 시장에서 인정받고 있다. 이런 AI 활약 리스트는 계속 늘어날 것이다.

영국 옥스퍼드대의 프레이-오스본(Frey and Osborne, 2013)이 개발한 기술의 고용 대체 확률 분석에 따르면 현재 일자리 가운데 약 47%는 조만간 사라질 가능성이 크다. 프레이-오스본 모형을 차용한 한국고용정보원의 국내 노동시장 분석 결과는 더 급진적이다. 박가열 외(2016)는 2016년부터 2025년까지 10년간 우리나라 일자리의 약 71%(1,740만 개)가 로봇과 AI로 대체될 수 있다고 경고한다. 2015년에 세계적인 컨설팅 기업인 맥킨지는 지금의 기술로도 인간의 일자리 45%를 로봇이 대체할 수 있다고 분석했다. 1980년대부터 자동화된 기계가 회사의 사무직이나 비서, 공장 근로자 등 중간 숙련자들이 수행했던 업무를 잠식했다.

산업혁명 후 초기에 기계 파괴 운동이 있었지만 후기에는 기술 발전이 고용 증가와 인류 복지 증진에 기여했다. 기술 혁신에 의해 줄어든 일자리보다 생산성 향상으로 늘어난 일자리가 훨씬 많았기 때문이다. 그러나 전문가들 사이에 로봇과 인공지능으로 대표되는 최근의 스마트 기술은 종전과 차원이 다를 것이라는 평가가 종전과 같을 것이라는 평가보다 우위를 점하고 있다. 인공지능은 기계학습(machine learning)으로 운전을 배우고, 문서를 작성하며, 의사보다 정확하게 질병을 진단한다. 변호사 한 명이 하면 36만 시간이 걸릴 방대한 분량의 상업 대출 계약서 검토를 인공지능은 단 몇 초 안에 끝내 버린다. 인간 노동을 로봇 과정 자동화(robot process automation ; RPA)라는 이름의 자동화 기술이 대체 중인 것이다. 아마존 물류창고에는 사람 대신 로봇 10만 대가 돌아다닌다. 인간의 노동에 대한 인공지능의 파괴적 영향은 일찍이 경험하지 못한 대규모적인 것이 될 것으로 보인다. 미국 노동통계국은 인간보다 싼 가격으로 인간보다 빠르고 정확하게 일하는 인공지능, 무엇보다 파업할 줄 모르는 인공지능을 일자리 살인자(job killer)라 불렀다. 혁신과 일자리 증가가 선순환했던 '노동의 시대'는 저물고 있다는 것이다.

이렇게 인간의 노동을 본격적으로 대체하는 지능형 로봇에 대해 세금을 매겨야 한다는 주장이 제기되고 있다. 구체적으로 로봇이 생산하는 경제적 가치에 대해 세금을 부과하자는 것이다. 이 로봇세를 부담하는 주체는 로봇 소유자이다. 분배를 전공하는 저명한 학자 중에서 앳킨슨(2015)이 제일 먼저 주장하였다. 빌 게이츠도 저명 기업가 중에 처음으로 로봇세 도입을 주장하였다. "지금 공장에서 5만 달러를 받는 '인간' 근로자는 번 돈에 대해 소득세, 사회보험료 등을 낸다. 로봇이 그 일을 대체하면 로봇에 인간과 비슷한 정도의 세금을 매겨야 할 것이다." 이렇게 로봇세를 걷으면 급격한 자동화로 일자리가 줄어드는 속도를 늦출 수 있다는 것이다.

로봇세를 찬성하는 논리는 크게 세 가지이다. 첫째, 빌 게이츠가 지적한 것처럼 급격한 자동화로 일자리가 줄어드는 속도를 늦출 수 있다.

둘째, 첨단 로봇으로 일자리를 잃은 사람들을 재교육시키는 재원으로 쓸 수 있다. 셋째, 개인의 세금 부담을 낮추고 기본소득제나 복지의 재원으로 활용할 수 있다.

로봇세를 반대하는 가장 유력한 논리는 인공지능, 로봇 등 신기술 혁신을 저해할 가능성이 크다는 점이다. 로봇세를 매기지 않는 경우에 비해 기업의 자동화 투자 비용이 늘고 이윤이 줄어들기 때문에 로봇세가 자동화 투자를 줄일 것이라는 점은 쉽게 이해할 수 있다. 그러나 앞에서 본 것처럼 로봇이 가까운 미래에 인류가 일찍이 겪어보지 못한 대규모의 인간 대체와 대량 실업을 초래한다면 대량 실업을 줄이고 복지를 확충하는 보완작업이 선행되거나 적어도 병행되어야 한다. 그런 점에서 볼 때 로봇세를 부과하여 무인공장에 투입되는 로봇과 관련한 기술 혁신이 지체되는 효과는 오히려 바람직한 것이라고 할 수 있다.

유럽 의회는 2017년 2월 로봇세 도입에 반대하는 결의문을 채택했다. 도입의 필요성은 있지만 기술 혁신을 저해할 수 있다는 이유 때문이다. 그러나 유럽 의회는 2017년 1월 로봇에 '전자 인간(electronic persons)'이라는 법적 지위를 부여하는 로봇시민법 제정 결의안을 압도적인 찬성으로 통과시켰다. 유럽 의회는 결의안에서 "고도의 정교한 자동화 기능을 갖춘 로봇은 '전자 인간'으로서의 권리와 의무를 동시에 부여받는다"라고 강조하였다. 이는 인공지능에 '법인격(法人格 : 개인이나 회사처럼 권리와 의무의 주체가 될 수 있는 자격)'을 부여하는 것으로 많은 논의와 사회적(나아가 지구적) 합의를 거쳐야 할 것으로 보인다. 인공지능이 법인이 되면 인공지능이 만든 창작품에 대한 지식재산권을 인정해 주고 잘못을 저지른 인공지능을 처벌해야 하는데 이에는 많은 문제가 따르기 때문이다. 인간이 책임을 회피하고 로봇에 전가하는 수단으로 악용될 수도 있다. 유럽연합은 "자율 주행 자동차를 포함한 로봇의 개발 및 확산에 대한 윤리적인 문제와 법적인 책임에 대한 문제는 입법화해야 한다"라고도 하였다. 따라서 로봇에 의한 인간 대체가 광범위하게 일어나고 실업 문제가 커지면 유럽의회는 윤리적인 문제와 법적 책임 문제를 푸는 과정의 일환으로 언제든지 로봇세 도입을 찬성할 수 있다.

우리나라는 개발 시대에 일종의 '마이너스(-) 로봇세'를 운용해 왔다. 투자만 하면 어떤 종류의 투자든 가리지 않고 기업 이윤에서 투자금액을 뺀 나머지에 대해서만 세금을 부과하는 투자세액공제가 그것이다. 공장 자동화 설비를 들여 놓아 일자리가 줄어들어도 세금 감면을 해 주기 때문에 로봇 도입을 장려한 셈이다. 이 제도는 임시투자세액공제라는 이름으로 1980년대 초부터 몇 년간 공백기를 빼면 '임시'라는 말이 무색하게 20여 년간 지속되었다. 국제로봇연맹(International Federation of Robotics ; IFR)에 따르면 근로자 1만 명당 설치된 산업용 로봇 대수를 뜻하는 산업용 로봇 밀집도에서 2019년에 우리나라는 774대로 전 세계에서 싱가포르 다음으로 2위이다(2011년부터 2018년까지 8년간 1위였다). 세계 제1의 로봇 생산대국인 일본보다 2배 이상 많다. 이처럼 자동화 로봇이 압도적으로 많은 것은 5장에서 다룬 것처럼 우리나라의 경제력을 뛰어넘는 정규직의 지나치게 높은 임금에 기업이 대처하는 측면에 덧붙여 투자세액공제가 오랫동안 시행된 데에 적지 않게 힘입은 것으로 보인다.

2011년에 종전의 투자세액공제는 폐지되고 투자를 해도 일자리를 늘려야만 세금을 깎아주는 고용 창출 투자세액공제로 바뀌었다. 이 제도 변경은 뒤늦게나마 잘한 정책 결정이다. 로봇세까지 도입하는 것은 자동화기술 혁신을 지체시키는 부작용에도 불구하고 대량실업과 그 부작용을 경감시키는 데에 유효한 정책이다. 대량 실업을 잉태하는 인공지능과 로봇의 시대에 세계 1～2위의 '로봇 소비대국' 위상을 유지해야 할 필요는 없다.

장기적으로 AI는 로봇세 차원을 넘어 인류의 생존과 직결된 문제를 제기할 전망이다. 유럽의회 결의안은 첫째, 로봇이 인간을 위협해서는 안 되며, 둘째, 로봇은 인간의 명령에 복종해야 하고, 셋째, 첫째와 둘째를 위반하지 않는 한에서 로봇 역시 자신을 보호해야 한다고 규정하고 있다. 그러나 감각과 감정을 가진 '초지능 AI'가 등장하면 유럽 의회의 로봇에 대한 규정은 아무 소용이 없고 인간이 로봇을 통제할 수 없는 상황이 올 수 있다. 빌 게이츠는 앞으로 수십 년 후에 인공지능이 우려할 만한 수준으로 진화할 것이라고 전망했다. 커즈와일(Kurzweil, 2007)은 인공지능이 인간의 능력을 뛰어넘는 시점을 특이점(singularity)이라고 명명하고 특이점이 30년 안에 온다고 예언한다. 특이점이 언제 올 것인가에 대해서는 앞으로 1세기가 넘을 것이라는 전망부터 30년 안에 온다는 견해까지 인공지능 전문가 사이에도 의견이 분분하다. 대체적으로 적어도 50년에서 100년은 걸릴 것이라는 전망이 우세하다. 특이점이 오는 그때에는 인공지능을 유럽 의회처럼 전자 인간으로 인정하고 권리와 의무를 부여해야 할 것이다. 그 전까지는 김병필(2020)이 제안하는 것처럼 인공지능 로봇에 동물과 같은 지위를 부여하고, 동물이 일으킨 사고에 대해 동물 주인이 책임을 지는 것과 마찬가지로 로봇이 야기한 사고에 관해 로봇 소유자가 책임을 지는 것이 바람직하다. 로봇의 생산물에 로봇세를 로봇 소유자에게 부과하는 것은 물론이다.

특이점의 시대에는 로봇이 인간의 명령에 복종해야 한다는 전제가 성립하리라는 보장이 없다. 인간이 로봇에 복종하고 스티븐 호킹 박사가 예언했듯이 초지능 AI에 의해 인류가 멸망할 수 있다. 따라서 인류의 집단지성은 특이점이 오더라도 로봇이 반드시 인간과 협동할 수 있게 하는 시스템을 개발해야 할 것이다. 서스킨드(Susskind, 2020)는 특이점이 오기 전이라도 머지않아 기계가 인간 노동을 대체하는 압력이 인간 노동 수요를 끌어올리는 효과를 압도하여 '일자리 없는 세상'이 새로운 정상이 되는 시대가 될 것이라고 주장한다. 이런 세상에서는 파이를 키우는 과업은 기업이 맡고 정부는 분배를 책임져야 한다. 이때 기본소득 도입은 불가피하다. 다만, 서스킨드는 문화, 예술, 봉사 활동 등을 통해 공동체에 기여하는 국민에게 주는 조건부 기본소득론을 편다. 많은 경제학자들은 좀더 낙관적이다. 특이점이 오기 전까지는 디지털 혁명하에서도 AI 관련 신기술을 개발하거나 관리하는 고급 인력과 종전에 없던 새로운 서비스업이 생기는 등 '일자리 있는 세상'이 유지될 것으로 전망한다.

인공지능은 노동의 의미에 대한 우리의 성찰을 요구한다. 경제학에서는 노동을 근로자의 관점에서 볼 때 고통을 수반하는 것으로 보아 왔다. 노동은 힘들다. 여가를 즐기는 시간을 포기하기 때문에도 힘들다. 이 힘듦과 고통을 상쇄하기 위해 노동생산성에 상응하는 대가가 있어야 한다. 여가를 즐기지 못한 데 대한 보상이 있어야 한다. 쉽게 말해 경제학의 전통적인 접근 방법은 노동을 힘들지만 살기 위해 어쩔 수 없이 해야 하는 돈벌이 수단으로 보는 것이다. 이와 달리 철학계와 종교계에서는 노동을 자아 실현 과정으로 보아 왔다. 성 요한 바오로 2세 교황은

"인간을 다른 피조물들과 구별하는 특징 가운데 하나가 노동이다. …… 노동은 인간과 인간성을 나타내는 특별한 표시이며, 인격체로 이루어진 공동체 안에 움직이는 개개의 인격체를 나타내는 표시이다. 그리고 이 표시는 인간의 내면적인 특성을 결정하며, 어떤 의미에서는 인간의 본질 자체를 형성한다…… 노동을 일종의 상품으로 취급하는 유물론적이고 경제주의적 사상에 반대해야 하며 인간이 물질과 동등하게 취급되는 것, 그리고 하나의 도구로서 취급되며 자신이 하는 노동의 참된 존엄성이 지켜지지 않는 것을 경계해야 한다."(회칙, '노동하는 인간')

라고 말한다. 로봇이 사람의 노동을 대체하면 많은 사람들이 돈벌이 수단으로서의 노동을 할 기회를 박탈당하고 또 다른 많은 사람들이 자아 실현의 수단으로서의 노동을 할 기회를 박탈당한다. 그러나 일하지 않고도 넉넉히 생활할 수 있는 소득과 부가 있다면 얘기가 달라진다. 이 경우에는 구태여 힘든 노동으로 돈 벌어야 할 필요가 없고 타율적 규제를 받기 마련인 노동을 통해 자아 실현에 애쓸 필요도 없기 때문이다. 일찍이 케인스(1930)는 100년 후인 2030년에는 먹고 사는 데에 하루 3시간만 일해도 충분하고, 그렇게 하여 넉넉해진 자유 시간에 사람들이 문학, 예술, 철학을 즐기며 진정한 자아 실현에 힘쓸 수 있을 것이라고 전망하였다. 케인스의 예언이 10년 안에 실현될 수는 없겠지만 장기적으로 이런 전망을 현실화할 수 있게 해 주는 것이 AI 로봇과 로봇세이다.

읽을거리

1. 낙수효과와 분수효과

미국과 영국의 보수 정권은 전통적으로 낙수효과(trickle-down effect)를 강조해 왔다. 한 산업이 성장하면 그 산업뿐만 아니라 연관 산업이 혜택을 보고 그 혜택이 점차 파급된다. 마찬가지 논리로 경제가 성장하면 처음에는 일부 산업과 계층이 혜택을 받지만 연관 산업과 다른 계층으로 혜택이 파급된다. 대기업의 수익과 고소득층의 소득이 늘어나면 경제 전체의 투자와 소비가 늘어나 저소득층의 소득도 결국 증가하게 된다는 것이 낙수효과다. 대공황이 미국 경제를 덮친 1930년대 초 미국의 유머 작가 윌 로저스가 당시 미국 대통령이던 허버트 후버의 경제 정책을 비판하며 "상류층에 건네진 돈이 제발 빈민들에게도 흘러 내려가기(trickle-down)를 바란다"라고 비꼬았는데 여기서 낙수효과라는 말이 생겼다. 1980년대 이후 선진국에서 분배가 악화함에 따라 낙수효과가 사라지다시피 되었다. 이에 등장한 것이 분수효과(fountain effect 혹은 trickle-up effect)다. 분수효과란 저소득층의 소득이 늘어나면 경제 전체의 소비가 늘어나고 이어 기업의 매출과 투자가 늘어나 상위 계층의 소득까지 늘어난다는 것이다. 1930년대 대공황의 위기에서 서구 경제를 회생시킨 케인스의 유효수요이론이 기본적으로 분수효과에 기댄 이론이다. 복지 제도를 도입하고 각종 토목 사업과 사회간접자본 건설을 추진하는 등의 형태로 정부지출을 대폭 늘린 것이 저소득층과 중산층의 소득을 크게 늘렸다. 이는 가계 소비와 기업 투자 확대로 연결되고 다시 경제 전체의 생산과 소득이 증가하는 선순환으로 이어졌다.

문재인 정부의 소득주도성장도 이런 분수효과를 기대했다. 그런데 최저임금 대폭 인상이라는 형태로 저소득층의 소득을 늘려 주려 한 것이 잘못된 접근 방법이었다. 케인스와 현대 경제학이 가르치는 것은 정부지출을 늘려 저소득층의 소득을 늘려 주는 것이었지 기업 임금의 대폭 인상을 강요하는 것이 아니었다. 정부지출을 늘리는 것은 기업 비용을 직접 상승시키는 부작용이 없다. 최저임금의 대폭 인상은 기업 비용을 직접 상승시켜 영세중소기업이 고용을 줄이는 부작용을 낳는다. 이 때문에 정부가 기대한 선순환이 일어날 수 없었다.

2. 최저임금 단상

최저임금 대폭 인상이라는 문재인 정부의 정책 실험을 놓고 매우 궁금한 점이 있었다. 경제 논리로는 말이 안 되는 정책인데 도대체 어떤 생각과 논리로 이런 정책을 밀어붙였을까? 이 궁금증을 푸는 데 도움이 되는 글이 한 신문에 실렸다. 2019년 2월 15일 매일경제신문에 "최저라는 말"이라는 제목으로 한 소설가가 쓴 칼럼이다. 일반 근로자들과 많은 국민이 자연스레 공감할 글일 것 같다. 그러나 경제학원론 정도를 아는 사람이라면 머리를 설레설레 흔들 글이다. 이래저래 흥미있고 많은 점을 시사해 주는 글이기에 다음에 소개한다. 이 칼럼에 대한 상세한 논평은 필자의 블로그 ksahn21c@naver.com의 경제학 길잡이 > 제11장 > 읽을거리 11-M "최저임금 단상"을 참고하길 바라며, 여기서는 생략한다.

최저라는 말 — 권여선(소설가)

최저시급 인상에 대한 의견들이 구구하다. 일단 신문에 보도된 바에 따르면 젊은 사람들은 최저시급이 오르는 걸 찬성할 것 같지만 아르바이트를 구하기 어려워 반대하는 쪽도 있기 때문에 압도적인 찬성은 아니라고 한다. 나이 든 사람들은 최저시급이 올라 큰 걱정이라며 반대하는 쪽이 더 많다고 한다. 그러면 젊은 쪽에서도 크게 환영받지 못하고 나이 든 쪽에서는 반대하는 최저시급 인상을 왜 이 정부는 고수하는 것일까. 예전 정부처럼 올리나 마나 하게 올리면 여론도 잠잠해지고 지지율도 높아질 텐데.

그런데 나는 통계로 드러나는 여론과 통계 뒤에 숨은 속생각은 좀 다를 수 있다고 생각한다. 내가 만난 젊은이들 중에 최저시급 인상에 반대하는 사람은 거의 없다. 그들은 시급이 한 푼이라도 더 오르기를 절실히 바란다. 또 용역업체에 간접 고용이 돼 식당 일이나 청소 일을 하는 나이 든 여성들, 아파트 경비나 주차 일을 하는 나이 든 남성들도, 시급을 올리는 게 싫으냐고 여쭤보면 대부분 그렇지 않다고 고개를 흔든다.

그런데 왜 이들 의견이, 이들을 고용한 자영업자나 기업주 의견보다 더 낮은 비율로 반영이 돼 나타나는지 모르겠다. 그러나 이런저런 찬반 의견을 떠나 나는 최저시급 인상이 여론이나 통계에 의해 좌우돼서는 안 된다고 생각한다. 그 수치는 최저생계에 대한 우리의 양심을 심문하는 숫자다. 2019년 1인 최저생계비는 월 171만 원이다. 2019년 최저시급 8,350원으로 주 6일 8시간 노동을 해서 받는 월급이 174만 원이다.

최저생계비가 굶어 죽거나 얼어 죽거나 병들어 죽지 않고 간신히 목숨을 연명하는 수준을 넘어 건강하게 노동을 재생산할 수 있는 현실적인 비용인지는 차치하고 아무튼 현시점에서는 최저시급을 받아야만 최저생계가 유지된다는 게 중요하다. 이렇게 최저생계비와 거의 차이가 없이 결정된 최저시급에 대해 누가 과연 반대할 권리를 가지는가. 도대체 누가 누구보고 내가 더 힘드니 안타깝지만 너는 최저생계의 수준보다 더 최저로 내려가라고 말하는가.

3. 국세청의 국세통계연보 자료

국세청이 2020년 12월에 발간한 『2020년 국세통계연보』에 따르면 2019년 월급쟁이(= 근로소득자, 임금 근로자)의 평균 세전(稅前) 연봉은 3,744만 원, 월평균 312만 원이다. 이 금액은 3장에서 설명한 2019년 1인당 국민총소득 3,754만 원과 거의 같다. 그러나 같은 것은 우연의 일치일 뿐 같아야 할 이유가 있는 것은 아니다. 가구 구성원 1인당 소득은 월평균 180만 원대이고 가구 소득은 대략 500만 원이라고 하였다. 국세통계연보에 잡힌 근로자의 월평균 소득 312만 원은 가구 소득의 63%대로 3장의 **표 3-2**에서 근로소득이 가구 소득의 2/3가량을 차지한 것과 상응한다.

월 봉급 312만 원은 2019년에 연말정산을 신고한 근로자 1,917만 명을 대상으로 계산한 평균 급여이다. 2019년 전체 근로자 수는 2,056만 명대이다. 연말정산을 신고하지 않은 140만 명은 임시직, 일용직 중 소득 수준이 아주 낮은 근로자들과 기타 근로자(일정한 급여 없이 봉사료나 판매 실적에 따라 판매수수료만을 받는 저소득 근로자 등)가 대부분일 것이다. 신고한 일용근로자는 741만 명인데 이들의 평균 소득은 연 807만 원, 월 67만 원에 불과하다. 741만 명 중 연간 근로소득이 100만 원 이하가 213만 명이나 된다. 연 1,200만 원(월평균 100만 원) 이하의 일용근로자가 597만 명이다. 반면에 봉급이 1억 원 이상인 억대 연봉자는 85만 명으로 전체 근로자의 4.4%에 이른다. 외국인 근로자는 49만 명이고 이들은 급여로 총 7.8조 원, 1인당 1,583만 원을 벌어갔다.

소득 관련 세금을 한 푼도 내지 않는 근로자는 705만 명으로 36.8%였다. 주요 선진국은 모든 국민이 세금을 내야 한다는 국민 개세주의(皆稅主義)가 정착되어 있어서 대다수의 근로자가 적은 세금이라도 납부한다. 우리나라는 면세자 비율이 2014년에 48%까지 육박했었다. 같은 해에 연말정산 방식을 소득공제에서 세액공제 중심으로 바꾸고 나서 세금을 조금이라도 내는 사람이 늘고 면세자 비율은 줄어드는 추세이다.

2018년에는 면세 근로자 비율이 38.9%였는데 2019년에 36.8%로 1년 만에 2.1%포인트 낮아졌다. 그래도 OECD 주요국에 비해 여전히 높은 수준이다. 면세자 비율이 높은 미국이 31%이고 일본 16%, 영국 2%이다. 전체 근로자의 상위 10%가 근로소득세의 72.5%, 그 다음 10%가 14.9%를 부담하여 상위 20% 근로자가 근로소득세의 87.4%를 내고 있다[19](연봉 1억 원이 넘는 최상위 4.4%의 월급쟁이가 근로소득세의 절반 이상을 부담하는 것으로 추정된다).

19. http://stats.nts.go.kr > 자료실 > 2020년 국세통계연보 발간(538개) > 4-2-16 근로소득 분위별 신고 현황 및 점유비. 2021년 5월 20일 조회.

금융소득(= 이자소득 + 배당소득)으로만 2,000만 원 이상 소득을 올린 사람은 16만 명, 1억 원 이상인 사람은 28,000명이다. 1억 원 이상인 사람들의 1인당 금융소득은 5.3억 원에 이른다. 배당소득이 금융소득의 대부분(84%)을 차지한다. 마이너스 세금인 근로장려금은 총 421만 가구에 4.8조 원을 지급하여 가구당 지급액이 115만 원이다. 자녀장려금은 73만 가구에 7,500억 원을 지급하여 가구당 지급액은 103만 원이다.

8장

바람직한 분배 정책

1. 거시적인 경제안정화 정책 / 2. 장기적으로 분배 친화적인 성장 정책
3. 성장 친화적인 재분배 정책 / 4. 시장소득 불평등 축소 정책
5. 부 불평등 축소 정책 / 6. 환골탈태해야 할 부동산 정책
7. 유능하고 공평무사한 정부

"민주주의는 지금까지 시도되었던 다른 모든 정치 체제를 제외하면 최악의 정치 체제이이다."

— **윈스턴 처칠**

"우리보다 운이 좋은 사람의 처지와 우리의 처지를 비교하지만 말고 우리보다 못한 사람들의 처지도 살펴야 한다. 그렇게 하면 우리도 운이 좋은 사람이라는 게 드러난다."

— **헬렌 켈러**

공자의 제자 자공이 "가난해도 아첨하지 않고 부유해도 교만하지 않는다면 어떻습니까?" 하고 공자에게 물었다. 공자는 "괜찮기는 하나, 가난하면서도 도를 즐기고, 부유하면서도 예를 좋아하는 것만은 못하다."고 대답했다.

— **논어 학이편 15장**

남에게 대접받고자 하는 대로 남을 대접하라. — **성경**

"내가 원하지 않는 것은 남에게 하지 말라(己所不慾 勿施於人)." — **공자**

극단적인 두 분배 정책의 비현실성

우리나라의 바람직한 분배 정책을 다루기에 앞서 일반적인 분배 정책을 둘러싸고 존재하는 양극단의 견해를 살펴볼 필요가 있다. 한 극단의 견해는 균등분배를 주장하는 것이다. "지구의 생산량은 모두 골고루 나누어 먹을 수 있을 정도로 충분하고 모두 적은 시간을 일하고도 충분히 행복한 생활을 영위할 수 있다. 그렇게 할 수 없는 것은 잘못된 시스템 때문이다. 잘못된 시스템을 고쳐야 한다." 많은 종교인들과 인본주의 사상가들이 이러한 견해를 강력히 피력하고 있다. 감성적으로 끌리는 매력적인 견해다. 그러나 잘못된 시스템을 어떻게 고쳐야 하는가에 대한 실현 가능하고 합리적인 방안은 제시하지 못하고 있다. 두 가지 방안을 생각해 볼 수 있다. 하나는 사유재산 제도를 부정하고 공동생산, 공동 분배를 도모하는 사회주의 체제를 도입하는 것이다. 그러나 사회주의 체제는 20세기의 실험을 통해 인간 본성과 조화되지 않는 체제임이 밝혀졌다. 평등 분배의 고상한 이념은 발전을 향한 유인이 없는 비효율과 그에 따른 빈곤의 평등 분배, 자유가 없는 전체주의 사회라는 참담한 현실 앞에 붕괴되었다. 다른 하나는 세계정부(혹은 수퍼 유엔)를 수립하여 균등 분배를 도입하는 것이다. 인공지능과 결합된 초인간이 지배할 것으로 전망되는 미래 사회에서는 세계정부가 수립되어 사유재산 제도가 부정되고 로봇에 의한 생산과 공동 분배가 이루어질 수도 있을 것이다. 현재의 호모 사피엔스가 이런 빅 브러더(Big Brother)가 지배하는 세계정부를 가까운 미래에 세울 가능성은 거의 없다. 하지만 '지구의 생산량'을 먹을 것과 마실 물로 국한한다면 UN의 지속가능발전(sustainable development goal ; SDG)을 확장하여 현재의 생산 능력으로 먹을 것과 깨끗한 마실 물이 없어 죽는 불행한 일은 막을 수 있을 것이다.

다른 극단적인 견해는 샤이델(2017)의 분배 정책 무용론이다. 샤이델은 2장에서 다룬 것처럼 석기 시대부터 지금까지 인류 불평등의 역사를 개관한 다음 불평등은 인위적인 정책으로 완화된 것이 아니라 전쟁, 혁명, 대공황, 전염병과 같은 폭력적 상황에 의해 급격하게 완화되어 왔다는 것을 보인다. 그 시사점은 장기에 분배 정책은 별 효과가 없는 부질없는 정책이라는 것이다.

필자는 이 두 극단적 견해에 동의하지 않는다. 우리 조상이 강조한 중용을 표방하여 양극단을 피한다.

바람직한 분배 정책의 기본 틀

여러 저명한 학자들이 바람직한 분배 정책에 관해 광범위하고 포괄적인 논의를 하였다.[1] 스티글리츠와 앳킨슨이 대표적인 예다. 스티글리츠(2013)는 ① 비 올 때 우산을 뺏어가는 식의 방종한 금융 부문 규제, ② 독점금지법의 강화, ③ 기업 지배 구조 개선, ④ 채무자 친화적인 방향으로 파산법의 총체적인 개혁, ⑤ 정부의 상위 계층에 대한 무상 공여 중지, ⑥ 각종 기업 지원금(숨겨진 보조금) 폐지, ⑦ 유전무죄, 무전 유죄식 판결의 사법 개혁, 이렇게 일곱 가지 기본 개혁을 제안하였다. 나아가 조세 회피 통로의 차단과 소득세 및 법인세의 누진성 강화,

1. 광범위한 분배 정책 논의에 대한 개괄적인 정리와 앳킨슨의 제안에 대한 간략한 비판적 논의는 샤이델(2017), 560~564쪽 참고.

중하위계층에 대한 교육 접근성 개선, 지나친 세계화 관리, 완전고용 유지, 성장의 형평성 및 지속 가능성 복원 등을 주문하였다. 앳킨슨(2015)은 ① 최저임금으로도 일하려는 사람들에게 공공 부문이 고용 보장, ② 1인당 보유 한도를 둔 국민저축채권을 통해 저축에 대한 양의 실질금리 보장, ③ 과세 기반을 넓히면서 최고 세율을 65%까지 올리는 소득세 누진 구조 강화, ④ 비례적 · 누진적인 재산세, ⑤ 상속 증여 재산에 대한 누진적인 평생 자본취득세 과세, ⑥ 모든 성인에게 기초자본(최소한의 상속) 지급, ⑦ 이해관계자들 간의 적절한 힘의 균형을 목표로 하는 사회경제협의회 구성, ⑧ 부국의 공적 개발 원조 목표를 국민총소득의 1%로 상향 등 15가지를 제안하였다. 이 제안들 중 일부는 미국과 영국의 특유한 문제점들을 겨냥하는 과격한 개혁 방안이지만 우리나라에 적용 가능한 방안들도 꽤 있다. 특히 스티글리츠의 7가지 기본 개혁은 우리나라도 받아들여야 할 개혁 방향이라 하겠다.

본서는 이들의 제안을 유의하되 라이히(Robert Reich)의 제안을 바탕으로 논의를 전개한다. 미국의 전 노동부장관이고 저명한 노동경제학자인 라이히는 소득 불평등을 개선하기 위한 7가지 '혁신적' 제안을 하였다.[2] 그 일곱 가지는 다음과 같다.

① 경제적 불평등은 반드시 좁힐 수 있다는 확신이 가장 중요하다.
② 불평등을 빨리 고칠 수 있는 방법이나 쉬운 해결책이 없다는 사실을 받아들여야 한다.
③ 경제 성장을 저해하는 요법을 선택하지 말아야 한다.

2. Freeman(1996), 유경준(2000)에서 재인용.

④ 교육과 직업훈련을 중시해야 한다.

⑤ 저소득층이 직장에서 근로의 대가를 충분히 받게 해야 한다.

⑥ 노동조합을 강화해야 한다.

⑦ 정책당국은 인플레이션을 가속시키지 않는 선에서 실업률을 가능한 한 낮추도록 경제를 운용해야 한다.

라이히의 제안은 '혁신적' 제안이라기보다 원론적 제안이다. 원론적 제안이되 경제와 사회의 생리를 아는 지혜가 녹아 있다. 시장경제에서 분배의 불평등은 불가피하게 일어난다. 발전의 동력이자 효율의 결과로 어느 정도의 불평등은 필요하다. 이 책에서 누누이 강조하는 것과 같이 문제는 지나친 불평등이다. 제안 ①은 우리 정부, 정치인이 으레 불평등과 빈부 격차를 해소하는 것을 목표로 내거는 것과 대비된다. 불평등과 빈부 격차는 '해소'할 수 있는 것이 아니다. '완화'할 수 있을 뿐이다. 지나친 불평등과 빈부 격차는 좁힐 수 있고 좁혀야 한다. 앞 장에서 분배에 영향을 미치는 요인들은 무수히 많다는 것을 살펴보았다. 그러나 수많은 요인들이 각각 분배에 얼마나 영향을 미치는지는 잘 알지 못한다. 분배가 이 요인들로부터 영향을 받기만 하는 일방적인 인과관계인지, 분배가 이 요인들에게 영향을 미치는 쌍방 인과관계인지도 따져 보아야 할 어려운 문제다. 경제 정책의 효과가 단기와 장기에 다르게 나타나는 경우도 드문 일이 아니다. 이처럼 분배가 수많은 요인들과 상호작용하는 다원적이고 복합적인 성격을 띠기 때문에 제안 ②는 불평등을 획기적으로 완화하는 특효약은 없고, 한두 가지 정책으로 획기적인 분배 개선을 기대할 수 없다는 것을 강조한다. 제안 ①과 ②는 정부와 국민이 경제적인 불평등에 대해 가져야 할 가장 기본적인 마음가

짐이다.

나머지 것들은 아래에서 차례차례 다룬다. 우리 현실에 고스란히 적용될 수 있고 적용되어야 하는 제안들이다. 단, 두 가지 수정이 필요하다. 첫째, 5장과 앞 장에서 다룬 대로 우리나라 현실에서는 노동조합을 강화해야 한다는 ⑥은 ⑤를 위해서도 반대가 되어야 한다. 라이히도 제안 ⑥을 보충 설명하면서 "저임금 근로자들이 적절한 이익 분배를 받기 위해서는 노동조합이 충분한 교섭력을 갖는 것이 필요하다"라고 말하고 있다. 우리나라 노조는 저임금 근로자들의 소득 향상에 관심을 갖고 있지 않다. 설사 관심을 갖고 있다 하더라도 중소기업 · 비정규직의 임금을 우리 경제력에 버거운 대기업 정규직 임금수준으로 올려야 한다는 비현실적인 관심을 가지고 있을 뿐이다. 둘째, 제안 ⑦은 개방소국경제의 안정화 정책이 기조가 되는 것으로 확대해야 한다.

1. 거시적인 경제안정화 정책

1997년의 외환위기를 겪은 후에 우리나라 분배는 급격하게 악화하였다. 그 후 외환위기 이전의 상대적으로 양호한 분배 상태로 회귀하기 어려운 상태가 되었다. 개방소국경제인 우리나라가 외환위기와 같은 경제위기를 겪으면 성장은 물론 분배도 나빠진다는 것을 보여주는 생생한 사례이다. 우리 자체의 문제점으로 경제위기를 또다시 겪는 일이 없도록 견실한 거시적인 안정화 정책을 펴는 것이 매우 중요한 소득 분배 개선 정책이 되는 이유이다. 2020년에 일어난 코로나19 전염병으로 세계 경제가 심대한 타격을 받았다. 우리 잘못이 아닌 이런 외생적인 충격으로 모든 나라가 타격을 받는데 위기상황에 쉽게 내몰리는 나라들도 있다. 유사시에 쉽게 위기 상황에 내몰리지 않도록 평소에 경제를 안정적으로 운영하는 것이 거시적인 안정화 정책의 역할이다. 이 역할을 수행하기 위해 몇 가지 목표가 제시된다. 경제가 잠재성장률(혹은 자연성장률)로 성장하고, 물가가 2 ~ 3% 정도의 낮은 한 자릿수로 상승하며, 일할 의사와 능력이 있는 사람은 일자리를 잡을 수 있는 완전고용을 유지하고, 국내총생산의 5% 이내의 경상수지 흑자를 유지하는 것이 통상적으로 말하는 거시적인 안정화 정책의 목표다. 성장과 고용이 안되고, 물가가 앙등하며, 경상수지 적자와 외채 누적으로 대외 지불 능력이 의심을 받으면 성장과 분배, 복지가 개선되기 어렵고 국민의 생활수준은 낮아진다. 우리나라는 개방소국경제다. 통상적인 거시적 안정화 정책의 목표를 이루는 것에 덧붙여 개방소국경제의 건전성을 유지하는 것이 우리나라 거시적인 안정화 정책의 핵심이다.

첫째, 지나치게 높은 무역의존도를 낮추어 나가야 한다. "세계 경제가 재채기할 때마다 한국이 가장 먼저 감기에 걸린다"라는 말이 있다. 우리나라의 무역의존도(수출과 수입의 합이 국내총생산에서 차지하는 비중)가 70 ~ 90%대로 너무 높기 때문에 나오는 말이다. 주요국의 무역의존도를 보면 미국, 일본 등이 30%대, 중국이 40%대이다. 우리나라보다 무역의존도가 높은 나라는 네덜란드, 홍콩 정도이다. 무역의존도가 높기 때문에 세계 경제가 잘 나갈 때에는 큰 혜택을 보지만, 세계 경제가 침체하거나 혼란스러울 때에는 주요 국가들보다 훨씬 더 흔들린다. 세계 경제가 위기일 때에는 한국 경제도 쉽게 위기 상황에 내몰리는 경향이 심하다. 근래에 우리나라는 경상수지 흑자 기조를 유지해 왔다는 점에서 양호한 대외 성적을 보이고 있다. 우리 기업의 국제 경쟁력이 양호하고, 정부의 인위적인 외환시장 개입을 통한 환율 조작이 없다는 것을 드러내는 징표로서 바람직한 일이다. 경상수지 흑자와 적자는 무역총액의 3%(혹은 국내총생산의 5%)를 넘지 않도록 국제기구들이 권장하고 있다. 무역 흑자는 권장 비율을 초과해도 괜찮지만 무역 적자는 거시적인 건전성 차원에서 권장 비율 이내로 준수하여 국제투자자들의 신뢰를 계속 확보해야 한다.

둘째, 중국에 대한 지나친 의존도를 낮추고 인도와 동남아, 중남미, 유럽 지역 등으로 경제 교류를 더욱 다변화하여야 한다. 중국은 우리나라 무역의 20%대를 차지하고 우리나라의 최대 해외 투자선이다. 세계 최대 시장이 바로 이웃에 있다는 지리적 이점 때문에 그동안 각종 교류가 비약적으로 확대하면서 우리 경제 성장에 적지 않게 기여해 왔다. 그러나 중국은 국가 통제가 시장 못지않게 작용하는 이른바 '사회주의 시장경제'이자 자유와 인권, 민주주의를 경시하는 전체주의 사회로서 체제 위험이 크다.[3] 그동안 경제, 대북 관계 등에서 중국에 크게 의존해 왔는데 사드 보복과 코로나19 전염 등을 통해 이런 체제 위험을 실감하였다.[4] 중국은 경제면에서 국유기업과 금융, 부동산시장의 부실이

3. 러시아와 동유럽 국가들은 종전의 사회주의경제에서 시장경제로 전환하면서 시장경제의 두 축인 사유재산 제도와 경제적 자유를 서구의 시장경제에 버금가게 도입하였다. 중국은 토지의 국가 소유를 유지하고 많은 기업들을 국유기업으로 남겨 놓고 있다는 점에서 서구의 시장경제와 다르다. 공산당 일당독재를 견지하고 국가가 수시로 경제에 개입하여 경제를 통제한다는 점에서 서구의 자유민주주의 정치 체제와도 다르다. 시장경제보다 국가자본주의경제, 자유민주주의가 아닌 권위주의 체제로 불리는 이유다.

4. 2020년에 호주는 중국발 코로나19 바이러스의 기원을 조사해야 한다고 문제를 제기하고 동맹국 미국이 주도하는 지역 안보 협력체인 쿼드(Quad : 미국, 일본, 인도, 호주)에 참여했다. 그러자 중국은 각종 호주산 농축광산품 수입을 규제하는 무역 보복 조치를 취하였다. 이에 수출의 중국 의존도가 40% 가까이 되는 호주는 단기적으로 큰 타격을 받았다. 포용적 정치 제도를 갖지 못한 대국이 국제 규범과 원칙을 무시하고, 얼마든지 우격다짐으로 다른 나라를 압박할 수 있음을 보여주는 최근의 사례이다. 호주 총

크다. 저성장 기조로의 경착륙, 금융위기, 부동산 거품 붕괴 등이 일어날 개연성이 낮지 않다. 이런 위험에 덜 전염되기 위해 중국과의 경제교류 비중을 낮추고, 인도, 동남아, 중남미 등과의 교류 비중을 높여 나가는 노력이 필요하다. OECD 주요 선진국이자 자유민주주의 국가인 미국, EU, 영국, 일본과의 각종 교류와 협력을 심화해 나가는 것은 두말할 것 없이 중요하다. 2020년 11월에 중국이 주도하는 역내 자유무역협정 체제인 역내 포괄적 경제 동반자 협정(Regional Comprehensive Economic Partners ; RCEP, 동남아시아 국가연합 10개국과 일본, 중국, 한국, 오스트레일리아, 뉴질랜드가 참여한 자유무역협정)에 가입했거니와 일본이 주도하는 포괄적 점진적 환태평양 동반자 협정(Comprehensive Progressive Trans Pacific Partnership ; CPTPP)에도 적극 가입해야 한다. 일본은 우리나라에게 최대 외국인 투자국이기도 하다. 미국과 중국의 통상 마찰과 나아가 G2 패권 경쟁, 전략 경쟁에 대비해 일본과 연대하여 협상력을 높이는 전략이 국익 차원에서 필요하다.

셋째, 재정 건전성과 금융 안정성을 확보해야 한다. 재정 건전성은 한 나라 경제의 기본 여건이 양호하다고 평가받는 관건이다. 재정 건전성은 흔히 재정적자와 국가채무의 두 가지로 평가한다. 대개 유럽중앙은행이 유로 회원국들에게 권장하는 기준으로 평가한다. 유럽중앙은행은 EU 회원국들에게 재정적자가 GDP(국내총생산)의 3% 이내, 국가채무 비율(GDP 대비 국가채무의 비율)이 60% 이내이도록 권장한다. 재정적자는 국가채무의 증가로 나타난다. 재정적자가 클수록 국가채무가

리는 당장은 어렵더라도 "돈 때문에 주권과 민주주의에서 타협하지 않을 것"이라고 선언했다.

빨리 늘어난다. 재정 건전성이 훼손되면 무엇보다 국가 신용등급이 낮아져 해외에서 돈을 빌리기가 어려워지고 빌리더라도 높은 금리를 부담해야 한다. 그 나라 경제 상태를 비관적으로 보기 때문에 외국 자본이 빠져나가고 투기자본의 공격에 노출되어 외환위기를 맞기 쉽다.

우리나라는 아직 재정 건전성이 양호하다. 2019년에 GDP 대비 일반정부부채(D2) 비율이 미국 108.4%, 일본 225.3%, 독일 68.1%, OECD 평균 110.0%인 데 비해 우리나라는 42.2%다.[5] 그러나 문재인 정부에서 재정적자와 국가채무가 늘어나는 속도가 너무 가팔라졌다. 관리재정수지 적자는 2020년에 국내총생산 대비 6%에 육박한다. 재정 준칙과 재정지출 구조 조정이 없는 방만한 재정 운용은 국가채무를 걷잡을 수 없이 늘리기 쉽다. 일본의 일반정부부채(D2) 비율이 1970년대 초에 15% 내외였는데 1980년에 52.4%로 50% 선을 돌파하였다. 이어 1996년에 100% 선, 2009년에 200% 선을 넘었다. 재정 건전성이 좋더

---

5. 한 나라의 부채를 측정하는 지표로는 크게 네 가지가 있다. 중앙정부와 지방정부가 갚아야 할 시기가 정해진 빚을 국가채무(D1)라 한다. 국가채무에 국민연금공단과 같은 비영리공공기관의 부채를 더한 것을 일반정부부채(D2)라 한다. 일반정부부채에 한국전력공사, 한국토지주택공사와 같은 비금융공기업의 부채를 더한 것을 공공부문부채(D3)라 한다. 국가채무(D1)에 연금충당부채(공무원, 군인, 예비 퇴직자 등에게 국가가 앞으로 지급해야 할 연금액의 현재가치)를 더한 것을 국가결산부채, 줄여서 국가부채라 한다. 국가부채는 미래에 국가가 지불해야 할 잠재적인 빚까지 고려한 가장 광의의 빚 개념이다. 국가채무(D1)는 국가 재정운용계획상 재정관리지표로 쓰인다. OECD와 IMF가 국제 비교에 쓰는 부채 개념은 일반정부부채(D2)와 공공부문부채(D3)인데 D2를 더 많이 쓴다. 2019년 통계는 기획재정부 보도 자료, "2019 회계연도 일반정부 및 공공 부문 부채 산출 결과", 2020. 12.에서 인용했음. OECD D2 비율의 평균 110%는 각국의 D2를 GDP에 따라 가중평균한 값이다. OECD 국가 중 경제 규모가 가장 큰 미국과 일본의 비율이 가장 높은 편이어서 가중평균값이 높게 나온다. OECD D2 비율의 단순평균은 80% 내외로 훨씬 낮다. OECD D2 비율의 중위값은 64% 내외이다. 우리나라 D2 비율이 매우 낮다고 방심할 일이 아니다.

라도 급격히 부채 비율이 올라갈 때에는 경각심을 가져야 한다는 것을 보여주는 사례다. 재정 건전성에 대한 경각심을 가지기 위해 선진국처럼 재정준칙을 설정하고 이를 감시하는 독립적인 기구를 설치하는 것이 필요하다. 재정준칙(fiscal rule)이란 국가채무와 재정적자가 일정한 수준에서 관리되도록 법으로 제정하는 것을 말한다. OECD 국가 중 재정준칙을 도입하지 않은 나라는 한국과 터키뿐이다.[6] 재정준칙을 도입하더라도 정책당국에만 맡기면 제대로 운용되지 않는 경우가 많다. 이에 따라 유럽연합(EU)은 2013년부터 유로존 회원국(유로화 사용 19개국)에 독립재정기구(Independent Fiscal Institution)를 설치할 것을 요구하였다. OECD(경제협력개발기구)와 IMF(국제통화기금)도 독립적인 재정기구나 재정위원회의 설치를 권고한다. 통화 정책을 독립적으로 운용하는 중앙은행이 있는 것처럼 재정 운용이나 재정준칙 감시에 독립적인 기구가 필요하다고 보는 것이다. 오늘날과 같은 초저금리 상황에서는 국가채무 증가가 지속 가능하다는 논리도 학계 일각에서 있지만 초저금리 상황이 얼마나 오래 지속될지 알 수 없다. 개방소국경제는 국가 신인도 면에서 함부로 전례 없는 실험을 할 수 없다.

최근 우리나라의 가계 부채와 자영업자 부채가 과도하다는 경고도 국내외에서 나오고 있다.[7] 많은 기업이 영업이익으로 이자를 갚지 못하

6. 기획재정부는 2020년 10월에 '한국형 재정준칙 도입 방안'을 발표했다. 일반정부부채 비율을 60%, 통합재정수지적자 비율을 3%로 설정하여 그 이내로 관리한다는 내용이다. 그러나 대규모 재해, 글로벌 경제위기 때 한도 적용을 면제하고, 경기가 둔화하고 있다고 판단할 경우 통합재정수지 적자 비중을 4%로 완화하는 등 고무줄 규정이다. 그것도 2025년에야 도입한다. 차기 정부에서 면제와 완화를 조속히 회복하는 규정을 도입하여 즉각 시행해야 할 것이다.

7. 이 장의 끝에 있는 읽을거리 1. 위기를 낳는 부채 경제 참고.

는 '좀비기업'이다. 민간 부문의 과다한 부채와 부실화는 금융기관의 부실로 연결되기 쉽다. 거품이 끼어든 자산(부동산과 주식) 가격의 하락 조정에 세계 경제의 예기치 못한 충격까지 맞물리면 금융위기와 외환위기가 일어날 수도 있다. 정부는 재정 건전성에 유의할 뿐 아니라 금융과 금융 제도의 안정성을 유지할 수 있도록 각별한 경각심을 가지고 민간 부채를 관리해야 한다.[8]

넷째, 자본 자유화의 안전판을 확보해야 한다. 1997년의 외환위기를 극복하는 과정에서 우리나라는 금융시장을 개방하고 외환 자유화, 자본 자유화가 이루어졌다. 이에 따라 '검은 백조'(black swan : 금융시장이나 실물시장을 뒤흔드는 예상치 못한 변수)나 '회색 코뿔소'(누구나 예상할 수 있는 위험이지만 대처하지 않는 상황)가 출현할 때 개방소국의 변동성이 지나치게 커지지 않도록 하는 위기 대응 비상계획(contingency plan)을 마련해 놓아야 한다. 세계화 시대에 우리나라와 같은 개방소국은 재정적자와 정부부채가 급증하지 않도록 재정을 건실하게 운용하는 것이 중요하다. 재정 부실은 국가 신용도를 떨어뜨려 외환시장을 불안정하게 만든다. 또한 국제적 자본 이동이 얼마든지 크게 일어날 수 있는 초연결 시대에 대응하여 미국, 일본, 영국, EU 등 기축통화국과 통화 스와프(currency swap) 채널을 가동해야 한다. 국가 간 통화 스와프는 서로 다른 통화를 미리 약정한 환율에 따라 정해진 한도액까지 상호 교환하는 제도다. 미국과 통화 스와프를 체결하면 만일의 경우에 미국 중앙은행인 연방준비제도에 원화를 맡기고 대신 달러를 받을 수 있는

8. 코로나19 전후 한국 경제의 실상과 당면 과제에 대한 포괄적인 분석은 김인준(2021)을 참고할 것.

것이다. 그러면 우리가 가진 외환보유액에 빌린 달러를 더 쌓으면서 든든한 버팀목이 있다는 것을 과시함으로써 외환시장의 불안을 진정시킬 수 있다.

2008년 9월 글로벌 금융위기가 발생하여 원화 환율이 급상승했을 때 10월 30일 300억 달러 규모의 통화 스와프 계약을 미국과 맺은 것이 당시에 급등하던 환율을 안정시키고 외화 유동성에 대해 시장이 가진 불안 심리를 잠재우는 데 크게 기여했다. 이후 중국과 560억 달러 규모, 일본과 300억 달러 규모의 통화 스와프를 체결함으로써 외환시장 안정화에 더욱 기여했다. 2020년 4월 현재 우리나라는 미국, 캐나다, 스위스, 중국, 호주, 말레이시아, 인도네시아 등 7개국과 양자 간 통화 스와프 협정을 맺어 놓고 있다.[9] 캐나다와는 통화를 맞바꿀 수 있는 상한 금액과 만기일이 없는 무제한, 무기한의 협정을 맺고 있다. 세계적인 경제위기, 금융위기가 예기치 않게 일어날 수 있는 불확실성 시대에 기축통화국인 미국, 준기축통화국인 일본, 영국, EU, 중국 등과 상시 통화 스와프 계약을 맺거나 2020년의 코로나19 사태 때 미국과 즉시 스와프 계약을 맺은 것처럼 평소에 긴밀한 관계를 유지하는 것이 중요하다. 정치적 이유로 중단된 일본과의 통화 스와프도 복원해야 한다. 잠재적 외환시장 불안을 없애기 위해 통화 스와프는 주요 선진국과 많이 맺을수록 좋다. 스와프 규모를 대폭 늘리는 교두보도 필요하다. 우리나라는 위기 때마다 신흥국 시장 중 가장 먼저 과도하게 외환이 빠져나간다고 해서 '아시아의 ATM(현금자동인출기)'이라는 오명을 갖고 있

9. 2021년 4월 현재 아랍에미리트가 추가되어 8개국과 2,000억 달러에 육박하는 양자 간 통화 스와프 계약을 유지하고 있다. 아세안 국가들과는 384억 달러 규모의 다자간 통화 스와프를 체결했다.

다. 외국인 입장에선 외환시장, 증권시장이 완전 자유화되어 투자한 자본을 현금화하기가 편하기 때문이다. 필요할 때 스와프 한도액을 대폭 늘릴 수 있는 안전 장치를 갖추어야 한다. 특히 캐나다와 한 것처럼 기축통화인 미국 달러와 무제한, 무기한의 통화 스와프 계약을 맺는 것이 검은 백조에 대비하는 유력한 안전 장치가 될 것이다.[10]

다섯째, 물가 안정의 바탕 위에 완전고용에 힘써야 한다. 물가 안정은 일반 재화와 서비스의 가격(일반물가) 안정은 물론 자산(특히 부동산) 가격 안정도 포괄한다. 중국이 세계의 값싼 생산 공장 역할을 하고 세계 경제의 침체가 오래 지속됨에 따라 새천년에 들어와 각국의 통화가 크게 늘어나도 일반 물가는 안정세를 보여 왔다. 그러나 자산 가격은 크게 올랐다. 중국의 저렴한 세계 생산 기지의 역할도 그동안 현저히 약화하였다. 경기가 본격적으로 회복되면 자산 가격은 물론 일반 물가도 크게 상승할 수 있다. 지나친 물가 상승은 자원 배분을 왜곡하고 분배를 악화시킨다. 단기는 물론 장기에 물가 안정을 바탕으로 완전고용을 달성하고 유지하는 것은 안정화 정책의 중요한 목표이다.

여섯째, 우리나라에만 있는 북한 리스크를 잘 관리해야 한다. 절대적 빈곤에서 벗어나지 못한 저소득국이자 전체주의 사회인 북한이 체제를 보장받기 위한 수단으로 핵무기 개발에 집착하고 있다. 서방 자유시장경제 국가들은 이를 용납하지 않아 치킨 게임이 벌어지고 있다. 대북 제재가 길어짐에 따라 북한 경제의 젖줄인 '장마당'이 위축되어 경제가 붕괴될 수 있다. 핵 개발, 북한 경제 붕괴, 남북 경제 협력과 통합 등

---

10. 물론 무제한 · 무기한의 통화 스와프 계약을 맺는 데에는 통상적인 계약보다 가외의 비용이 들어간다. 한국은행이 비용과 편익을 분석하여 적절한 균형을 취할 수 있을 것이다.

여러 경우의 수가 등장하고 이것들은 우리 안보와 경제에 엄청난 충격을 미치게 마련이다. 있을 수 있는 각각의 경우에 대비하는 위기 대응 비상계획을 세워 국제적인 공조를 바탕으로 북한 문제를 잘 해결하는 것이야말로 경제 안정은 물론 민족 생존과도 직결되는 과제이다.

2. 장기적으로 분배 친화적인 성장 정책

거시적인 경제안정화 정책은 분배가 악화하지 않게 하는 필요조건이다. 분배를 개선하는 데 필요한 경제 여건을 마련해 준다. 그러나 분배를 개선하는 충분조건이 되지는 못한다. 실상 분배를 개선하는 충분조건은 없다. 이 때문에 라이히가 불평등을 빨리 고칠 수 있는 방법이나 쉬운 해결책이 없다고 말한 것이다. 분배가 악화하지 않고 개선되게 하는 데에 기여하는 일련의 필요조건들이 있을 뿐이다.

처분가능소득 기준의 소득 분배를 개선하기 위해서는 사회 복지 지출을 지속적으로 늘리고 이를 뒷받침하기 위해 세금도 지속적으로 늘려 저부담-저복지에서 중부담-중복지로 올라서야 한다. 그렇게 하려면 경제가 지속적으로 성장해야 한다. 경제가 성장하지 않으면 늘어나는 복지 수요를 충당할 수 없고 중부담-중복지의 체계를 세울 수도 없다. 한국개발연구원(KDI), 한국은행, 경제협력개발기구(OECD)의 분석을 종합하면 새천년에 들어와 잠재성장률은 5.8% 내외(2000) → 4.2%(2005) → 3.9%(2010) → 3.3%(2015)를 거쳐 2020년에는 2.5% 내외[11]로 추정된다. 잠재성장률(혹은 자연성장률)은 한 나라의 자본, 노

11. 코로나19와 같은 일시적인 충격은 단기에 경제를 크게 침체시키지만 잠재성장률에는

동과 같은 생산요소를 모두 효율적으로 활용해 추가적인 인플레이션을 유발하지 않고 이루어낼 수 있는 최대 성장률이다. 우리나라에서는 인구 고령화가 빠르게 진행되고 15~64세 경제활동인구의 증가세가 꾸준히 둔화하다가 2017년부터 감소세로 돌아섰다. 총인구도 2019년에 정점을 찍었다. 혁신과 규제 완화가 부진하다. 산업 구조의 고도화와 서비스업의 생산성 향상이 이루어지지 못하고 정체되어 있다. 이런 여러 요인들이 복합적으로 작용하여 잠재성장률이 지속적으로 감소세를 보이고 있다. 이런 추세가 지속되면 잠재성장률이 2020년대에 연평균 2% 내외, 2026~2030년에는 1% 내외로 내려앉을 것으로 전망된다. 더 큰 문제는 자칫하면 1~2%로 낮아진 잠재성장률도 달성하지 못할 수 있다는 점이다. 2015~2019년 기간 중 실제 성장률은 연평균 2.8%로 3%대의 잠재성장률에 못 미쳤다. 실제 성장을 잠재성장률로 연결시키고, 나아가 잠재성장률도 가능하면 3~4%로 확충하는 것이 지속적인 분배 개선을 위해서도 필요하다.

혁신

성장 잠재력을 확충하는 가장 강력한 방법은 케인스와 더불어 20세기의 가장 위대한 경제학자로 꼽히는 오스트리아 출신 슘페터(Joshep A. Schumpeter, 1883~1950)가 경제 발전의 원동력이라고 강조한 혁신(innovation)이다. 확충된 성장 잠재력을 현실 경제에서 실현시키는 동

영향을 미치지 않는다. 잠재성장률은 한 나라의 장기적인 공급 능력에 의해 좌우된다고 보는 것이 경제학계의 일반적인 시각이다.

력도 혁신이다. 혁신은 '종전과는 다른 아이디어나 방법을 사용하여 새로운 가치를 창출해 내는 것'을 말한다. 슘페터는 혁신을 기업 경영과 관련하여 ① 새로운 상품의 생산, ② 새로운 생산 방식의 도입, ③ 새로운 시장의 개척, ④ 새로운 자원의 사용 혹은 발견, ⑤ 새로운 경영 기법의 도입 등으로 예시하였다. 이런 혁신을 통해 기업의 매출과 이윤이 늘고 경제가 성장한다. 혁신은 속성상 기존의 것을 파괴하고 새로운 것을 창조하는 '창조적 파괴'다. 기존의 것과 기득권층의 이해 관계를 파괴하지 않는 혁신은 거의 없다. 이런 혁신이 자본주의를 역동적으로 발전시켜 온 원동력이자 기업가 정신의 핵심이다. 혁신은 으레 기존 질서의 수혜자로부터 강한 반발과 저항을 불러온다. 반발과 저항을 두려워해서는 혁신을 이룰 수 없다.

혁신은 기존 질서를 깨뜨리기 때문에 분배를 악화시킬 수도 있고 개선시킬 수도 있다. 그러나 혁신이 초래하는 성장으로 분배를 개선할 수 있기 때문에 혁신은 장기에 분배 친화적으로 만들 수 있다. 저성장 시대에 혁신으로 성장을 이루고, 그 성장의 결실로 사회 복지 지출을 늘려 분배를 개선하는 것이다. 문재인 정부에서 다른 주요국들과 달리 잠재성장률마저 훨씬 밑도는 초라한 경제 성장을 보인 것은 성장 정책이라고 할 수 없는 '소득주도성장'을 혁신을 통한 성장보다 앞세웠기 때문이다.

혁신은 으레 연구 · 개발(research and development ; R&D)을 통해 일어난다. 우리나라 기업과 정부가 R&D에 투자하는 자금 규모는 GDP 대비 3%로 세계적으로 높은 수준이다. 그러나 대부분의 R&D 투자가 선진국 기술을 추격하고 범용기술을 개량하는 데에 집중되고 있다. 우리나라도 기초 과학에 과감하게 투자하여 기술 변경(frontier)을 개척하는 선도자 역할을 해야 진정한 과학 기술 선진국이 될 수 있는데 그렇지 못하다. 이제부터라도 응용기술과 범용기술의 개발을 민간에 맡기고 정부는 기초 과학기술에 투자를 집중하여 원천기술을 개척하는 선도국가가 되어야 한다. R&D 지원 체제를 바꾸어 잠재적 수월성을 보이는 과학자들이 일찍이 가보지 않은 길을 끝까지 도전하도록 지원해야 한다. 우리나라에 특유한 이공계 인력에 대한 병역특례제도는 R&D 인력을 확보하고 양성하는 데에 크게 기여해 왔다. 병역 자원의 감소를 이유로 폐지하지 말고 유지해야 한다(저출산 AI 시대에 맞게 병력 자원은 줄이고 국방은 첨단화해야 한다). 기술 벤처 기업의 R&D 투자에 대한 세제 혜택은 확대해야 한다.

혁신과 기술 변화는 시장이 주도하더라도 정부가 적지 않은 영향을 미칠 수 있다. 앳킨슨(2015)은 불평등을 줄이는 15가지의 포괄적인 정책 제안을 했는데 그중 첫 번째 제안이 다음과 같다. "정책 결정자들은 기술 변화의 방향에 분명히 관심을 가져야 하며, 근로자들의 고용 가능성을 높이고 서비스 제공의 인적 측면을 강조하는 형태의 혁신을 장려해야 한다."

인적 자본 축적

베커(Becker, 1964)와 루카스(Lucas, 2002) 미국 시카고대 교수가 경제 발전에 인적 자본(human capital)이 중요하다는 것을 강조한 이래 인적 자본은 경제 성장의 주요 원천으로 인식되고 있다. 인적 자본은 교육, 훈련 등을 통해 축적된 지식이나 기술을 말한다. 인적 자본을 많이 보유한 근로자일수록 생산성이 높기 때문에 임금을 많이 받을 수 있고, 이런 근로자가 많을수록 경제 성장도 촉진된다. 미국과 서유럽의 근로자가 아프리카 근로자보다 수십 배, 수백 배 많은 급여를 받는 것은 인종적으로 우수하기 때문이 아니라 인적 자본을 많이 가지고 있기 때문이다. 인적 자본은 교육과 훈련의 양이 많을수록, 교육의 질이 좋을수록 더 많이 축적된다. 교육의 양은 흔히 학교 교육 연수로 측정한다. 우리나라는 대학진학률이 70% 수준으로 다른 어느 선진국보다 높아 교육의 양은 많다. 문제는 교육의 질이 낮다는 것이다. 교육의 질을 높이기 위해서는 교육 개혁이 중요하다. 암기 위주의 우리나라 중등 교육과 이에 기생하여 번창하는 사교육은 디지털 혁명 시대에 맞는 인적 자본 형성을 가로막아 국가 미래의 전망을 어둡게 하고 있다. 다가오는 AI(인공지능) 시대에 AI를 활용할 줄 알고, 한편으로 공감과 배려 등 인간이 AI보다 비교우위를 가지고 있는 인성을 잘 개발하는 교육 개혁이 있어야 한다. 이에 대하여는 다음의 4절에서 다시 다룬다.

교육 외에 인적 자본을 축적하는 유력한 방법은 재교육, 평생학습 등을 포괄하는 훈련이다. 그 대표적인 예는 미국의 AT&T이다(프리드먼, Friedman, 2016). 전화 회사에서 소프트웨어 업체, 네트워킹 업체, 비즈니스 솔루션 회사로 거듭난 AT&T는 직원들에게 전신주를 오르고 서비스를 개통하고 소매점을 운영하는 것도 가르치지만 데이터 과학, 소프트웨어 기반 네트워크, 웹 개발, 프로그래밍 기초, 기계학습, 사물 인터넷 등에 관한 교육을 더 많이 한다. 직원들이 원하면 회사에 필요한 분야의 학사나 석사 학위를 딸 수 있게 대학의 온라인 수업료도 지원해 준다. '평생 학습을 할 각오가 돼 있다면 평생 직장을 가질 수 있다'라는 것이 회사와 근로자의 계약이다. 회사로서도 인력을 새로 뽑아 훈련시키는 데에 비용이 들어가기 때문에 자체 인적 자원을 교육, 훈련시킬 유인이 있다. 강도 높은 평생 학습을 할 각오가 되어 있지 않은 근로자는 퇴직하고, 각오가 되어 있는 근로자는 회사가 필요로 하는 고급 숙련 근로자로 성장할 수 있다. 인적 자본이 갈수록 중요해지는 오늘날, 글로벌 기업을 지향하는 우리나라 대기업들이 우수한 인력과 수준 높은 인적 자본을 확보할 수 있는 새로운 고용 모형이라 하겠다. 대기업이 바라는 노동시장의 유연성은 손쉬운 해고 못지않게 우수한 인력의 자체 양성을 통해서도 이루어낼 수 있다는 인식의 전환이 필요하다. 교육과 훈련, 학습을 통한 인적 자본 축적은 개인과 기업의 발전은 물론 국가의 발전을 위해서도 긴요하다.

좋은 사회하부구조와 포용적 제도

혁신과 더불어 한 나라가 높은 수준의 1인당 소득을 누리며 번영하는 유력한 방법은 좋은 사회하부구조(social infrastructure)와 포용적 정치 · 경제 제도를 갖추는 것이다. 홀-존스(Hall & Jones, 1999)에 따르면 좋은 사회하부구조란 소비보다 투자, 지대추구보다 생산을 북돋는 제도와 정책을 말한다. 후진국은 기업의 투자 환경이 열악하고 생산 활동 못지않게 지대추구행위(rent-seeking behavior, 불로소득, 이권 등을 차지하려는 로비 활동이나 불공정한 행위)가 많다. 이를 나쁜 사회하부구조라 불렀다. 투자와 생산 활동을 장려하는 제도와 정책이 좋은 사회하부구조다. 애쓰모글루-로빈슨(2012)은 포용적 정치 제도 · 경제 제도와 착취적 정치 제도 · 경제 제도를 구분하였다. 포용적 경제 제도(inclusive economic institutions)란 사유재산 제도가 확고히 보장되고, 경제적 자유가 보장되며(개인에게 직업 선택의 자유를 보장하고 기업의 자유를 보장하며), 법이 공평무사하게 시행되고, 누구에게나 공정한 경쟁 환경을 보장하는 공공서비스를 제공하는 경제 제도를 말한다. 법치와 공정한 경쟁 환경이 보장되는 시장경제가 포용적 경제 제도라는 것이다. 착취적 경제 제도(extractive economic institutions)란 포용적 경제 제도와 정면으로 배치되는 속성을 가진 제도이다. 포용적 정치 제도란 충분히 중앙집권적이고 다원적인 정치 제도를 말한다. 충분히 중앙집권적이라는 것은 중앙정부가 특정 지역이나 집단에 휘둘리지 않고 입법, 행정, 사법, 외교, 국방 등 국가의 기능을 수행하는 것을 뜻한다. 다원적인(pluralist) 정치 제도란 사회 전반에 권력을 고루 분배하고 견제하는 정치 제도를 말한다. 한 개인이나 소수 집단이 권력을 독점하지 않고 광범위한 연합체나 복수의 집단이 정치 권력을 고루 나누어 갖는 형태가 다원적인 정치 제도인 것이다. 착취적 정치 제도란 포용적 정치 제도의 두 조건 중 하나라도 충족하지 못한 정치 제도를 말한다. 포용적 경제 제도는 포용적 정치 제도와 손잡고 풍요로운 삶, 안정적인 사회생활을 누리게 해준다.

좋은 사회하부구조와 포용적 경제 제도의 핵심 내용을 종합하면 자유로운 시장경제 활동을 북돋고, 필요한 규제는 최소한으로 하되 투명하고 공정하며, 부정·부패가 없고, 엄정한 법치하에 정책이 예측 가능하고 일관성이 있어야 한다는 것이다. 이것들은 매우 포괄적이지만 고소득국·선진국일수록 내실 있게 갖추고 있는 특성들이다.

규제 완화와 제도 개혁

규제 완화와 제도 개혁이 경제 성장을 촉진한다고 흔히 말한다. 규제 완화와 제도 개혁을 추진하지 않는 나라는 없다고 해도 과언이 아니다. 시장의 실패를 교정하기 위한 정부 규제는 필요하다. 환경과 안전, 감염병 관리, 거시경제 안정성 등의 분야에서도 규제는 있어야 한다. 문제는 지나친 규제, 불필요해진 규제, 귀에 걸면 귀걸이, 코에 걸면 코걸이식의 자의적인 규제, 지대추구형 규제 등이 많다는 점이다. "악마는 디테일에 있다"라는 속설처럼 세부적인 규제가 기업 활동을 옥죄고 혁신을 저해하는 경우가 많다. 우리나라를 포함한 많은 신흥국들은 저개발국 못지않게 방만하고 자의적이며, 비효율적인 규제가 경제주체들의 자유로운 활동을 막고 있다. 규제 완화, 규제 개혁이 국가적 의제로 제기되는 이유이다. 적절한 규제 완화는 생산적인 활동을 장려하고 생산비용을 낮춤으로써 기업의 국제 경쟁력을 높이고 경제 성장에 기여한다. 기업 규제 완화는 기존 기업 활동과 창업을 활성화하고 외국인투자를 촉진함으로써 고용과 생산을 증대시킨다. 교육, 의료, 관광, 금융, 정보, 디지털 등의 각종 서비스 산업에 대한 규제 개혁은 성장의 새로운 동력이 된다. 예컨대 AI 기술이 기존 학습 시스템을 빠르게 대체해 나갈 것으로 예상되는 시대에 맞춤형 교육을 할 수 있는 에듀테크(교육 + 기술) 산업은 성장 잠재력을 키우는 유망한 분야이다. 원격의료는 소비자 후생을 획기적으로 높인다. 스마트 팜, 스마트 팩토리로 대표되는 농업과 제조업은 물론 대부분의 서비스 산업까지 디지털을 접목하여 생산성을 크게 제고하고 성장 잠재력을 확충할 수 있다. 개인의 자유와 창의가 마음껏 발현될 수 있도록 규제는 최소화해야 한다.

우리나라의 규제 환경은 경쟁국들에 비해 나쁜 편이다. 무엇보다 낡은 규제와 규제 체계를 전면적으로 개편해야 한다(박정수, 2018). 우리나라 규제 체계는 사전적으로 허용된 사업을 정의하고, 자격 요건과

행위를 규제하는 '열거주의 방식'을 유지하고 있다. 이런 규제 체계하에서는 표준 산업분류에 맞지 않는 신사업은 제때 인허가를 받지 못하거나 불필요한 부담을 지는 경우가 많다. 혁신을 주도하는 사업들은 산업 간 경계를 넘나드는 융복합 사업이나 온 · 오프라인 연계 사업들이다. 혁신적 모형의 출현을 가로막는 과거 전통 산업 기반의 낡은 규제들을 전면 점검하여 과감하게 폐지하거나 기능 위주로 개편해야 한다. 우선적으로 규제 샌드박스(reaulation sandbox)를 더욱 활성화할 필요가 있다. 규제 샌드박스는 기업이 신산업, 신기술 분야에서 새로운 재화와 서비스를 내놓을 때 일정 기간 기존의 규제를 받지 않고 특례를 부여하는 제도이다. 전화, 면담 등 비공식적인 방식으로 기업에 지시하거나 기업을 압박하는 그림자 규제도 사라져야 한다.

규제 완화의 중요성을 인식한 주요 선진국들은 많은 규제에 대해 규제일몰제를 채택하고 있다. 규제일몰제란 시행 후 일정 기간이 지나면 규제가 자동적으로 폐기되는 제도를 말한다. 우리나라도 규제일몰제를 부분적으로 도입했지만 형식적으로 운용되고 있다. 행정기관에 의한 입법은 규제 영향 평가가 의무화되어 있고 일몰제 적용을 받는다. 반면 의원 입법이 압도적으로 많은 우리나라 현실에서 의원 발의안은 이런 제도적 장치의 적용을 받지 않고 있다. 일몰제를 적용받는 법안도 일정 기간이 지나면 규제가 자동 폐기되는 경우는 극소수이고 규제 연장 여부를 심사하는데, 으레 형식적인 심사를 통해 일몰 시점을 연기하곤 한다. 아예 일몰 시점을 없애버리기도 한다. 이런 형식적인 규제일몰제를 내실 있게 운용하기 위해 규제 사후 영향 평가가 활발히 이루어지는 호주를 본받을 필요가 있다. 호주는 모든 규제가 발효일로부터 10년 후 자동 폐기된다. 만약 동일하거나 유사한 내용의 규제가 계속 필요할 경우에는 재입법 절차를 거쳐 새롭게 규제를 만들어야 한다. 안이하게 규제 권한을 행사하는 관료들을 각성시키는 자극제라 하겠다. 의원 입법에 대해 미국과 영국처럼 규제개혁기구를 통한 사전 심사나 독일과 프랑스처럼 입법 영향 분석서 첨부를 의무화하는 방안이 도입되어야 한다.

규제 완화는 제도 개선을 통해 이루어질 수 있다. 규제 개혁은 으레 낡은 제도의 개혁을 수반한다. 위에서 말한 좋은 사회하부구조와 포용적 경제 제도도 규제 완화, 제도 개혁으로 이루어진다. 효율적이고 공정한 제도를 설계하고 운용하는 것은 장기에 경제의 역동성과 성장 잠재력을 높인다. 상대적으로 좋은 규제 체계를 갖고 있는 선진국들이 상시적으로 규제 개혁, 제도 개혁을 추진하는 것도 더 좋은 사회하부구조와 더 포용적 경제 제도가 국민의 삶을 더욱 풍요롭게 할 뿐 아니라 삶의 질도 높여준다는 것을 알기 때문이다. 다음의 시장소득 불평등 축소 정책에 나오는 생산물시장의 독과점 규제와 노동시장 개혁도 시장소득 불평등을 축소하는 정책일 뿐 아니라 제도 개혁을 통해 성장 잠재력을 높임으로써 장기에 분배 친화적인 성장 정책이 된다.

고용 친화적인 성장

성장과 고용 간의 긴밀한 관계는 사라졌다. 1990년대까지만 해도 경제가 1%포인트 더 성장하면 고용이 20~30만 명씩 증가했었다. 그런 시대는 이제 지나갔다. 고용이 10만 명 증가하면 양호한 시대이다. 때로는 고용 없는 성장이 일어나기도 한다. 게다가 위에서 설명한 것처럼 잠재성장률 자체가 2% 내외로 낮아진 저성장 시대이다. 저성장 시대에는 종전과 같이 성장이 고용을 촉진한다는 일방적인 인과관계뿐만 아니라 고용이 성장을 촉진한다는 반대의 인과관계도 있다는 것을 인식해야 한다. 종전에 경제학계는 고용 → 성장의 인과관계가 있지만 성장 → 고용의 인과관계에 비해 그 크기가 약소하다고 생각하여 무시했다. 비록 인과관계가 크지 않더라도 저성장 시대에는 양방향의 인과관계를 새삼 인식하여 고용을 늘릴 수 있는 고용 친화적 정책이 필요하다. '고용이 최선의 복지'라는 명제는 여전히 참이기 때문이다.

첫째, 갈수록 긱(gig) 경제의 요소가 커져 가는 오늘날 비정규직 근로자 고용을 적극 권장해야 한다. 앞 장에서 설명한 바와 같이 비정규직을 없애겠다는 소득주도성장 정책은 시대착오적인 정책이었다. 검은 고양이든 흰 고양이든 쥐를 잡으면 된다는 등소평의 흑묘백묘론처럼 정규직이든 비정규직이든 고용을 늘리는 것은 무엇이든 받아들여야 한다. 비정규직의 문제는 비정규직을 없애는 것이 아니라 비정규직과 정규직 간 임금 및 처우의 격차를 서구 선진국 수준으로 축소하는 것으로 해결해야 한다. 분배적 정의('같은 것은 같게')의 기본인 동일 노동, 동일 임금의 원칙에 맞추도록 공공 부문이 선도하면서 민간기업과 노조에 도덕적 설득을 하여 정규직과 노조원의 임금 상승을 자제토록 해야 한다.

둘째, 민생(民生)과 직접 관련된 공공 부문의 고용을 늘려야 한다. 앞 장에서 고용의 주체에 관한 논쟁에서 살펴본 것처럼 고용 창출이 갈수록 어려워지는 실업난 시대에는 공공 부문도 일자리 창출에 적극적인 역할을 수행해야 한다. 선진국에 버금가는 사회 서비스의 양과 질을 확충하기 위해서는 우선 OECD 평균보다 낮은 공무원 비율을 선진국에 버금가도록 높여야 한다. 일반정부 일자리 수가 OECD 평균은 18%

내외인데 우리나라는 그 절반 수준이다. 경찰, 소방, 교육, 복지, 고용 지원, 돌봄, 안전, 환경 등의 민생 분야에서 선진국 수준으로 고용을 늘리고 서비스의 질도 높여야 한다. 문재인 정부에서 공공 부문 고용이 대폭 확대되었지만 대부분이 단기 경기 대책용 청년과 노인 알바 수준에서 벗어나지 못하였다. 이런 미봉적인 대책을 탈피하여 선진국을 본받아야 한다. 특히 보육 교사, 요양보호사, 장애인 활동 보조인, 간병인 등 돌봄 노동자(위기 가정에 대한 긴급 돌봄 노동자 포함)의 수를 늘리고 처우를 개선하며 사회 서비스 공급 체계의 공공성을 강화해야 한다.[12] 문재인 정부가 추진한 것처럼 국민의 생명과 안전에 관한 업무만큼은 간접고용에서 직접고용으로, 비정규직에서 정규직으로 전환하는 것이 바람직하다. 물론 이제 인구 감소 시대로 접어든 만큼 공공 부문 조직이 비대해지지 않도록 업무를 재배치하고, 공공 부문 고용 증가 속도를 낮추며, 조직을 효율화하는 노력을 기울여야 한다. 공무원은 직업의 안정성은 물론 봉급과 후생, 연금 면에서 과도한 특권을 누리고 있다. 취업 시험을 준비하는 청년 중 공시생(공무원 시험 준비생)이 40%나 되는 이유다. 공무원 봉급 인상을 낮추고 연금을 국민연금과 통합하는 등 공무원도 대기업 노조원처럼 특권을 내려놓는 개혁이 병행되어야 한다.

셋째, 민간 부문 창업을 적극 촉진한다. 창업의 활성화는 역동적인 경제에 필수적이며 고용 창출에 기여한다. 창업을 제대로 준비하고 패

12. 장애인 고용에도 정부가 적극 나서야 한다. '장애인 고용 촉진 및 직업재활법' 제28조에 따르면 공공기관은 상시 고용하는 근로자 수의 3.4% 이상을 장애인으로 채용해야 한다. 장애인의 일할 기회를 넓혀 나간다는 법 취지를 살려 장애인에게 적합한 직무 분야를 개발하고, 주요 업무에 충분한 교육과 훈련을 제공해야 한다. 장애인 고용이 성장 정책이라고 할 수는 없지만 장애인과 비장애인이 함께 일하고 함께 살아가는 사회를 만드는 것은 분배와 성장을 넘는 더 큰 차원의 목표다.

자 부활의 배려를 받을 수 있도록 제도적 장치를 마련해야 한다. 한편으로 우리나라 자영업자 비율이 선진국보다 월등 높고 자영업의 첫 1년 생존율이 60%, 5년 생존율이 20%대에 불과한 현실을 직시해야 한다. 생계형 자영업이 전통적 서비스업에 몰려 과포화 상태다. 청년 실업 대책의 일환으로 이런 분야의 창업에 청년들이 나서는 것을 권장하는 것은 바람직하지 않다. 디지털 혁명 시대에 기술 변화를 선도하는 벤처기업이 많이 등장해야 한다. 이를 가능하게 하는 것이 금융권과 투자자들의 과감한 투자이다. 부동산보다 이런 생산적인 부문에 자금이 몰려야 새로운 산업과 혁신기업이 많이 출현할 수 있다. 금융권과 일반 투자자들이 담보대출 대신 미래의 성장 가능성을 내다보고 투자하는 역할을 늘려야 한다. 음성적으로 행해지는 창업자 연대보증을 근절하는 제도 개혁도 필요하다. 회사가 잘못될 경우에 창업자가 책임을 지게 하는 연대보증제 때문에 한 번만 실패해도 다시 도전하기 어렵다. 연대보증제를 명실상부하게 없앰으로써 실패를 딛고 재기할 수 있게 해 주어야 한다. 나아가 벤처기업을 포함한 신규 창업기업이 상장을 통해 자금을 조달받고 성장하면서도, 경영권을 효과적으로 방어할 수 있도록 차등의결권제를 허용하는 것이 바람직하다.[13]

넷째, 근로빈곤층에게 근로장려세를 대폭 확대한다. 근로장려세제(earned income tax credit ; EITC)는 일을 하지만 버는 소득이 적어 생활

13. 차등의결권제란 창업자나 경영자 등 회사에 기여한 사람이 보유한 주식에 대해 일반 주식보다 더 많은 의결권을 부여하는 제도를 말한다. 증시 상장과 같은 대규모 투자 유치로 창업주나 경영자의 지분 비율이 낮아지더라도 종전대로 안정적인 기업 운영을 가능케 해 주는 제도이다. OECD 국가 중 미국, 영국을 비롯한 17개국이 이 제도를 도입하고 있다. 홍콩, 싱가포르는 물론 중국, 인도에도 이 제도가 있다.

이 어려운 근로자 가구를 정부가 지원해줌으로써 근로 의욕을 북돋고 자활을 돕는 제도이다.[14] 원래 근로장려세제는 기초생활보장을 받는 극빈층 바로 윗 단계인 차상위 계층을 지원하되, 일하는 가구에만 혜택을 줌으로써 근로유인을 높여 일을 통한 빈곤 탈출을 돕기 위해 2009년부터 실시해 온 제도이다. 우리나라에 영세 자영업자가 많은 현실을 반영하여 사업자 가구에도 적용되고 있다. 2020년 현재 저소득층 단독 가구에 연간 최대 150만 원, 맞벌이 가구에 300만 원을 지원하고 있는데 이것으로는 근로빈곤층을 줄일 수 없다. 예컨대 연 600만 원 소득의 1

[그림 8-1] 2020년 우리나라 근로장려세제

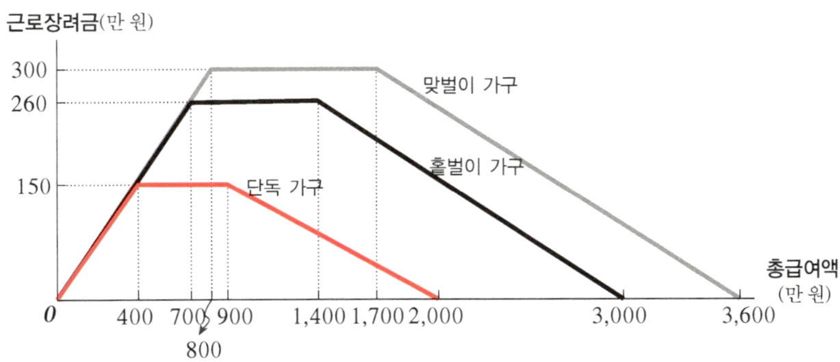

출처 : 한국보건사회연구원, 「근로장려금 제도(EITC)의 성별 영향 평가」, 『보건사회연구』

---

14. 2020년에 단독 가구의 경우 연간 총급여 400만 원까지는 총급여의 150/400을 지원하여 근로소득이 많을수록 지원액도 증가한다. 총급여가 400~900만 원 구간이면 150만 원을 일률적으로 지원한다. 900~2000만 원 구간에서는 지원액이 150만 원에서 0원까지 점점 감소한다. 홑벌이 가구의 경우 700만 원부터 1,400만 원 구간 가구에 최대 260만 원을 지원한다. 700만 원에 이를 때까지 지원액이 늘고 1,400만 원부터 3,000만 원까지 지원액이 260만 원에서 0원으로 줄어든다. 맞벌이 가구의 경우 총급여가 800~1,700만 원일 때 최대 300만 원을 지원해 준다. 800만 원에 이를 때까지 지원액이 점점 늘고, 총급여 1,700만 원부터 3,600만 원 구간에 지원액이 300만 원에서부터 0원으로 줄어드는 구조다.

인 가구가 150만 원의 세제 지원을 받으면 연 소득이 750만 원으로 월 소득 63만 원밖에 안 된다. 장려세제 지원이 없을 때의 월 소득 50만 원에서 별로 크게 증가하는 게 아니다. 세제 지원이 있어도 빈곤층에서 벗어나지 못한다. 그동안 지원 범위와 지원 금액을 확대해 왔지만 아직 크게 미흡한 것이다. 복지 제도를 개혁하여 보편적 복지에 지출하는 비용을 근로장려세제의 대폭 확대 개편으로 전용해야 한다. 근로장려세제는 근로빈곤층의 근로 의욕과 자조정신을 북돋기 때문에 우리 사회를 건강하게 만들고 장기적으로 경제 성장에 기여한다.

다섯째, 다양한 유연근로제를 활성화해 저녁 있는 삶을 꾀하고 일자리 나누기를 촉진해야 한다. 2020년의 코로나 사태로 인해 종래에 9시에 출근하여 오후 6시에 퇴근해 온 획일적인 근무 체계에 충격이 가해졌다. 근로문화와 관련해서는 삶의 질을 높이는 긍정적인 충격이다. 주요 선진국에서는 일찍부터 다양한 유연근로제가 시행되고 있다. 출퇴근 시간을 근로자가 정하는 유연시간제, 정규직보다 적은 시간을 근무하는 시간제 근무, 연간 근무시간을 융통스럽게 충족하는 연간할당제, 정규직과 시간은 같고 근무일은 적은 압축 근무, 회사에 출근하지 않고 집에서 일하는 재택 근무, 두 사람이 한 가지 일을 나누어 하는 일자리 나누기(job sharing), 바쁠 때에는 길게 일하고 일이 없을 때에는 짧게 일하거나 쉬는 것과 같이 법정 근로시간을 매주 준수하는 것이 아니라 일정 기간(예컨대 3개월이나 6개월)을 평균하여 준수하는 탄력근로제 등이 유연근로제의 예이다. 우리나라도 그동안 부분적으로 실시해 왔지만 노동계와 일부 정치권의 반대에 부딪쳐 확산되지 못했다. 유연근로제가 확산되면 임금 체계의 변화도 일어나게 된다. 예컨대 재택 근무는 근무시간을 기준으로 보상하는 체계가 아니다. 성과나 직무, 역할을 어떻게 수행하느냐에 초점을 맞춘다. 그에 따라 임금 체계도 바뀌어야 한다. 재택 근무는 해가 바뀌면 임금이 자동으로 오르는 지금까지의 호봉제 대신 하는 일에 따라 받는 직무급이나 역할급으로 변할 수 있는 토대가 된다. 직무급은 선진국에서 보편화한 임금 제도이다.

우리나라는 앞 장에서 설명한 것처럼 종전의 주 최대 68시간 노동제도가 2018년부터 기업 규모별로 단계적으로 주 최대 52시간제를 시행하는 것으로 바뀌었다. 갑작스런 근로시간의 단축에 따른 부작용을 줄이기 위해 탄력근로제를 본격적으로 도입하였다. 탄력적으로 조절하는 단위 기간을 시행 초기에 3개월에서 2021년 4월부터 미국, 유럽 등 선진국처럼 6개월로 넓혀 잡고, 연구 · 개발직이나 사무직까지 주 시간제를 강제하지 않도록 개선하였다. 탄력근로제가 뿌리내릴 수 있도록 엄정한 법 집행이 있어야 할 것이다. 나아가 중장기에 법에 정한 대로 주 노동 40시간제로 줄여나가야 한다. '저녁 있는 삶'과 근로시간 단축을 통한 일자리 창출 내지 일자리 나누기는 근로자의 삶의 질을 높이고 고용을 증대시키는 데에 중요한 명제이다.

기타 성장 정책

펠드스타인(Martin Feldstein, 2017) 하버드대 교수는 장기적인 미국의 성장 실적과 현재의 1인당 소득이 실제로는 독일, 유럽, 영국 등 유럽의 선진국이나 일본보다 높다면서 미국이 성장 면에서 우월한 요인으로 10가지를 들었다.

① 위험을 감수하고 실패를 용인하는 기업 문화

② 기업 활동을 지원하는 금융 제도

③ 세계 수준의 연구 대학

④ 거대 노조, 주요 국영 기업, 과도한 노동 규제 등이 없는 유연한 노동시장

⑤ 자연 출산과 이민, 양면으로 늘어나는 인구

⑥ 강도 높은 노동과 장시간 노동을 촉진하는 문화

⑦ 에너지 독립

⑧ 기업 친화적 규제 환경

⑨ 정부 부문이 생산과 지출 면에서 비중이 낮은 '작은 정부'

⑩ 50개 주가 경쟁하는 분권화한 정치 제도

위 ①~④번, ⑧번 요인들은 앞에서 직접·간접으로 다룬 것들이다. 우리나라 정부가 말로는 표방한다고 하면서 다른 나라 선진국에 비해 비교열위를 가지는 것들이다. 나머지는 상식적으로 쉽게 이해할 수 있는 요인들이다. ⑤번의 늘어나는 인구[15]는 우리나라에서 온갖 출산 장려책으로도 세계 최저의 출산율을 면하지 못하고 있는 만큼 이민, 정년 연장, 여성 경제 활동 촉진 등의 정책을 더욱 광범위하게 도입해야 한다. ⑥번과 관련해서는 우리나라가 세계적으로 가장 많은 근로시간을 보이는 국가군에 속하기 때문에 주 52시간 근로제를 실시한 것이 바람직하지만 노사 쌍방이 필요하다고 판단할 때는 융통성 있게 탄력근

15. 원래 경제 성장 문헌에서 장기에 인구 증가는 경제 성장을 높이지만 1인당 소득을 높이지는 않는 것으로 인식되었다. 그러나 신성장 이론이 인구 증가가 연구 개발 인력 비중을 높여 1인당 소득도 높일 수 있다는 것을 이론적으로 밝힘에 따라 이제 인구 증가는 경제 성장은 물론 1인당 소득도 높이는 것으로 정립되었다.

로제를 실시하는 것도 바람직하다는 것을 새삼 일깨워 준다. ⑦번은 기후 변화에 대응하여 전 세계가 추진하는 탈탄소 면에서도 우리나라가 비교우위를 가지는 원전을 발전시켜야 함을 시사한다. ⑨번은 저부담-저복지 구조인 미국의 특성이 반영되고 있다. 중부담-중복지를 지향해야 하는 우리나라로서는 복지 확대를 보편적 복지가 아니라 선별적 복지, 현금 복지가 아니라 서비스 복지 기조로 지향해야 한다는 것을 다음에서 다룬다. ⑩번과 관련해서는 5장에서 다룬 것처럼 지방자치단체에 실질적인 자치권을 대폭 부여하는 것이 급선무다.

3. 성장 친화적인 재분배 정책

우리가 익히 알고 있는 것처럼 오늘날 서구 선진국은 복지국가라고 불린다. 복지국가는 사회 보장 제도를 잘 갖추고 있다. 경제적으로 어려운 사람들의 생활을 보호하기 위하여 국가가 마련한 제도가 사회 보장 제도(혹은 사회안전망)이다. 사회 보장 제도는 크게 공적 부조(public assistance), 사회보험(social insurance), 사회서비스(social service)로 구성되어 있다. 공적 부조는 4장에서 설명한 것처럼 국가가 경제적 약자를 무상으로 지원해 주는 제도다. 사회보험은 어려운 형편에 처할 경우에 대비해 국민이 보험 드는 것을 국가가 지원해 주는 제도다. 은퇴할 때(공적 연금), 아플 때(건강보험), 실직할 때(실업보험), 생산 현장에서 일하다 다칠 때(산업재해보험) 지원해 주는 4대 보험이 대표적인 사회보험이다. 사회보험은 보험의 혜택을 받는 수혜자도 보험료나 사회부담금이라는 이름으로 비용을 일부 부담한다는 점에서 아무 비용 부담 없이 받는 공적 부조와 구별된다. 사회서비스는 정부가 주거, 교육,

의료, 고용, 복지 등 다양한 분야의 서비스를 제공하는 것을 말한다. 앞에서 고용 친화적인 성장 정책으로 설명한 근로장려세제와 아동장려세제 등의 조세 제도가 근래에는 또 다른 형태의 사회 보장 제도로 각광받고 있다. 경제적으로 어려운 사람들은 절대적 빈곤층, 상대적 빈곤층, 근로빈곤층 등이다. 이 빈곤층을 다양한 사회 보장 제도로 지원해주는 것이 재분배 정책이다. 우리나라는 앞의 4장에서 논의한 것처럼 시장소득 지니계수와 처분가능소득 지니계수의 차이(지니계수 격차)가 OECD 회원국들 중에 가장 작고, 빈곤율은 가장 높은 국가 군에 속한다. 정부지출과 조세 면에서 소득 재분배 정책의 효과가 국제적으로 비교할 때 미약한 것이다. 가급적 지니계수 격차를 늘리고 빈곤율을 낮추는 방향으로 정부지출 및 조세와 사회 보장 제도를 조합하는 것이 효율적인 재분배 정책이자 성장 친화적인 사회 보장 제도이다.

절대적 빈곤 해소 정책 : 기초생활보장제도 확대 및 사회 복지 지출 구조 조정

빈곤은 인적 자본을 개발할 기회를 뺏는다는 점에서 성장 잠재력을 해친다. 인간다운 삶을 영위하기 어렵게 만든다는 점에서 더불어 사는 삶과도 거리가 멀다. 우리나라는 OECD 최고의 자살률을 보이고 있거니와 대부분이 생활고를 비관하여 자살한다. 이 비극적인 일이 극소화하도록 우리 정부와 사회가 적극 나서야 한다. 4장에서 중위 소득 40% 미만의 절대적 빈곤층은 대략 소득 1분위(10%) 계층이라고 하였다. 정부의 사회 복지 지출이 이 절대적 빈곤층 퇴치에 최우선적으로 사용되어야 한다. 4장의 **표 4-5**에서 보는 것처럼 최근 우리나라 사회 복지 지출이 국내총생산에서 차지하는 비중은 12%선인데 OECD 평균은 20% 안팎이다. 우리나라 조세 부담률은 20% 내외인데 OECD 평균은 25% 내외이다. 조세 부담과 복지 지출을 같이 늘릴 여지가 상대적으로 크다는 얘기다. 복지 지출을 OECD 평균에 가깝게 대폭 늘리는 것은 복지 후진국을 벗어나기 위해 불가피하다. 그 대신 근래에 방만하게 확대된 현금 복지 지출을 구조 조정해야 한다. 돈을 뿌리는 현금 복지가 복지병을 낳고 의료, 주거, 교육 등 현물 복지, 사회서비스 복지가 복지병을 회피하는 대안이라는 것은 2차 세계대전 후 유럽에서 확인된 사실이다. 무상급식, 무상보육은 중산층 이상의 경우 응분의 부담을 하게 하는 소득 맞춤형 급식, 소득 맞춤형 보육으로 바꾸고 절약되는 재원을 절대적 빈곤층을 지원하는 데에 집중해야 한다. 모든 어린이에게 아동수당을 주는 것도 빈곤층 어린이를 지원하는 데에 집중해야 한다. 도덕적 해이가 일어나지 않는 생산적 복지, 일하는 복지를 김대중 정부에서 추진했는데 이것이 복지 선진 사회 유럽의 경험에 비추어 볼 때 올바른 정책 방향이다. 가장 궁핍한 사람들을 우선적으로 지원하되 도덕적 해이가 일어나지 않게 복지 지출을 설계하는 것이 인도적이고 성장 친화적인 분배 정책이다.

우리나라의 대표적인 공적 부조로는 4장에서 설명한 것처럼 국민기초생활보장제도와 기초연금제도가 있다. 2000년부터 시행된 국민기초생활보장제도는 원래 최저생계비 미만 가구의 생계 유지를 위해 부족한 소득을 보충해 주는 제도이다. 2014년부터 시행된 기초연금제도는 65세 이상 소득 하위 70%의 노인에게 매월 최대 30만 원(2021년 현재)을 기초'연금'이라는 이름으로 지급하고 있다.

절대적 빈곤을 해소하기 위해서는 국민기초생활보장제도를 대폭 확대해야 한다. 현재 기초생활보장제도는 가구 (기준) 중위 소득의 30~50% 이하 저소득 가구에게 생계, 의료, 주거, 교육 급여 등을 지원한다. 생계급여는 중위 소득의 30%, 의료급여는 중위 소득의 40%, 주거급여는 45%, 교육급여는 50%까지 지원한다. 그러나 실제로는 최저소득 3% 인구, 5% 가구만 기초생활 보장의 혜택을 받고 있다. 절대적 빈곤층은 9% 내외인데 기초생활 보장의 혜택을 받는 계층은 대략 4% 내외인 것이다. 이 괴리는 부양해 줄 가족이 없어야 한다는 부양 의무자 기준과 재산이 많지 않아야 한다는 자산 기준을 통과해야 기초생활 보장의 혜택을 받을 수 있기 때문에 생긴다. 특히 부양 의무자 기준에 따르면 실제로는 부양할 능력이 없는 가족인데도 불구하고 단지 가족이 있다는 이유만으로 그동안 혜택을 받지 못해 왔다. 이는 공적 부조의 취지를 무색하게 한다. 부양 의무자 기준을 폐지하여 누구나 최저한의 '바닥 소득'을 갖거나 받을 수 있어야 한다. 문재인 정부는 부양 의무자 기준을 단계적으로 폐지하는 것을 포함하여 빈곤 사각지대를 줄이고 생계 · 주거 · 의료 · 교육 급여의 보장 수준을 높이며, 빈곤층 자립을 돕기 위해 다양한 정책적 노력을 기울여 왔다(보건복지부 · 국토교통부 · 교육부, 2017, 2020). 공적 부조를 확충하기 위한 정부의 노력은 높게 평가받을 만하다. 자산 기준도 그동안 완화해 왔는데 더욱 완화해야 한다. 소득 인정액이라는 장치를 통해 재산을 소득으로 환산하여 복지급여를 결정하고 있는데, 일상생활을 영위할 수 있는 소득이 없음에도 불구하고 소득 인정액 때문에 생계급여를 받지 못한다는 것은 불합리한 일이다. 근로 능력이 있다면 내실 있는 재교육과 훈련을 받으며 괜찮은 일자리를 잡을 때까지 한시적으로, 근로 능력이 없다면 죽을 때까지 누구나 기초생활을 보장받아야 한다. 그리하여 9% 내외인 절대적 빈곤율을 0%로 해소하는 것이 2장에서 설명한 공정한 사회의 평등이다.

기초생활보장제도가 절대적 빈곤을 해소한다는 전제하에 하위 노인 70%에 지급하는 기초연금은 폐지해야 한다. 노인빈곤율이 40%를 넘는 현실에서 기초연금제를 도입한 것은 불가피한 조치였다. 그러나 국민기초생활보장제도와 기초연금제는 옥상옥이다. 노인빈곤율이 현저히 하락하는 중장기에 두 제도를 통합하는 구조 조정이 이루어져야 한다. 중앙정부가 관리하는 복지가 290여 개로 지방정부가 관리하는 복지까지 합하면 400개나 되는 것으로 알려져 있다. 많은 전문가들이 현재의 방만한 사회 복지 재정 구조를 그대로 두면 머지않아 OECD 평균에 도달하여 꼭 필요한 사회적 약자에 대한 지원을 늘릴 여력이 없게 될 것이라고 우려하고 있다. 절대적 빈곤을 완전 해소하는 것에 복지 정책의 최우선순위를 두어 현금 복지 구조를 개혁하고 복지 지출을 조정하는 것이 성장 친화적인 재분배 정책으로서 지속 가능한 복지국가를 이룰 수 있다.

상대적 빈곤 완화 정책 : 근로장려세제 확대 및 사회 보험 제도 강화

우리나라의 상대적 빈곤율이 처분가능소득 기준으로 16%대여서 상대적 빈곤층은 대략 하위 20% 소득계층이라고 4장에서 설명하였다. 이 상대적 빈곤율은 OECD 평균 11%대보다 훨씬 높다. 상대적 빈곤율을 낮추되 성장 친화적이고 고용 친화적으로 낮추는 것이 매우 중요하다. 이를 위한 최선의 정책은 일해도 빈곤에서 벗어나지 못하는 근로 빈곤층을 지원하는 근로장려세제를 강화하는 것이다. 위 2항에서 고용 친화적인 성장 정책의 일환으로 설명한 근로장려세제가 유력한 성장 친화적인 재분배 정책도 되는 것이다.

앞에서 사회 복지 지출 구조를 조정하여 기초생활보장제도를 대폭 확대함으로써 절대적 빈곤을 해소해야 한다고 하였다. 절대적 빈곤을 벗어나는 빈곤층은 여전히 상대적 빈곤층으로 남아 있기 십상인데 이 상대적 빈곤층이 근로소득자인 경우에 파격적인 근로장려세제의 혜택을 받도록 하는 것이다. 앳킨슨(2015)이 제안한 국민저축채권과 같은 종류의 저축수단으로 저소득 청년뿐 아니라 상대적 빈곤층의 재산 형성을 촉진할 필요도 있다. 소득 증대와 재산 증대는 사회적 취약층의 신분 사다리 상승을 가능케 하는 유력한 기제이다.

우리나라의 사회보험은 위에서 설명한 것처럼 크게 연금(국민연금, 공무원연금, 군인연금, 사학연금 등), 건강보험, 실업보험(고용보험), 산업재해보험의 네 가지가 있다. 이들 4대 보험은 대부분 서구 선진국에 비해 수혜자의 혜택이 낮고 재원이 부실하다.[16] 사회 보험 제도를 강화하여 상대적 빈곤층과 근로빈곤층을 구제하고 국민 복지를 높여야 한다. 여기서는 연금, 건강보험과 고용보험을 중심으로 중요한 강화 방안을 간략하게 다룬다.

은퇴 후 안정된 생활을 가능케 하는 연금 제도는 크게 국민연금제도와 공무원연금제도로 이원화되어 있다. 그런데 내는 보험료는 상대적으로 적고 받는 급여는 많은 저부담-고급여 체계이기 때문에 장기에 지속 가능하지 않다는 것은 주지의 사실이다. 국민연금은 현 제도가 계속 유지되면 2050년대에는 기금이 고갈될 전망이다. 기금이 고갈되면

16. 자세한 논의는 김낙회 외(2021), 78~81쪽 참고.

연금 혜택을 대폭 줄이거나 그때 일하는 세대의 세금 부담을 대폭 올리거나 양자를 같이 시행하거나 해야 한다. 어느 것 하나 쉬운 일이 아니어서 장기적으로 남미와 남유럽 여러 나라가 겪은 재정 파탄이 우려된다. 이런 한계 상황이 일어나기 전에 지금 세대부터 세금 부담을 늘려나가는 제도 개혁이 필요한데 문재인 정부는 책임을 방기하였다. 연금 불입액이 많은 것을 감안하더라도 국민연금보다 훨씬 후한 연금을 주는 공무원연금은 벌써 재정 지원으로 지급되는 적자 체제이다. 이런 부실하고 불공평한 연금 제도는 장기에 경제와 복지의 불확실성을 높이고 조세 저항을 불러일으켜 성장 잠재력을 훼손한다. 국민연금과 공무원연금의 통합을 포함하여 장기에 지속 가능하고 미래세대에 지나친 부담을 안기지 않는 방향으로 연금 제도 개혁이 모색되어야 한다. 현세대의 복지를 위해 저성장 시대를 살아갈 미래세대에 감당하기 어려운 세금 부담을 안기는 것은 세대 간에 불공정한 일이다.

건강보험과 관련하여 질병 수당 제도가 있다. 질병(혹은 상병) 수당 제도란 아파서 일을 못 해 소득을 잃으면 이를 보충해 주는 사회 보장 제도다. 건강보험은 아프면 싸게 치료해 주는 데 그치는 반면 질병 수당 제도는 아파서 일을 못해 못 번 소득을 보충해 준다. 따라서 질병 수당 제도는 인적 자본 손상을 막고 상대적 빈곤을 완화하며, 근로빈곤층의 삶의 질을 크게 높일 수 있다. 근로빈곤층은 아파도 쉴 수 없다. 소득이 부족하고 불안정 취업자가 많아서 질병이나 심지어 전염병 감염이 의심될 때마저 생업에 나가야 한다. 코로나19 이후 이런 우리 사회의 민낯이 드러났다. 질병 수당 제도가 없기 때문에 일어나는 일이다. OECD 국가 중 미국과 우리나라만 질병 수당이 없다. 꾀병을 부리지 않도록 제도의 오남용을 막는 보완조치를 마련하여 질병 수당 제도를 도입해야 한다. 대부분의 나라에서 아픈 지 3~7일이 지나면서부터 종전 소득의 50%, 혹은 2/3를 6개월이나 1년 동안 보전해 주고 있다. 장기요양보험료처럼 상병보험료를 걷거나 국가지원금을 늘려 재원을 마련할 수 있다.[17]

직장 건강보험에서는 소득만을 대상으로 보험료를 부과하는 데 반해 지역 건강보험에서는 소득뿐 아니라 재산도 따져 보험료를 부과하고 있다. 자영업자의 소득 파악이 어려워 이원화한 보험료 부과 체계로 시작했지만 이제 개혁할 때가 되었다. 직장 건강보험이든 지역 건강보험이든 소득만을 대상으로 건강보험료를 부과하는 것이 형평성과 공정성을 담보하는 방법이다. 이와 관련하여 2017년 초에 국회에서 연간 2,000만 원 이하의 임대소득과 금융소득에 대해 2022년 7월부터 건강보험료를 부과하기로 했거니와 이를 차질없이 시행해야 한다. 근로소득과 사업소득에 부과하는 건강보험료를 임대소득과 금융소득에 부과하지 않는 것은 불공평한 일이다.

고용보험 제도(혹은 실업 급여 제도)는 근로자와 사업주가 낸 고용보험료를 주요 재원으로 삼아 고용보험기금을 만들어 실업 급여, 고용 유지 및 장려 등에 사용하는 사회 보장 제도이다. 이 제도의 핵심은 실업 급여다. 현재 실업 급여(혹은 구직 급여)는 과거 18개월간 고용보험에 가입한 기간이 180일 이상인 비자발적 실업자에게 이직 전 평균 임금의 60%(2020년 기준 월 최대 205만 원까지)를 4~9개월 동안 정부가 지급한다. 우리나라 실업 급여 제도는 OECD 회원국들에 비해 임금대체율

---

17. 신성식의 레츠 고 9988, "163개국 질병수당, 한국엔 없어 … 부천 확진자 37% 아파도 출근", 중앙일보 오피니언, 2020. 6. 3. 참고.

이 낮은 편이고 특히 지급 기간이 짧아 보장성이 낮다. 종전 취업 때 받은 평균 임금의 몇 %를 실업 급여로 받는가를 나타내는 지표를 임금대체율이라 한다. 우리나라의 임금대체율은 종전의 50%에서 2019년에 60%로 올라 OECD 평균인 63%에 근접하였다. 그런데 지급 기간이 너무 짧다. 우리나라가 최대 9개월, 평균 7개월인 데 비해 OECD 평균 지급 기간은 14.7개월이어서 우리나라의 2배 수준이다. OECD 평균에 버금가게 연금 지급 기간도 늘려야 한다. 김지운(2017)은 임금대체율을 높이는 것보다 지급 기간을 늘리는 것이 사회 전체의 복지를 증대시키는 데에 더 적합하다고 지적한다. 실업 급여의 지급 기간을 OECD 평균 수준으로 끌어올리는 것이 복지와 분배를 개선하는 유력한 정책이다.

1995년에 도입된 고용보험 제도는 4반 세기가 지났지만 5장의 **표 5-1**에서 본 것과 같이 비정규직의 가입률이 45%, 전체 임금 근로자의 가입률이 71%에 불과하다. 중소 영세기업에 종사하는 비정규직은 태반이 고용보험의 혜택을 받지 못한다. 이들이 고용보험에 가입할 수 있는 여건을 조성하고 이들을 위한 사회안전망을 고민해야 한다. 정부는 2020년 12월에 비정규직 중 택배 기사, 대리운전 기사 등 14개 특수고용직에 고용보험을 적용하기로 결정하였다. 그동안 특수고용직은 근로자와 자영업자의 성격을 같이 띠고 있어 고용보험의 사각지대에 있었다. 고용보험 제도를 확대하여 사회적 약자를 포용하는 의미 있는 제도 개선이라고 평가할 수 있다. 그러나 한편으로 특수고용직 근로자가 많아 고용보험기금을 고갈시켜 재정 부담을 늘릴 위험도 크다. 이 때문에 미국과 일본 등 주요 선진국에서는 고용보험 가입을 의무화하고 있지 않다. 근래에 정치권에서 특수고용직을 포함한 비정규직은 물론 자영업자까지 고용보험에 가입시키는 '전국민' 고용보험제가 제기되었다. 명분은 그럴 듯하지만 실제 시행에는 기존 가입자의 보험료를 올리고 적자를 재정으로 메워야 하기 때문에 가입자 간 형평성과 세대 간 공평성을 위한 사회적 합의가 필요한 문제다. 미래세대에 부담을 가중시키지 않고 지속 가능한 사회 보험 제도가 성장 친화적인 재분배 정책이다.

증세

본래 증세는 성장 친화적이지 않다. 증세 그 자체는 민간의 소비와 투자 재원을 줄여 성장에 해를 끼친다. 그러나 증세가 사회 복지 지출과 연구 · 개발 투자 등 정부가 해야 할 임무를 원활하게 수행하는 재원으로 사용되면 간접적으로 성장에 기여한다. 낮은 복지 지출은 낮은 조세부담과 결부된다. 우리나라 조세 부담률은 20 ~ 21%선으로 OECD 평균 25%보다, 국민 부담률은 26%로 OECD 평균 34%보다 현저하게 낮다. 저부담-저복지의 복지 후진국에서 벗어나 중(中)부담-중(中)복지의 복지국가로 올라선다는 비전하에 재정지출 구조 조정과 더불어 증세와 재정 개혁을 단행해야 한다. 증세의 주된 내용은 앞 장에서 논의한 것과 같이 소득세와 재산세, 법인세 등 직접세 등의 누진율을 높이고 최고 세율을 높이는 이른바 '부자 증세'와 국민 개세주의에 입각한 보편 증세가 같이 이루어져야 한다. 분배가 열악한 현실을 개선하기 위해서는 조세의 재분배 기능이 강화되어야 하고 그러기 위해서는 주요 선진국보다 낮은 직접세의 비중을 제고시키는 것이 불가피하다. 일각에서는 부가가치세와 같은 소비세율은 주요 선진국보다 훨씬 낮기 때문에 부가가치세율 인상을 통해 증세가 이루어져야 한다고 주장한다. 세계화 시대에 벌어지고 있는 조세 경쟁과 징세의 편의성을 감안하면

일리 있는 주장이다. 그러나 간접세는 역진성으로 인해 소득 분배를 악화시킨다. 나아가 우리나라는 남북 경제 통합이나 통일의 기회가 올 때 북한을 지원하는 막대한 재원을 마련해야 한다. 본격적인 부가가치세 조정은 그런 막대한 재원을 마련하는 유력한 발판으로 남겨 두는 것이 좋을 것이다. 앞 장에서 논한 것과 같이

1. 고소득층에 대한 비과세 감면을 축소하고 소득세 평균 세율과 최고 세율을 올린다.
2. 법인세율을 인상한다.
3. 필요하면 부가가치세율을 미세 조정한다.
4. 부동산 보유세를 높이고 거래세를 낮추되 구체적으로 아래의 6절에서 논하는 바와 같이 개편한다.

세금 더 내는 것을 좋아하는 사람은 없다. 섣부른 증세가 국민의 반발을 일으켜 정권이 무너지는 일은 동서고금을 통해 드물지 않게 일어나는 일이다. 우리나라 역대 정부도 증세를 '호랑이 목에 방울 달기'로 생각하여 미온적인 태도를 취해 왔다. 그러나 '증세 없는 복지'는 허구다. 저출산-고령화 때문에 현재의 복지 제도를 유지해도 복지 재원은 지속적으로 늘어나게 되어 있다. 빚을 내어 복지 재원을 충당하는 것은 장기에 지속 가능하지 않다.

증세에 관해서는 다음의 네 가지 조건이 충족되어야 한다. 첫째, 정부 지출의 효율성이 담보되어야 한다. 예비타당성 조사도 제대로 하지 않는 공공사업, 부실한 예산 심의와 결산 감사, 중복되고 낭비되는 복지 사업, 다 쓰지 않은 예산(불용예산)을 회계연도 말에 부랴부랴 써 버

리는 관행 등은 정부에 대한 국민의 신뢰를 훼손한다. 정부 지출의 효율성이 없으면 남유럽, 남미의 여러 나라처럼 만성적인 재정위기에 빠지기 쉽다. 둘째, 응능성(ability to pay)의 원칙에 의해 국민 개세주의가 이루어져야 한다. 소득세를 한 푼도 내지 않는 봉급쟁이가 전체 봉급생활자의 36%를 차지하는 것은 조세 형평성에 어긋난다. 셋째, 규제 완화와 노동시장의 유연성 등 기업하기 좋은 환경을 조성하는 정책을 같이 추진하는 균형 있는 접근을 해야 한다. 앞 장에서 다룬 바와 같이 국제 조세 경쟁의 흐름에 역류하는 세율 인상(특히 법인세율 인상)의 부작용을 중화하기 위해 중요한 전제조건이다. 넷째, 국민의 대표인 국회가 공론의 장을 마련하고 한편으로 앳킨슨(2015)이 강조하는 사회협의체인 '사회경제협의회'도 구성하여, 증세와 복지 지출의 규모와 방안에 관해 치열한 거국적 토론을 통해 사회적 합의를 이끌어 내는 것이다. 증세와 복지 확대는 국회 논의만으로는 결코 충분하지 못한 중차대한 문제이다. 이 네 가지 전제는 본격적인 증세를 하는 데에 필수적이다.

2015년 11월에 대통령 직속의 국민대통합위원회는 국민 통합, 복지와 증세에 대해 공론 조사를 실시하였다. 공론 조사는 관련 기초정보에 대한 학습과 토론을 거친 뒤 '숙성된 의견'을 수집하는 조사기법이다. 이 공론 조사[18]에서 복지 방향에 대해 중부담-중복지를 지지하는 의견은 67%, 고부담-고복지 16%, 저부담-저복지 16%였다. 복지를 위해 세금을 더 낼 의향이 있는가라는 설문에 '있다'가 66%, '없다'가 34%였다. 여론 조사에서는 복지를 위해 세금을 늘리는 것에 대해 으레

18. 국민 통합을 이루기 위해 추구해야 할 가장 중요한 가치에 대해 물어본 결과 상생이 36%, 공정 30%, 신뢰 19%, 창의 7%, 안정이 5%였다. '자유'는 선택 항목에 없었다. 있었다면 공기처럼 중요한 자유에 대해 국민이 학습하는 기회를 가졌을 것이다.

찬반이 팽팽히 맞선다. 그런데 공론 조사에서 국민 세 명 중에 두 명이 찬성한다는 것은 여러 가지를 시사해 준다. 무엇보다 여론은 조변석개하고 국민은 이기적인 것 같지만 충분한 학습과 토론이 있으면 우리 국민은 대승적이고 합리적인 공론을 형성하는 현명하고 깨인 국민이라는 사실을 보여준다. 국민을 현명하고 깨인 국민으로 이끄는 것이 정부의 현명한 리더십이다. 문재인 정부는 부동산세를 늘리는 데에 이런 리더십도 없고, 정지작업도 없이 거칠게 밀어붙였다. 거위 털을 확 뽑는 것과 같은 거친 증세는 납세자의 조세 저항을 불러일으키게 마련이다.

4. 시장소득 불평등 축소 정책

소득 분배를 개선하기 위해서는 처분가능소득을 둘러싼 재분배 정책만으로는 미흡하다. 우리나라처럼 시장의 독과점과 사회 전반에 불공정이 큰 나라에서는 독과점과 불공정성을 개혁하여 시장소득 불평등을 축소하는 분배 정책이 필요하다. 4장에서 시장소득 기준으로 본 우리나라 지니계수는 OECD 국가 중에서 가장 낮은 국가에 속한다는 것을 보았다. 그러나 다른 한편으로 5장에서 본 것처럼 우리나라도 미국과 영국처럼 계층 상승의 가능성이 낮아지는 것으로 인식되고 있다. 빈곤의 대물림과 중산층의 하향화 가능성에 대한 우려를 드러내는 것이다. 우리나라는 생산물시장의 독과점이 심하고 사회 전반에 불공정이 심하다. 시장소득 불평등을 완화하는 데에 관심을 쏟아야 하는 이유다. 시장소득 불평등을 축소하는 정책으로는 교육 개혁, 공정한 시장질서 확립, 기업 지배 구조 개혁, 노동시장 개혁 등을 들 수 있다.

교육 개혁

교육을 통한 인적 자본의 축적은 경제 성장의 엔진이다. 우리나라 초중고교에서 다가오는 AI 시대에 대비하여 인성을 기르고 창의성과 융합적 마인드를 개발하는 교육이 이루어져야 하는데 그렇지 못하다는 것은 주지의 사실이다. 단적으로 말해 초중등 공교육이 무너졌다는 평가를 받아 온 지 오래다. 교육이 본연의 역할을 할 수 있게 교육을 개혁해야 한다. 경제학에서 강조하는 경제 활동의 자유는 으레 선택의 자유로 나타난다. 다른 영역에서도 선택의 자유가 중시되어야 한다고 생각하는 경제학자의 관점에서 볼 때 적어도 ① 균등한 교육 기회의 제공, ② 학생의 폭넓은 선택의 자유 보장, ③ 수월성 교육을 위한 대학 구조조정 등이 교육 개혁에 포함되어야 한다.

빈곤층을 포함한 저소득층의 자녀들이 중산층 이상 출신의 자녀들과 균등한 교육 기회를 갖지 못하면 빈곤의 대물림이 일어나고 시간이 흐를수록 소득 분배가 악화한다. 이를 방지하고 사회적 이동성이 높은 역동적인 나라를 만들기 위해 균등한 교육 기회는 긴요하다. 우리나라에서 교육 기회가 불균등하다는 증거로 가장 많이 거론되는 것이 고소득층과 저소득층의 학생 1인당 사교육비가 크게 차이가 난다는 것이다. 계층 간 사교육비의 현격한 차이를 무력화하기 위해서 적어도 다음 세 가지가 필요한 것으로 보인다.

첫째, 초중등 공교육을 일신해야 한다. 초등 공교육 프로그램을 강화하고 다양한 바우처(voucher : 이용권) 제도를 도입해 저소득층 유소년들의 교육 기회를 넓혀 주어야 한다. 다가오는 AI 시대에 대비하여 초등학교부터 정보통신기술에 관한 독립 교과를 만들어 정보기기와 컴퓨터 프로그램 다루기와 같은 기초교육을 시행하고, 인공지능과 소프트웨어 교육을 체계적으로 실시한다. 인성과 창의력, 공감 능력을 배양하는 교육이 제대로 이루어져야 하는 것은 두말할 나위 없다. 공교육 프로그램을 강화하는 또 한 가지 유력한 방법은 글로벌 교육 프로그램인 국제 바칼로레아(IB)를 도입하여 교육, 학습, 평가 방식을 혁신하는 것이다. 초중등 공교육을 일신하기 위해 교사들의 인적 자본 축적을 위한 과감한 투자가 필요하다. 둘째, 최근 정치권에서 논의가 있었던 전일제 교육을 저소득층 자녀에게 실시한다(여의도 연구원, 2020). 정부가 종일 돌봄 사업을 지속적으로 확대해 오고 있거니와 이를 전면적으로 확대하여 저소득층의 초등학생을 대상으로 방과 후에 교육과 돌봄 서비스를 제공하는 것이다. 우리나라 저소득층 가구와 많은 맞벌이 가구, 한부모 가구가 자녀 교육과 돌봄에 큰 고충을 겪고 있는 것은 새삼스러운 일이 아니다. 이 때문에 출산율이 세계 최저이고 부모의 경제력에 따라 교육 불평등이 고착되는 상황이다. 공교육이 저소득층 아이를 책임지는 전일제 교육은 계층 이동의 사다리를 회복하고 저출산 문제를 완화하는 차원에서 중요하고 필요한 정책이다. 저소득층 맞벌이 가구와 한부모 가구에 전일제 교육과 돌봄 서비스를 제공하는 것이 바람직한 것으로 보인다. 공론화와 숙의 민주주의를 통해 구체적인 시행 방법을 고안해야 할 것이다. 우리나라는 온갖 저출산 대책에도 불구하고 합계출산율이 0.8명 안팎으로 세계 최저이고, 초중등 공교육이 붕괴한 비상 상황이다. 비상한 상황에는 비상한 대책을 필요로 한다. 초등교육과 돌봄 면에서 많은 일자리가 창출되는 것은 좋은 고용 정책이자 복지 정책이기도 하다.

셋째, 빈곤 때문에 디지털 격차가 생기지 않도록 소외 계층 학생에게 인터넷 접속은 물론 디바이스, 플랫폼, 콘텐츠 구매를 적극적으로 지원한다.[19] 코로나19로 인해 비대면 학습, 온라인 학습이 보편화하고 있다. 그중에서도 AI를 활용하는 맞춤학습 체계(adaptive learning system) 혹은 지능형 개인 교습 체제(Intelligent Tutoring System ; ITS)는 학습 방식을 혁명적으로 바꿀 수 있다. 미국 애리조나주립대의 AI 튜터 알렉스(Alex) 같이 AI를 IA(intelligent assistant : 영리한 조교)로 삼아 학생 각자의 이해도에 맞게 학습을 개별화하는 것이다. 그러면 획일적 주입식 교육('붕어빵 교육')을 탈피하여 맞춤형 학습('개별 과외')을 할 수 있게 된다. 학생 각자의 인성을 기르는 데에 더 많은 시간을 투입할 수 있게 해 주는 것은 물론이다. 우리나라는 정보통신(IT) 강국으로서 어느 나라 못지않게 이런 교육 혁신을 앞서 이룰 수 있다. 붕괴된 초중등 공교육을 이런 교육학습혁명으로 혁신하고, 학생들의 적성을 살리며 창의와 인성을 길러줄 수 있는 방향으로 교육 개혁을 단행해야 한다. 특히 학생이 없어 문을 닫는 지방 학교부터 이런 교육혁명을 먼저 이루도록 정부가 전폭적으로 지원해야 한다. 학생이 줄어들더라도 교원을 확충하는 것, AI를 활용하는 맞춤학습 체계를 잘 이해하고 활용할 수 있도록 교원부터 교육을 시키는 것, 이런 교사들이 붕어빵 교육에서 벗어나 학생 개개인에게 맞춤학습을 독려하고 인성 교육과 창의성 교육을 시키는 것은 다가오는 AI 시대에 가장 중요한 교육투자이자 교육 전략이다. 시골 학교가 문을 닫는 대신 학생들이 AI 조교(혹은 비서)를 활용해 맞춤형 학습을 하게 되면 수도권 집중을 완화하고 지역 간 균형 발전을

19. 이주호의 퍼스펙티브, '코로나 위기를 21세기 에듀테크 도입 계기로 삼아야,' 중앙일보, 2020. 5. 25.

이루는 유력한 돌파구도 될 것이다.

학생의 선택의 자유를 보장하는 측면에서는 교육시장을 더 개방하고 자사고, 특수목적고, 혁신학교[20] 등을 육성하여 일반고가 이 학교들과 경쟁하면서 깨어나게 해야 한다. 일반고가 비교열위에 있기 때문에 조기 유학과 비(非)일반고에 대한 수요가 많다. 2025년에 자사고, 외고, 국제고를 모두 일반고로 전환하기로 한 문재인 정부의 정책은 교육의 다양성과 자율성을 훼손하고, 이런 학교들에 대한 높은 수요를 무시하는 잘못된 정책이다. 교육을 하향 평준화하는 어리석은 일이다. 명문 일반고가 많은 서울 강남으로 인적 자원이 몰려 집값 앙등을 유발하는 요인이 되기도 한다. 다음 정부에서 하향 평준화 정책을 폐지하고 자사고, 외고, 국제고 등을 혁신고와 마찬가지로 자율적으로 운영할 수 있게 허용해야 할 것이다. 교육 분야만큼은 일렬로 줄을 세우는 수월성 교육의 폐해가 너무 크기 때문에 선택의 자유와 경쟁을 허용해서는 안 되고 평준화 교육을 해야 한다고 생각하는 것은 비합리적인 독단일 뿐이다. 자유국가들은 물론 중국과 같은 전체주의국가에서도 우리나라처럼 수월성 교육을 포기하고 이른바 평등 교육에 집착하지는 않는다.

더불어 선진국처럼 고등학교를 나와서도 취업과 승진, 결혼에 별 지장이 없도록 중등직업교육을 내실화해야 한다. 우리나라는 고등학교

20. 문재인 정부는 초중고교의 16%를 혁신학교로 지정하여 적극 지원해 왔다. 중간시험과 기말시험을 폐지하고 학생 인권을 보장하며, 인성 교육을 강조하는 등 새로운 교육의 지평을 열고자 하였다. 그러나 학생의 기초학력이 낮아지는 문제점을 드러냈다. 최소한의 기초학력을 보장해 주는 방향 전환이 필요하다는 것을 시사한다. 다양한 기준으로 다양하게 평가할 수 있게 다양한 종류의 학교가 있어 학생이 선택할 수 있도록 하는 것이 바람직하다. 자율성과 창의성을 추구하는 대안학교가 개별 학교 특성에 맞게 최대한 자유롭게 운영되게 해야 하는 것은 물론이다.

졸업과 대학 졸업 학력 간 임금 격차가 주요 선진국에 비해 지나치게 크다. 신규 채용부터 선진국 수준으로 학력 간 임금 격차를 줄여나가는 것이 필요하다. 박가열 외(2016)에 따르면 대졸 출신들이 맡고 있는 직업의 절반 이상이 고졸 출신으로 대체 가능하다.

개방형 온라인 교육 플랫폼을 통해 누구나 세계 최고 수준의 강의를 들을 수 있는 세상에서 대학 교육의 편익은 갈수록 감소하고 있다. 2008년에 83.8%로 정점을 찍었던 우리나라의 대학 진학률은 2019년에 69.6%로 떨어졌다. 그러나 여전히 OECD 평균(41%)보다 압도적으로 높다. 학령인구가 줄어들고 대학 교육의 편익이 감소함에 따라 대학 진학률이 점차 낮아지는 건 필연적인 추세다. 이에 따라 교육과 연구 면에서 비교우위가 없는 대학들은 문화, 예술, 복지 등의 공익재단으로 전환할 수 있는 출구를 마련해줘야 한다. 시장경제에서 기업의 자유로운 퇴거는 효율적인 자원 배분을 위해 필요하다. 대학교육시장도 마찬가지다. 학력과 일자리 간의 잘못된 결합(mismatch)을 완화하고 학령인구의 감소에 대응하기 위해 대학을 대폭 줄이고 개혁해야 하는 상황이다.

대학 개혁은 대학 입시 개혁, 학과 조정, 대학 재정구조 개혁 등이 있어야 한다. 대입 개혁은 대학에 학생 선발권을 돌려주고 새 시대에 맞는 다양한 방식으로 선발할 수 있도록 정부는 적극적으로 넛지(nudge, 부드러운 개입)를 행사하는 데에 그쳐야 한다. 학과 조정은 학과 이기주의를 극복하고 지식정보사회, AI 시대에 필요한 인력 수요에 신축적으로 부응할 수 있어야 한다. 대학 재정구조 개혁은 대학에 대한 정부의 재정 지원을 서구 선진국 수준으로 대폭 높이든지 아니면 등록금을 자율화하여 대학이 연구 개발과 평생 교육의 소임을 제대로 수행할 수 있게 해 주는 것이다. 대학 등록금이 10년 이상 동결됨에 따라 대학 교육이 '싼 게 비지떡'으로 부실하고 세계적인 연구를 불가능하게 만들고 있다. AI에 의한 원격 대학 교육이 가능한 시대, AI 조교를 통해 개인 맞춤형 학습이 이루어지는 시대를 맞이하여 우수한 연구대학은 대면 교육과 소통, 연구 · 개발이라는 대학 고유의 사명을 다할 수 있게끔 정부가 적극 지원해야 한다. 세계 10위권 경제대국에 걸맞는 세계적인 대학이 우리나라에 없는 것은 서구 선진국에 비해 대학에 대한 재정 지원이 취약하고 규제는 많기 때문이다.

세계 경제포럼(World Economic Forum ; WEF)은 로봇과 AI, 사물인터넷, 3D프린팅 등이 지배하는 21세기의 '4차 산업혁명' 혹은 '디지털 혁명'[21]은 그전 산업혁명(18세기 증기기관이 등장한 1차 산업혁명, 19세기 대량 생산이 가능해진 2차 산업혁명, 20세기 정보화로 도래한 3차 산업혁명)보다 훨씬 더 세계 산업 질서에 충격을 가할 것이라고 전망한다. 기존의 많은 일자리가 없어지고 새로운 유형의 일자리가 많이 생겨날 것으로 전망되는 대전환의 AI 시대에 대비하여 고등교육을 혁신하고, 유연한 재교육과 평생교육을 제공하는 것은 21세기 지식 강국을 위해 다른 무엇보다 중요하다.

생산물시장의 독과점 규제와 공정한 시장질서 확립

한 나라가 무역 자유화를 단행하면 국내 독과점기업들이 경쟁기업으로 바뀌어 독자적인 가격 결정을 포함한 시장지배력을 상실한다. 이

21. 경제학계는 3차 산업혁명과 4차 산업혁명의 구분에 대해 회의적이다. 양자 사이에 생산성의 현저한 차이가 없기 때문이다. 20세기 후반부터 21세기에 걸쳐 '디지털 혁명'이 진행되고 있다고 말한다.

에 따라 독과점 이윤이 없어지고 소비자 후생이 증가한다. 경제학원론이 가르치는 자유무역의 주요 이득이다. 우리나라는 이런 가르침이 통용되지 않는 경우가 많았다. 다양한 국내 생산물시장에서 대기업이 외국 다국적기업과 차별화한 제품과 비가격 경쟁을 내세워 높은 독과점 가격과 초과이윤이 온존되고 있다. 이를 바탕으로 공정거래법에 규정된 각종 시장지배적 지위의 남용, 부당한 공동행위, 불공정거래행위가 명시적 · 묵시적으로 이루어지는 경우가 적지 않다. 이 때문에 소득 분배가 악화하고 시장경제가 약육강식의 정글이라는 비판이 이어져 왔다. 특히 대기업집단의 내부거래와 일감 몰아주기, 납품 단가 후려치기, 특허 탈취 등 불공정한 시장질서가 중소기업의 수익성을 떨어뜨리고 대기업과 중소기업 임금 격차를 확대시킨다. 이런 불공정한 행위와 천민자본주의적 행태를 바로잡는 데에 정부가 최우선적인 노력을 경주해야 한다. 무엇보다 공정거래위원회가 불공정한 거래를 색출하고 처벌하며, 공정한 시장질서를 확립하는 데에 일관성 있게 엄정해야 한다. 엄정한 규제를 내세우다가 경기침체가 이어지거나 '기업 친화적인' 정부가 들어서면 슬그머니 완화해 주는 잘못된 관행을 바로잡지 않는 한 공정한 시장질서의 확립은 끝없는 구두선에 그치고 말 것이다.

독과점기업과 대기업집단의 불공정거래행위를 규제하는 것은 소득 분배 개선을 위해서뿐만 아니라 우리 사회를 공정한 사회로 만들고 대기업과 중소기업이 건전한 기업생태계를 이루어 동반 성장하는 풍토를 조성하는 데에 긴요하다. 물론 소득 분배를 개선하는 데에도 긴요하다. 대기업과 중소기업이 건전한 기업생태계를 이루어 동반 성장하는 풍토를 만드는 데에 정부가 적극적인 역할을 할 수 있다.

기업 지배 구조 개혁

주주자본주의(기업이 주주를 중시하는 시장경제)를 채택하고 있는 미국과 영국이 이해관계자 자본주의(기업이 주주뿐 아니라 종업원, 소비자, 지역사회 등 모든 이해관계자들을 중시하는 시장경제)를 채택하고 있는 유럽 대륙보다 소득 분배가 불평등하다. 미국식 주주자본주의를 따라온 우리나라 기업들도 사회책임경영, 공유가치 창출 등을 표방하면서 기업의 본질과 가치에 대해 사고의 지평을 넓혀 가고 있다. 차제에 우리나라도 유럽 대륙식의 이해관계자 자본주의를 표방하는 기업 지배 구조 개혁이 필요하다. 2020년 9월 현재 여당이 공기업과 준정부 기관에 노동이사제를 도입하는 공공기관 운영법 개정안을 발의한 상태다. 노동이사제는 문자 그대로 근로자 대표가 이사로 들어가는 제도이다. 독일을 비롯한 여러 유럽 국가들이 도입하고 있다. 경영계는 노조의 조직 이기주의가 지나친 우리나라 현실에 맞지 않는 제도라고 반대한다. 그러나 공동운명체 의식과 투명 경영을 제고하는 차원에서 공기업과 준정부 기관이 먼저 노동이사제를 전향적으로 도입할 필요가 있다. 사기업은 노조가 외부 인사를 사외이사로 추천하는 노조추천이사제를 도입하도록 권장하는 것이 바람직하다.

오너가 경영진을, 경영진이 이사회를 좌지우지하는 것이 우리 기업의 현실이다. 경영진이 거수기 이사회를 통하여 스스로 정하는 보수에 대해 합리적인 근거를 갖게끔 규정하는 것도 필요하다. 우리나라 대기업의 최고경영자가 어느덧 미국에 버금가게 일반근로자의 평균보수보다 200배, 300배에 달하는 보수를 받는데 이것이 생산성에 따른 공정한 보수인가에 대한 검증 장치가 없다. 경영진 보수에 대한 주주 승인

투표 제도(Say on Pay)를 의무화하고 경영진 보수를 책정 근거와 함께 공시하게 하는 것이 필요하다. 부실기업의 경영진이 손실을 사회화하고 고액의 연봉을 챙기는 도덕적 해이를 체계적으로 바로잡아야 한다.

재벌(가족 지배 아래 있는 다각화된 대기업 집단) 지배 구조 개혁과 관련하여 우리나라에서 항상 제기되는 것이 오너 체제와 전문경영자 체제 중 어느 것이 바람직한 것이냐 하는 논란이다. 정부는 오너 체제, 특히 3세(혹은 4세) 경영 체제보다 전문경영자 경영 체제가 바람직하다는 전제하에 전문경영자 경영 체제로 유도하는 정책을 써 왔다. 두 체제는 각각의 장단점을 가지고 있고 어느 한쪽이 반드시 우월하다고 볼 수 없다는 것이 학계(경영학계와 산업조직학회)의 일반적인 견해다. 전 세계적으로 가족 경영 또는 대주주 경영이 더 보편적이다. 미국의 디지털 경제를 이끄는 FAANG(페이스북, 애플, 아마존, 넷플릭스, 구글)도 애플만 빼고 모두 대주주 경영 체제이다. 우리 상위 재벌기업이 글로벌 기업으로 발돋움한 데에는 오너 체제가 갖는 장점, 즉 장기적인 안목, 신속한 의사 결정, 과감한 위험 감수 등에 힘입은 바 크다.

이른바 오너가 적은 지분으로 기업을 좌지우지하는 것은 형평성 차원에서 분명 문제가 있다. 그러나 이를 바로잡기 위한 다중대표소송제와 감사위원 분리 선출 등이 외국 투기자본의 경영권 침해와 소송 남발 등의 부작용을 낳을 수 있다는 우려도 기우라고 도외시할 수 없다. 소액 주주를 위해 대주주 권한을 제한한다면 외국 자본 공격에 대응하는 국내 주주의 방어권도 보장해 주어야 한다. 특정 주주에게 더 많은 의결권을 부여하는 차등의결권, 기존 주주에게 시가보다 싸게 지분을 매입할 수 있게 해 주는 신주인수선택권(포이즌 필) 등은 미국을 비롯한 주요 선진국이 인정해 주는 경영권 방어 규정이다. 선진국의 최선의 관행을 수용하는 규정을 우리도 갖추고 구체적인 재벌 지배 구조는 기업과 시장이 결정하도록 하는 것이 바람직하다. 소액 주주를 도외시하는 오너 경영의 전제는 국민연금과 같은 기관투자자의 의결권 행사 지침(stewardship code : 기관투자자가 투자한 기업의 의사 결정에 적극 참여토록 하는 지침)에 따라 견제할 수 있고 견제해야 한다.

노동시장 개혁

5장의 논의를 바탕으로 지나친 노동시장의 이중 구조를 선진국 수준으로 완화하는 것이 노동시장 개혁의 큰 방향이다. OECD(2015)가 지적하는 바와 같이 정규직과 비정규직의 격차를 축소하는 것이 소득 불평등을 줄이면서 성장을 촉진하는 성장 친화적 분배이기 때문이다. 대기업 정규직의 임금 상승 자제, 정규직과 비정규직의 차별 철폐, 노동시간 축소와 일자리 나누기, 성별 · 학력별 임금 격차 완화, 연공급에서 직무급으로의 임금 제도 개편, 최저임금의 적정 인상 등의 노동시장 개혁은 임금소득 분배 개선의 유력한 방안일 뿐 아니라 우리 경제 제도를 선진화하고 삶의 질을 높이며 더불어 잘사는 사회를 여는 길이다.

첫째, 정규직 노동시장의 유연성을 확보하는 것이다. 노조가 있는 대기업 정규직의 임금은 5장에서 살펴본 것처럼 우리나라 경제력에 비해 과도하게 높다. 중소기업에 근무하는 근로자, 특히 비정규직의 임금은 과도하게 낮다. 대기업과 중소기업, 정규직과 비정규직의 지나친 임금 격차를 줄여야 한다. 임금 격차 축소는 우리 경제력에 비추어 과도하게 높은 대기업 정규직의 임금 상승을 둔화시키는 것부터 시작해야 한다. 이를 위한 합리적인 방법은 두 가지가 있다. 하나는 대기업 정규직 임금의 상승을 2~3년간 동결하고, 그 후에는 노동생산성 상승 이하로 안정화하는 것이다. 그 대신 북유럽에서와 같은 고용 안정성을 보장한다. 대기업은 임금 동결분을 경쟁력 강화와 더불어 중소 하청협력업체와의 상생에 사용한다. 국민연금과 격차가 큰 공무원연금과 사립학교 교직원연금이 2016년부터 2020년까지 5년간 동결된 선례가 있다. 기업의 지불 능력을 감안하면서 비정규직과 하도급 중소기업 근로자의 임금을 올려 기업 규모별, 고용 형태별 임금 격차를 줄여야 한다. 대기업과 정규직 노동시장의 임금 안정, 고용 안정과 함께 상생의 연대임금제가 노동 개혁의 핵심 의제이자 소득 분배를 개선하고 상대적 빈곤을 줄이는 유력한 정책 틀이다. 이런 자발적이고 대승적인 해법이 불가능하다면 스웨덴과 같은 유연한 노동시장을 만드는 것이 두 번째 방법이다. 복지 선진국 스웨덴은 미국, 영국과 같이 해고가 자유로운 유연한 노동시장을 가지고 있다. 사회안전망을 촘촘히 갖추고 다른 직종으로 쉽게 옮길 수 있도록 강력한 직업 재교육 체계도 만들었다. 정부가 생돈 들여 억지로 일자리를 만드는 게 아니라 다른 일을 할 수 있도록 재교육을 하는 데에 세금을 쓴다. 복지 선진국의 한 전형인 노동시장의 유연성과 촘촘한 사회안전망을 본받는 것이다.

둘째, 원칙과 법치가 있는 노사 관계, 상생의 노사문화를 구축한다. 우리나라 노조 활동은 1980년대 중반까지 국가 안보 차원에서 탄압 대상이었다. 엄혹한 노동운동 환경을 뚫고 성장한 노조는 싸우면서 닮는다는 말처럼 군부 정권처럼 전투적 · 독단적 성격을 띠게 되었다. 그러나 지금은 노조가 재벌 못지않게 기득권층이다. 기득권층에 따르는 의무를 수행해야 한다. 5장에서 살펴본 것처럼 노사 협력을 선도하는 서구 노조를 벤치마킹하여 다가오는 시대의 패러다임 변화에 대비하고 국민경제를 돌아보는 성숙한 자세를 가져야 한다. 불법적인 파업은 엄정한 법치로 대처하고, 노사 간 힘의 균형을 위해 선진국에서 한결같이 인정되고 있는 대체근로제를 우리나라도 허용하는 것이 규율 있는 노동운동을 확보하는 유력한 방안이다. 대체근로제 금지 제도를 폐지하여 88% 비노조 근로자들이 누릴 수 있는 선택의 폭을 대폭 확대하는 것이다. 노조 전임자의 보수는 노조 조합비로 지급하고 기업이 임금으로 지급하지 않는 선진국의 관행도 당연히 지켜져야 한다.

셋째, 최저임금제를 개편하고 최저임금의 상승을 노동생산성 향상 이내로 안정시켜야 한다. 최저임금에 선진국에서 찾아볼 수 없는 주휴수당제를 폐지하고 미국과 일본처럼 지역별, 업종별, 기업 규모별로 최저임금을 차별화해야 한다. 문재인 정부 첫 2년에 경험한 것처럼 기업의 수익 및 노동생산성을 무시한 최저임금의 대폭 상승은 많은 중소영세기업을 한계기업으로 몰아 고용 둔화 내지 감소를 초래한다. 전통적으로 최저임금제는 소득 재분배의 유력한 수단으로 인식되어 왔다. 본래의 목적을 달성하기 위해서는 과유불급의 지혜가 있어야 하는 것을 비싸게 터득했다.

넷째, 기존의 사회협의기구인 경제노동사회위원회(옛 노사정위원회)를 해체하고 자영업자, 비정규직은 물론 소비자와 다양한 전문가, 정치인까지 포함하는 사회경제협의회(가칭)로 확대하여 범국민적인 사회협의기구의 역할을 담당하게 해야 한다. 위 세 가지 개혁을 위해서는 한국 노총과 민주 노총으로 대표되는 기존 노동계의 대승적인 '양보'가 불가피하다. 우리 경제의 개혁과 재도약의 핵심 전제이기 때문이다. 코로나19 이후 노동계 일각에서 고용 유지와 임금 인상 자제를 수용할 움직임을 보이고 있는 것은 긍정적이지만 그 정도로는 미흡하다. 경제노동사회위원회 체제에서 노동계의 자발적이고 대승적인 양보를 기대하기 어렵기 때문에 앳킨슨(2015)이 제안하는 것처럼 거국적인 사회협의기구로 새 판을 짜야 한다. 기존 노동계와 경영계의 과도한 지분을 줄여 각계 각층을 포함하는 명실상부한 우리나라의 사회경제협의회를 대통령 직속으로 만드는 것이다. 이런 협의회를 가동하여 대체근로제, 노동이사제, 노동시장의 유연 안정성, 정규직과 비정규직 차별 축소, 사회안전망 강화, 정년 연장과 임금피크제 및 직무 · 성과급제 등을 한꺼번에 타결하는 사회적 대타협을 이루어 내야 한다. 합리적인 집단지성의 산물인 2015년의 9 · 15 사회적 대타협에 나오는 합의사항들을 다시 소환하여 공론을 통해 사회 전체 의제로 설정해야 한다. 치열한 토론과 숙성된 공론 형성, 도덕적 설득과 사회적 압력이 같이 있어야 하는 것은 물론이다. 서구에서는 주로 좌파(혹은 진보) 정권이 이런 방식으로 노동시장의 개혁을 이루어냈다. 네덜란드의 바세나르 협약, 독일의 하르츠 개혁, 스웨덴의 협약이 그 예다.[22]

문재인 정부는 이런 시대적 · 국가적 개혁 과제를 이루어낼 문제의식도 능력도 없다. 다음 정부에서 이렇게 긴요한 국가 의제를 도출하고 합의를 도출해 내는 리더십이 무엇보다 중요하다. 대선 경쟁에서부터 치열한 토론을 통해 여야가 같이 이 과제를 차기 정부에서 이루겠다는 공약을 낸다면 우리나라의 시대적 개혁이 이루어지는 길이 크게 열릴 것이다.

22. 자세한 사항은 김낙회 외(2021)의 '주요 선진국의 사회협약 경험과 시사점', 293~314쪽과 윤기설(2020)의 2부와 3부 참고.

경제민주화

우리 사회에서 경제민주화는 아주 다양한 의미로 사용되고 있다. 새천년에 들어와 국회의원 · 대통령 선거 때마다 약방에 감초처럼 등장하는 단골 용어이기도 하다. 주로 경제력 집중과 재벌의 폐해를 교정하는 의미로 사용되고 있는데 학계가 수용하는 엄밀한 정의는 없다. 우리나라 헌법 제119조 2항에 "국가는 균형 있는 국민경제의 성장 및 안정과 적정한 소득의 분배를 유지하고 시장의 지배와 경제력의 남용을 방지하며, 경제주체 간의 조화를 통한 경제의 민주화를 위하여 경제에 관한 규제와 조정을 할 수 있다"라고 규정하고 있는데 그 의미를 놓고 여러 해석이 이어지고 있다. 경제계는 경제학이나 경영학의 원론에도 없는 말이라고 비판해 왔다. 본서는 쉴러(Robert J. Shiller, 2003)를 원용하여 정의해 본다. 쉴러는 "금융의 민주화(democratizing finance)란 개인의 노력이나 능력의 차이처럼 합리적 이유에서 비롯되지 않은 경제적 불평등을 효과적으로 해결하는 것을 말한다"[23]라고 정의하였다. 이 정의가 오히려 경제민주화에 해당된다.

> "경제민주화(democratizing economy, economic democratization)란 개인(집단 포함)의 노력과 능력에 비추어 합리적이거나 공정하다고 볼 수 없는 경제적 불평등을 효과적으로 완화하는 것을 말한다."

우리나라에서 합리적 이유에서 비롯된 것이라고 볼 수 없는 경제적

23. R. J. Shiller, *The New Financial Order*(『새로운 금융질서』), 서론, 2003.

불평등은 크게 ① 소득과 부의 분배 면에서의 불평등 ② 독과점기업의 과도한 시장지배력 ③ 대기업과 중소기업 간의 불평등한 관계 ④ 정규직과 비정규직 간의 차별 대우 등 네 가지를 포괄할 수 있다. 교과서에 경제민주화란 개념이 나와 있지 않는 것은 사실이다. 그러나 경제학 교과서에서 제시하는 바람직한 소득 분배 이론은 한계생산력 이론이다. 이 이론과 현실 사이에 간극이 크다면 시장의 실패이고 지나친 소득 분배의 불평등 같은 시장의 실패를 교정하기 위해 정부가 경제에 개입해야 한다고 경제학 교과서에 나와 있다.

자본과 노동 등 생산요소의 소유자가 벌어들이는 소득은 생산요소의 마지막 단위가 생산에 기여한 몫만큼 받는다는 것이 한계생산력 이론이다. 경영자와 피고용자의 소득 격차가 갈수록 커지는 것을 한계생산력 이론으로 합리화하기 힘들다. 대기업과 중소기업의 큰 실적 격차가 협력업체의 비대칭적인 협상력과 하청 기업에 대한 납품가 후려치기 등으로 생긴다면 이것도 한계생산력 이론으로 합리화하기 어렵다. 일반적으로 생산물시장에서 독과점으로 군림하는 대기업(재벌)의 시장지배적 행위와 불공정 행위는 법으로 엄정하고 일관성 있게 규제해야 하는데 우리나라가 그런 점에서 그동안 미흡했던 것이 사실이다. 피고용자 중에서 정규직과 비정규직, 대기업 근로자와 중소기업 근로자 사이의 임금 격차도 5장에서 설명한 것처럼 소득 분배 이론으로 합리화하기 어려울 만큼 크다. 대기업 노조의 조직 이기주의와 영향력이 지나치게 크기 때문이다.

이런 각종 불평등을 해소하는 것을 정치권이 시대정신으로 받아들여 흔히 경제민주화라는 개념으로 대변하고 있다. 생산물시장의 독과점 규제, 기업 지배 구조 개혁, 노동시장 개혁 등 이 절에서 다룬 시장소득 불평등 축소 정책은 경제민주화를 이루는 다양한 측면이자 경제민주화의 핵심 요소라고 정리할 수 있다. 경제민주화는 우리 사회의 시대정신이다. 시장경제의 폐해와 시장의 실패를 보완하여 시장경제의 장점을 잘 살리는 개념으로 활용할 수 있고 활용해야 한다. 그러면서 앞에서 논의한 것처럼 지나친 것은 모자람만 못하다는 선현의 지혜를 본받아야 한다. 경제민주화가 시장경제의 근간을 흔들 정도로 지나치게 규제와 통제 일변도로 일탈하지 않는 실용적 접근이 필요한 것이다.

5. 부 불평등 축소 정책

사회의 양극화는 피케티(2014)가 설명하는 바와 같이 소득 분배의 불평등뿐 아니라 부 분배의 불평등으로도 진행된다. 심한 부 분배의 불평등은 능력보다 상속이 중요시되는 세습자본주의를 낳는다. 우리나라 부의 분배, 특히 가계자산의 대종을 차지하는 토지의 분배가 열악한 데에 비추어 부 분배 불평등을 축소하는 정책도 필요하다. 부는 이자, 지대, 임대료 등 자산소득을 낳는 원본이고 우리나라의 자산소득은 가구소득에서 차지하는 비중이 10% 미만이어서 전체 소득 분배에 미치는 영향이 크지 않지만 그 분배는 노동소득 분배보다 훨씬 불평등하다. 부동산 가격을 안정시키고 자산소득에 대한 과세를 강화하며 피케티(2014)가 제안한 것처럼 부유세를 도입하는 것을 진지하게 검토해야 한다.

우리나라는 2005년부터 부유세의 일종인 종합부동산세(종부세)를 시행해 오고 있다. 종부세는 여러 가지 자산 중에서 부동산에 대해서만 별도 과세하는 부유세다. 유종일(2014)이 지적하는 바와 같이 자산이 부동산에 집중되어 있는 중산층 중에서 상위 계층에 종부세가 중과

되고 있다. 금융자산을 많이 보유하고 있는 부유층에게는 현 종부세의 부담이 미미하다. 이 종부세를 부유세로 확대 개편하는 것이 자산 분배의 불평등을 축소하는 상징적인 정책이 될 수 있다. 실물자산과 금융자산을 합한 모든 자산에서 부채를 뺀 순자산이 일정 한도를 초과하면 세율을 누진적으로 부과하는 것이다. 부유세 도입은 금융기관과 세무당국이 정보를 자동으로 공유하는 시스템을 구축함으로써 투명성을 획기적으로 높이는 계기가 된다. 근로자의 봉급이 유리알처럼 투명하게 드러나듯이 부유층의 자산이 유리알처럼 드러나기 때문에 공평한 세수에 기여한다. OECD도 근래에는 빈부 격차를 줄이기 위해 부자에게 유리한 조세 감면 제도를 철폐하고 부동산과 금융자산에 대한 과세를 강화해야 한다고 제안하고 있다. 앞으로 우리나라의 소득과 자산 분배가 미국과 영국처럼 불평등한 쪽으로 급속하게 경사된다면 사회 통합과 바람직한 사회를 이루기 위해 부유세를 도입해야 한다. 북한식 사회주의 경제라면 큰 부도 없고 따라서 부유세도 필요 없다. 부유층은 부유세를 자유시장경제를 유지하는 데에 따르는 비용('체제유지비용')이라고 생각하고 흔연히 내는 계몽된 자리심(enlightened self-interest)을 가질 수 있고 가져야 한다.

6. 환골탈태해야 할 부동산 정책

최근 부동산 광풍의 역사적 경험

노무현 정부와 문재인 정부는 과거 어느 정부보다 무주택자와 서민의 주거 복지를 위해 노력을 기울였다. 주거 복지 개념이 없다시피 했던 때에 노무현 정부는 공공임대주택 건설에 힘썼다. 문재인 정부는 2022년까지 공공임대주택 200만 호 시대를 열어 OECD의 평균 공공임대주택비율 8.0%를 달성하고, 2025년에 10%까지 확보할 계획이다.[24] 임대주택 환경을 개선하기 위해 다각적이고 세심한 노력을 기울이고 있다. 서민의 주거 안정이라는 측면에서 두 정부는 괄목할 만한 성공을 거두었다. 그러나 부동산 가격의 안정이라는 면에서는 참담한 실패를 드러냈다. 1980년대부터만 본다면 서울 집값, 특히 강남 아파트 가격은 크게 세 차례 올랐다. 1980년대 말 저금리, 저유가, 저원화가치(고환율)의 이른바 '3저 호기'를 누리던 때(1988~1991), 2000년대 중반(2003~2006), 그리고 문재인 정부 집권 기간(2017~2021)이 그것이다. 10~15년 터울로 집값이 폭등했는데 그 폭등세가 기간 중 다른 어떤 재화나 서비스 가격의 상승률과 비교할 수 없을 정도로 컸다.[25] 최근 두 번의 폭등은 노무현 정부(2003~2007), 문재인 정부(2017~2021),

---

24. 국토교통부, "주거 복지 로드맵 2.0", 2020. 3.
25. 정훈 · 황성영 · 김기태(2020)에 따르면 1980~2019년의 40년 동안 1인당 명목 GDP는 36배 증가하였다. 쌀 가격은 3배, 중형 승용차 가격은 6배, 서울 지하철 기본요금은 16배, 한우 값은 17배, 국립대 등록금은 19배, 커피 값은 21배 상승한 반면 서울 강남 대치동의 은마 아파트 매매가는 무려 84배, 전세가는 101배나 올랐다.

두 '진보' 정부의 집권 기간 중에 무수히 많은 부동산 대책을 내놓았음에도 불구하고 일어났다는 공통점을 보인다.

노무현 정부 시절의 역사적 경험을 돌아보자. 외환위기 이후 하향 안정세를 보인 서울 집값은 노 정부 들어 뛰어오르기 시작했다.

"지금 부동산시장은 더 이상 시장 자체의 질서에만 맡겨 둘 수 없는 상황이다…… 정부가 나서서 정상화를 위한 단호한 정책을 마련했고, 그 핵심은 투기를 통한 부동산 불로소득을 세금으로 환수해 사회에 환원하는 것이다…… 올 들어 아파트 가격이 급등해 평당 2,000~3,000만 원씩 하는 것엔 분명 거품이 있다…… 상식적으로 봐도 거품이 낀 가격은 떨어져야 하고 떨어질 것으로 믿는다."

2005년 8 · 31 부동산 대책을 발표하면서 당시 경제부총리가 한 말이다. 대통령은 "하늘이 두 쪽 나더라도 부동산만은 확실하게 잡겠다는 메시지를 국민에게 드리고 싶다"라고 다짐했다. 대통령의 단호한 다짐과 당국의 '단호한 정책'에도 불구하고, 거품이 꺼지는 '상식'이 통하는 대신 2006년 봄에 강남 아파트 값은 평당 3,000~5,000만 원 수준으로 올랐다. 노무현 정부 기간 중 전국 집값은 평균 24% 오른 반면 강남 아파트는 64%나 올랐고, 일부 강남 아파트 단지는 2배 이상 올랐다.

집값은 2007년부터 2015년까지 하향 안정세를 보였다. 집값이 10여 년 전후로 오른다는 시중의 속설처럼 2016년부터 상승세로 돌아선 집값은 문재인 정부가 들어선 2017년 5월부터 걷잡을 수 없이 올랐다. 부동산 대책을 무려 18번이나 내놓은 2년 반 만에 서울 아파트 중위 가격이 50%나 폭등하였다. KB국민은행 조사(종전의 주택은행 조사)에 따르면 2020년 1월 서울 아파트 중위 가격은 9.1억 원이었다. 서울 아파트의 절반 이상이 정부의 '고가 주택' 기준인 9억 원을 넘어섰다. 서울 아파트 중위 가격은 관련 통계가 작성되기 시작한 2008년 12월에 4.8억 원이었다. 문재인 정부가 들어선 2017년 5월에 6.1억 원이었는데 2020년 1월에 9.1억 원으로 올라 50.4%나 폭등한 것이다. 박근혜 정부 때(2013. 2~2017. 3)에는 서울 아파트 중위 가격 상승률이 29%였고, 이명박 정부 때(2008. 2~2013. 2)에는 −3%였다.[26] 서민이 평생 벌어도 저축하기 힘든 3억 원을 서울에 아파트 가진 사람들이 3년도 안 되어 잠재적인 자본이득이자 불로소득으로 챙기게 만들었으니 무주택자, 지방 거주자는 상대적 빈곤감과 박탈감을 크게 느낄 수밖에 없는 일이다. 2020년 3월 말 기준 우리나라 가구당 평균 순자산이 3.6억 원인 것을 상기해 보자. 3저 때와 2000년대 초중반에는 지방 집값도 대폭 올랐다. 그러나 2010년대 말까지 지방 주택 가격은 오르지 않고 서울만 올랐다. 규제 일변도의 정부의 부동산 정책이 풍선효과를 초래하는 것이 확실해진 2020년에는 지방 주택 가격까지 덩달아 올랐지만 수도권 주택 가격 상승에는 미치지 못했다.

불행하게도 실패한 역사가 반복되었다. 2019년 11월에 '국민과의 대화'에서 "부동산만큼은 자신 있다"라고 장담한 문재인 대통령은 2020년 초 신년 기자회견에서 서민이 납득하기 어려울 만큼 급격한 집값 상승에 대해 "원상 회복돼야 한다"라고 말했다. 집권한 지 2년 반 동안 너무 올랐고 이제 예전 수준으로 내려야 한다는 희망적 전망과 의지를 내비친 발언이었다. 종전보다 더 강력한 정부의 주택 수요 억제 대책이 잇달아 나온 것은 물론이다. 그러나 2020년에도 아파트 가격은 원상 회복을 위해 하락세로 돌아서는 대신 급격한 상승세가 이어져 전

26. 경제정의실천연합(경실련), "서울 아파트 값 상승 실태 분석 발표", 2020. 6.

국 아파트 가격이 9.7%나 올랐다. 노무현 정부 시절인 2006년 이후 최고 상승률이다. 문재인 정부 출범 후 4년간 서울 아파트 값은 평균 94%나 올랐다. 집값이 오래 많이 오르자 3040세대가 '영끌'(영혼까지 끌어 모아) '집 빚투'(빚을 내어 집 사는 데 투자하는) 현상이 일어났다. 정부 말을 믿고 집을 사지 않은 20~40대는 집값 폭등으로 '벼락 거지'가 되고 '이생집망(이번 생은 집 사기 망했다)'이라고 자조한다. 공정과 서민을 위한 정치를 지향한다는 진보 정부로서는 뼈 아픈 일이고 사회로서는 불공정하고 불합리한 일이다. 순자산 지니계수가 2010년대의 하향 안정화 추이에서 벗어나 2018년의 0.588에서 2019년 0.597, 2020년에 0.602로 높아진 것도 서울 아파트 가격 폭등에 주로 기인한다. 유주택자와 무주택자의 자산 격차, 수도권과 지방의 부동산 가격 양극화, 고가 아파트와 저가 아파트의 가격 격차가 확대되어 무주택 서민을 상대적으로 더 가난하게 만들었다.

서민들의 주거권을 보호한다는 명분을 내세워 2020년에 임대차 3법을 개정하여 계약 갱신 청구권제, 전월세 상한제, 임대차 신고제를 전격적으로 도입하였는데 이게 또 엎친 데 덮친 격이 되었다. 전월세 주택 물량이 급감하고 전월세까지 급등하여 주거 복지는 열악해지고, 서민들의 주거 안정이나 내 집 마련의 꿈은 더 멀어졌다. 가히 부동산 광풍을 일으켜 "지옥으로 가는 길은 선의로 포장되어 있다"라는 말을 실감시키는 사례가 되었다.

진보 정권의 부동산 정책 : 특징과 집값 폭등의 원인

부동산 정책의 목표는 주거 안정에 있다. 집을 마련하기 어려운 저소득층의 주거 안정은 임대료가 싸고, 뻔질난 이사와 임대료 인상을 걱정하지 않아도 되는 생활을 뜻한다. 이는 정부가 공급하는 공공임대주택을 통해 달성할 수 있다. 저소득층의 주거 안정을 위한 진보 정권의 적극적인 공공임대주택 정책은 높은 평가를 받을 만하다. 문제는 주거 안정의 또 다른 핵심인 집값 안정이다. 집을 마련하고자 하는 중산층의 경우에 주거 안정은 집값이 안정되고 담보대출, 신용대출을 쉽게 받을 수 있는 상황을 뜻한다. 국민경제 차원에서도 집값이 안정되는 것은 안정적인 경제 운영에 필수적이다.

진보 정부도 물론 집값 안정을 목표로 삼는다. 그런데 특정 지역의 특정 주택 형태, 구체적으로 서울 강남의 아파트 값을 안정시키겠다는 것이 문제다. 현재 많은 사람에게 강남 아파트는 가장 살고 싶어 하는 곳이거나 갖고 싶어 하는 곳이다. 그렇기 때문에 다른 지역과 아파트 공급이 비슷하다면 상대적으로 희소재인 강남 아파트가 가장 비싸고 가장 크게 오르게 마련이다. 이를 노무현·문재인 정부는 투기 세력의 발호 때문에 일어나는 일이라고 규정하고, 투기 세력에 철퇴를 가해 가격을 어떻게든 떨어트려야 한다고 생각했다. 가격이 떨어지지 않으면 불로소득을 환수하여 사회적 위화감이 생기지 않도록 해야 한다. 밀과 조지의 이론에 따른 고상한 명분이다. 문제는 공급 확대 없이 각종 수요 규제로만 안정시키려 하기 때문에 가격 안정도 안 되고 온갖 부작용이 생긴다는 것이다.

서울에 집을 마련하고자 하는 중산층은 수도권의 셋방살이로부터 출발하여 전세나 월세로, 전월세에서 작은 자기 집으로, 작은 집에서 큰 집으로, 집값이 싼 동네에서 비싼 동네로 옮겨가며 복잡다단한 주거 사다리를 타고 올라간다. 이 과정의 끝에서 강남에 집을 마련하기도 하고, 그 전에 머무르기도 한다. 저소득층이 모두 자기 주택을 가질 수 없는 것처럼 중산층이 모두 서울 강남의 비싼 아파트를 가질 수는 없다. 비싼 강남의 아파트 값은 자연스레 이런 차등적인 배분 기능을 수행한다. 중산층은 가격의 자원 배분 기능에 따르면서 다양한 탐색을 통해 각자의 능력과 필요에 맞는 보금자리를 마련한다. 이 과정이 부드럽게 이루어지도록 집값이 전반적으로 안정되고 재산 형성을 위한 세제 지원과 목돈 마련을 위한 대출이 원활하게 이루어지면 된다. 즉, 집값 안정은 강남 아파트 값이 아니라 비강남 주택 값 안정이 목표가 되어야 하는 것이다. 이런 부동산 사다리가 '진보' 정부가 아닌 정부 때에는 그런대로 작동해 왔다. 선진국 대도시의 고급 주택 지역(예컨대 뉴욕 맨해튼)의 가격은 우리나라보다 훨씬 비싸다. 그러나 선진국은 이 높은 집값을 인위적으로 끌어내리려는 목표를 가지지 않는다. 진보 정부가 가장 비싼 강남 집값을 잡겠다는 의욕으로 재건축 규제 강화, 주택 대출 억제, 보유세와 양도세 강화 등의 규제 대책을 쏟아냄으로써 온갖 부작용이 속출하고 부동산 생태계가 망가졌다.[27] 노동을 중시하고 불로소득을 죄악시하는 진보 정권에서 수많은 부동산 대책을 내놓으며 집값을 안정시키기 위해 혼신의 노력을 기울였는데도 불구하고[28] 서울, 특히 강남의 집값이 계단식으로 껑충 뛰어오른 것은 정부의 잘못된 집값 안

27. 재건축 규제를 완화하면 개발 열기에 투기꾼이 몰리고 주변 집값이 오른다. 정부가 내세우는 재건축 규제 강화를 풀 수 없다는 논리이다. 그러나 재건축 규제를 완화하지 않기 때문에 신축 아파트 값이 계속 오른다. 주택 대출을 억제하면 중산층의 내 집 마련이 어려워지고 현금 부자만 이득을 본다. 세금을 올리니 고령 은퇴자와 '영끌'로 겨우 집을 마련한 젊은 세대가 보유세 부담에 힘들어 한다. 같은 논리로 주택 임대차 시장 규제는 전세난과 임대료 상승을 낳았다.

28. 노무현 정부는 5년 집권 기간 중 30여 차례, 문재인 정부는 집권 3년(2017. 5. ~ 2021. 3.) 동안에 25차례의 부동산 대책을 내놓았다.

정 목표에 근본적인 이유가 있는 것이다. 그 밖에 주택 가격이 폭등한 몇 가지 이유를 다음과 같이 들 수 있다.

첫째, 저금리 기조와 풍부한 시중 부동자금이 주택 수요를 부추긴다는 점이다. 이명박 정부(2008~2012)는 금리를 다섯 차례나 올려 돈줄을 죄었다. 고금리 하에서는 차입을 통한 주택 수요가 억제되기 마련이다. 마땅한 투자 대상을 찾지 못하는 시중 부동자금이 1,200조 원을 넘고 있다.

둘째, 수많은 부동산 대책의 대부분이 단기에 주택 수요를 억제하기 위한 정책이고, 좋은 주택 공급을 늘리는 정책은 보잘것없다는 점이다. 집값이 앙등할 때는 주택 수요가 투기 세력에 의해 주도되는 것으로 규정한다. 그리하여 주택담보대출비율(LTV), 총부채상환비율(DTI)[29] 등을 올려 대출을 억제하고, 부동산 보유세와 양도세를 강화하며, 투기과열지구를 확대하는 등 전방위적인 규제 강화에 나선다. 이런 서슬 퍼런 규제 강화가 일시적으로는 집값 하락에 도움을 준다. 그러나 집값 하락세는 으레 폭등에 따른 단기 조정에 그치고 하락의 정도도 미약하다. 오히려 집을 사고 싶은 실수요자들이 주택 수요 규제 강화로 집을 살 수 없어 전월세로 돌면서 전월세 가격이 앙등하는 풍선효과가 일어난다. 중산층이 집의 크기를 키우거나 주거환경이 좋은 곳으로 옮아가고자 하는 주거 사다리를 걷어차는 부작용도 생겨 부동산 생태계가 망가진다.

---

29. 주택담보대출비율(loan to value ratio ; LTV)은 금융기관에서 돈을 빌릴 때 담보가 되는 자산의 가격에 대비하여 인정해 주는 대출의 비율을 말한다. 총부채상환비율(debt to income ratio ; DTI)은 차입자의 소득에 대한 부채의 비율이다. 대출의 연간 원리금 상환액을 차입자의 연간 총소득으로 나누어 계산한다.

셋째, 진보 정권의 부동산 정책은 부동산 매매 차익이 불로소득이기 때문에 정부가 사회 정의 차원에서 중과세로 환수해야 한다는 문제의식에 입각해 있는데 이 고상한 의도가 시장에 통하지 않는다는 점이다.[30] 정부가 부동산 보유세를 계속 대폭 올리겠다는 정책이 확고하면 다주택 소유자를 중심으로 팔려는 집이 늘어나야 정상이다. 그러나 부동산 양도소득세가 높기 때문에 막상 팔아도 자본이득의 대부분을 세금으로 내야 한다. 이런 상황에서 장기적으로 주택만한 투자 대상이 없다는 것을 경험으로 알고 있는 주택 소유자들은 대부분 집을 팔지 않고 (다음 정권까지) 버티거나 자녀에게 증여함으로써 주택 공급 동결 효과가 일어난다. 보유세 부담으로 집을 파는 일부 다주택자도 지방 집을 처분하고 서울의 '똘똘한 한 채'를 선호하는 현상이 두드러지면서 정부가 기대하는 서울 주택의 공급 증가 대신 공급 동결을 낳고 그에 따라 서울 집값이 오르는 부작용이 커졌다.[31]

---

30. 2020년 6월 21번째 부동산 대책인 6 · 17 대책 후 국토교통부 장관이 한 방송에 출연해 " …… 집을 많이 가진 것이 부담되게 하고 투자 차익은 환수할 수 있는 시스템을 갖추는 것이 시장 안정화를 위해 필요하다"라고 말했다. 많은 부동산 전문가들은 "다주택자가 집을 팔고 무주택자가 그 집을 사게 하려면 보유세는 높이고 거래세는 낮춰야 하는데, 우리 정부는 보유세와 거래세를 동시에 올리면서 대출까지 막고 있다. 시장 원리를 무시한 정책은 효과를 내기 어렵다"라고 지적했다. 거래세(양도소득세)를 높은 수준으로 유지하는 정책은 불로소득의 대부분을 환수해야 한다는 집착에서 비롯된다.

31. 2020년 7월 10일에 정부가 내놓은 22번째 7 · 10 부동산 대책에서 다주택자의 양도소득세와 종합부동산세율을 인상하되 2021년 6월 1일부터 시행한다고 발표하였다. 11개월 유예 기간 동안에 다주택자의 매물이 시장에 나오게 유도하여 집값을 안정시킨다는 복안이었다. 그러나 기대하는 주택 공급 효과는 나타나지 않았다. 기존의 양도소득세 최고 세율이 65%로 이미 너무 높아 양도차익이 어차피 크지 않다고 보고 '버티기'에 들어갔기 때문이다. '약탈적인' 양도소득세율이 다음 정부까지 내내 지속될 수 없다는 기대, 집값이 더 오를 수 있다는 예측, 현행 세제에서는 양도보다 상속이 낫

넷째, 정부의 평등주의적 교육 정책이 서울, 특히 강남의 주택 수요를 부추긴다는 점이다. 노무현 정부 시절에는 지방의 명문고를 추첨제로 돌리는 교육 평준화 정책으로, 문재인 정부는 국제중학교와 특목고, 자율형 사립고를 폐지하는 정책으로 서울, 특히 강남권 주택 수요에 불을 질렀다. 중고등학교 자녀를 둔 많은 학부모들이 울며 겨자 먹기로 대전(대치동에 전세) 살게 된 이유다. 평등주의적 교육 정책은 고상한 이념에도 불구하고 디지털 혁명 시대에 더욱 중요해지는 교육의 다양성과 수월성을 해치고 지방균형발전에 역행하여 득보다 실이 훨씬 많은 잘못된 정책이기도 하다.

서울 강남 집을 수요하는 이런 기저 요인들에 10여 년의 부동산 순환주기가 겹쳐 문재인 정부에서 주택 가격이 전반적으로 폭등했다. 이에 따라 집 없는 사람들의 내 집 마련 꿈이 아득히 멀어진 것은 말할 것도 없다. 집 한 채 가진 은퇴세대와 직장인까지 과중한 세금 부담을 안게 되었다. 게다가 1주택 실수요자도 집을 사고 팔기가 어려워져 필요에 따라 집을 늘리거나 이사하는 것도 힘들어졌다. 폭등의 기저 요인들에 눈 감고 정책 당국이 "주택 공급은 충분하다", "가격이 오르는 것은 투기 세력 때문이다", "일본처럼 우리도 집값이 곧 폭락할 테니 집을 사지 말고 기다리라", "부동산은 끝났다"라고 주장한 것은 희비극이다.[32] 뻔질나게 내놓는 각종 수요 규제 위주의 대책이 대증요법에 그침으로써 진보 정권의 부동산 관련 법과 제도의 안정성이 흔들리고 대책의 일관성과 신뢰성이 사라진 것은 불행한 일이다. 문재인 정부는 20

다는 현실적인 판단 등이 작용하여 대부분의 다주택자들이 주택을 그대로 보유하기로 작정한 것이다.

32. 김수현, 『부동산은 끝났다』, 2019.

여 차례에 걸쳐 주택 수요 억제 정책으로만 일관하다가 3기 신도시 개발과 도심 주택 공급 등 결국 공급 확대 정책으로 선회하였다. 그러나 3기 신도시 개발은 강남 집에 대한 수요를 충족시키는 데에 한계가 있다. 2021년 2월 문재인 정부의 25번째 부동산 대책에서 대대적인 서울 도심 주택 공급대책을 내놓았다. 민간 개발에 따른 이익의 사유화를 막는다는 명분을 내세워 재개발과 재건축, 역세권, 준공업지역, 저층 노후한 거주지 등에 공공 부문이 직접 집을 짓겠다는 계획이다. 공공 주도의 주택 공급 확대 대책으로 서울 도심에 양질의 주택 공급이 크게 늘고 집값이 안정될지는 의문이다. 더구나 공공 주도의 주역인 한국토지주택공사 직원들이 개발 정보를 이용하여 토지 투기를 한 사실이 드러남으로써 공공 주도 주택 공급의 신뢰성이 땅에 떨어졌다. 노무현 정부는 공공 주도 주택 공급을 고집하지 않았다. 문재인 정부가 노무현 정부 때보다 오래, 실상 집권 기간 내내 부동산 가격 폭등에 시달리게 된 이유이다.

바람직한 부동산 정책

무엇보다 정부의 부동산 정책의 목표를 특정 지역(서울 강남) 집값 안정과 '불로소득 사회 환원'에 두지 말고 전반적인 부동산 가격 안정과 서민 주거생활 안정에 두어야 한다. 어떤 선진국도 도심 고가 주택지구의 집값 안정을 목표로 삼는 정책을 실시하지 않는다. 전반적인 집값 안정과 월세 안정을 추구할 뿐이다. 한 정책당국자의 말대로 모두가 강남에 살 필요가 없고 살 수도 없다. 고급 주택지구는 '그들(가진 자)만의 리그'로 놓아두어야 한다. 그러나 고급 주택지구의 집값이 앙등하면 풍선효과가 일어날 수 있기 때문에 전반적인 집값 안정을 위해서도 고급 주택지구의 주택 공급 확대가 필요하다. 밀이 강조한 불로소득의 사회 환원이라는 목표는 불평등 완화를 위해 이론적으로 필요하지만 위에서 살펴본 우리 현실에서 만족스럽게 달성할 수는 없다는 한계를 인정해야 한다. 정부는 공공임대주택 건설을 더욱 확대하고 평균 주택 가격과 전월세 값을 안정시켜 서민과 중산층의 주거생활을 안정시켜야 한다. 이런 전제하에 몇 가지 바람직한 부동산 정책을 다룰 수 있다.

첫째, 경기가 회복 국면에 접어들 때에는 선제적으로 금리를 올리고 통화를 흡수하는 긴축 기조의 통화 정책을 적극 운용해야 한다. 근래에 한국은행이 경기가 침체 국면에 빠지면 선제적으로 금리를 내리고 통화를 공급하는 확장적인 통화 정책을 적극 실시하고 있다. 경기회복 국면에서도 대칭적으로 선제적인 통화 정책을 운용하는 것이 부동산시장에 거품이 생기지 않게 하는 유력한 정책이다. 대폭적인 규제 완화와 사회간접자본 확충으로 기업 투자를 북돋고 벤처·창업생태계 등 생산적인 곳으로 자금이 흘러 들어갈 수 있도록 유도해야 한다.

코로나19에 대처하는 과정에서 세계적인 초저금리와 무제한에 가까운 유동성 공급이 세계적인 자산거품을 일으켰다. 경기가 회복되는 과정에서 세계적인 금리 인상과 유동성 환수가 급격한 자산 가격 하락을 초래하고 이에 따라 2008년과 같은 금융위기가 일어날 수도 있다. 집값이 너무 많이 올라도 문제지만 너무 많이 내려도 금융시스템상에 문제를 야기한다. 중앙은행은 검은 백조가 출현해도 금융 안정을 기할 수 있는 위기 대응 비상계획을 마련해 놓아야 한다.

둘째, 부동산 보유세(재산세와 종합부동산세)를 강화해 나가는 기조 하에 거래세(양도소득세와 취득세)를 완화해야 한다. 권성오(2021)에 따르면 우리나라 부동산 보유세 실효세율(부동산 총액에 대한 총보유세수의 비율)은 2019년 기준 0.17%로 OECD 주요 8개국 평균 0.53%의 1/3 수준에 불과하다. GDP 대비 보유세수 비율은 0.85%로 8개국 평균 2.17%의 39% 수준이다. 근래에 보유세가 강화되어 왔지만 아직 더 강화할 여지가 많은 상황이다. 반면에 거래세는 GDP 대비 거래세수 비중이 1.8%로 주요 8개국 평균인 0.7%의 2.5배, OECD 37개국 평균 0.4%의 4.5배나 된다. 집을 팔 때 장기 보유자와 1주택 소유자에 대한 혜택을 복원하고 다주택 소유자의 주택 공급효과를 인정하여 징벌적인 양도소득세를 완화해야 한다. 거래세를 낮춰야 공급 동결 효과가 완화하여 주택 가격이 안정된다. 다주택자를 투기자로 몰아 주택 수요 규제를 강화하고 거래세를 강화할 때마다 공급 감소 효과와 가격 부담 전가 효과가 나타나 결국 실수요자 주택 구입의 기회가 더 어려워지는 역설적인 현실을 직시해야 한다. 학계는 물론 OECD도 시장 친화적인 '낮은 거래세, 높은 보유세' 구조로 전환해야 한다고 권고하고 있다. 주요 선진국에서는 다주택 임대 사업자에게 지원까지 하고 있다.[33] 보유 과세를 강화해 나가는 데에는 먼저 투명하지도 공정하지도 않아 원성이 높은 주택 공시가격 제도부터 근본적으로 손질해야 한다. 공시가격은 60여 개 세금과 보조금, 벌금과 과태료에 연동된다. 재산세, 상속세, 증여

33. 문재인 정부도 2017년 8 · 2 대책에서 '다주택자의 사회적 책임 강화를 위해 임대료 상한 규제를 받는 임대 사업자로 등록'하도록 하고 보유세와 양도세 감면 혜택 등을 부여했다. 등록 임대 사업자의 임대주택을 종합부동산세 합산에서 배제하는 혜택까지 주었다. 전세를 끼고 집을 사는 갭 투자가 번지자 후속 대책에서 정부는 다주택자를 투기 세력으로 규정하고 세제 혜택을 줄이다가 이어 없앰으로써 정책의 신뢰성을 잃었다. 다음 정부에서 임대주택을 종합부동산세 합산에서 배제하는 혜택을 복원하거나 그에 상응하는 다른 세제 혜택을 주어야 할 것이다.

세는 물론 기초연금, 장애인 연금, 기초생활보장 대상자 선정에도 영향을 미친다. 이렇게 중요한 공시가격이 투명하고 공정하게 산정되지 않고 더욱이 2020년에 19%나 올랐으니 조세 저항에 부딪치지 않을 수 없다. 투명하지 않고 공정하지 않은 공시가격의 인상을 통한 증세는 조세 법정주의에도 어긋난다.

셋째, 서울 강남권의 재개발 · 재건축 규제를 대폭 완화하여 아파트 공급을 대폭 늘려야 한다. 노태우 정부는 신도시 조성과 주택 200만 호 건설, 노무현 정부는 2기 수도권 신도시 건설을 통해 가까스로 집값 폭등을 진정시킬 수 있었다. 이를 본떠 문재인 정부도 수많은 수요억제 대책에다가 제3기 수도권 신도시 건설을 추진하고 있다. 그러면 10여 년 후에는 서울 강남 아파트 값이 더 이상 계단식으로 껑충 뛰는 광풍이 일어나지 않을까? 두 노 정부에서 실시한 수도권 대규모 신도시 건설 프로젝트는 주택 공급이 절대적으로 모자란 시절에 불가피한 선택이었다. 그러나 이제 1인당 소득 3만 달러 시대, 주택보급률이 100%를 넘는 시대다(2018년 현재 주택보급률은 104.2%이다). 모자라는 것은 주택이 아니라 '좋은 주택'이다. 좋은 주택이 아니어서 빈 집이 100만 채를 넘어선 지 오래다. 서울의 주택보급률은 96%에 그치고 있다. 좋은 주택에 살고자 하는 욕구가 충족되지 않으면 장기에 좋은 주택의 가격은 오르게 마련이다. 교육, 교통, 의료, 문화, 예술 등 여러 면에서 큰 비교우위를 가지고 있는 서울 강남의 아파트는 부유층과 중산층이 선호하는 '좋은 주택'이다. 강남에 아파트 공급이 부족한 상황에서 강남 아파트 가격이 터무니없이 높다고 할 수 없다.[34] 잃어버린 20년으로 집값이

34. 전국 주택에서 차지하는 아파트 비중이 2010년의 58.4%에서 2018년에 61.4%로 상

폭락한 일본도 도쿄 근교 신도시는 공동화했지만[35] 도쿄 도심의 집값은 장기에 하향 안정세를 보이고 최근에는 상승 기조다. 서울 도심의 용적률을 대폭 상향하고, 재건축과 재개발을 활성화하며, 역세권을 고밀도로 개발해 강남권에 획기적인 주택 공급이 있어야 장기에 강남 집값이 안정된다. 예컨대 현재 300% 정도인 서울 재건축 용적률[36]을 뉴욕과 런던처럼 500% 이상으로 높여 고밀도 개발을 허용하면 주택 공급을 대폭 확대할 수 있다. 강남 집값을 장기적으로 확실히 안정시키겠다면 서울 지역 그린벨트(개발제한구역) 일부 해제와 같은 방안까지도 동원할 수 있을 것이다.[37] '부촌에 더 투자를 한다는 건 말이 되는 소리냐', '과열로 단기에 가격이 폭등한다' 등등 반론이 비등할 수 있다. 개발 열기로 단기에 강남 집 가격이 앙등하고 이것이 다른 지역으로 파급될 것이기 때문이다. 그러나 단기에는 지극히 불공평하게 보이지만 이래야 장

승하였다. 같은 기간 서울은 58.8%에서 50.0%로 후퇴하였다. 수요가 강세인데 공급이 감소하면 가격이 오르는 것은 필연이라고 수요·공급의 이론이 가르쳐준다.

35. 분당, 일산, 평촌 등 수도권 1기 신도시의 참조적 선례 중 하나였던 도쿄 부근 타마(多摩) 신도시가 50년이 지난 오늘날 퇴락한 고스트 타운으로 변했다. 박철수(2021) 참조. 수도 접근성이 나쁜 베드 타운(bed town)은 장기에 실패하기 마련이다.

36. 용적률이란 건축물 층별 면적의 합계를 토지 면적으로 나눈 값이다. 각국은 체계적인 도시 개발을 위해 으레 용적률 상한선을 두고 있다. 용적률이 높아지면 좁은 토지에 많은 주택을 짓거나 고밀도 주택을 짓는 게 가능해진다.

37. 서울시 그린벨트 면적은 대략 150km^{2}이고 그중 보존 가치가 떨어지는 3~5 등급 지역은 약 20%를 차지한다. 노무현 정부와 문재인 정부는 도심 용적률을 제한하고 재개발과 재건축을 억제하며, 그린벨트를 유지하는 등 서울 주택 공급 확대의 획기적인 세 가지 방법을 고려할 수 없는 성역으로 치부해 왔다. 그린벨트는 도시의 허파 역할을 하기 때문에 섣불리 해제해서는 안 된다는 측면이 있다. 세계적인 대도시치고 고층빌딩과 녹지가 어우러지지 않은 곳이 없다. 이 때문에 많은 도시 및 부동산 전문가들이 그린벨트 완화를 빼고 도심 용적률의 대폭 상향, 재개발과 재건축 활성화, 유휴부지 활용 등을 근본적인 세 가지 방법으로 제시한다.

기에 강남 집값을 잡을 수 있다.[38] 부동산 가격 안정에는 근본적으로 단기와 장기의 상충 관계가 있다. 서울 강남은 홍콩, 싱가포르나 선진국 대도시의 고급 주택 지역처럼 고밀도화, 고집적화의 방향으로 나갈 수밖에 없다. 이런 근본적인 강남 아파트 공급 확대 정책 없이 장기에 서울 강남 집값을 안정시키겠다는 것은 연목구어다.[39] 도심 아파트 공급 확대는 당연히 민간 주도로 해야 한다. 비효율적이고 경직적이며 최근에 드러난 것처럼 부패하기까지 한 공공 부문이 독점할 일이 결코 아니다. 공공 주도로 해야 할 사업은 서민층의 주거 안정을 도모하는 임대주택 건설 사업이다.

넷째, 시대에 역행하는 평등주의적 중등교육 정책을 바꿔야 한다. 서구 선진국은 말할 것도 없고 중국과 같은 (실질적인) 전체주의 사회에서도 평등성 교육에 집착하지 않고 다양한 수월성 교육 제도를 택하고 있다. 특목고와 자사고를 지방과 서울 강북에 많이 설립하는 것은 강남의 교육 프리미엄과 높은 강남 아파트 가격을 완화하는 데에 크게 기여한다. 이념과 교육의 나쁜 조합이 부동산 가격 안정의 걸림돌로 작용하고 있다.

---

38. 집값을 잡는다는 것도 10~15년마다 일어난 계단식 폭등을 막을 수 있다는 것이지 하락까지 기대할 수는 없다. 시장경제에서 토지의 실질 가격은 이론적으로 그리고 일반적으로 장기에 실질 경제 성장률만큼 오른다. 즉, 토지의 (명목)가격은 실질 경제 성장률에 물가상승률을 더한 만큼 오르는 추세를 보인다. 주택의 실질 가격은 실질 경제 성장률에서 주택 수 증가율을 뺀 만큼 상승한다. 안국신(2008) 참고. '좋은' 부동산의 가격은 이보다 더 오르게 마련이다.
39. 이명박 정부는 강남 그린벨트를 풀어 반값 보금자리 주택을 공급해 강남 집값을 잡았다. 이런 근본적인 강남 주택 공급 확대 정책이 없이는 강남 아파트 값을 잡겠다는 실현 불가능한 목표를 내세우지 않는 것이 좋다. 인구와 가구가 줄어드는 장기에 아파트 숲을 이룬 수도권의 군소도시가 유령도시로 변할 수도 있다는 것을 염두에 두고 정책을 세워야 한다.

다섯째, 지방의 자생력을 높여 우수 인재가 지방에 살게 해야 한다. 지방에 좋은 일자리가 많이 생길 수 있도록 사회간접자본을 확충하고 삶의 질을 높여야 한다. 역차별 논란을 감수하고 특목고와 자사고를 지방에만 허용하는 방안도 강구해야 한다. 특별한 교육 자치, 내실 있는 국토의 균형 발전과 지방자치의 활성화로 지방 중소도시를 살기 좋은 곳, 살고 싶은 곳으로 만들어야 한다.

주택 문제는 주거의 문제일 뿐 아니라 취업, 자산 투자, 삶의 질과 관련된 문제이고 교육, 지역 균형 발전의 문제이기도 하다. 얽히고설킨 문제지만 결국 수요 · 공급의 문제이기도 하다. 주택 가격의 안정이야말로 부 분배를 개선하는 강력한 대책이다. 문제는 위에서 말한 셋째 방법이 장기적으로 근본적인 주택 가격 안정 정책, 특히 서울 강남 아파트 값을 안정시키는 정책이지만, 도심 아파트의 대량 공급에 따른 부동산 경기 과열과 투기열풍을 일으켜 단기에 가격을 앙등시키는 부작용이 따르게 될 것이라는 점이다. 세상에 공짜는 없다. 단기에 강남 집값을 안정시키고 장기에도 안정시키는 정책은 없다. 단기의 일회적인 가격 앙등을 각오하면서 위 다섯 가지 정책을 종합적 · 장기적으로 구사하는 것이 장기에 집값을 안정시키는 근본적인 정책이다. 그래야 강남 부동산 불패 신화가 결국 깨지고 노무현 정부와 문재인 정부가 설교해 온 것처럼 집은 소유의 개념이 아니라 주거의 개념으로 서서히 바뀐다. 이런 근본적인 정책을 쓰지 않는다면 선진국처럼 특정 지역 집값 안정에 연연하지 않는 것이 훨씬 낫다. 지금까지 그랬던 것처럼 주기적인 계단식 집값 폭등을 겪으면서 주택 수요 규제 일변도의 대책, 미온적인 주택공급 대책을 뻔질나게 쓰는 것은 최악의 정책이기 때문이다.

7. 유능하고 공평무사한 정부

지금까지 다룬 각종 분배 정책은 정부가 펼친다. 케인스는 자유, 효율, 공정을 결합하는 것은 정치 문제라고 보았다. 정부의 역할이 중요하다는 것이다. 정부가 역할을 제대로 하지 않거나 못하면 소기의 정책 효과를 얻을 수 없다. 정부는 우선 정부가 하지 말아야 할 일을 하지 않는 것이 가장 중요한 임무다. 그 다음에 해야 할 일을 하는 것이 중요하다. 그러면 먼저 무엇이 하지 말아야 할 일일까?

첫째, 이념과 신념, 정치 논리가 경제 정책을 좌지우지하고, 경제 논리와 때로는 상식까지 무시하는 일이다. 이명박 정부가 환경영향평가도 하지 않고 4대강 사업을 밀어붙인 것은 토건 사업이 경제 성장에 기여하는 정도는 작고 환경을 해치는 부작용은 클 것이라는 일반 상식과 경제 논리를 무시한 것이다. 박근혜 정부가 '경제를 살려야 한다'라며 경제 활성화 정책을 펼 때 감성적으로는 상식에 맞는 듯 하지만 경제 논리로는 성장 잠재력을 오히려 해치는 미봉책일 뿐이라고 학계에서 지적하였다. 문재인 정부가 '사람이 먼저'라는 고상한 명분을 내세웠지만 탈원전, 소득주도성장, 부동산 등 주요 정책이 걷잡을 수 없는 부작용을 드러낸 이유도 경제 논리를 무시한 때문이다. 정부와 관변경제학자는 탈원전과 소득주도성장을 추진할 때 '휴머니즘에 바탕을 둔 상식'이라고 생각했을 것이다. 25차례에 걸친 뻔질난 부동산 대책은 '시장이 감히 국가를 이길 수 있나'라는 정부만능주의와 오만한 이념이 아니면 설명하기 힘들다. 학계의 대다수 전문가는 이런 정책들이 '경제 논리가 아닌 정치 논리와 주관적 신념에 바탕을 둔 잘못된 정책'이라며 반대했다. 의견이 크게 엇갈릴 때 전문가들의 의견을 경청하고 숙의하는 공론화 과정을 거쳐야 한다. 아니면 적어도 이홍균(2020)이 제안하는 것처럼 대선 공약단이 졸속으로 만든 대통령 공약을 정부 정책으로 확정하기 전에 국회와 행정부가 점검하거나 앞의 노동시장 개혁에서 제안한 사회경제협의회가 심도 있게 토론하는 절차를 거쳐야 한다. 그게 민주사회의 정책 결정 과정에 부합하는 상식이다. 상식이 무너지지 않게 하는 것이 정부의 기본적인 임무인데 문재인 정부는 이 면에서 이전 정부들보다 더 크게 실패했다.

둘째로 정부가 하지 말아야 할 일은 여러 중남미 정부에서 보이는 바와 같은 포퓰리즘(대중영합주의) 정부가 되는 일이다. 얀 베르너 뮐러(Jan Werner Mueller, 2017) 프린스턴대학 교수는 대중영합주의 정부의 판별 기준으로 정치면에서 ① 편 가르기 ② 내 편만 진정한 국민이라는 사고 ③ 직접민주주의 강조 ④ 사법의 차별화와 권력 독점 등을 꼽았다. 중남미 여러 나라를 지배해 온 대중영합주의 정부는 경제면에서 ① 엄청난 재정적자 불사 ② 재분배 올인 ③ 과도한 임금 인상이라는 특징을 보이는 것으로 알려졌다. 문재인 정부는 정치면에서 위 네 가지 대중영합주의 정부의 특징을 드러냈다. 경제면에서 위 세 가지 특징도 나타났다. 이런 대중영합주의는 "우선 먹기는 곶감이 달다"라는 속담처럼 단기에 국민의 인기를 얻는 데에 도움이 된다. 어느 정도의 대중영합주의는 정치의 기본 속성이기도 하다. 그러나 여러 중남미 정부에서 보이는 지나친 대중영합주의 정부의 끝은 민주주의의 후퇴와 국력의 쇠퇴, 국민 궁핍과 불평등의 만연이다. 지나친 대중영합주의 정부의 길을 가는 것이야말로 정부가 하지 말아야 할 일이다.

정부가 하지 말아야 할 일을 하지 않는 기본 임무를 하면 이제 해야 할 일을 하는 정부가 되어야 한다. 분배 정책을 포함한 경제 정책의 속성을 올바로 이해하는 것이 정부가 먼저 해야 할 일이다. 정책이 효과를 발휘하는 데에는 시간이 걸린다는 것, 경제학에서 '길고 가변적인 시차'라고 표현하는 것처럼 그 시간을 정확히 알 수 없다는 것, 과도기적으로는 기대했던 것과 반대의 효과가 나오기도 한다는 것, 따라서 정책은 긴 시계(視界)를 가지고 일어날 수 있는 여러 경우에 대비해야 한다는 것, 정책에는 편익만 있는 것이 아니라 비용도 있어 양자를 객관적으로 살펴보아야 한다는 것, 라이히가 강조한 것처럼 불평등을 빨리 손쉽게 고치는 분배 정책은 없다는 것을 이해해야 한다. 현실 세계에서 획일적인 평등보다 공정이 중요하다는 것, 개혁에는 희생과 비용이 따르게 마련인데 기득권층이 역지사지의 공감으로 양보할 수 있게 설득하는 것이 큰 정치라는 것, 자유민주주의와 시장경제가 소중한 정치·경제 체제라는 것 등을 이해하는 것도 매우 중요하다. 이런 이해를 바탕으로 바람직한 분배 정책들을 잘 배합해 펴 나가는 정부가 유능하고 공평무사한 정부이다.

그러면 경제안정화 정책, 경제성장 정책, 재분배 정책, 소득과 부의 불평등 축소 정책 등 이 장에서 다룬 많은 바람직한 분배 정책들을 어떤 우선순위로 펴 나가야 할까? 특정의 우선순위를 설정할 수 없다. 국민경제를 단기와 장기에 걸쳐 튼튼하게 다져 나가는 바탕 위에 항심으로 분배의 불평등을 개선해 나가는 것이 지속 가능하고 바람직한 분배 개선 방안이기 때문이다. 문재인 정부가 소득주도성장을 최우선순위로 밀고 나간 것처럼 어느 한 정책을 지나치게 앞세우면 안 된다. 오케스트라에 모든 악기가 나오듯이 모든 정책들을 골고루 배합하여 조화롭게 펼쳐 나가야 한다.

윈스턴 처칠은 일찍이 "(자유)민주주의는 지금까지 시도되었던 다른 모든 정치 체제를 제외하면 최악의 정치 체제이다"라고 역설적인 방식으로 진실을 말했다. 시장경제도 지금까지 시도된 다른 모든 경제 체제를 제외하고 최악의 경제 체제이다. 문재인 정부는 자유민주주의와 시장경제에 대한 이해가 역대 정부 중 가장 낮은 정부이다. 역대 정부는 경제 정책을 수립할 때 대체로 청와대의 정치 논리와 이념(이에 입각한 선거 공약)을 일방적으로 밀어붙이지 않았다. 경제 관료를 앞세웠다. 관료는 전문가들의 자문을 받아 숙의를 통해 경제 논리에 입각한 최소한의 정제작업을 해냈다. 그렇게 수립한 정책을 관철하는 자율성과 소신도 존중되었다. 이른바 운동권 출신이 핵심을 차지한 문재인 정부는 경제 엘리트 관료를 적폐 집단으로 치부하고, 직업 관료집단을 자기 진영의 정치 논리와 이념을 받드는 충복으로 만들었다. 시장의 실패를 바로잡는다는 명목으로 '청와대 정부'가 지시와 통제, 행정 규제를 남발하였다.

경제 논리를 무시하고 정치 논리와 이념으로 경제 정책을 펴는 것은 아무 정책을 펴지 않는 것보다 오히려 국민경제에 훨씬 큰 피해를 끼친다. 문재인 정부는 미래의 정부들에게 정치 논리와 이념으로 경제를 운용해서는 안 된다는 산 교훈을 제공해 주었다. 이 교훈을 제대로 배워 개혁을 하느냐 중남미와 같이 대중영합주의 정부들의 릴레이로 파국을 맞을 것이냐는 미래의 정부와 국민의 손에 달렸다. 균형발전, 국민행복사회, 공정사회, '사람이 먼저' 등 그럴듯한 구호와 이념으로 경제를 살릴 수 있는 게 아니다. 무엇보다 정부는 복지의 양면성과 자유의 소중함을 인식하고 '함께 잘사는 사회'에 대한 올바른 인식을 가져야 한다. 공정무역을 창안한 보에르스마(2020)가 강조하는 것처럼 '가난한 사람들이 추구하는 것은 부자가 되는 게 아니라, 자존감을 지키면서 비참함에서 탈출해 품위 있게 사는 것'이다. '국가가 국민의 삶을 전(全) 생애주기에 걸쳐 책임진다'는 가부장적인 후견주의는 1980년대 서구에서 만연한 복지병과 지속 가능하지 않은 재정으로 폐기된 개념이다. 밀(1859)이 강조한 것처럼 "정부가 개인의 노력과 발전을 방해하는 것이 아니라 지원하고 촉진하는 활동이라 하더라도 그 정도가 지나쳐서는 안 된다." 국민을 유순하고 왜소하게 만들어 활력 있는 사회에서 멀어지게 하기 때문이다. 사회적 약자를 돕는 효율적인 길은 약자가 계속 정부에 의존하게 하는 것이 아니라 괜찮은 일자리를 마련해 주어 일의 즐거움과 보람을 느끼면서 자아를 실현하게 하는 것이다. 우리나라는 복지후발국이지만 방만한 현금 복지에 의존하는 정부의 가부장적인 선의는 걷잡을 수 없는 재정 파탄으로 이어지기 쉽다. "하늘은 스스로 돕는 자를 돕는다"라는 격언처럼 개인의 책임 하에 자유와 창의를 바탕으로 각자 노력하고, 경쟁에서 낙오한 사람은 사회안전망으로 부추겨 주는 생산적 복지, 일하는 복지(workfare)가 활력 있는 사회, 함께 잘사는 좋은 사회로 가는 길이다.

읽을거리

1. 위기를 낳는 부채 경제

가계가 벌어들인 것을 다 쓰지 않으면 나머지는 저축이 되고 그만큼 자산을 늘린다. 번 것보다 더 쓰면 기존 저축을 인출하거나 빚을 얻음으로써 그만큼 자산이 줄어들거나 부채가 생긴다. 기업과 정부도 마찬가지다. 정부가 한 해 들어오는 수입보다 더 많이 지출하면 재정적자가 생기고 이는 국가채무로 연결된다. 2020년에 코로나 사태가 일어나면서 우리나라는 상반기에 세 차례에 걸쳐 60조 원 규모의 추가경정예산이 편성되었다. 2019년보다 9.1%나 증가한 512조 원의 본예산에 유례없는 대규모 추가경정예산까지 덧붙여져 재정적자와 국가채무가 크게 늘어났다. 관리재정수지는 2019년의 54조 원 적자에서 112조 원 적자로 2배나 늘어났다. 이 관리재정수지 적자는 국내총생산의 5.8%로 유럽연합이 권고하는 3% 수준을 크게 웃돈다. 정부의 총수입에서 총지출을 뺀 것을 통합재정수지라 한다. 관리재정수지란 통합재정수지에서 사회보장성기금수지를 뺀 것으로 정부의 실제 살림살이를 잘 보여주는 유용한 지표이다.[40]

국가채무(D1) 비율이 2011년의 30.3%, 2018년의 35.9%에서 2019년의 38.1%, 2020년에는 43.9%로 급등하였다. 경제 성장률이 정부의 낙관적인 예상보다 낮아지고 세수가 더 줄어들면 국가채무 비율이 2021년에 48%대까지 뛰어오르고 문재인 정부 임기 중에 50%를 초과할 공산이 크다. 2021년 4월 IMF는 2020~2026년 선진국의 중기 재정을 전망한 「재정 점검 보고서(Fiscal Monitor)」를 발표했다. 이에 따

40. 국민연금기금, 고용보험기금, 산재보험기금 등 사회보장성기금은 전체적으로 수입이 지출보다 훨씬 커서 기금수지가 큰 흑자를 보이고 있다. 정부의 총수입에서 총지출을 뺀 통합재정수지에는 사회보장성기금의 수입과 지출도 들어 있어 실제보다 재정수지가 양호하게 보이는 착시효과를 유발한다. 대표적인 사회보장성기금인 국민연금기금은 인구 구성에 따라 2050년대까지 기금이 고갈될 것으로 전망되고 있지만 2010년대 후반에 매년 40조 원 안팎의 흑자를 보이고 있다. 이런 사회보장성기금수지를 빼고 보는 관리재정수지가 통합재정수지보다 재정의 건전성을 더 잘 가늠해 주는 재정지표이다.

르면 우리나라의 국가채무(D1) 비율이 2023년(61%)부터 60%를 넘어서 2026년에 69.7%까지 높아진다. 기획재정부가 2020년 9월에 낸 2020~2024년 '국가재정운용계획'에서 2024년 국가채무 비율을 58.3%로 전망한 것과 크게 대비된다. 최근 IMF 연구진이 1980~2016년 동안 188개국을 대상으로 실증 분석한 바에 의하면 정부부채 관련 변수들이 재정위기 발생을 가장 잘 예측한다. 구체적으로 GDP 대비 국가채무 비율이 선진국과 신흥국에서 70%를 넘으면 재정위기가 발생할 확률이 급격히 상승한다.[41] 우리나라는 이제 어엿한 개발국이지만 여전히 대외의존도가 매우 높은 나라이다.

2차 세계대전 이후 최대 충격인 코로나19 사태에 국가가 단기적으로 생계의 어려움에 빠진 취약 계층을 지원하고 경기를 회복하는 데에 최우선적인 노력을 기울여야 하는 것은 두말할 나위가 없다. 그러나 세 가지 전제가 필요하다. 첫째, 재정지출을 꼭 필요한 데에 효율적으로 써야 한다. 둘째, 규제 개혁을 병행하면서 생산성을 높일 수 있는 곳에 써야 한다. 그래야 장기적으로 재정 건전성이 훼손되지 않고 잠재성장률을 유지·확충할 수 있다. 셋째, 빚이 너무 많아지지 않게 계획을 세우고 절제해야 한다. 코로나19 이후의 재정 악화를 막는 것을 경제정책의 핵심으로 삼아야 하는 것이다. 코로나19와 같은 비상 시국에서 긴급재난지원금을 모든 국민에게 주는 건 긴급재난지원의 취지에 어긋나고 효율적으로 쓰는 것도 아니다. 백만장자든 영세민이든 똑같은 현금을 주기 때문에 소득 분배 개선에도 역행한다. 하위 40% 계층에만 주되, 하위 10% 계층에 가장 많이 주고 그 다음 2분위, 3분위, 4분위 순

41. M. Badia, P. Medas, P. Gupta, Yuan Xiang(2020) 참고.

으로 차별화해서 주는 것이 바람직하다. 경제위기에 가장 타격을 크게 받는 빈곤층과 저소득층에 지원을 집중하는 것이 분배 개선에도 가장 크게 기여하는 타당한 복지대책이다. 2020년에 이어진 네 차례 추가 경정예산은 초단기, 단순 업무 중심의 알바 일자리 창출에 그치고 현금 나눠주기에 집중되었다. 선진국들이 재정 건전성을 회복하기 위해 긴축 기조로 선회하는 2021년에도 두 차례나 다시 추경을 편성하여 방만한 '돈 살포'를 불사하였다. 모든 가구에 대한 지원의 논리가 궁색해지자 하위 90% 가구에 국민 재난 지원금을 주기로 했다. 전체의 90% 가구를 하위 가구로 규정하고 현금을 살포한 것은 다른 선진국에서 지금까지 찾아볼 수 없는 일이다. 하위 40%로 국한하고 그것도 차별화하여 줘야 하는 것이었다. 저출산 · 고령화와 저성장 기조 하에 복지 비용이 급격히 늘어나게 되어 있는 상황에서 이런 무분별한 재정 낭비는 재정 건전성과 분배를 악화시키는 어리석은 포퓰리즘 정책이라 하지 않을 수 없다.

일부 학자는 현대화폐이론이라는 이름으로 중앙은행이 얼마든지 돈을 찍어서 재정적자를 막으면 되기 때문에 문제가 안 된다고 주장한다. 그러나 통화량이 계속 늘면 남미 여러 나라처럼 물가와 자산 가격이 상승하게 마련이다. 미국과 같은 기축통화국이라면 몰라도 비기축통화국에서는 물가 앙등으로 환율이 급등하고 국가 신용등급이 낮아지며, 자금이 해외로 빠져나가 외환위기를 겪을 공산이 크다. 래리 서머스(Larry Simmers) 하버드대 교수는 현대화폐이론을 무당 경제학(voodoo Economics)이라고 불렀다.

일본이 구조 개혁을 외면한 채 경기 부양에 의존하다가 일반정부 부채(D2) 비율이 1970년대 초 15%대에서 1980년에 50%를 넘어서고

1996년에 100%를 돌파했다. 재정 절제의 고삐가 풀리면 정부부채가 걷잡을 수 없이 늘어나기 쉬운 것이다. 일본만 하더라도 준기축통화국이고 대외의존도가 그리 높지 않기 때문에 괜찮지만 우리나라는 그렇지 않다. 일부 국제기구가 우리나라 국가채무 비율이 급격하게 늘어나는 것에 대해 경고하는 이유다. 복지 지출은 지원이 꼭 필요한 사회취약계층에만 집중하여 충분히 지원하는 것이 효율적이고 분배 친화적인 재정 운용이다. 기존의 방만한 보편적 복지 제도부터 먼저 개혁한 다음 사회안전망을 확충하는 우선순위 조정이 필요하다. 경제가 어려울수록 벤처 창업기업에 규제 샌드박스를 허용하는 것을 비롯하여 규제를 대폭 완화하고 혁신을 지원하며, 노동시장을 개혁하여 성장 잠재력을 확충해야 한다.

우리나라의 가계 부채가 국내총생산(GDP)의 100%를 넘어 세계 주요국 가운데 1위란 분석이 최근 국제금융기관 연합기구인 국제금융협회(IIF)에서 나왔다. 이에 따르면 2020년 3분기 기준 우리나라의 GDP 대비 가계 부채 비율(100.6%)은 일본(65.3%), 유로존(60.3%), 세계 평균(65.3%)은 물론 소비 대국으로 알려진 미국(81.2%)보다 훨씬 높다. 일본이 '잃어버린 10년' 기간 중 기록한 최고치가 72%, 미국이 2008년 서브프라임 사태 때 기록한 최고치가 98.6%이다. 가계 부채 비율이 높은 것이 문제지만 최근 부채 증가세가 가파르고 늘어난 부채의 대부분이 부동산과 주식 투기에 사용되고 있는 것도 큰 문제이다. 부동산과 주식의 가격이 급락한다면 많은 가계가 부채를 제대로 상환하지 못하고 파산한다. 많은 가계가 부채를 상환하지 못하면 금융기관이 부실해지고 국가신용등급이 낮아지며, 금융위기와 외환위기로 번지기 쉽다. 국제결제은행(BIS)은 2020년 말 우리나라 민간 부채 위험 수준을 10여 년 만에 최고 단계인 '경보'로 올렸다.

2. 포용적 제도와 착취적 제도

애쓰모글루-로빈슨(2012)은 포용적 경제 제도 · 정치 제도와 착취적 경제 제도 · 정치 제도를 구분하였다. 본문에서 설명한 대로 포용적 경제 제도란 4가지(사유재산권, 경제적 자유, 공정한 경쟁 환경의 보장과 공평 무사한 법치)를 갖춘 경제 제도이다. 착취적 경제 제도란 포용적 경제 제도와 정면으로 배치되는 속성을 가진 제도이다. 포용적 정치 제도란 충분히 중앙집권화하고 다원적인 정치 제도를 말한다. 착취적 정치 제도란 두 조건 중 하나라도 충족하지 못한 정치 제도를 말한다. 아프리카 여러 나라처럼 부족들의 갈등을 통제하지 못하는 무정부 상태이거나 북한과 같이 1당 독재를 하는 나라는 착취적 정치 제도를 가진 나라이다. 포용적 정치 제도가 닦아놓은 토대 위에 포용적 경제 제도가 형성된다. 포용적 경제 제도는 공정하게 자원을 분배해 포용적 정치 제도가 지속될 수 있는 여건을 조성해 준다. 포용적 정치 · 경제 제도는 일단 뿌리를 내리면 긍정적 순환을 반복하며 선순환의 고리를 형성하는 경향이 있다. 착취적 제도 역시 악순환의 고리를 형성하는 경향이 있다.

애쓰모글루-로빈슨에 따르면 근세 이전은 모두 착취적 제도하의 한시적인(즉, 지속 가능하지 않은) 성장이었다. 흥미로운 것은 근세와 현대에 일어난 사회주의권의 인상적인 성장도 마찬가지라는 것이다. 소련은 1928~1960년의 30여 년 기간 중 국민소득이 연평균 6% 성장하여 그 비약적 성장을 서방이 찬양해 마지않았다. 한 서방 작가는 소련을 여행하고 다음과 같이 썼다. "나는 미래를 보았고, 잘 돌아가고 있었다(I have seen the future, and it works)."

40여 년의 고속 성장을 보여 온 중국도 공산당 1당 독재 통치하에 있기 때문에 착취적 제도하의 성장을 경험하는 또 다른 사례일 뿐이다. 포용적 정치 제도를 향한 근본적인 정치 변혁이 일어나지 않는 한 지속가능한 성장으로 이어질 수 없다고 저자들은 단언한다.

우리나라는 중국과 비교할 수 없을 정도의 포용적 정치 제도와 경제 제도를 가지고 있다. 그러나 문재인 정부에서 포용적 제도의 핵심인 경제적 자유와 공평무사한 법치가 유명무실해지는 남미의 경향을 드러냈다. 이런 경향이 더 진전되면 두 저자들이 남한도 포용적 제도에서 벗어났다고 날 선 비판을 하지 않을까 걱정된다.

3. 음(陰, 마이너스)의 소득세와 사회 보장 제도

김낙회 외(2021)는 일찍이 미국의 경제학자 프리드먼(Milton Friedman)이 제기한 음의 소득세(negative income tax)를 우리나라 실정에 맞게 도입하자고 제안하였다. 모든 국민에게 최저소득(기초소득)을 보장하고 저소득층의 소득이 늘어남에 따라 일정한 기준소득에 이르기까지 보조금(음의 소득세)을 줄여나가도록 하는 제도이다. 본문에서 다룬 근로장려세제는 근로소득이 없는 사람에게 주는 보조금이 0원이다. 제안한 음의 소득세는 무슨 소득이든 소득이 없는 사람에게 기초소득을 준다는 전제하에 소득이 늘어남에 따라 보조금이 점점 감소한다는 점에서 근로장려세제와 비슷하다. 그러나 근로장려세제와는 비교할 수 없을 정도로 엄청난 재원이 소요된다. 가정주부, 학생을 포함한 모든 비경제활동인구와 저소득층이 음의 소득세를 받기 때문이다. 저자들은 기초생활보장제도를 흡수 통합하는 차원에서 그럴듯한 시행방안 하나를 제시하였다. 2021년 1인 가구 중위 소득은 월 183만 원이다. 국민기초생활보장제도에서는 중위 소득의 30%를 생계급여로 지급한다. 이에 준하여 월 50만 원을 최저소득으로 삼는다. 가구 단위가 아니라 개인 단위로 준다. 18세 이하의 미성년자에게는 월 30만 원을 생계급여로 준다.

2021년 현재 근로소득세를 포함한 종합소득세의 세율은 연 1,200만 원 이하 소득에 6% 세율을 매기고 있다. 1,200만 원을 넘는 소득에 대해서는 소득(과표) 구간별로 15%에서 45%까지 누진적으로 소득세를 부과한다. 이에 준해서 세금을 내지도 않고 보조금을 받지도 않는 기준소득을 연 1,200만 원으로 정한다. 소득이 1,200만 원에 이르기

[그림 8-2] 음의 소득세의 기본 모형

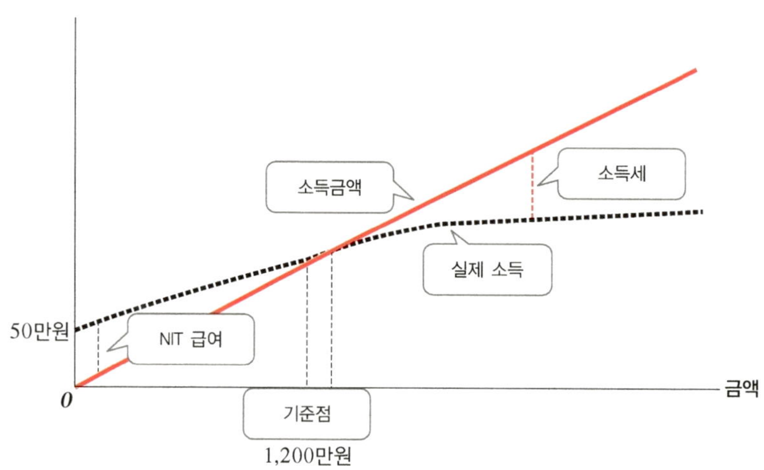

출처 : 김낙회 외(2021), 89쪽.

까지 50만 원부터 시작하여 보조금이 점점 감소한다. 음의 소득세율은 50%로 한다. 1,200만 원이 넘는 소득에 대해서는 (종합)소득세 기본 세율 15~45%를 그대로 적용한다. 이에 따라 소득이 0원인 비경제활동인구 1,900여만 명에게는 월 50만 원(연 600만 원)을 준다. 연 소득이 1,200만 원 이하 인구 730여만 명에게는 월 0~50만 원을 준다. 소요되는 재원은 133조 원에서 173조 원이다. 우리나라 한 해 복지, 보건, 노동 예산 180조 원에 버금가는 엄청나게 많은 재원 규모이다.

원래 프리드먼이 음의 소득세를 제기한 배경은 저소득계층에 대한 소득 보장은 두텁게 하되 복지 제도를 단순화함으로써 효율성을 높이려는 데에 있었다. 복지 제도의 단순성에 관한 한 음의 소득세는 엄청난 효과를 발휘할 수 있다. 음의 소득세가 도입되면 저소득계층에 대한 소득 보장이 이루어지는 만큼 소득 보장을 목적으로 하는 기존의 사회보장 제도는 흡수 통합해야 한다. 저자들은 기초생활보장제도에 있는 생계급여, 기초연금, 아동수당과 같은 사회수당, 고용보험, 산재보험에서의 소득 보장 목적의 현금 지급 등을 흡수 통합의 예로 들었다. 유사 중복성 프로젝트들을 구조조정하고 방만한 재정 시스템을 개혁할 경우 음의 소득세에 필요한 재원을 초과하여 마련할 수 있다고 주장한다.

저자들은 엘리트 경제관료 출신으로서 정책 경험을 바탕으로 우리나라의 복지와 재정 전반에 걸친 개혁 방안을 설득력 있게 제안하고 있다. 우리 경제도 선진국 경제 못지 않게 각종 제도와 정책이 엇갈리고 있어 정책 시스템의 혁신이 필요하다는 것을 보여준다. 저자들이 제안하는 것과 같이 근본적인 복지 제도와 재정의 개혁을 수반한 음의 소득세제를 도입하는 것은 조심스럽다. 저자들이 제안한 광범위한 복지 제도의 통폐합과 재정 개혁이 현실적으로 제대로 이루어지기가 극히 어려울 공산이 크기 때문이다. 이 책에서 설립을 제안한 사회경제협의회와 국회에서 심도 있는 논의와 공론화가 필요하다. 복지수혜층의 반발을 빌미로 각종 복지 프로그램의 통폐합과 개혁 없이 음의 소득세가 도입된다면 도입하지 않은 경우보다 더 왜곡된 옥상옥의 복지 구조를 보여 지속 가능하지 않을 것이다. 음의 소득세제하에서는 재벌집 자녀에게도 보조금을 주고, 재산이 많더라도 소득이 없으면 보조금을 주어야 한다. 이는 소득 분배에 악영향을 미친다. 인플레이션이 진행되면 중위소득 기준도 자주 상향 조정해야 한다. 이에 따라 재정소요액은 기대 이상으로 늘어날 수 있다. 저자들이 제안하는 가히 혁명적이라 할 복지제도의 통폐합과 재정 개혁을 할 수 없다면 이 책에서 설명한 것처럼 국민기초생활제도와 근로장려세제를 대폭 강화하면서 유사 중복되는 현금성 복지를 통폐합하는 것이 바람직하다.

맺음말

"우리 부력(富力)은 우리 생활을 풍족히 할 만하고, 우리 강력(强力)은 남의 침략을 막을 만하면 족하다. 오직 한없이 갖고 싶은 것은 높은 문화의 힘이다. 문화의 힘은 우리 자신을 행복하게 하고 나아가서 남에게 행복을 주기 때문이다. …… 나는 우리나라가 남의 것을 모방하는 나라가 되지 말고, 이러한 높고 새로운 문화의 근원이 되고, 목표가 되고, 모범이 되기를 원한다. …… 홍익인간(널리 인간과 세상을 이롭게 함)이라는 우리 국조 단군의 이상이 이것이라고 믿는다."(백범 김구, 『내가 원하는 우리나라』)

다이나믹 코리아, 행복하지 않은 국민

우리나라는 경제 강국이다. 유엔 회원국(주권국가) 기준으로 전 세계에 190여 개 나라가 있는데 사회 경제적으로 인구가 5,000만 명을 넘고 1인당 소득이 3만 달러 이상인 세계 7대국(미국, 영국, 독일, 프랑스, 일본, 이탈리아, 한국)에 속한다. 국내총생산과 국민총소득이 세계 9~12위권인 경제 대국이다. 반도체, 자동차, 선박, 정보통신기기 등을 잘 만드는 제조업 강국이다.[1] 무역 규모(수출과 수입의 합계)가 1조 달

1. 제프리 존스 전 주한 미국 상공회의소 회장은 한 모임에서 한국 경제의 발전상을 이렇

러대의 세계 10대 무역 대국이다. 2차 세계대전 이후 산업화와 민주화에 성공한 유일한 나라다(2차 세계대전 이후 원조를 받는 나라에서 원조를 공여하는 나라로 바뀐 유일한 국가이다). 민주화를 이룬 덕에 정치적으로 주요 20개국(G20)의 일원이다. 주요 7개국(G7 : 자유민주주의 국가인 미국, 영국, 독일, 프랑스, 이탈리아, 캐나다, 일본의 정상 간 협의체)에서 G11로 확대 개편하기 위해 호주, 인도, EU와 더불어 가입 초청을 받는 나라이기도 하다. 유엔무역개발회의(United Nations Conference on Trade and Development ; UNCTAD, 개도국의 경제 개발과 국제무역의 증진을 지원하기 위해 1964년에 설립된 유엔의 정부 간 협의체)가 2021년에 설립 이래 처음으로 개도국 그룹에서 선진국 그룹으로 소속을 변경해 준 나라이다. 유엔에서 매년 발표하는 인간개발지수[2]는 2020년에 세계 23위로 스페인, 프랑스보다 높은 선진국이다. 문화적으로도 K팝, K 드라마, K영화, K스포츠 등 한류 붐을 일으키고 있는 강국이다. 브린(2018)이 지적한 것처럼 지난 50년간 경제 발전의 기적과 정치 민주화의 기적을 이룩한 유일한 국가인 우리나라는 앞으로 문화 창달의 기적, 남북 통일의 기적도 내다볼 수 있다. 이런 '한강의 기적'에 대해 우리 국민은 얼마든지 자부심을 가질 수 있다. '다이나믹 코리아(dynamic Korea)'는 세계가 인정하는 우리나라 국가 브랜드다. 많은 중저소득 국가들이 우리나라를 부러워하고 한국의 경제 발전 경험을 배우고자 한다.

게 정리했다. "전 세계에서 여섯 개 나라가 자체 기술로 자동차를 만든다. 세 나라(독일, 일본, 이탈리아)는 제2차 세계대전을 일으킨 전범국이다. 두 나라(미국, 영국)는 전승국이다. 한 나라는 나라도 아니었다. 바로 대한민국이다." 이하경(2021) 참조. 반도체에 대해서는 더 파격적인 찬사를 들을 수 있겠다.

2. 국제연합(UN)이 1인당 소득, 교육 수준, 기대 수명의 세 요소를 종합하여 만든 지표로 '매우 높음'에 포함되면 선진국 반열에 든 것으로 평가된다.

자랑스러운 국가 위상에도 불구하고 우리나라의 많은 국민은 행복하지 않다. 무엇보다 2003년부터 지금까지 한 해를 빼고는 줄곧 OECD 국가 중 자살률 1위를 기록하고 있다. 산업재해율, 노인빈곤율도 OECD 국가 중 제일 높다. 청년들이 결혼과 출산을 꺼려 세계에서 가장 낮은 출산율을 보이고 있다. 1960년대 초부터 1990년대 중반까지 연평균 8%의 고도성장을 기록한 우리 경제는 이제 2~3%대의 저성장 시대에 있다. 저출산과 일본 버금가는 고령화, 그리고 저성장은 한국 경제의 역동성이 끝났음을 시사해 주고 있다. 국가 행복지수가 OECD 국가 중 꼴찌 수준이다.[3] 소득이 일정 수준을 넘어서면 소득이 늘어나도 행복이 늘어나지 않는다는 이스털린의 역설(Easterlin's paradox)이 우리나라에 강하게 적용되는 상황이다.

왜 우리 국민은 행복하지 않은 것일까? 크게 세 가지 이유를 들어볼 수 있다. 첫째는, 많은 국민이 분배의 불평등과 양극화가 심하다고 느끼기 때문이다. 둘째는, 정부가 유능하고 공평무사한 정부와는 너무 거리가 멀기 때문이다. 셋째는, 많은 국민이 우리 사회가 공정과 상식과 규범이 무너진 사회라고 느끼기 때문이다.

이 책은 2부에서 첫째와 관련된 우리나라 분배의 문제를 다루었다. 처분가능소득 기준으로 소득 불평등이 크지만 미국, 영국, 중국, 남

---

3. UN 산하 전문기구인 지속가능발전해법네트워크가 발표한 2018~2020년 평균 국가행복지수에 따르면 우리나라가 OECD 37개 회원국 중 35위이다. 국가행복지수는 1인당 국내총생산(GDP per capita), 기대 건강수명(healthy life expectancy at birth), 사회적 지원(social support), 삶의 선택의 자유(freedom to make life choices), 부패 인식(perception of corruption), 관용(generosity), 미래에 대한 불안감(positive or negative affect)의 7가지 지표를 사용하여 산출한다. 여러 지표 값을 해당국 국민들에게 설문해 작성하기 때문에 해당국 국민의 주관적 행복감이 많이 반영된다고 할 수 있다.

미 여러 나라만큼 크지는 않다. 시장소득 기준으로는 소득 불평등이 크지 않다. 부 불평등은 2010년대 후반부터 일어난 집값 폭등으로 악화했음에도 불구하고 OECD 전체로 볼 때 매우 낮은 수준이다. 2000년대에 소득과 부의 불평등이 커졌지만 2010년대의 10년간은 소득과 부의 분배가 약간의 개선세 내지 안정세를 보였다. 2010년대 후반 주택 보유층과 비보유층의 양극화를 빼고는 양극화도 심해지지 않았다. 물론 1996년에 일어난 외환위기부터 2000년대까지 불평등과 양극화가 상당히 급속하게 진행되었기 때문에 외환위기 이전과 비교하면 분배의 불평등과 양극화가 심하다고 느낄 수 있다.

우리 국민이 행복하지 않은 두 번째 이유는 정부가 유능하고 공평무사한 정부와는 너무 거리가 멀기 때문이다. 구체적인 사례는 앞 장의 7절에서 설명하였다. 자유민주주의와 시장경제를 경시하고 경제 논리를 무시하는 등 하지 말아야 할 일을 서슴지 않은 경우가 많았다. 정치는 4류이고 암(갈등) 유발자라는 말이 오랫동안 회자되어 왔는데 이는 정부가 하지 말아야 할 일을 하고, 해야 할 일은 못하는 데 대한 탄식이다. 선출된 권력을 포함한 모든 사람이 법 앞에 평등하고, 법이 엄정하고 투명하게 집행되는 법치야말로 현대사회와 시장경제의 기본 전제이다. 법치를 작동시키고 관철시키는 책임은 정부의 기본적인 역할 중 하나이다. 정부가 해야 할 이런 기본적인 역할을 하지 않거나 못할 때 국민이 불안과 불만, 회의와 냉소에 빠지고 갈등과 혼란이 커져 행복하지 않은 것이다.

이 책은 정부가 기본적으로 해야 할 분배 정책을 8장에서 포괄적으로 다루었다. 분배는 수많은 요인과 영향을 주고받는다. 분배 정책은 대증 영합적인 접근이 아니라 여러 정책들의 상호 관계를 파악하는 다원적 · 종합적인 접근을 해야 하고 정책의 효과가 단기와 장기에 다르게 나타나기 마련이라는 것을 이해해야 한다. 미시경제학에서 다루는 빈곤 정책과 재분배 정책, 사회 복지 정책뿐 아니라 거시경제학에서 다루는 단기의 경제안정화 정책과 장기의 경제성장 정책도 광의의 중요한 분배 정책이다. 최저임금을 급격히 인상하고 현금 복지를 대폭 확대하는 분배 정책이 일견 당연하고 좋은 정책인 것 같지만 사회적 약자에게 득보다 독이 큰 정책이 되기 쉽다. 전체를 부감하는 다차원적이고 균형 있는 접근이 중요하다는 것을 거듭 강조할 필요가 있다.

가진 자의 배려와 노블레스 오블리주

우리 국민이 행복하지 않은 세 번째 이유는 우리 사회가 공정과 상식과 규범이 무너진 사회라고 느끼기 때문이다. 이는 가진 자가 가진 자다운 양식과 염치가 없이 편법과 불법을 일삼고 내로남불로 법치를 희화화하는 데에 크게 기인한다. 우리나라에서 지식인들은 사회적 대우를 받는 가진 자에 속한다. 이들이 명예에 만족하고 염치를 알며, 언행이 일치하는 인의예지신의 선비정신을 가져야 하는데 그러지 못한 경우가 많다. 이들은 많이 가진 최상위 1%를 공격하고 나머지 99%를 대변하는 정의의 사도를 자처하면서 실제로는 교육과 직업, 사회관계망을 통해 최상위 1%에 버금가는 지대를 추구하는 상위 20% 집단에 속한다(리브스, 2017). 지식인들이 이른바 지성인의 기개와 명예에 만족하지 않고, 권력과 부를 탐하며, 수단 방법을 가리지 않고 자녀에게 상류층 지위의 세습까지 시도하는 것은 염치를 모르는 일이다. 맹자는 측은지심(타인의 고통을 함께 아파하는 마음, 인의 발단), 수오지심(의롭지 못함을 부끄러워 하는 마음, 의의 발단), 사양지심(양보하고 공경하는 마음, 예), 시비지심(옳고 그름을 가리는 마음, 지) 등 네 가지 마음이 없으면 사람이 아니라고 말했다. "중요한 것은 용이 되어 구름 위로 날아오르지 않아도, 개천에서 붕어, 개구리, 가재로 살아도, 행복한 세상을 만드는 것이다"라는 말은 맞다. 그러나 가진 자가 자기와 자녀를 위해 온갖 편법과 불법을 서슴지 않으면서 못 가진 자에게 이렇게 설교한다는 것은, 더 나아가 남에게는 가혹한 잣대를 들이대면서 자기에게는 더할 수 없이 관대한 것은 후안무치한 일이다. 이 때문에 "정의도 없고 공정도 없고 결과도 참담합니다"라는 청년층의 좌절과 한숨이 나오고 우리 사회가 공정한 사회가 아니라는 일반 국민의 탄식이 나오는 것이다. '내가 하면 로맨스, 남이 하면 불륜'의 위선과 오만을 뜻하는 '내로남불'이 뉴욕타임스와 로이터통신에 'naeronambul'로 실리고 그 낱말 뜻('my romance, your adultery')까지 등장한 배경이기도 하다.

2장에서 공정한 사회의 세 원칙—평등의 원칙, 능력주의 원칙, 상호주의 원칙—에 대해 살펴보았다. 능력주의 원칙과 상호주의 원칙은 가진 자에게 더 강하게 적용된다. 특히 한반도처럼 분단과 체제 대립이 지속되고 있고 북한이 자유, 효율, 공정과 동떨어진 사회주의 체제, 전체주의사회를 벗어나지 못하는 상황에서는 더욱 그렇다. 아무리 능력이 뛰어나더라도 북한에서는 경제적 공로를 세우기 어렵고 설사 세우더라도 공로에 따라 분배받을 수 없다. 우리나라의 가진 자는 남한에 태어난 행운으로 부를 축적할 수 있었다. 많은 소득을 벌고 부를 축적하거나 자기 분야에서 성공한 것은 샌델(2020)이 말하는 것처럼 자기 능력이 뛰어난 것 못지않게 부모의 DNA, 가정과 사회 환경, 행운 등도 같이 어우러져 일군 성과이다. 이에 감사하고 겸손해 하며, 이런 사회 전반에 대한 감사의 마음으로 사회에 기여하는 것이 상호주의 원칙이다. 남에게 대접받고 싶은 대로 남을 대접하는 마음으로 남을 배려하고, 더불어 잘사는 상생과 포용의 마음을 가지는 것이 마땅한 일이다. 솔론의 말처럼 부에는 상한이 없다. 만족할 줄 아는 사람이 부유한 사람이다. 가진 자가 자유와 효율에 따른 성장의 과실을 누리는 한편 노블레스 오블리주(Noblesse Oblige : 가진 자 혹은 기득권층의 도덕적 의무)를 실천하는 것은 공정한 사회의 주요 부분이다.

노블레스 오블리주를 실현하는 방법은 많다. 시장경제 체제에 대한 감사의 마음으로 자선과 기부, 증세에 너그러운 것, 납세와 병역을 포함한 국민의 4대 의무를 성실히 이행하는 것, 솔선수범하여 법을 지키는 것, 따뜻한 마음으로 사회적 약자를 배려하는 것 등이 가진 자의 훌륭한 도덕적 의무이다. 가진 자의 법치 존중과 법의 준수는 공정한 사회와 신뢰사회를 위해 무엇보다 중요하다. 서양에서는 고대 그리스-로마 시대 이후로 노블레스 오블리주의 전통이 이어져 왔다. 서구사회의 기득권층이 사회 안정의 중추 역할을 하는 것은 노블레스 오블리주를 통해 상호주의 원칙을 충실하게 구현하기 때문이다. 미국의 많은 부자들은 자발적으로 부자 증세 운동을 벌이고 있고, 가진 자로서 항상 능히 베풀 줄 아는 마음을 가지고 있다. 우리나라에도 이런 전통이 없지 않았다. 경주 최부잣집과 구례 운조루(雲鳥樓)의 경우가 그 예이다.[4] 다산

4. 전통 농경사회에서 무려 300년 동안 만석꾼(1년에 쌀 1만 가마를 생산하는 집안)을 유지했던 최부잣집에는 다음과 같은 6가지 가훈이 있었다. ① 과거시험을 보되 진사 이상은 하지 마라. ② 재산은 만 석 이상 지니지 마라. ③ 과객을 후하게 대접하라. ④ 흉년기에는 땅을 사지 마라. ⑤ 며느리들은 시집온 후 3년 동안 무명옷을 입어라. ⑥ 사방 100리 안에 굶어 죽는 사람이 없게 하라. 큰 벼슬과 너무 많은 재산을 탐내지 않고, 근검 절약하며, 다른 사람을 배려한다는 것이다. 근방에 굶어 죽는 사람이 없게 하

정약용도 『목민심서』 권분(勸分)을 통해 지역사회에서 서로를 보살피게 하는 것이 중요함을 강조하고 있다. 권분의 원래 의미는 '흉년이 들었을 때 부유한 사람들에게 권장해 절량 농민을 구제하기 위한 곡식이나 재물을 내놓거나 직접 나눠주도록 하는 일'을 뜻한다(『목민심서』, 진황 6조, 권분). 그러나 서구 선진국에 비해 가진 자의 자선과 기부, 배려가 전반적으로 빈약하다. 근래에 개선되고 있거니와 노블레스 오블리주가 훨씬 확산되어야 한다.[5]

공정한 사회와 '좋은 사회'를 향하여

우리나라 경제와 사회는 구조적 전환기에 있다. 미국의 장기 경제

기 위해 아무나 와서 쌀을 퍼갈 수 있게 뒤주에 항상 쌀을 넣어 놓았다. 99간의 대규모 저택인 구례의 운조루에도 행랑채에 쌀이 세 가마 들어가는 원통형 나무 뒤주가 있는데, 아랫 부분에 쌀을 꺼내는 마개가 있고 그 위에 타인능해(他人能解)라 쓰여 있다. "누구나 열 수 있다"라는 뜻이다. 배고픈 사람은 누구든지 쌀을 가져갈 수 있도록 했던 것이다. 이렇게 운조루 주인이 베푼 쌀은 수확량의 20%가 됐다고 한다.

5. 근래에 많은 독지가가 KAIST를 비롯한 명문 대학과 사회공익기관에 거액의 기부를 하고 있다. 사회복지공동모금회가 만든 '아너 소사이어티(Honor Society)'에 회원이 꾸준히 늘어나고 있다. 2021년에 김봉진 우아한형제들 이사회 의장과 카카오 창립자 김범수 이사회 의장이 세계 최고 부자들의 기부 클럽(회원이 25개국의 220여 명)으로 알려진 기부선언서약(The Giving Pledge)에 가입하였다. '더 기빙 플레지'는 2010년 빌 게이츠와 워런 버핏이 재산 사회 환원 약속을 하면서 시작한 자발적인 기부 운동으로 재산이 10억 달러(약 1.1조 원) 이상이어야 하고 재산의 절반 이상을 기부해야 한다. 당대에 창업하여 거부를 쌓은 젊은 기업인들이 재산의 50%를 기부하겠다고 약속하는 것은 신선한 충격이다. 우리나라의 가장 대표적인 재벌인 삼성 그룹 이건희 전 회장의 유족이 고인의 뜻을 기려 1조 원의 의료 기부와 3조 원대 가치의 미술품 기증을 한 것도 신선한 충격이다. 2020년 코로나19의 어려운 상황 속에서도 사회복지공동모금회는 사상 최대의 모금 실적을 올렸다. 기업과 가진 자의 선행에 못지않게 가지지 못한 자의 작은 선행도 쌓여 이루어진 성과다.

성장을 벤치마킹해야 할 정도로 저성장경제로 들어섰다. 세계적으로 유례없는 저출산 · 고령화 사회다. 경제민주화와 복지 요구는 분출하고 있다. 계층 간, 지역 간, 세대 간, 성 간 갈등이 크다. 2010년대 후반부터 폭등한 부동산 가격과 주택 임대료는 코로나19에 따른 후유증과 맞물려 2010년대에 미약하게나마 개선된 분배를 악화시키고 양극화를 심화시킬 전망이다. 우리나라는 에너지 소비 면에서 세계 10위권 안에 들어가는데 이에 따라 지구 온난화에 따른 탈탄소, 신재생 에너지로의 경제 체질 개혁도 미룰 수 없는 국가적 과제로 부상했다. 한반도를 둘러싼 국제정치도 전환기를 맞고 있다. 미국과 중국의 패권 경쟁이 갈수록 치열해짐에 따라 종래 우리 정부의 단순한 안미경중(安美經中 : 안보는 미국, 경제는 중국) 전략이 입지가 좁아지고 있다. 비정상국가인 북한과의 평화적 공존과 통일 문제도 복잡한 난제가 되고 있다.

이와 같은 구조적 전환기를 잘 헤쳐나가고 우리 국민이 행복하기 위해서는 어떻게 해야 할까? 무엇보다 인류의 보편 가치와 부합하는 사회상을 정립하고 그런 사회를 향해 나아가는 노력이 필요한 것으로 보인다. 보편 가치와 부합하는 사회상은 먼저 케인스와 밀이 강조한 것처럼 개인의 자유와 경제적 효율, 사회 정의(공정)가 보장되는 사회를 다시 떠올릴 수밖에 없다. 개인의 자유는 근대 이후의 시민사회에서 가장 중요한 사상인 자유주의에 바탕을 둔다. 자유주의는 롤스가 강조한 것처럼 개인의 기본적 자유를 침해할 수 없다는 사상이다. 기본적 자유를 침해할 수 없기 때문에 밀이 강조한 것처럼 남으로부터 위해를 당하거나 남에게 위해를 가해서는 안 된다는 위해 원칙(harm principle)이 핵심적인 원칙이다. 이로부터 모든 사람이 법 앞에 평등하고 각자가 자기 뜻대로 자기 발전을 도모하며, 자유에 따른 책임을 진다는 원칙이 파생

된다.

경제적 효율은 경제 체제 면에서 전통경제나 사회주의경제가 아닌 자본주의경제(= 시장경제)에서 가장 잘 발현된다. 그러나 시장경제를 택했다고 경제적 효율이 저절로 달성되는 것은 아니다. 시장경제의 세 기둥인 경제적 자유, 사유재산제, 법치가 얼마나 잘 이루어지느냐에 따라 경제적 효율이 얼마든지 달리 나타날 수 있다. 우선 단기에 경제가 심한 경기변동을 겪지 않고 경제위기에 맞닥뜨리지 않도록 국민경제를 안정적으로 운영해야 한다. 장기에는 경제의 성장 잠재력을 확충하면서 자연성장률을 이루어 나가야 한다. 이것이 경제적 효율을 살리는 단기의 경제안정화 정책이고 장기의 경제성장 정책이다. 8장에서 이 두 가지 거시경제 정책이 소득 분배의 악화를 막는 분배 정책도 된다는 것을 밝히고 그 내용을 다루었다. 안정화 정책과 성장 정책의 구체적인 수단들은 많고 상호 연관되어 있다. 2장에서 자유와 경제적 효율이 보장되는 경제가 시장경제라고 했는데, 그 바탕에는 정부가 다양한 경제 정책들의 복합적인 상호의존관계를 알고 통합적으로 잘 운용한다는 전제가 들어가 있다.

시장경제에서는 경쟁이 치열해지고 능력주의 원칙이 최대로 발현되는 과정에서 으레 독과점의 횡포와 소득 분배의 불평등이 생긴다. 독과점의 횡포와 분배의 불평등은 시장의 실패라 불리는 것으로서 공정하지 않고 사회정의에 어긋나는 일이다. 이런 시장의 실패를 완화하기 위해 정부가 불가피하게 경제에 개입해야 한다. 이 책은 시장경제의 자유와 효율을 살리면서 시장의 실패를 완화하는 대안을 코닝이 제시한 공정한 사회의 세 원칙—평등의 원칙, 공평의 원칙, 상호주의 원칙—에서 찾는 것이 바람직하다고 주장하였다. 평등의 원칙은 누구나 기본 욕구를 충족시킬 수 있도록 골고루 분배해야 한다는 것이다. 이를 우리나라의 경제 발전 단계에서는 누구나 절대빈곤선 이상의 소득은 있어야 한다는 것으로 해석하였다. 구체적으로 기초생활보장제도를 대폭 확충하여 일할 능력이 없는 절대적 빈곤층(대략 최하위 10% 소득계층)을 빠짐없이 지원하고 빈곤갭을 메워야 한다고 8장에서 설명하였다. 상대적 빈곤층에게는 근로장려세제를 대폭 확충하여 상대적 빈곤층의 자활 의욕을 촉진시키고 계층 상승 노력을 지원해야 한다. 사회적 취약층이 복지병(복지 의존적 무력증)에 빠지지 않도록 일할 능력이 있는 사람은 재교육, 훈련, 적극적인 직업 알선 등을 통해 괜찮은 일자리를 잡을 수 있게 도와주어야 한다. 정부가 촘촘한 사회안전망을 갖추어 평등의 원칙을 관철시켜야 하는 것이다.

기본 욕구를 충족하고 남는 잉여분은 공로에 따라 분배된다는 공평의 원칙은 노력과 기여에 따라 분배되어야 한다는 아리스토텔레스의 분배적 정의를 확인하는 것이다. 시장이 완전경쟁시장이면 공평의 원칙은 시장에서 자동적으로 실현된다. 시장이 완전경쟁이지 않으면 독과점의 폐해를 규제해야 한다. 우리나라 청년세대의 공정성 감각도 이 분배적 정의를 지지하는 것으로 보인다. 기회가 균등하고 과정이 공정하다면 시장경제에서 자유롭게 경쟁하고 능력껏 성취하는 것이 정의로운 일이라는 것이다. 상호주의 원칙은 구성원들이 '남에게 대접받고 싶은 대로 남을 대접하는' 상호주의적 황금률에 맞게 능력에 따라 공동체에 기여해야 한다는 것이다. 특히 성취한 자, 가진 자가 자기 능력뿐 아니라 가정과 사회 환경, 행운 등에 의해 이룬 것을 깨닫고 겸손하고 감사하는 마음으로 사회에 기여할 줄 알아야 한다.

롤스가 강조한 것처럼 개인의 자유가 보장되고 기회가 균등한 것은 정의의 두 기본 원칙이다. '정의로서의 공정'의 관점에서 정의의 두 기본 원칙과 코닝이 말한 공정한 사회의 세 원칙이 보장되는 사회가 공정한 사회라 할 수 있다. 공정한 사회는 우리가 지향해야 할 바람직한 사회상이다.

자유와 효율, 공정이 확보되는 공정한 사회에서 더 나아가 삶의 질이 높은 사회를 이루면 더욱 바람직할 것이다. 자유와 효율, 공정이 중요한 보편가치이고 삶의 질을 높인다. 하지만 이것들 외에도 삶의 질을 높이고 행복한 삶으로 이끄는 요소들이 많이 있다. 감염병과 재난과 범죄와 외침(外侵)으로부터의 안전, 쾌적한 자연환경, 다채로운 예술·문화·여가 활동, 공감과 신뢰와 사회적 지원이 있는 따뜻한 공동체 생활, 엄정한 법치를 포함하는 튼튼한 사회하부구조, 이 모든 것들을 누려 자아를 온전히 실현하는 것 등이 그것이다.

갈브레이스(Galbraith, 1908~2006)는 '사람들의 개인적 자유와 기본적 복지가 확보되고 인종 간·민족 간 평등이 보장되며, 보람 있는 삶의 기회가 열려 있는 사회'를 좋은 사회(good society)라고 정의하였다. '좋은 사회'는 평범한 말이지만 다양한 '좋은' 것들을 포괄할 수 있는 좋은 용어이다. 갈브레이스를 원용하여 좋은 사회를 다음과 같이 정의할 수 있다.

> "좋은 사회란 모든 사람들의 개인적 자유와 기본적 복지가 확보되고 인종·민족·성 간 평등이 보장되며, 보람 있는 삶의 기회가 열려 있고 삶의 질이 높은 사회이다."

이렇게 정의한 좋은 사회는 케인스가 말한 개인적 자유, 경제적 효율, 사회 정의(공정)를 직접·간접으로 내포하면서 안전, 쾌적한 자연환경, 문화, 예술 등 삶의 질이 높은 것까지 포괄하는 바람직한 사회상이라 하겠다.[6] 우리가 지향해야 하는 사회는 공정한 사회, 나아가 좋은 사회이다. 좋은 사회에서 각자가 이성을 통해 절제의 슬기를 가진다면 플라톤과 아리스토텔레스, 공자가 강조하는 좋은 삶, 행복한 삶, 격조 있는 삶을 우리 모두 누릴 수 있을 것이다.

6. 삶의 질을 측정하는 대표적인 지표로 OECD의 '더 나은 삶 지표(Better Life Index)'가 있다. 주거, 소득, 직업, 공동체, 교육, 환경, 시민 참여, 건강, 삶의 만족, 안전, 일과 삶의 균형 등 11개 영역에 대한 지표를 평가하여 매년 발표하고 있다. 우리나라는 37개 회원국 전체 평균보다 낮은 지표 값을 보이고 있다. 통계청은 더 나은 삶 지표를 원용하여 '국민 삶의 질 지표'를 개발하였는데 최근에 종전의 11개 영역의 80개 지표를 11개 영역의 71개 지표로 바꾸는 등 아직 제대로 정착되지 않고 있다.

부록

〈부표 3-1〉 우리나라 총처분가능소득(GNDI)의 제도 부문별 분배의 추이

(단위 : 2015년 가격 기준, 기간/연평균, %)

기간/연도	가계	기업	정부
1975	77.6	7.9	14.4
1975~1979	75.7	8.5	15.8
1980~1984	70.2	11.8	18.0
1985~1989	68.3	13.9	17.8
1990~1994	68.2	13.1	18.7
1995~1999	66.1	14.1	19.8
2000~2004	60.5	17.8	21.7
2005~2009	57.5	19.6	22.9
2010~2014	54.9	23.2	21.9
2015~2019	54.4	22.5	23.1
2015	55.8	22.5	21.7
2016	54.5	23.0	22.6
2017	53.5	23.2	23.3
2018	54.0	21.8	24.2
2019	54.3	21.8	23.9

자료 : 한국은행, 경제 통계 시스템, 국민계정(2015년 기준년) > 주요지표 > 연간지표 > 분배구조 > 총처분가능소득(GNDI)의 분배 > 제도부문별

〈부표 4-1〉 주요국 (균등화)처분가능소득 기준 분배 지표(2018년)

(단위 : %)

나라	지니계수	소득 점유율						상대적 빈곤율
		하위 10%	하위 20%	하위 40%	상위 40%	상위 20%	상위 10%	
칠레	0.460	1.9	5.1	14.4	72.1	52.2	36.7	16.5
멕시코	0.458	1.8	5.0	14.5	71.7	51.4	36.4	16.6
터키	0.404	2.3	6.1	16.6	68.5	47.0	31.6	17.2
미국	0.390	1.6	5.3	16.2	67.6	44.5	28.5	17.8
영국	0.366	2.3	6.7	18.6	65.3	43.5	28.9	11.7
리투아니아	0.361	2.2	6.3	17.8	65.7	42.5	26.5	15.5
라트비아	0.351	2.3	6.3	18.0	64.9	41.3	25.7	17.5
뉴질란드	0.349	2.9	7.3	19.2	64.5	42.2	27.5	10.9
이스라엘	0.348	2.3	6.3	18.3	64.4	40.8	25.4	16.9
한국	**0.345**	**2.2**	**6.2**	**18.4**	**64.4**	**40.7**	**25.0**	**16.7**
일본	0.339	2.3	6.5	18.9	63.8	40.4	25.0	15.7
이탈리아	0.334	2.0	6.6	19.3	63.3	40.1	25.1	13.9
스페인	0.330	2.2	6.7	19.2	63.3	39.7	24.2	14.2
호주	0.325	2.7	7.2	19.6	63.4	40.4	25.5	12.4
룩셈부르크	0.318	2.7	7.6	20.5	62.2	39.5	24.6	11.4
포르투갈	0.317	3.0	7.8	20.7	62.2	39.8	25.1	10.4
헝가리	0.313	2.4	6.7	19.6	61.7	37.7	22.8	17.9
그리스	0.306	2.9	7.7	20.9	61.5	38.2	23.4	12.1
에스토니아	0.305	2.8	7.2	20.1	61.8	37.6	21.9	16.3
캐나다	0.303	2.9	7.7	21.0	61.3	38.1	23.2	11.8
프랑스	0.301	3.4	8.6	21.9	60.8	39.0	25.0	8.5
스위스	0.299	3.2	8.3	21.8	60.8	38.4	24.1	9.2

아일란드	0.295	3.5	8.6	21.8	60.7	38.0	23.6	9.0
독일	0.289	3.3	8.4	22.2	60.1	37.5	23.2	10.4
네덜란드	0.285	3.3	8.7	22.4	59.8	37.1	23.0	8.3
폴란드	0.281	3.2	8.5	22.3	59.6	36.6	22.2	9.8
오스트리아	0.280	3.1	8.5	22.7	59.4	36.6	22.3	9.4
스웨덴	0.275	3.6	8.9	22.9	59.0	36.3	22.3	8.9
핀란드	0.269	3.9	9.4	23.4	58.8	36.3	22.3	6.5
덴마크	0.264	3.8	9.5	23.6	58.3	35.7	21.9	6.1
노르웨이	0.262	3.3	8.9	23.6	57.9	35.2	21.4	8.4
벨기에	0.258	3.9	9.2	23.3	58.1	34.8	20.7	8.2
아이슬란드	0.250	4.1	10.0	24.6	57.3	35.0	21.3	4.9
슬로베니아	0.249	3.9	9.6	24.2	57.3	34.5	20.5	7.5
체코	0.249	4.1	9.9	24.3	57.5	34.7	20.5	6.1
슬로박	0.236	3.5	9.4	24.5	56.5	32.8	18.5	7.7
OECD	**0.317**	**2.9**	**7.7**	**20.6**	**62.2**	**39.5**	**24.8**	**11.6**
러시아	0.331	2.9	7.4	19.6	63.6	40.6	25.1	12.7
인도	0.495	1.4	4.1	12.3	74.9	54.6	38.1	19.7
중국	0.514	0.3	1.9	9.4	76.5	53.5	36.2	28.8
남아프리카	0.623	0.3	1.6	6.6	84.3	66.0	48.1	27.0

주 : OECD 37개 국가 중 자료가 없는 콜롬비아를 제외했음. 2018년 통계가 없는 10여 개국은 통계가 이용 가능한 최근 연도의 통계를 이용했음. 예컨대 미국과 독일은 2017년, 네덜란드와 러시아는 2016년, 일본은 2015년, 인도와 중국은 2011년 통계임.

자료 : OECD Income Distribution Database, Key Indicators on the Distribution of Household Distribution Income and Poverty,16 December 2020 vdrsion, 2021. 2. 20. 열람.

〈부표 5-1〉 우리나라 노동소득분배율의 추이

기간/연	연평균 노동소득분배율(%)
1953~1959	32.6
1960~1964	34.1
1965~1969	36.8
1970~1974	39.6
1975~1979	43.6
1980~1984	51.7
1985~1989	53.3
1990~1994	58.3
1995~1999	60.7
1995	60.7
1996	62.8
1997	61.0
1998	60.4
1999	58.7
2000	58.1
2000~2004	58.8
2005~2009	60.8
2010~2014	60.5
2015~2018	62.7
2015	62.6
2016	62.5
2017	62.0
2018	63.8
2019	65.5

자료 : 한국은행, 경제통계시스템, 2015년 가격 기준 노동소득분배율 연간 지표.

참고 문헌

강신욱(2014), "2000년대 후반 불평등 심화의 특징", 『소득불평등 해소의 길』, 서울사회경제연구소 엮음.

권성오(2021), "주요국의 부동산 관련 세 부담 비교", 『재정포럼』 4월, 조세재정연구원.

권순원 · 고일동 · 김관영 · 김선웅(1992), 『분배불균등의 실태와 주요 정책과제』, 한국개발연구원(KDI).

경기도 가족여성연구원(2015), 『여성 친화 사회적 경제모델의 가능성 탐색』.

경제협력개발기구(OECD)(2013), "한국사회 통합보고서".

경총(한국경영자총협회)(2019), 『우리나라와 OECD 국가의 최저임금 수준 국제 비교』.

국민대통합위원회(2015), 『한국형 사회갈등 관리 실태』, 2015. 12.

국세청(2016), 2011-2014년 배당소득 100분위 자료.

국제여성기업이사협회(2017), 「2017 아시아 태평양 지역 여성 이사회 임원」 보고서.

국회예산정책처(2020), 『2020 조세 수첩』.

기획재정부 보도자료, "세계적 양극화 현상 및 시사점", 2011. 9. 5.

김낙년(2012), 「한국의 소득집중도 추이와 국제비교, 1976-2010 : 소득세 자료에 의한 접근」, 『경제분석』, 18(3).

______(2015), 「한국의 부의 불평등, 2000-2013 ; 상속세 자료에 의한 접근」, 『낙성대 경제연구소 Working Paper』 2015-06.

______(2018), 「한국의 소득집중도 : update, 1933-2016」, 『낙성대 경제연구소 Working Paper』 2018-01.

______(2019), 「우리나라 개인 자산 분포의 추정」, 『경제사학』, 경제사학회

김낙년 · 김종일(2013), 「한국 소득 분배 지표의 재검토」, 『한국경제의 분석』, 제19권 제2호, 한국금융연구원.

김낙회 · 변양호 · 이석준 · 임종룡 · 최상목(2021), 『경제정책 어젠다 2022』, 21세기 북스.

김대일(2007), 「외환위기 이후 노동시장의 변화와 시사점」, 『경제학연구』, 한국경제학회, 제55집 4호.

김배근(2013), "노동소득분배율 측정 및 결정요인에 관한 연구", 『경제분석』, 제19권 제3호, 1-48.

김병필(2020), "반려 인공지능 로봇", 중앙일보 오피니언, 2010. 11. 2.

김성진 · 김안나 · 박정민 · 이봉주 · 이우진 · 이철희 · 주병기 · 홍석철(2018), 『분배적 정의와 한국사회의 통합』, 율곡출판사.

김수현(2011), 『부동산은 끝났다』, 오월의 봄.

김유선(2005), 「노동소득 분배구조 개선을 위한 정책과제」, 『노동사회』, 2월호, 4-19.

______(2016), 「저출산과 청년 일자리」, 노동사회연구소 보고서, 2016. 11.

김인규(2016), 「플라톤의 지속가능한 불평등과 한국」, 『철학과 현실』, 2016. 6. 철학문화연구소.

김인준(2021),『위기의 한국 경제』, 율곡출판사.

김정우(2005),「노동소득분배율의 변동 추이와 의미」,『노동리뷰』, 55-65.

김지운(2017), "실업급여 보장성 강화의 경제적 효과 분석", 한국개발연구원, 보도자료, 2017. 4. 6.

남기업·이진수(2017), "부동산 소득은 소득 불평등에 얼마나 영향을 미치는가", 토지+자유 연구, 2007-1(제16호).

남상호(2008),「가계자산 분포와 불평등도의 요인별 분해 : 노동패널 자료를 중심으로」, 제9회 한국노동패널 학술대회 발표논문.

______(2015),「우리나라 가계의 소득 및 자산 분포 분석」, 한국재정정책학회,『재정정책논집』, 제17집 제3호.

남재량(2007),「비정규근로와 정규근로의 임금격차에 관한 연구—패널자료를 사용한 분석」,『노동경제논집』 제30권(2).

노동연구원(2004),『세계 각국의 사회협약』.

노민선(2019), "한국과 일본의 대-중소기업 가 임금격차 비교 분석",『KOSBI 중소기업 포커스』, 제19-10호, 2019. 4.

디턴(Deaton), 앵거스(2013),『위대한 탈출(*The Great Escape*)』, 이현정·최윤희 옮김, 2015, 한국경제신문사.

리브스(Reeves), 리차드(2017),『20 vs. 80의 사회(*Dream Hoarders*)』, 김승진 역, 2019, 민음사.

마르크스(Marx), 칼(1867),『자본론(*Das Kapital*)』, 김수행 역, 2015, 비봉출판사.

뮐러(Mueller), 얀 베르너(2017),『누가 포퓰리스트인가(*What is Populi-*

sm?)』, 노시내 옮김, 마티.

밀(Mill), 존 스튜어트(1859), 『자유론(*On Liberty*)』.

밀라노비치(Milanovic), 브랑코(2016), 『왜 우리는 불평등해졌는가(*Global Inequaility*)』, 서정아 옮김, 2017, 21세기 북스.

박가열 · 현영민 · 홍성민 · 손양수(2016), 『기술변화에 따른 일자리 영향 연구』, 고용정보원.

박명호(2016), 「소득세 신고 자료를 활용한 최상위 소득계층의 소득집중도 추정」, 『한국경제포럼』 9권 2호, 한국경제학회.

박세일(2006), 『대한민국 선진화 전략』, 21세기 북스.

박정수(2018), "규제의 틀을 바꿔라", 중앙일보, 경제 View &, 2018. 2. 1.

______(2019), 「한국경제의 노동생산성과 임금」, 『한국경제포럼』, 한국경제학회, 2019. 봄

박종규(2017), 『우리나라 소득 불평등의 추이와 원인 및 정책목표』, 한국금융연구원 연구보고서 2017-03.

박철수(2021), "아파트의 미래 : 30년 뒤엔 초고층 아파트 슬럼화될 수도", 중앙일보 칼럼, 2021. 6. 28.

배진한(1992), 「한국의 소득 분배율 변동」, 『경제학연구』, 제40집 제2호, 609-631.

베이커(Baker), 딘(2016), "고삐 풀린 CEO 임금에 시장 규율을", 세계의 창, 한겨레신문, 2016. 8. 15.

보건복지부 · 국토교통부 · 교육부(2017). "제1차 기초생활보장 종합계획(2018~2020)".

______________________________(2020). "'더 많은 국민의 더 나은 기본

생활을 보장'하는 제2차 기초생활보장 종합계획(2021~2023)".

보에르스마(Boersma), 프란치스코 판 더르 호프(2020), 『가난한 사람들의 선언』, 박형준 역, 마농지.

브린(Breen), 마이클(2018), 『한국, 한국인(*The New Koreans*)』, 장영재 옮김, 실레북스.

샌델(Sandel), 마이클(2020), 『공정하다는 착각(*The Tyranny of Merit*)』, 함규진 역, 와이즈베리.

샤이델(Scheidel), 발터(2017), 『불평등의 역사(*The Great Leveller : Violence and the History of Inequality from the Stone Age to the Twenty-First Century*)』, 조미현 옮김, 에코 리브르.

서스킨드(Susskind), 대니얼(2020), 『노동의 시대는 끝났다(*A World without Work*)』, 김정아 역, 와이즈베리.

성명재 · 박기백(2009), 「인구구조 변화가 소득 분배에 미치는 영향」, 『경제학연구』, 제57집 제4호.

성병묵 · 강만호 · 김현만(2014), "가계와 기업소득간 격차 확대의 원인 분석", 한국은행 조사통계월보, 12월호.

슘페터(Schumpeter), 조지프(1942), 『자본주의 · 사회주의 · 민주주의(*Capitalism, Socialism, Democracy*)』, 변상진 역, 2011, 한길사.

쉴러(Shiller), 로버트 J.(2003), 『새로운 금융질서 : 21세기의 리스크(*The New Financial Order : Risk in the 21st Century*)』, 정지만 · 황해서 · 도은진 역, 민미디어.

스미스(Smith), 애덤(1776), 『국부론(*The Wealth of Nations*)』, 김수행 역, 2007, 비봉출판사.

__________________(1759), 『도덕감정론(*The Theory of Moral Sentiment*)』, 박세일 · 민경국 공역, 2009, 비봉출판사.

스키델스키(Skidelsky), 로버트 · 에드워드 스키델스키(2013), 『얼마나 있어야 충분한가(*How Much is Enough?*)』, 김병화 역, 부키.

스티글리츠(Stiglitz), 조셉(2012), 『불평등의 대가(*The Price of Inequality*)』, 이순희 역, 열린책들.

신관호 · 신동균(2014), "소득불평등이 경제 성장에 미치는 효과", 『한국경제의 분석』, 20(1).

____________(2007), "소득분포 양극화의 특성과 경제사회적 영향", 『한국경제의 분석』, 제13권 제1호.

신동균(2007), 「외환위기 이후 소득 분배 양극화의 추이, 원인 및 정책적 시사점」, 『경제학연구』, 55(4).

신동균 · 전병유(2005), 「소득분포의 양극화 추이」, 『노동경제논집』, 28(3).

신장섭(2016), "경제 양극화의 원죄", 매경의 창, 매일경제신문, 8월 12일.

신중섭(2012), "왜 지금 여기서 공정사회인가", 『한국에서 공정이란 무엇인가』, 동아일보사.

아리스토텔레스(2006), 『니코마코스 윤리학』, 이창우 · 김재홍 · 강상진 역, 이제이북.

안국신(1995), 「한국의 경제발전과 소득 분배」, 『경제발전연구』, 창간호.

_____(2008), 「부동산가격과 거시경제모형」, 『경제발전연구』.

_____(2019), 「경제학원론으로 본 소득주도성장론」, 『한국경제포럼』, 12권 2호, 한국경제학회.

안순권(2006),『유럽복지모델 발전과 개혁의 시사점』, 한국경제연구원.
양선희(2020), "인국공 사태 … 이벤트 정치의 허망함", 중앙일보 선데이 칼럼, 2020. 7. 4.
애쓰모글루(Acemoglu), 대런 · 제임스 로빈슨(2012),『왜 국가는 실패하는가(*Why Nations Fail*)』, 최원규 역, 시공사.
앳킨슨(Atkinson), 앤서니(2015),『불평등을 넘어(*Inequality : What can be done?*)』, 장경덕 역, 글항아리.
양승태(2019),「한국의 진보, 허구와 위선의 역사의식부터 청산해야」,『철학과 현실』, 2019. 여름.
여의도 연구원(2020), "전일제 교육 도입방안 모색을 위한 정책토론회".
오웰(Orwell), 조지(1945),『동물농장(*Animal Farm*)』, 도정일 역, 2009, 민음사.
유경준(2000),『IMF 이후 분배 구조 및 빈곤의 변화와 외국의 정책방향』, KDI.
______(2007),『소득 불평등도와 양극화』, KDI.
______(2009), "우리나라 빈곤 변화 추이와 요인 분석", KDI 정책포럼, 제215호, 2009-08.
유경준 · 최바울(2008),『중산층의 정의와 추정』, KDI.
유종일(2012), "성장과 분배의 선순환", 유종일 엮음,『경제민주화, 분배 친화적 성장은 가능한가』, 모티브북.
유진성(2017), "정규직과 비정규직의 임금격차 추이 분석과 요인 분해", KERI Insight, 한국경제연구원.
윤기설(2020),『노조공화국』, 미래사.

윤진호(2009), “덴마크의 유연안정성 모델 : 평가와 시사점”, 서울사회경제연구소.

이강국(2019), 「한국경제의 노동생산성과 임금, 그리고 노동소득분배율」, 『한국경제포럼』, 한국경제학회, 2019년 여름.

이근식(2005), 『자유와 상생』, 기파랑.

이근영(2019), 「고령화와 소득 불평등이 경제 성장에 미치는 영향」, 『경제학연구』, 2019. 6. 한국경제학회.

이병희(2014), 「2000년대 소득 불평등의 증가요인 분석」, 『소득불평등 해소의 길』, 서울사회경제연구소 엮음.

______(2017), “노동조합이 임금 분배에 미치는 영향 : 1987-2016”, 『경제발전연구』, 1-31쪽, 한국경제발전학회.

이영선(1989), “아담 스미스의 분배론과 그 정치경제적 의미”, 조순 외 지음, 『아담 스미스 연구』, 민음사.

이정우(1991), “한국의 부, 자본이득과 소득 불평등”, 『경제논집』, 서울대.

______(2002), “경제위기 이후의 분배정책 방향”, 『소득 분배와 사회복지』, 서울사회경제연구소.

______(2010), 『불평등의 경제학』, 후마니타스.

이정우 · 이성림(2001), “한국의 부의 불평등 추계”, 한국경제발전학회, 『경제발전연구』, 제7권 제1호.

이정전(2017), 『주적은 불평등이다』, 개마고원.

이제민(2015), “한국의 경제 성장 : 그 성공과 굴곡의 과정”, 『한국경제 광복 70년』.

이준구(1992), 『소득분배의 이론과 현실』, 다산출판사.

이하경(2021), "미국은 천사도, 악마도 아니다", 중앙일보 칼럼, 2021. 6. 28.
이홍균(2020), 『대한민국, 정치발전이 멈추다 — 민주화의 역설』, 대양미디어.
전병유(2014), 「한국노동패널로 본 소득 불평등 현황과 쟁점」, 1-15차 년도 한국노동패널 학술대회 발표 논문.
_____(2016) 엮음, 『한국의 불평등 2016』, 페이퍼로드.
_____(2018), "한국에서의 자산 현황과 자산 불평등", 서울사회경제연구소 WP No.376.
전병유 · 정준호(2014), "한국에서의 소득-자산 격차의 연계 구조에 대한 실증분석", 『소득불평등 해소의 길』, 서울사회경제연구소 엮음.
정세은(2016), "이슈 토론 : 고소득층 소득세율 인상", 매일경제신문, 2016. 8. 4.
정훈 · 황성영 · 김기태(2020), "국내 주요 재화 및 서비스의 가격 추세 분석 : 1980 - 2020", 하나금융경영연구소.
조성한(2010), "다산의 사회복지 이념", 최병선 · 심준섭 엮음, 『다산의 행정사상』, 대영문화사.
조순 외(1992), 『존 스튜어트 밀 연구』, 민음사.
조윤제(2016), "한국의 소득 분배, 무엇이 문제인가", 조윤제 엮음, 『한국의 소득 분배 : 추세, 원인, 대책』, 한울.
주학중(1979), "계층별 소득분포의 추계와 변동요인", 주학중 편(1979), 『한국의 소득 분배와 결정요인(상)』, KDI.
_____(1982), 『한국의 소득 분배와 결정요인(하)』, KDI.

주학중 · 윤주현(1984), "1982년 계층별 소득 분배의 추계와 변동요인", 『한국개발연구』, KDI.

최광 · 권순원(1995), "복지 및 분배정책", 『한국경제 반세기』, KDI.

최희갑(2002), "외환위기와 소득 분배의 양극화", 『국제경제연구』, 제8권 제2호.

카이스트(KAIST) 미래전략대학원(2015), 『2016 대한민국 국가미래전략』.

커즈와일(Kurzweil), 레이(2005), 『특이점이 온다(*The Singularity is Near*)』, 장시형 · 김명남 옮김, 2007, 김영사.

케인스(Keynes), 존 메이너드(1936), 『고용, 이자 및 화폐의 일반이론(*The General Theory of Employment, Interest, and Money*)』, 조순 역, 1985, 비봉출판사.

코닝(Corning), 피터(2011), 『공정사회란 무엇인가(*The Fair Society : The Science of Human Nature and the Pursuit of Social Justice*)』, 박병화 역, 에코리브르.

토지공개념연구위원회, 『토지공개념연구위원회 연구보고서』, 1989. 5.

프랭크퍼트(Frankfurt), 해리 G.(2015), 『평등은 없다(*On Inequality*)』, 안규남 옮김, 아날로그.

프리드먼(Friedman), 토머스(2017), 『늦어서 고마워(*Thank You for Being Late*)』, 장경덕 옮김, 2016, 21세기북스.

통계청(2016), "가계금융 · 복지조사로 본 가구의 동태적 변화 분석".

_____(2021), "2019년 공공부문 일자리 통계".

통계청 · 여성가족부(2020), "2020 통계로 보는 여성의 삶", 2020. 9.

통계청 · 한국은행 · 금융감독원, "가계금융 · 복지조사 결과", 각 연도.

한겨레신문, "배당소득, 상위 10%가 전체 94% 싹쓸이", 2016. 9. 26.

한국경제 60년사 편찬위원회(2010), 『한국경제 60년사』.

한국보건사회연구원, 『2014년 빈곤통계연보』, 2015.

현진권(1996), 「토지 소유의 편중 실태와 종합토지세의 세부담 분석」, 『조세정책과 소득재분배』, 한국조세연구원.

홍민기(2015), 「최상위 소득 비중의 장기 추세, 1958~2013년」, 『경제발전연구』, 제21권 제4호.

_____(2017), 「2015년까지의 최상위 소득 비중」, 『노동리뷰』, 노동연구원, 2017년 2월호.

홍장표(2014), 「한국의 기능적 소득 분배와 경제 성장」, 『경제발전연구』, 제20권 제2호.

황수경(2019), 『한국의 재분배 선호와 정책 결정』, KDI.

Alvaredo, Facundo, Anthony Atkinson, Thomas Piketty, and Emmanuel Saez(2013), "The Top 1 Percent in International and Historical Perspective," *Journal of Economic Perspectives* 27(3).

Anand, Sudhir and Paul Segal(2008), What do We Know About Global Income Inequality? *Journal of Economic Literature*, 46, No.1.

Arai, M.(2003), "Wages, Profits, and Capital Intensity : Evidence from Matched Worker-Firm Data," *Journal of Labor Economics*, 21(3), 593 - 618.

Atkinson, Anthony(2003), "Top Incomes in the United Kingdom over the Twentieth Century," http://www.nuffield.ox.ac.uk/users/atkinson/TopIncomes20033.pdf.

Atkinson, Anthony and Thomas Piketty(2007), eds., *Top Incomes over the Twentieth Century : A Contrast between Continental European and English–Speaking Countries*, Oxford University Press.

______________________(2010), eds., *Top Incomes : A Global Perspective*, Oxford University Press.

Badia, M,. P. Medas, P. Gupta and Yuan Xiang(2020), "Debt Is Not Free," *IMF Working Paper* No. 20/1.

Becker, Gary S.(1964), Human Capital : *A Theoretical and Empirical Analysis*, New York : Columbia University Press.

Bentolila, S. and G. Saint–Paul(2003), 'Explaining Movements in the Labor Share," *Contributions to Macroeconomics*, 3(1).

Billet, Leonard(1978), "Justice, Liberty and Economy," in F. R. Glahe (ed.), *Adam Smith and the Wealth of Nations*, 1776–1976 Bicentennial Essays.

Choo, Hakchung and Daemo Kim(1978), *Probable Size Distribution of Income in Korea : Over Time and By Sector*, KDI.

Choo, Hakchung(1993), "Income Distribution and Social Equity in Korea," in Krause L. and F. Park(eds.), *Social Issues in Korea*, KDI.

Credit Suisse(2019), *Global Wealth Databook 2019*.

Davies, J. and A. Shorrocks(2000), "The Distribution of Wealth," A. Atkinson and F. Bourquignon(eds.), *Handbook of Income Distribution*, Vol.1, Elsevier.

Easterly, William(2001), "The Middle Class Consensus and Economic Development," *Journal of Economic Growth*, Vol. 6(4).

Esteban Joan, Carlos Gradin and Debraj Ray(1999), "Extensions of a Measure of Polarization with Application to the Income Distribution of Five OECD Countries," *Luxemburg Income Study Working Paper Series*, 218, CEPS/INSTEAD.

Feldstein, Martin M.(2017), "Why is Growth Better in the United States than in Other Industrial Countries?," *National Bureau of Economic Research*, WP No. 23221.

Fisher, Irving(1912), *The Theory of Interest*.

Foster, James and Michael Wolfson(2009), "Polarization and the Decline of the Middle Class : Canada and the U.S.," *Oxford Poverty and Human Development Initiative Working Paper* No. 31.

Freeman, Richard B.(1996), "Toward an Apartheid," *Harvard Business Review*, pp.114~126.

Frey, Carl B. and Michael A. Osborne(2013), "The Future of Employment : How Susceptible are Jobs to Computerization?," *Technological Forecasting and Social Change*, Vol. 114.

Frohlich, Norman and Joe A. Oppenheimer(1992), *Choosing Justice : An Experimental Approach to Ethical Theory*, Berkeley : University of California Press.

George, Henry(1879), *Progress and Poverty*.

Hall, Robert E. and Charles I. Jones(1999), "Why Do Some Countries

Produce So Much More Output per Worker than Others?," *Quarterly Joournal of Economics 114*(February), 83－116.

ILO-OECD(2015), *The Labor Share in G20 Economies*, Report prepared for the G20 Employment Working Group.

IMF(2015), *Causes and Consequences of Income Inequality : A Global Perspective*, IMF Staff Discussion Note.

Jain-Chandra S., T. Kinda, K. Kochhar, S. Piao and J. Schauer(2016), "Sharing the Growth Dividend : Analysis of Inequality in Asia," *IMF Working Paper* 16/48, IMF.

Karabarbounis, L. and B. Neiman(2012), "Declining Labor Shares and the Global Rise of Corporate Savings," *NBER Working Paper* 18154.

Keynes, John Maynard(1930), "Economic Possibilities for Our Grandchildren," in *Essays in Persuasion*, The Collected Writings of John Maynard Keynes, Vol.9, Cambridge University Press, 1978.

Kim, Nak Nyeon and Jongil Kim(2014), "Top Income in Korea, 1933-2010 : Evidence from Income Tax Statistics," Naksungdae Institute of Economic Research, *Working Paper* 2014-03.

Kuznets, Simon(1955), "Economic Growth and Income Distribution," *American Economic Review*, March.

____________(1963), "Quantitative Aspects of the Economic Growth of Nations, VIII : The Distribution of Income by Size," *Economic Development and Cultural Change*, 11, pp.1～92.

Lucas, Robert E.,(2002), *Lectures on Economic Growth*, Harvard University Press.

_____________,(2004), "The Industrial Revolution : Past and Future," *2003 Annual Report Essay*, Federal Reserve Bank of Minneapolis.

Matthews, S.(2011), "Trends in Top Incomes and Their Tax Policy Implications," in OECD, *Divided We Stand, Why Inequality Keeps Rising*.

OECD(Organization for Economic Cooperation and Development), *World Development Report*, 각 호.

_____(2013), *OECD Guidelines for Micro Statistics on Household Wealth*.

_____(2013), 한국경제 보고서, 한국경제 통합 보고서.

_____(2015), *Going for Growth 2015*.

_____(2015), *In It Together : Less Inequality Benefits All*.

_____(2018), *Entrepreneurship at a Glance*.

_____(2019), *Government at a Glance*.

_____(2020), "Key indicators on the distribution of household disposable income and poverty," 16 Dec. 2020 Version.

Pareto, Vilfredo(1897), *Courses of Political Economy*.

Paukert, Felix(1973), "Income Distribution at Different Levels of Development : A Survey of Evidence." *International Labor Review*, Aug-Sept.

Piketty, Thomas(2003), "Income Inequality in France, 1901-1998," *Journal of Political Economy*, 111(5).

_____________(2014), *Capital in the Twenty-First Century*, Harvard

University Press.

Piketty, Thomas and Emmanuel Saez(2003), "Income Inequality in the United States, 1913–1998," *Quarterly Journal of Economics*, 118(1).

Rawls, John(1971), *A Theory of Justice*, Havard University Press.

Ricardo, David(1817), *The Principles of Political Economy and Taxation*, Everyman's Library, No. 590, Last reprinted 1962.

Romer, David(2012), *Advanced Macroeconomics*, McGrow–Hill.

Sahota, G.(1978) "Theories of Personal Income Distribution : A Survey," *Journal of Economic Literature*, March.

Song, Sang–yoon(2020), "Employer Size and Wage Inequality " Rent–Sharing Role of Performance Pay," *The Korean Economic Review*, Vol.36, No.2.

The World Top Incomes Database.

Vermeulen(2014), "How Fat is the Top Tail of the Wealth Distribution?", *ECB Working Paper* No.1692.

Waltzer, Michael(1983), *Spheres of Justice : A Defence of Pluralism and Equality*.

Wilkinson, Richard, and Kate Pickett(2009), *The Spirit Level : Why More Equal Societies Almost Always Do Better*, London : Allen Lane.

World Bank(1997), *World Development Report*.

World Economic Forum(2016), *The Future of Jobs*.

World Inequality Database(http://wid.world)

찾아 보기

ㄴ

ㄷ

ㅅ

ㅇ

ㅈ

ㅊ

ㅋ

ㅌ

ㅎ

지은이에 대하여

안국신(安國臣)

서울대학교 상과대학 경제학과 졸업

한국은행, 외환은행 근무

미국 미네소타대학교 경제학 박사 학위 취득

중앙대 경제학과 교수

중앙대 정경대학 학장, 부총장

한국경제학회 회장

중앙대 총장

현, 중앙대학교 경제학부 명예교수

주요 저서

『현대경제학원론』

『현대거시경제학』

『경제학 길잡이』

『경제학으로 세상 읽기』

안국신 교수의 **한국의 분배**

초판 1쇄 발행 2021년 11월 15일
초판 3쇄 발행 2023년 5월 10일

지은이 안국신
펴낸이 박기남
기획 · 영업 박정헌
펴낸곳 **율곡출판사**

08590 서울시 금천구 가산디지털1로 84(에이스하이엔드 8차), 803호
전화 (代) 02) 718-9872/3
팩스 02) 718-9874
홈페이지 http://www.yulgokbooks.co.kr
이메일 yulgokbook@naver.com

등록 1989.11.10. 제2014-000031호
ISBN 979-11-91812-04-6 03320

정가 20,000원